兰陵 年鉴 2017

LANLING YEAR BOOK

中共兰陵县委
兰陵县人民政府 主办
兰陵县地方史志办公室 编

方志出版社
Publishing House of Local Records

图书在版编目（CIP）数据

兰陵年鉴. 2017 / 兰陵县地方史志办公室编. --北京：方志出版社，2017.12
ISBN 978-7-5144-2878-0

Ⅰ. ①兰… Ⅱ. ①兰… Ⅲ. ①兰陵县—2017—年鉴
Ⅳ. ①Z525.24

中国版本图书馆CIP数据核字（2017）第321379号

兰陵年鉴（2017）

编　　者：兰陵县地方史志办公室
责任编辑：王　品

出 版 人：冀祥德
出 版 者：方志出版社
地址　北京市朝阳区潘家园东里9号（国家方志馆4层）
邮编　100021
网址　http://www.fzph.org
发　　行：方志出版社图书经销中心
电话（010）67110500
经　　销：各地新华书店
印　　刷：济南黄氏印务有限公司

开　　本：889×1194　1/16
印　　张：24印张
字　　数：560千字
版　　次：2017年12月第1版　2017年12月第1次印刷
印　　数：0001～1500册

ISBN 978-7-5144-2878-0　定　价：298.00元

兰陵县地方史志编纂委员会

名誉主任：郑连胜

主　　任：孙　伟

副 主 任：刘　波　张新荣

委　　员：孙启全　林清海　周磊波　葛　峰　金怀峰
吴付岭　马新华　宋庆保　刘献华　赵　海
张永华　宫官明　刘如彬　段培庆　宋远珍
李玉昆　赵　光　王广辉　孙怀广　王　翰
刘砚秋　卞艳林　赵　华　张庆民　李玉龙
苏保金　李　勇　刘继永　徐　琳　张广远
郭学广　李明坤　孙　静　张宽祥　张继发
李瑞松　韩　杰　汤兴华　陈怡红　陈永亮
李海林　郭学利　王昌印　刘　震　祝学海
沈秀峰　谭富龙　王继光　李金龙　陈永生
王　琳

《兰陵年鉴 2017》编审人员

主　　审　张新荣

副 主 审　孙启全　林清海

主　　编　陈永亮

副 主 编　马建光　王　琳

编　　辑　孙　燕　王秀彬　李洪振　朱　冉　杜广建

编辑说明

一、《兰陵年鉴 2017》（以下简称《年鉴》）是中共兰陵县委、兰陵县人民政府主办的政务工具书，编纂业务由兰陵县地方史志编纂委员会办公室完成。旨在全面系统的记述 2016 年间兰陵自然、经济、政治、文化、社会和人物等方面的基本状况，突出地方特点和优势，具有资料的丰富性、综合性、权威性等特点。

二、《年鉴》坚持以马列主义、毛泽东思想、邓小平理论、“三个代表”重要思想、科学发展观和习近平新时代中国特色社会主义思想为指导，力求观点正确、内容翔实、分类科学、结构严谨、特色鲜明、语言精练、实用性强。

三、本年鉴采用分类法编辑体制，共设 27 个类目，即：特载、大事记、概况、中国共产党兰陵县委员会、兰陵县人民代表大会、兰陵县人民政府、中国人民政治协商会议兰陵县委员会、中国共产党兰陵县纪律检查委员会、群众团体、军事、法治、经济管理、农业、工业、贸易·旅游、交通·邮电、建设·环保、财政·税务、金融、科学技术、教育、文化·体育、卫生·计划生育、社会生活、乡镇（街道）、先进模范人物、便民生活等。一般由类目、分目、条目三个层次构成，条目为基本记述单元。为查阅方便，条目标题加【】。

四、本年鉴稿件由县直各部门、各乡镇和有关单位提供，并经各供稿单位主要领导审阅，最后由县志办进行总编辑，所用数据，以县统计局正式公布的数字为准，统计部门未涉及的均以主管部门提供的为准。

五、《年鉴》行文采用语体文记述体，计量单位以国家认定使用的为准。

六、《年鉴》的编辑工作，得到了上级领导和全县各有关单位的大力支持，在此深表谢意。

2016年1月14日，山东省省长郭树清到兰陵县进行党风廉政建设调研

2016年11月2日，山东省人民政府副省长赵润田（前右四）到兰陵县参观异地扶贫搬迁项目

2016年11月3日，省委副秘书长、省委农工办主任、扶贫办主任时培伟（前右一）到兰陵参观鸿强种苗基地

2016年6月13日，省政府办公厅党组成员、省史志办主任刘爱军（右六）到兰陵县出席《苍山县志》志稿专家评审会

2016 年 4 月 19 日，中共兰陵县委书记郑连胜（前右二）到职业中专观摩全市规范化学校办学活动

2016 年 11 月 28 日，中共兰陵县委书记郑连胜（前左一）参加华龙热电 1 号锅炉点火启动仪式

2016年12月15日，中共兰陵县委副书记、代县长孙伟（左三），察看206国道威汕线兰陵绕城段改建工程

2016年12月19日，中共兰陵县委副书记、代县长孙伟（左四）视察东城县区建设工作

第四届中国兰陵（苍山）国际蔬菜产业博览会开幕式

2016 年 4 月 12 日，第四届中国兰陵（苍山）国际蔬菜产业博览会开幕现场

第四届中国兰陵（苍山）国际蔬菜产业博览会开幕式

2016 年 4 月 12 日，第四届中国兰陵（苍山）国际蔬菜产业博览会开幕式节目表演

目　录

特　载

大事记

概　况

中共兰陵县委员会

兰陵县人民代表大会常务委员会

兰陵县人民政府

中国人民政治协商会议兰陵县委员会

中共兰陵县纪律检查委员会　监察局

群众团体

军 事

法 治

经济管理

农　　业

交通·邮电

建设·环保

财政·税务

金　融

科学技术

教　育

文化・体育

卫生・计划生育

社会生活

乡镇概况

先进模范人物

Contents

Special features

Chronicle of Events

Overview

Lanling County Committee of the Communist Party of China

The Standing Committee of the People' s Congress of Lanling County

The People' s Government of Lanling County

Lanling County Committee of the Chinese People' s Political Consultative Committee

Lanling County Comission for Discipline Inspection of the Communist Party of China Supervision Bureau

Mass Organization

Military Affairs

Rule of Law

Economic Management

Agriculture

Industry

Trade and Tourism

Traffic, Post and Telecommunications

Construction and Environmental Protection

Finance and Taxation

Finance

Science and Technology

Education

Culture & Sports

Hygiene Family planning

Social Life

Towns

Advanced Model

特 载

2017年政府工作报告

——2017年1月20日在兰陵县第十七届人民代表大会第一次会议上

兰陵县人民政府县长　薛　峰

各位代表：

现在，我代表县人民政府向大会报告工作，请予审议，并请县政协委员和其他列席会议的同志提出意见。

一、砥砺前行，走过奋进五年

本届政府任期的五年，是兰陵发展史上意义非凡的五年。五年来，在县委的坚强领导下，在县人大、县政协的监督支持下，我们团结带领全县人民，攻坚克难、锐意进取，着力做好县域经济发展“四篇文章”，较好地完成了县十六届人大历次会议确定的目标任务，为全面建成小康社会打下了坚实基础。

五年赶超，综合实力大幅攀升。2016年，全县实现地区生产总值362亿元，比2011年增加144亿元；公共财政预算收入15亿元，是2011年的2.5倍；社会消费品零售总额由117.7亿元增至215亿元；城镇、农村居民人均可支配收入分别由20819元、7950元增加到28700元、12300元；固定资产投资五年累计超800亿元，几项主要经济指标增幅高于全省、全市平均水平。成功举办四届“菜博会”、两届国际半程马拉松赛，成功承办2014年中国休闲农业与美丽乡村建设系列活动、全省异地扶贫搬迁现场会、临沂市第四届优质农产品交易会等一系列重要会议和活动，摘取了国家级出口食品农产品质量安全示范区、国家卫生县城、国家园林县城、全国休闲农业与乡村旅游示范县等金字招牌。最值得铭记的是，2013年12月27日，经国务院批准，苍山县正式更名为兰陵县，这是我县发展史上具有划时代意义的里程碑。

五年开拓，产业结构不断优化。三次产业融合发展，结构比重从2011年的19.9∶36.9∶43.2调整为17∶35∶48。特色农业蓬勃发展。新增优质农产品基地40万亩，2016年荣获全市基地品牌建设观摩考评第1名；兰陵镇利源、向城镇家瑞2处蔬菜种植专业合作社被列入上海市首批10个外延蔬菜生产基地。引进实施了蒙牛万头奶牛养殖基地等一批农业产业化龙头项目；培育市级以上龙头企业25家、省级以上农民专业合作社示范社31家；认证“三品一标”农产品276个，居全市第1位；创建国家地理标志保护产品3个；蔬菜价格指数在国家发改委信息平台发布；成功争取蒜苔目标价格保险试点；“苍山大蒜”“苍山牛蒡”获得GAP认证；“苍山大蒜”入选山东省首批十大知名农产品区域公用品牌，并在第14届全国优质农产品交易会上荣获地标产品金奖；农业增加值稳居全市第1位；被命名为中国十大蔬菜之乡、中国食用菌之乡；荣获全国粮食生产先进县、全国平安农机示范县、山东省现代农业示范区、山东省农产品质量安全示范县。新型工业稳步推进。大力实施“三引一促”，着力引进大项目、催生大企业、培植大产业，累计引进国内外500强企业8家，实施重点项目369个，实际利用县外资金193亿元。累计引进院士、国家“千人计划”专家、“泰山学者”和“海聚工程”专家19人；吸引242名兰陵籍在外成功人士回乡创业；荣获山东省人才工作先进单位。2016年完成规模以上工业增加值125亿元，较2011年翻了一番多。矿业循环经济产业园、临沂生物医药产业园（南区）、国家“千人计划”专家创业园等建设稳步推进，“一区多园，产城融合”的框架初步形成；中钢山东矿业、会宝岭铁矿等项目已投产达效；济钢球墨铸管项目一期工程即将建成运营，矿业产业链条得到突破性延伸。骨干企业培植成效显著，纳税过千万元企业24家；10家企业跻身全市纳税百强。远东国际在新三板挂牌上市。现代服务业欣欣向荣。兰陵国家农业公园获评国家4A级景区，被纳入全国休闲农业与乡村旅游十大精品线路；压油沟村被列为全国旅游扶贫试点村；萧氏文化园被批准为临沂市唯一的省级海峡两岸交流基地。2016年全县接待游客268万人次，实现旅游综合收入5.8亿元，分别是2011年的3.8倍、5.6倍。荣庆与韩国第一大综合性物流企业希杰集团的合作项目，是临沂市首个投资过亿美元外资项目，股权交易达3.86亿美元。华凯蔬菜批发市场被列入全国公益性农产品批发市场建设试点，总投资2.05亿元。东方佳园成为临沂市唯一一家跻身中国地产500强企业。社会消费品零售总额稳居全市第2位。新引进3家银行入驻。规划建设了总部经济区，已吸引总部企业81家。镇域特色化成效明显。财政收入过亿元镇街5个，其中卞庄街道突破4亿元大关；获评全国重点镇2个、省级示范镇2个。

五年攻坚，城乡面貌焕然一新。累计完成城建投入108亿元，县城建成区面积由2011年的19.8平方公里扩大到42.5平方公里；城市人口由16.8万人增加到25.4万人，城镇化率较2011年提高了16个百分点。东城实验学校、兰陵四中、职业中专、东二环、兰陵路东延、泉山路北段等一批重点项目相继建成，中心城区有机更新，东城新区日新月异，旧城改造步伐加快。“四城联创”战果辉煌。我县历史上第一列铁路客运列车开通运营。投资4.2亿元的城区热电联产项目投产运营，城市供暖能力由85万平方米增加到400万平方米。在全省率先整建制完成18万户无害化厕所改造，获评全省农村无害化卫生厕所全覆盖县，成为全省获此殊荣的两个县之一。实施了投资5亿元的生活垃圾焚烧发电项目、投资3.1亿元的会宝岭水库水源城乡供水工程。荣膺全省群众满意村级公路网化县第1名。城乡环卫一体化工作被省委、省政府领导批示并在全省推广。县城绿地面积达702公顷，绿地率34.4%；被授予山东省绿化模范县；会宝湖被列入国家湿地公园试点；卞庄街道、代村分别获评国家级生态乡镇、中国美丽乡村；创建省级生态文明乡镇6个。连年跻身全市创建省级文明城市工作先进县前2名。被列为全省“多规合一”试点县。申报创建50万人口以上的中等城市获省政府批准。

五年倾力，人民福祉持续增进。全县财政累计用于民生支出174.4亿元，占一般公共预算支出的84.8%。累计新增城镇就业6.9万人，农村劳动力转移就业13.1万人。社会保障水平全面提升，农村60岁以上老人基础养老金、企业退休职工工资实现五连增。累计发放各类社会保险待遇48.9亿元，基本实现了社会保险全覆盖。完成保障性住房建设4717套、危房改造5076户。机关事业单位在职人员工资实现五年八连增，累计人均增资2941元。坚持把精准扶贫作为第一民生工程，打好精准识别、结对帮扶、产业扶贫等组合拳，启动实施扶贫开发项目367个，五年实现稳定脱贫11.2万人；探索了惠民社区整体易地搬迁、慈善扶贫超市、惠民水站等扶贫新路径。坚持教育优先发展，累计投入14.6亿元，学校危房和不安全校舍全部消除，新建、改扩建中小学268所，建筑面积118.7万平方米；顺利通过全国义务教育发展基本均衡县验收。启动了县人民医院东城新院、县中医院整体搬迁工程，县妇女儿童医院病房大楼及6个乡镇卫生院病房楼主体建设全部完工。成功创建全国群众体育先进县、山东省双拥模范县。鄫国故城遗址被列入全国重点文物保护单位；鲁南革命烈士陵园被批准为国家级烈士纪念设施；县档案馆、图书馆双双晋升为国家二级馆。全面推行网格化监管，全力抓好安全生产，安全生产形势总体向好。坚持打防并举，破获的“11•5”假军人案被央视《新闻联播》《焦点访谈》报道；强力推进雪亮工程，在全部行政村视频监控全覆盖的基础上，实施增点扩面，实现环县、环乡镇出入路口全覆盖。获评山东省信访工作先进县。

五年奋进，行政效能有效提升。扎实开展党的群众路线教育实践活动、“三严三实”专题教育和“两学一做”学习教育，认真查摆和整改“四风”方面的突出问题，涌现出王传喜、李树德等一批先进典型。持续推进简政放权，完成了卫生计生、不动产登记等机构整合，机关事业单位养老保险改革、公车改革、公务员职务职级并行制度全面落实，作风效能水平显著提升。大力推行商事制度改革，市场主体达到3.2万家，我县商事制度改革工作受到国家工商总局表彰。严格落实中央八项规定精神，加大廉政建设和反腐败工作力度，强化行政监察、审计监督，“三公”经费大幅压减。深化行政管理体制改革，编制公布了行政审批事项目录清单、行政权力清单、政府部门责任清单，承接落实上级下放行政审批事项17项。自觉接受县人大法律监督和县政协民主监督，累计办理人大代表建议384件、政协提案587件。认真办好县长信箱、12345市民服务热线、行风热线，畅通了社情民意的反映渠道，群众满意度不断提高。

回顾过去的五年，奋斗充满艰辛，成绩来之不易。我们不会忘记，在关键时刻和重大问题上，县委统揽全局和科学决策，为我们做好各项工作提供了组织保证。我们不会忘记，在重点项目和重大活动上，各级干部全力以赴，广大群众理解支持，为我们加快发展提供了动力源泉。我们不会忘记，在压力加大和任务繁重时，县人大、县政协及各位代表和委员监督帮助、建言献策，为我们战胜各种困难提供了智慧力量。在此，我代表县人民政府，向全体人大代表和政协委员，向全县人民，向所有关心、支持、参与兰陵建设发展的各界人士，致以崇高的敬意和衷心的感谢！

回顾五年来的历程，我们深刻体会到：必须发挥优势、科学发展。五年来，我们坚持以“五大发展理念”为引领，突出兰陵特色，找准产业定位，着力做好县域经济发展“四篇文章”，走出了一条富民强县的新路子。实践证明，只要坚持特色差异化不动摇、科学发展不偏离，一步一个脚印，积跬步至千里，就能向着全面建成小康社会阔步前进。必须不忘初心、务实为民。五年来，我们坚持每年新增财力的70%以上用于民生，每年办好一批民生实事，全面提升公共服务和社会保障水平，千方百计让广大群众更多地共享改革发展稳定成果。实践证明，只要我们积极顺应人民群众对美好生活的向往，就一定能使发展的过程成为造福全县人民的过程。必须改革创新、补齐短板。五年来，我们坚持以创新引领攻坚克难、探索新路，以加快改革摆脱定势、打破常规，以查补短板突破瓶颈、增强动能，使兰陵各项事业生机勃勃、蒸蒸日上。实践证明，只要全面深入推进改革创新、补齐补强发展短板，就一定能够开辟新的发展路径、形成新的发展优势。必须担当干事、奋发有为。五年来，我们坚持以团结凝聚合力、以担当应对挑战、以实干奋勇争先，全县上下形成了风雨同舟、和衷共济的良好局面，营造了求真务实、锐意进取的浓厚氛围。实践证明，只要奋发有为干事业、扑下身子抓落实，就一定能汇聚起凝心聚力谋发展、合心合力求突破的强大正能量。

在肯定成绩、总结经验的同时，我们也清醒地看到：兰陵仍处于欠发达地区行列，经济总量小，人均水平低；结构不优，产业层次偏低，发展质量不高；新旧动能转换不够快，矿业经济仍未走出困境，新兴产业亟待做大做强；大项目、好项目依然较少，县域发展后劲仍显不足；资源环境约束不断凸显，环境保护和污染治理任务艰巨；信访维稳压力较大，安全生产仍存在薄弱环节，精准扶贫、民生保障、公共服务方面与群众期盼还有一定差距；政府职能转变还不到位，营商环境需要持续改善，等等。对此，我们将一丝不苟整改、一项不漏攻坚、一抓到底解决，以扎实的成效兑现厚实的承诺。

二、乘势而上，开创全新五年

今后五年，是兰陵全面建成小康社会的决战决胜期、产业转型升级的关键窗口期、新一轮改革开放的战略机遇期。尽管我们仍将面临经济下行、产业转型、区域竞争等压力和挑战，但任何困难都改变不了兰陵人民创造幸福生活的强烈愿望，动摇不了兰陵人民加速发展的坚定决心，阻挡不了兰陵人民奋勇前行的豪迈步伐。只要我们坚定发展信心，保持战略定力，一张蓝图干到底，锐意进取不懈怠，就一定能开创又一个承前启后、继往开来、更好更快发展的全新五年。

根据兰陵县第一次党代会的战略部署，今后五年政府工作的总体要求是：深入贯彻党的十八大及历次全会和习近平总书记系列重要讲话精神，以“五位一体”总体布局、“四个全面”战略布局和“五大发展理念”为引领，坚持“干在实处、走在前列”的工作取向，始终保持发展定力，突出供给侧结构性改革牵引，落实“创新驱动、项目拉动、城乡联动、小康带动、改革推动”五项措施，着力做好“矿业经济建链补链，蔬菜产业转型升级，现有企业提质增效，吸引人才创新创业”县域经济发展四篇文章，奋力建设富裕美丽幸福的新兰陵，与省市同步全面建成小康社会。

主要目标是：建设经济富裕的兰陵。经济保持中高速增长、产业迈上中高端水平，形成新的优势产业体系；经济总量、质量、均量同步提升。到2021年，地区生产总值突破500亿元，年均增长9%左右；公共财政预算收入突破30亿元，年均增长16%；规模以上固定资产投资突破500亿元，年均增长20%左右；社会消费品零售总额突破400亿元，年均增长12%；城镇居民人均可支配收入突破4万元，年均增长10%；农村居民人均可支配收入突破2万元，年均增长11%；三次产业比重调整为12 ∶ 39 ∶ 49。建设城乡美丽的兰陵。突出形象、内涵、境界三个抓手，加快构建以中心城区为核心、示范镇和重点镇为支撑、特色城镇为纽带、中心村及农村社区为补充的新型城镇化发展体系。借助被省政府批准创建50万人口以上中等城市的发展机遇，积极推进撤县设市，高标准、大手笔规划建设现代化中等城市。持续开展环境污染整治、城乡绿化攻坚行动，不断放大“生态红利”和“绿色福利”，让山水之美、环境之美充分展示，兰陵特点、地域特色、文化特质充分彰显，跨区域交通、产业、民生实现同城化对接，产城融合、宜居宜业的美丽新形象全域呈现。建设民生幸福的兰陵。正常的工资增长机制建立完善，财产性收入的群众拥有面更广。覆盖城乡居民的社会保障体系更加健全，社会就业更加充分，脱贫攻坚任务全面完成，小康社会全面建成。社会治理体系更加完善，社会公平正义得到有效维护，社会文明程度大幅提高，人民群众拥有更多的获得感、幸福感、自豪感。

三、奋发有为，大干开局之年

2017年，是全面贯彻落实兰陵县第一次党代会精神的第一年，是新一届政府履职的开局之年，做好各项工作至关重要。经济社会发展的主要预期目标是：地区生产总值增长8%左右，公共财政预算收入增长10%左右，规模以上固定资产投资增长15%左右，社会消费品零售总额增长12%左右，城镇、农村居民人均可支配收入分别增长10%、11%左右。各项约束性指标完成上级下达的目标任务。

各位代表！做好今年的工作，实现上述目标，需要我们坚定信心、脚踏实地，持续努力、久久为功。

（一）聚力转型升级动能转换，厚植实体经济新优势

优化产业结构，做大新型工业。优化升级传统产业。着眼打造两大千亿级产业，以完善产业配套、拉长产业链条为主攻方向，以“三引一促”为主要抓手，突出基地建设、精深加工、市场开拓，激活存量、优化增量，加快转型升级。矿产建材业，以济钢球墨铸管项目为主要依托，启动投资40亿元的二期工程建设，继续吸引山钢集团配套企业和项目落户兰陵，全力对接济钢精品钢项目；加快推进总投资20亿元的中国建材集团铁矿尾砂综合开发利用项目，着力打造专业化的高端铸造生产基地、新型建材生产基地。农副产品加工业，以希杰荣庆公司投资的蔬菜深加工项目、代村新天地开发公司和家瑞公司的三产融合发展项目等为支撑，推动农产品加工业深度发展。培植壮大新兴产业。按照“领军企业+骨干项目+上下游配套”的发展思路，突出抓好庄恽再生资源产业园、兰亭石环保建材、鼎洁生物质能源等项目建设，培育一批新兴产业龙头企业和示范基地，引导产业向产业链上下游拓展、向价值链高端延伸。提高“三引一促”质效。强化精准招商，加强专业招商队伍建设，瞄准产业链缺失环节、产业配套项目，紧盯世界500强和行业领军企业，综合利用定点招商、登门招商等方式，招选一批大企业、大项目和区域总部，年内至少引进过亿元项目30个，其中过10亿元项目3个，世界500强企业1家，全年实际利用县外资金100亿元。建立健全项目建设“强帮扶、分节点、亮红旗”机制，扎实推进100个重点项目建设。强化人才引领，注重发挥乡情凝聚作用，积极构建常态化人才项目对接引进机制，完善“千人计划”专家创业园配套服务设施，力争年内引进高层次人才20名，吸引100名兰陵籍在外成功人士回乡创业。强化创新驱动，新增省市级技术创新平台12家。实施商标强县和质量强县，新培育驰名商标、

著名商标、省名牌产品4个。增强企业规模实力，加快推进企业“二次创业”，继续抓好“双20”企业培植，力争税收过5000万元企业15家，新增规模以上工业企业12家；引导中小企业做优做精主业，加快培育一批专、精、特、新“小巨人”企业。加强对拟上市企业的指导服务，加快推动企业对接多层次资本市场，争取年内2家企业上市挂牌。实施企业家素质提升工程，培育一批闯劲足、思维新、能力强的企业家队伍。建强产业平台。强化开发区产业发展主体平台作用，进一步理顺管理体制和运行机制；年内至少引进过10亿元项目2个；兰清环保能源、青佳尼等项目建成投产；启动应用科学城建设，推进开发区向高新区转变。小北山园区，突出招大引强、产城融合、绿色发展，着力打造产城融合、宜居宜业城市新区。加大矿业循环经济产业园、临沂商城棠林地产品加工产业园、临沂生物医药产业园（南区）、车辋建材产业园等园区建设力度，优化投资环境，推动园区发展重点由基础设施投入转向引企入园。强化用地保障，加快推进城乡建设用地增减挂钩项目进度，力争完成建新指标3000亩。

注重安全高效，发展品质农业。放大蔬菜品牌效应。坚持把增加绿色优质农产品供给放在突出位置，全力抓好“苍山蔬菜”区域公用品牌的管理使用；强力推进利源、家瑞2处上海市首批外延蔬菜生产基地建设，力争佰盟现代蔬菜产业园列入上海市第二批外延蔬菜生产基地；县公益性农产品批发市场建成运营；加快鸿强标准智能化种苗示范基地建设，引导育种企业与中国农科院等科研单位开展合作，强化自主创新能力，推进育繁推一体化进程；积极争取大蒜目标价格保险试点；高水平办好第五届“菜博会”、临沂市优质农产品交易会和兰花大会。构建新型农业经营体系。新培育市级以上产业化龙头企业10家、示范社18家，大力发展农产品精深加工和休闲农业、观光农业、智慧农业，推进农业“接二连三”，提高农业综合效益。积极实施粮食高产创建、国家级千亿斤粮食工程等项目，提升粮食综合生产能力。加强农产品质量安全监管。进一步健全农产品质量安全工作体系，加快推进县检验检测中心提升项目，全面打造农产品质量安全追溯与监管平台，力争各类蔬菜抽检合格率达到99.8%以上；新增优质农产品基地5万亩、“三品一标”农产品25个，创建省级标准化畜禽生产示范基地2处，实施“国家大宗淡水鱼类体系示范县”创建工程，争创国家级农产品质量安全县。扎实做好农田水利项目县建设、农业机械化、抗旱节水等工作，实施惠民庄水库修复工程，不断改善农业生产条件。

发展新兴业态，提升现代服务业。大力发展文化休闲旅游业。加快兰陵国家农业公园提升改造，突出抓好临沂农展馆、中华兰花馆、中国知青园等景区景点及配套建设。以全域旅游为方向，以兰陵国家农业公园、压油沟、宝山等项目为支撑，串点连线成面，打造旅游精品线路，努力让游客来得了、留得下；抓好会宝湖湿地公园、抱犊崮景区、兰陵古镇文化旅游区等特色旅游项目开发，提升旅游产业发展层次。加强旅游宣传促销，积极与大型旅游集团深度对接，努力把兰陵打造成区域性的休闲旅游目的地。力争年接待游客突破350万人次，实现旅游综合收入7亿元。改造提升商贸物流业。集中推进希杰荣庆物流、新兴铁路物流园等重点项目，扩大传统消费，培育新型消费。依托“点豆”等电商平台，引导传统商贸企业、农民专业合作社对接电商平台，实现电子商务与实体经济融合发展。大力发展现代金融业。积极引进金融保险机构入驻兰陵；稳步开展农村合作金融试点；严厉打击非法集资，严防金融和债务风险。促进房地产市场平稳健康发展。坚持房子居住属性定位，全面落实好以住房消费信贷为主的各项购房优惠政策，严格控制投资投机性购房。扎实推进户籍人口城镇化，力争年内实现7000户农业人口市民化。大力发展总部经济，确保年内引进总部企业60家。加快发展教育培训、养老服务、医疗健康等服务业。

（二）聚力改革开放高端融入，释放体制机制新活力

深化供给侧结构性改革。强化“扶优、引导、倒逼”机制，落实“三去一降一补”任务，主动减量、优化存量、引导增量。鼓励市场化的兼并重组，引入战略合作伙伴，盘活低效闲置企业，支持有实力、有前景的企业转产转型、焕发生机。对资不抵债、没有市场的“僵尸企业”，争取年内基本完成市场出清。引导企业加大技改投入，提高产品技术、工艺装备水平和先进产能比重，实施技改项目60个，完成投资120亿元。落实减税降费等一系列降低企业成本、支持实体经济发展的政策举措，帮助企业稳定生产、脱困发展。

聚焦重点领域改革。抓好行政管理体制改革。深化行政审批、公共资源管理和行政权力清单制度改革，推进流程再造，提升服务效能，将与民生密切相关的审批事项全部纳入县政务服务中心。稳步推进优先发展重点镇、经营性事业单位转企改制等改革，加快中小学、公立医院去行政化步伐，不断优化政府组织架构。抓好商事制度改革，积极推进“五证合一、一照一码”改革，新增市场主体3600家以上。抓好财税金融改革。健全综合治税平台和协税护税网络，促进部门间数据共享；加大PPP项目包装推介力度，推动城乡基础设施建设。扩大政府购买服务范围，提高公共服务效率。抓好农业供给侧结构性改革。依法推进农村土地“三权分置”，让农村土地释放更多红利；加快推进供销社综合改革，激发农村经济活力。抓好社会领域改革。基本药物全部实行集中采购，降低虚高价格。深化不动产登记制度改革，建立健全不动产资源数据库，实现信息互通共享。

提升对外开放水平。坚持高端融入，发挥人才优势，积极对接长三角、珠三角，争取在产业协作、功能承接、要素流入等重点领域和关键环节向兰陵辐射。实施“以质取胜”，支持企业参加国内外各类大型展会和专业经贸洽谈会；切实抓好县内出口企业“间接转直接”“异地转本地”工作；鼓励企业主动融入“一带一路”、中韩自贸区、中澳自贸区等国家战略，到境外开展投资合作；全年实现进出口2亿美元；实际利用境外资金1亿美元。

（三）聚力绿色引领城乡一体，铺就全域美丽新底色

提质提速建设县城。坚持规划引领，强化“多规合一”试点成果运用，构建科学完备的城乡规划体系。加快东城新区“填空”步伐，抓好柞城河生态治理、县农商银行整体搬迁等项目建设，兰陵六小、兰陵十中投入使用；开工建设3号路、7号路、18号路、佳园路东段、玉泉路东段等道路。抓好老城区升级改造，稳妥推进中兴居委片区、造纸厂片区三期、教体局片区、南徐庄片区等片区征收改造，加大棚户区货币化安置力度，确保能改则改、应纳尽纳。进一步完善城区路网，拓宽开阳路；206国道、229省道绕城段建成通车，拉大县城发展框架。抓好临沂西外环兰陵段建设，加快融入临沂“半小时生活圈”；完善城市功能，启动“海绵城市”建设，新建供水管网30公里、污水管网22.4公里；城区燃气和集中供热普及率分别达70%、65%以上。深化精细管理，巩固提升“四城联创”

成果，开展违法建设、市容环境、交通秩序重点整治，建立城市管理长效机制；创建省级文明城市，持续改善城市形象。深入开展公民道德素质教育和精神文明创建活动，不断提升全社会文明程度。

精致精细美化乡村。整合要素资源，加快推进兰陵镇、尚岩镇、神山镇等重点镇、示范镇建设，不断增强中心镇集聚发展能力。发挥资源禀赋优势，统筹空间、产业、项目布局，支持乡镇经济错位发展、特色发展、自主发展。强化全域美丽理念，以“硬化+改厕”、汪塘整治、环卫一体化、生活污水处理和新型社区建设等为抓手，抓好精品线路、精品村落培育建设，推动美丽乡村从“一处美”迈向“整体美”。实施传统古村落、古建筑保护工程，打造一批有影响力的文化名镇、文化名村。投资2.65亿元，新建、改建会宝岭水库环湖路、宝山旅游路、西坞线延伸工程等农村公路110公里，改造危窄桥梁50座，完成281个村454万平方米的村庄道路硬化任务，强化镇村道路管理养护，扎实推进农村公路安全生命防护工程建设。

着力改善环境质量。实施铁腕执法，对各类环境违法违规行为实行“零容忍”，坚决守住生态底线。强化大气污染防治，紧抓餐饮油烟、机动车尾气、城市扬尘等关键环节，建立大气环境污染物监测预警网络，推动大气污染防治向多因子、全方位、区域协同控制转变；巩固秸秆禁烧与综合利用成果，确保全域全年实现禁烧，空气质量明显提升。加强水生态保护和水资源管理，优先保护饮用水源地，强化工业生产等重点领域水污染防治，大力开展农村面源污染治理，积极推进土壤污染治理修复；严格落实三级河长责任制，确保12条出境河流断面水质持续稳定达标和水环境安全。大力实施生态保护修复，扎实推进国家级西部矿区生态环境恢复治理工程。新增造林面积1.2万亩、园林绿化5万平方米，森林覆盖率达33%以上。

各位代表！环境一头连着民生，一头连着发展。不仅影响现在，更制胜未来。我们要以更加坚定的决心、更加扎实的作风、更加有力的举措，强势推进环境综合整治和生态保护工作。我们也号召全县人民，自觉践行生态责任，主动摒弃生活陋习，厚植绿色发展根基，全力建设美丽兰陵！

（四）聚力共建共享和谐安定，完善社会事业新供给

决战决胜脱贫攻坚。坚持精准扶贫脱贫与区域发展统筹谋划、与优势产业培育紧密结合、与社会保障有效衔接，推动精准扶贫向小康建设转变。实施好产业、光伏、金融、健康、慈善等扶贫项目，121个省定重点贫困村实现扶贫项目全覆盖。优化整合财政涉农资金，提高资金使用效益，形成“多个渠道引水、一个龙头放水”的扶贫投入新格局。加强项目实施和资金审计监督，管好扶贫项目，用好扶贫资金。确保22个省定贫困村、14个库区村全部实现“摘帽”，全县所有贫困人口全部脱贫。

努力提高群众幸福感。坚持以创业带动就业，城镇新增就业9000人，失业人员再就业3300人，农村劳动力转移就业1.7万人。健全城乡一体的养老和医保制度，实现应扩尽扩、应保尽保；及时调整养老、失业等社保发放标准及医保报销政策，按时足额兑现社保待遇。加快养老机构建设，健全社会化养老服务体系。大力发展慈善事业，进一步规范完善城乡低保、五保供养、孤儿救助、住房保障、优抚优待等制度。实施保障性安居住房建设1311套、农村危房改造1818户。加快推进县残疾人康复中心项目建设。6处新建、改扩建中心敬老院投入使用，进一步提高五保供养对象集中供养率。

努力提升群众获得感。立足办好人民满意教育，合理配置资源，巩固义务教育均衡县创建成果，全面提升教育教学质量。完成35所中小学建设任务；开工建设17所公办幼儿园；继续实施“千名教师补充计划”，年度补充新教师400人以上；着力提升高中教学质量和办学水平；统筹抓好职业教育、特殊教育和民办教育。完善医疗卫生设施，抓好县医院东城新院、县中医院整体搬迁工程建设，启动卞庄、兰陵2处乡镇中心卫生院创建二级乙等医院工作，提升一批村级卫生室。落实计划生育优惠政策，促进人口均衡发展。加快文化体育事业发展，构建现代公共文化服务体系，普及推广全民健身项目，广泛开展群众性、公益性文体活动。抓好第三次全国农业普查工作。启动国家级综合档案馆建设。争创“千年古县”。

努力增强群众安全感。突出抓好安全生产，全面落实网格化监管责任，常态化开展重点行业领域的安全生产隐患排查和专项整治，坚决遏制较大以上事故发生。强化食品药品市场监管。持续推进“平安兰陵”建设，健全立体化社会治安防控体系，实施“天网”三期工程，扎实开展打击“盗抢骗”等专项行动，切实维护人民群众生命财产安全；深入开展“七五”普法宣传教育。积极开展人民调解，依法化解信访突出问题。健全完善矛盾纠纷排查调处化解机制，妥善应对处置突发事件和网络舆情。稳步推进其他各个方面的工作，促进社会各项事业协调发展。

各位代表！民生连着民心。我们将始终带着深厚感情和满腔热情，把惠及民生的工作做实办好，凡是国家出台的惠民政策，坚决落实；凡是得民心顺民意的事情，全力去做，努力让民生成为兰陵最厚重的底色，让共享成为最温暖的主题。

（五）聚力遵法守矩务实担当，提升政府治理新能力

重法治，全力打造依法履职政府。恪守“法定职责必须为、法无授权不可为”要义，把政府活动全面纳入法治轨道。推进综合执法，全面落实行政执法责任制，加强重点领域执法监督，坚决纠正执法不公正不文明现象。全面推进政务公开，畅通县长信箱、12345市民服务热线、行风热线等民意诉求渠道，增强政府工作的透明度。自觉接受党内监督、人大依法监督、政协民主监督和社会监督，提高依法行政能力和水平。坚持实事求是、取信于民，把依法履行政府职责与正确引导社会预期结合起来，对承诺的事情，做到言必有信、一诺千金；对办不到的事情，不轻易许诺；对不应办的事情，坚决不办。

勇担当，全力打造务实高效政府。牢记政府前面“人民”二字，顺应人民群众对美好生活的向往，下更大决心，聚更多财力，补齐民生短板。大力弘扬勤政务实之风，扎实推进懒政怠政、为官不为专项治理；强化政务督查和效能问责，确保政令畅通，促进政府提速；大力弘扬敢想敢干、敢为人先的创新精神，健全激励机制和容错免责机制，为担当者担当，为负责者负责，让广大干部愿干事、敢干事、能干事、干成事，高效推动各项决策部署落地生根。坚决避免有想法没办法、有上文没下文、讲得到做不到、说得好干不好的现象。县政府班子坚持以上率下，带头深入一线，带头开展调研，带头真抓实干，什么事情最需要办，就去抓什么事情，什么问题最难办，就去解决什么问题，以过硬的作风创造经得起实践、历史和群众检验的业绩。

守规矩，全力打造清正廉洁政府。廉洁如水，来不得半点污染；奉公如蚕，吐不完一身正气。

我们坚持将纪律和规矩挺在前面，全面落实党风廉政建设主体责任和“一岗双责”，健全惩治和预防腐败体系，严格拒腐防变。紧盯行政审批、政府投资性建设项目、惠民资金等重要领域和关键环节，加强行政监察和审计监督，严肃查处各类违纪违法行为，坚决纠正损害群众利益的不正之风。我们欢迎一切有意愿、有能力的创业者、投资者、合作者来兰陵发展，并始终把握好“亲”“清”政商关系，坚决打破潜规则和暗箱操作，防止一切以权谋私、权钱交易，让兰陵成为干净干事、投资创业的净土。

各位代表！事业传承，继往开来。民之所向，政之所为。兰陵1724平方公里的美丽家园，是我们干事创业的大好舞台；兰陵人民自己描绘的美好蓝图，是我们团结拼搏的前进方向；兰陵人民对美好生活的向往，是我们奋发进取的不竭动力。让我们在中共兰陵县委的坚强领导下，和全县人民一道，不忘初心，继续前进，为建设富裕美丽幸福的新兰陵而努力奋斗！

大事记

2016年度大事记

1月

1月1日 兰陵国家农业公园举行免费入园仪式。县领导郑连胜、薛峰等出席。根据县委、县政府安排，春节期间，对全县居民实行入园优惠措施，凡持有兰陵县居民身份证者均可免费入园。

1月2日 副市长边峰一行来兰陵检查矿产资源领域的安全生产工作。检查组到大汉石膏矿监控终端及该矿采空区、塌陷区治理现场实地检查，并听取相关情况汇报。边峰指出，安全生产事关人民群众生命财产安全和社会的和谐稳定，各级各部门要全面落实监管责任，加大对事故隐患的排查力度，严格责任追究，严防安全生产责任事故发生。

1月3日 市委书记、市人大常委会主任林峰海带领全市转方式调结构现场交流会与会领导来兰陵观摩。林峰海一行先后到兰陵大厦总部经济项目现场、临沂盛荣新材料项目、中国·兰陵国家“千人计划”专家创业园等处观摩，并听取相关情况汇报。林峰海指出，兰陵县的改变让我们眼前为之一亮，取得的成绩有目共睹，兰陵走出了一条科学发展的新路子。

1月7日 国务院召开全国计划生育工作电视电话会议。县领导薛峰等在兰陵分会场收听收看了会议实况。会议传达了《中共中央国务院关于实施全面两孩政策改革完善计划生育服务管理的决定》以及新修订的人口和计划生育法。要求各级各部门要把握实施全面两孩政策的若干问题，完善配套政策，推进全面两孩政策扎实稳妥有序落实。

1月9日 “沂蒙情　中国梦”北京临沂商会2016年新春联谊会暨兰陵分会成立庆典大会在北京国润商务大厦临沂会馆召开。各界人士共有150多人参加了会议。吴琼当选为兰陵分会会长。

1月11日 县十六届人大常委会第二十五次会议召开。会议听取审议了县政府关于申请调整2015年财政收入预算及追加财政支出预算的报告；审议通过了县人大常委会关于实施宪法宣誓制度暂行办法；接受部分代表的辞职请求；依法补选了部分市人大代表。

1月14日 省委副书记、省长郭树清一行来兰陵召开落实党风廉政建设责任制情况座谈会。市委书记、市人大常委会主任林峰海等出席会议。郭树清一行首先到兰陵国家农业公园进行调研，了解了兰陵现代农业及经济社会发展情况，并对兰陵一、二、三产业融合发展情况给予肯定。随后，召开座谈会。郑连胜汇报了2015年度落实党风廉政建设责任制情况，郭树清强调，要增强担当精神，党委要全面落实从严治党主体责任，严格责任追究，真正让问责成为常态；纪委要履行好监督责任，严肃查处腐败问题。

1月14日 2015年乡镇党委书记抓基层党建述职评议会议召开。18位乡镇（街道、开发区）党（工）委书记述职后，市委组织部副部长、市人才办主任李业荣作点评讲话。会议要求，各乡镇党委书记要认真谋划基层党建工作思路措施，切实把基层党建各项任务落到实处；要正视问题，直面矛盾，下气力，出实招，一项一项抓整改，一件一件促落实。

1月15日　八路军115师师部旧址修复工程启动仪式在下村乡上大炉村举行。原第二炮兵部队副政委、北京八路军山东抗日根据地研究会会长罗东进中将，临沂军分区政治部主任盛建伟，县领导郑连胜、薛峰等出席仪式。八路军115师师部旧址修复项目总占地面积20000平方米，规划建筑面积6360平方米，总投资3000万元，主要恢复115师师部旧址、建设八路军东进抗日纪念馆等，计划2017年1月竣工。项目建成后，将成为重要的爱国主义教育基地、党性教育基地。

1月19日　全县解决城镇普通中小学大班额问题加快学校建设工作会议召开。会议指出，解决大班额问题工作是惠及广大群众的民心工程、德政工程，是兰陵教育发展的基础。各级各部门必须认清形势，明确时间节点，通过保障城镇学校建设用地，加大城镇学校建设投入，完善教师补充机制等措施，全面推进实施解决大班额问题工作。

1月22日　全县2016年春运工作会议召开。会议分析了2016年春运工作的形势和特点，部署了2016年春运工作。会议指出，各有关部门和单位要建立健全监管机制和组织机构，制定完善的工作方案和应急预案，确保春运工作安全有序进行。初步预测，今年全县道路旅客运输客运量将达45万人次，城市出租客运量13万人次，城市公交客运流量33万人次。春运期间，拟日均投放客运车辆400台、城市公交车53辆、城市出租车170辆。

1月22日　市委常委、常务副市长左沛廷到矿坑镇凤凰庄村走访慰问困难党员、低保户、残疾人。走访期间，左沛廷强调，春节将至，各级党员干部要多关心、了解、照顾困难群众的生产生活，多做雪中送炭的事，积极主动地为他们排忧解难，帮助他们解决实际困难，让群众切实感受到党和政府的温暖。

1月25日　全县大气污染防治紧急会议召开。会上，通报了近期全县大气污染防治工作情况。会议指出，当前，兰陵大气污染防治工作形势依然严峻，各级要认识到位、措施有力，做到重点工作重点排查。近期，将对全县10吨以下燃煤锅炉进行全部拆除，禁止大规模使用煤球炉，确保兰陵环境空气质量得到持续改善。

1月26日　全国供销总社监事会副主任王韩民一行来兰陵调研供销社农业服务规模化工作。调研组先后到利源蔬菜产业合作社、众利农机合作社实地察看，并听取相关情况汇报。王韩民指出，兰陵县围绕“改造自我、服务农民”的要求，推进了农业服务规模化工作，实体性合作经济组织建设初见成效。希望在下步工作中，以土地托管为切入点，整合社会资源，加快培育市场主体，推进农业科技服务创新，提升为农服务质量。

1月27日　省国防科工办主任王超英一行来兰陵调研民爆企业安全生产主体责任落实情况。调研组在听取了兰陵民用爆破器材工作汇报后，王超英要求，各级民爆安全监管部门和民爆企业要认真吸取平邑天宝公司“10•2”事故教训，加强行业监管，严格落实企业主体责任，确保民爆行业安全生产稳定。

1月28日　全县扶贫开发工作会议召开。会议传达了县委、县政府《关于坚决打赢脱贫攻坚战的实施意见》。会议要求，全县各级要突出重点，精准发力，坚决打赢脱贫攻坚战。按照省里的标准，目前，兰陵仍有贫困村121个，贫困人口4.1万户、7.5万人，占全市贫困人口的11%。兰陵计划将提前完成脱贫任务目标，确保2018年实现贫困人口全部脱贫。

1月29日 中宣部政策研究室领导来兰陵调研基层意识形态工作。调研组先后到神山、向城和兰陵等镇了解农村广播“村村响”工程、乡村文明行动、文化产业发展等情况，并召开了基层代表座谈会。调研组认为，大家提出的建议很有参考价值，下步将进行认真梳理、分析，并写入专题调研报告。

2月

2月15日 全市科学发展总结表彰大会召开。会议主要是总结工作，表彰先进，加压鼓劲；要求全市上下要适应新常态，贯彻新理念，展现新作为，奋力打好“十三五”开局之年主动仗。会议通报了全市2015年度科学发展综合考核结果，表彰了先进集体和先进个人。芦柞、南桥、向城、兰陵4个镇荣获2015年度乡镇科学发展综合奖；荣庆集团等4家企业荣获2015年度贡献“大美新”临沂建设功勋企业称号。

2月16日 平安兰陵建设大会召开。会议主要是总结兰陵2015年度政法综治信访暨平安建设工作，表彰先进，分析形势，安排2016年平安建设工作任务，推进平安兰陵建设工作深入开展。会议要求，全县各级各部门要明确思路、强化措施，全力解决影响社会和谐稳定的突出问题，为实现“十三五”时期经济社会良好开局创造安全稳定的社会环境、公平正义的法治环境、优质高效的服务环境。

2月17日 国家住建部发布了《关于2015年国家生态园林城市及园林城市、县城、城镇的通报》，兰陵县喜获“国家园林县城”称号。

2月18日 全县安全生产大排查快整治严执法动员大会召开。会议主要任务是贯彻落实中央、省、市关于安全生产工作的有关要求，分析当前安全生产工作形势，明确全县10个重点领域安全生产工作，分解落实安全生产工作责任，部署安全生产大排查快整治严执法行动，全力遏制重大安全生产事故的发生。会议强调，各级各部门要坚持高标准、严要求，全力以赴消除安全隐患，努力保持全县安全生产形势持续稳定。

2月19日 全县集中供热中心项目开工筹备会议召开。由兰陵县政府、临沂城投集团和阳光热力公司及引入社会资本共同投资建设的兰陵县集中供热中心项目将于今年11月投产试运行。会议对全县集中供热中心项目推进实施方案进行了通报，并听取了相关部门情况汇报。会议强调，各相关部门要抓住集中供热项目建设的机遇，创新思路、超前谋划，迅速启动项目前期工作；城投集团要科学安排工期，争取早竣工、早投产、早见效。

2月22日 县纪委十三届六次全会召开。会上，传达了中央、省、市纪委全会精神，县委常委、纪委书记纪军代表县纪委作工作报告。会议要求，要坚持全面从严治党，依规治党，把纪律和规矩挺在前面，着力解决侵害群众利益的不正之风和腐败问题，不断推动党风廉政建设和反腐败工作取得新成效。

2月22日 全县基层党建暨组织工作会议召开。会议主要是贯彻落实全国农村基层党建工作座谈会、省市基层党建工作会议及组织部长会议精神，总结2015年组织工作，分析兰陵基层党建工作面临的形势任务，安排2016年组织工作重点任务。会议强调，要突出重点，全面推进，努力提高全县基层党建工作整体水平。

2月23日 中国农科院蔬菜花卉研究所所长孙日飞一行来兰陵就“院士工作站”建设、

“博士后论坛”筹备等工作进行调研。座谈会上，孙日飞听取了兰陵经济社会发展情况汇报。随后，郑连胜与众院士对工作站建设用地、试验田选址、院士工作站建设等问题进行了商讨。项目建成后，将有中国农科院院士常驻兰陵开展科研工作，以便为全县蔬菜产业转型升级增加助力。

2月29日 县委书记、县人大常委会主任郑连胜，县委副书记、县长薛峰等县领导到兰陵国家农业公园视察指导第四届菜博会筹备工作开展情况。 视察组到菜博会节点项目施工现场进行了视察，听取了菜博会筹备委员会的工作汇报，郑连胜强调，要通过举办菜博会促进兰陵蔬菜产业的发展，提高蔬菜产品附加值，促进农民增收。严格按照时间节点开展工作，时刻把项目质量和安全放在重要位置，确保圆满完成任务。

3月

3月2日 全县扶贫攻坚现场推进会议召开。会前，与会人员到金岭镇压油沟村产业扶贫现场和尚岩镇惠东社区易地搬迁扶贫现场参观。会议要求，全县各级要统一思想，凝聚力量，咬定目标，苦干实干，确保提前完成脱贫攻坚任务。

3月3日 市委常委、常务副市长左沛廷来兰陵督查安全生产工作。左沛廷实地察看了金玺泰集团等企业，了解了济钢山东球墨铸铁管公司环保搬迁项目进展情况。左沛廷指出，兰陵矿产企业较多，安全生产工作责任重大。各级各部门要汲取近期各地各类事故教训，严防各类安全生产事故的发生。济钢山东球墨铸铁管公司环保搬迁项目是兰陵县乃至全市近年来引进的大项目、好项目，市、县将全力支持，积极协调各部门加快项目建设。

3月3日 全县卫生计生工作总结表彰会议召开。会议回顾总结了2015年卫生计生工作情况，表彰了先进，并对2016年工作进行了安排。会议指出，全县卫计系统要深化医药卫生体制改革，着力提升卫生服务水平；做好全面两孩衔接工作，推进优生优育服务；深化党风廉政和行业作风建设，促进卫生计生事业的发展。

3月4日 县十六届人大常委会第二十六次会议召开。会议听取审议了县政府关于《兰陵县“多规合一”规划》的报告、兰陵县人民代表大会常务委员会工作报告、关于兰陵县第十六届人民代表大会第五次会议召开时间决定草案及兰陵县第十六届人民代表大会第五次会议建议议程草案等；依法对县人大常委会、县法院、县检察院部分工作人员进行了任免；任命刘继永为国土资源局局长；大会决定县第十六届人民代表大会第五次会议于3月12日至14日在县城召开。

3月6日 全县房地产企业座谈会在卞庄街道召开。会议听取了部分房地产开发企业的意见和建议。会议指出，当前，兰陵正处于房地产发展的黄金期，相关职能部门要与各房地产开发企业加强合作，实施精准推介，完善城镇公共基础设施建设，加快农民市民化发展步伐。同时，房地产企业要主动发展，超前谋划未来三到五年工作计划；加强行业自律，规范销售行为，合理解决历史遗留问题；房地产企业之间要精诚合作、避免恶性竞争，确保房地产行业健康稳定发展。

3月8日 全县环保和建设工作会议在县反恐指挥中心召开。会议传达了《兰陵县大气污染防治2016年攻坚行动方案》和《兰陵县城乡水域环境综合整治实施方案》。会议要求，各级要痛下决心，以破釜沉舟、壮士断腕的勇气，坚决打赢大气污染防治攻坚战；以志在必得的坚定决心、奋发有为的精神状态，努力开创兰陵环保和城建工作新局面。

3月9日 全县选派第三批“第一书记”工作会议召开。市委派驻兰陵县“第一书记”工作大组长徐庆军等出席。会上，徐庆军传达了市委书记、市人大常委会主任林峰海关于做好第三批“第一书记”的批示及全市动员会议精神。今年，县委决定选派第三批180名“第一书记”到90个村抓党建、促脱贫。目前，兰陵仍有44个省定贫困村、24个新识别库区贫困村，脱贫任务艰巨。会议指出，各级各部门要增强大局意识，把这项工作作为一项政治任务抓紧、抓实、抓牢。

3月12日—13日 政协第九届兰陵县委员会第五次会议在兰陵文化活动中心召开。来自各党派团体、各族各界的328名政协委员出席会议。郑连胜代表县委向大会的召开表示祝贺并作重要讲话。翟玉才作政协第九届兰陵县委员会常务委员会工作报告。王克洪向大会作县政协九届四次会议以来提案工作情况的报告。会议对县教体局等10个提案承办先进单位和孔雁等16名优秀提案人进行了通报表扬。会议听取了县政协关于九届五次会议提案审查情况的报告；听取并通过了县政协九届五次会议决议。

3月12日—14日 兰陵县第十六届人民代表大会第五次会议在兰陵文化活动中心召开。薛峰向大会作政府工作报告；刘茜堂作县人大常委会工作报告；大会投票选举王平等6位同志为十六届人大常委会委员。会议讨论审议通过了十三五规划纲要，审议通过了政府工作报告和其他几项工作报告，会议明确了目标，统一了思想，凝聚力共识。

3月14日 临沂华龙热电搬迁扩建项目在开发区举行奠基仪式，县领导郑连胜、薛峰等参加活动。华龙热电搬迁扩建项目总投资4亿元，供热面积400万平方米，是兰陵第一个ppp项目。

3月15日 市委副书记张宏伟到金玺泰矿业有限公司项目现场、荣庆集团、尚岩镇惠东社区等处调研，并听取相关情况汇报。张宏伟要求，各级党委、政府和有关部门要积极为企业的发展排忧解难，加快企业转型升级，壮大集体经济，增强扶贫攻坚工作的针对性和实效性。

3月15日—16日 全县第三期农村（社区）党组织书记培训班在县委党校举办，县委副书记王军出席开班仪式并作辅导报告。王军结合当前国际国内形势，联系农村基层实际，就加强理论学习、转变工作作风、提高农村工作能力等方面为广大农村（社区）党组织书记上了一堂生动的党课。

3月16日 由浙江大学CARD中国农业品牌研究中心组织的“2015中国农产品区域公用品牌价值评估排名”日前揭晓，“苍山大蒜”品牌价值高达48.37亿元，位列全市农业品牌价值第一，居全国50强第17位。

3月16日 兰陵召开2016年4G基站建设推进会。会上，临沂铁塔公司兰陵办事处负责人介绍了4G基站建设项目的规划和进展情况。今年，该公司将在兰陵建设4G基站110座，投资规模近1亿元。建成后，全县所有行政村将全部覆盖4G网络信号。

3月18日 全县宣传思想文化工作会议召开。会议的主要任务是传达贯彻全市宣传部长会议精神和全市新闻舆论座谈会会议精神，总结工作，分析形势，安排今年宣传思想文化工作任务。会议要求，各级各部门要对照《2016年全县宣传思想文化工作要点》，结合工作实际，科学谋划，尽快形成可行的工作思路和方案，力争今年工作体现新特色、出现新亮点、呈现新局面。

3月18日 兰陵县创建国家卫生县城迎查攻坚动员会召开。会议对创建国家卫生县城迎查暨除四害复查、暗访工作进行部署，动员全县上下迅速行动起来，全力以赴，确保兰陵创卫工作顺利通过上级验收。会议要求，各级各部门要严格按照工作分工和要求，抓好基础设施建设、综合整治和除四害等工作，强化城区日常监管，确保各项整治工作由点到面全面达标。

3月21日 市政府调研组来兰陵视察菜博会筹备工作。调研组到菜博会主展馆进行了查看，并听取相关情况汇报。随后，召开座谈会。调研组指出，兰陵县要充分利用现有资源，优化展示区域布置；精心设计线路，做好参观引导工作；加强后勤保障，将本届菜博会办成贴近民生、突出蔬菜产业特色的一次盛会。

3月23日 文化部公共文化司巡视员周广莲率调研组来兰陵调研文化精准扶贫工作。调研组到金岭镇压油沟村文化旅游项目基地、尚岩镇北尚岩社区综合文化服务中心和沂蒙山农耕博物馆等地考察，并与干部群众就文化精准扶贫问题进行了交流。周广莲认为，兰陵公共文化服务体系建设工作开展地扎实有效，工作思路清晰，措施得力，为丰富和活跃基层群众的文化生活和精神文明建设做了很多事实。

3月23日 省委党校常务副校长徐闻带领调研组来兰陵调研省派“第一书记”帮扶工作。调研组到唐庄、前银厂、刘宝山等村调研，了解扶贫措施落实情况，并听取了省直“第一书记”工作开展情况汇报。徐闻要求，在今后帮扶工作中，要结合当地实际，主动作为，积极争取各方资源，扎扎实实为群众办实事、好事。

3月28日 第十二届全国政协委员、中国国际经济技术合作促进会理事长杨春光一行来兰陵考察旅游产业发展情况。考察团到兰陵国家农业公园、“千人计划”专家创业园、兰陵美酒厂、荀子墓等地考察，实地了解兰陵历史文化与旅游产业发展现状。杨春光认为，兰陵要坚持以人为本的设计理念，结合本地特色，巧留亮点，妙添新景，彰显自然和谐景观；要以外力作支撑，高起点开发，以差异寻特色，走出一条与众不同的旅游创新发展之路。

3月28日 县委组织收看国务院第四次廉政会议。会议学习贯彻中央纪委第六次全体会议和国务院党组会议精神，回顾总结2015年政府系统廉政建设和反腐败工作，部署2016年工作。会议指出，各级党组织和广大党员干部，要统一思想，凝聚共识，齐心协力，扎实做好党风廉政建设和反腐败工作。

3月29日—30日 省考核组对兰陵创建省除“四害”先进县达标工作进行复查。兰陵成功通过考核。考核组要求，兰陵要注重资料的系统归纳和整理，完善长效管理机制，加大经费投入，巩固防治成果，为迎接国家卫生县城复检做好准备。

4月

4月2日 全县森林防火安全会议在文峰山景区管委会召开，专题安排全县森林防火安全工作。会议指出，各级各部门要严格控制和管理好清明节期间扫墓祭祀行为，倡导文明祭祀；加大森林防火宣传力度，及时发放节日防火知识材料；启动民兵预备役组织上山巡查，加强火灾预防；同时，要在山道险要部位布置人员，做好客流疏通工作，严防踩踏事件发生。

4月6日 兰陵博物馆布展方案汇报会召开。会上，上海励丰创意展示有限公司总经理肖建敏代表兰陵博物馆设计团队汇报了布展设计方案。与会领导专家就博物馆布展设计方案提出了意见和建议。会议指出，博物馆布展要突出历史主线，彰显人文特色，通过综合艺术手段烘托内容主题，以重点文物、重大事件记述历史脉络。希望布展设计单位在方案后续工作中，将先进的理念、独特的创意和精致的体验融入布展中，做到精美、简约、大气，努力打造出一个独具特色、囊括经典文化的兰陵博物馆。

4月12日　第四届中国兰陵（苍山）国际蔬菜产业博览会在县农展中心开幕。中国国际经济技术合作促进会理事长杨春光等国家、省（部委）、市有关领导出席开幕式。本届菜博会坚持“特色鲜明、内容丰富、务实创新、隆重节俭”的原则，突出“优质、安全、绿色、健康”主题，将第四届菜博会办成一届综合展示兰陵文化魅力、做强蔬菜品牌、做实旅游产业、促进合作共赢的盛会。开幕式结束后，与会领导、嘉宾到各展厅进行了参观。此次博览会共有5000多人参加活动。

4月12日　兰陵县与美国宾夕法尼亚州克里尔菲尔德郡缔结友好合作关系城市，克里尔菲尔德郡议会主席、行政长官约翰索贝尔，县委副书记、县长薛峰等出席。薛峰在致辞中介绍了兰陵的经济社会发展情况，并希望双方以这次友好合作关系城市协议签订为契机，增进了解，加深友情，推动两地深度合作、共赢发展。会上，薛峰与约翰贝尔签订了双方缔结友好合作关系城市协议书。

4月13日　中国蔬菜科技与产业化博士后学术论坛在兰陵大酒店举办。中国工程院副院长、院士刘旭，人社部、中国博士后科学基金会、中国农业科学院等有关领导专家以及来自比利时根特大学和全国高等院校、科研院所的专家学者参加了活动。会上，县政府与中国工程院为“苍山蔬菜产业集团院士工作站”签约、揭牌；县委与中国农业科学院为“中国农业科学院蔬菜花卉研究所博士后科研实践基地”揭牌。本次学术论坛，专家学者们围绕蔬菜育种概念、设施蔬菜发展与“十三五”的主要任务、蔬菜病虫害发生趋势与防治建议等进行了学术讨论。

4月13日　省旅游局局长于凤贵一行来兰陵调研乡村旅游和精准扶贫工作。调研组到兰陵国家农业公园和压油沟古村落景区建设项目现场考察。于凤贵对兰陵乡村旅游工作取得的突破性发展给予肯定，希望景区要处理好旅游资源的保护与开发的关系，围绕打造一个具有高品质和精致休闲生活理念的精品乡村旅游景区而努力，重点要做好旅游与精准扶贫工作的结合，通过旅游项目的建设运营，早日实现脱贫致富与旅游发展共赢。

4月13日　国务院参事、农业部农村经济研究中心研究员刘志仁带领调研组来兰陵调研化肥行业去产能及新型肥料扶持政策问题。调研组先后到山东普金肥料有限公司、山东科洛夫化工有限公司、山东史贝美肥料股份有限公司和兰陵国家农业公园察看，了解兰陵化肥行业发展状况。刘志仁从当前中国农业发展的现状出发，论述了化肥行业去产能和新型化肥研发的必要性。同时指出，兰陵化肥生产企业要围绕“调结构、保生态、上档次、促发展”的要求，发挥企业自身优势，高点定位，推进有机肥的研发，实行产业化生产。

4月16日　由中国作协原党组书记、中国散文学会会长王巨才，中国作协《文艺报》社副总编崔艾珍，中国作协创联部副主任尹汉胤率领的多家报刊媒体作家来兰陵开展采风活动。薛峰介绍了兰陵产业发展情况以及近年来经济社会的发展成就，并希望各位作家通过这次采风活动多了解兰陵，宣传兰陵，推介兰陵。期间，采风团还到兰陵国家农业公园、代村社区等地参观。

4 月 19 日　省民委副主任马辉率领考察组来兰陵考察开展民族团结进步创建“互观互检”工作。考察组到磨山镇皇甫寺民族社区、西疃社区民族小学等地察看，并听取了相关情况汇报。马辉对兰陵开展民族团结进步创建活动取得的成果表示满意，同时，希望兰陵要以点带面，持之以恒地深化民族团结进步事业，为促进各民族共同团结进步、繁荣发展做出新贡献。

4 月 20 日　中国社会科学院马克思主义研究院副院长贾朝宁一行来兰陵调研社会组织统战工作开展情况。调研组先后到凯森制药、一品律师事务所、点豆农业链、“千人计划”创业园服务中心等地考察，听取了相关情况汇报。贾朝宁对兰陵社会组织统战工作取得的成绩给予肯定。同时，希望兰陵要发挥党组织主体作用，使社会组织党外代表人士受教育、长见识、增才干、作贡献；把改革创新精神贯穿于试点全过程，搭建改革实践与建言献策平台，为加强和改进社会组织统战工作创造成功经验。

4 月 22 日　省委党校农村发展教研基地揭牌仪式在代村社区举行。仪式上，宣读了《中共山东省委党校关于在兰陵县代村社区设立农村发展教研基地的决定》。省委党校副校长袁永新在讲话中指出，代村的发展完全符合中央关于新农村建设的“20 字方针”，代村的实践及所取得的成果完全符合党校成立教研基地的条件。袁永新与郑连胜共同为教研基地揭牌。随后，与会领导参观了代村社区的居民广场、幼儿园、村史馆等新农村发展现场。参观结束后，省委党校图书馆向代村社区捐献了 300 余册图书。

4 月 23 日—24 日　兰陵县举办“高层次人才兰陵行暨双创论坛”活动。这次活动共邀请院士、国家“千人计划”专家及高等院校教授 67 名。涉及生物医药、农业产品、新材料新能源、工程机械、信息科学、石油化工等多个领域。与会专家考察了国家“千人计划”专家创办的山东凯森制药有限公司、兰陵爱普森新材料有限公司、兰陵·国家“千人计划”专家创新创业服务中心等。推介会上，举行了创新创业扶持资金发放仪式，集中签约了国家“千人计划”专家姜国辉的生物絮凝剂等五个项目。

4 月 24 日　省音乐家协会副主席、词作曲家曲波率赵小也、尹铁良等词曲作家来兰陵创作采风。采访活动中，作家们详细了解了兰陵社会及文化发展情况，并对近年来发生的巨大变化深感震撼。曲波表示，对一个音乐创作者来说，兰陵是一块宝地、是一座富矿。我们能感觉到兰陵的魅力，也愿意用自己创作的艺术作品来歌颂沂蒙、歌颂兰陵。

4 月 25 日　市人大党组书记、第一副主任杜德昌一行来兰陵视察经济社会发展情况。视察组先后视察了兰陵国家农业公园、生物质发电、廊桥建设等现场，并听取了有关单位负责人的情况汇报。视察组认为，兰陵高起点编制发展规划，经济社会发展取得了巨大成就。今后应全力实施基础设施建设，抓住跨越发展机遇，突出地方特色，提升整体品牌效应。

4 月 25 日　中央党校组织部党性教育培训班一行 20 余人在中央党校校委委员、组织部部长黄宪起带领下来兰陵现场教学。培训班学员先后到代村社区“中共山东省委党校农村发展教研基地”、兰陵国家农业公园进行实地考察，听取了相关情况介绍，并与代村党员群众进行了互动交流。教学结束后，学员们表示，这次党性教育活动，内容鲜活，形式丰富，深刻领会到党的根基在人民，力量在人民，今后一定要自觉加强党性修养，不断提高服务群众的能力。

4 月 26 日　县纪委在县委党校举办县直部

门中层干部学习《准则》《条例》专题培训班。本次培训突出党规党纪教育这一重点，邀请县纪委、县委组织部、县委党校的领导和专家作《准则》《条例》、“两学一做”和十八届五中全会精神辅导报告，组织观看了警示教育片。目的是要求机关干部要牢固树立纪律意识、责任意识，做好本职工作，赢得群众认可。

4月27日 全县统战工作会议召开。会议传达学习了全市统战部长会议精神，总结去年工作，安排今年工作任务。会上，表彰了2015年度统战工作先进单位和先进个人。会议要求，全县各级要加强统战干部队伍建设，健全县、乡（镇、街道、开发区）、村（社区）三级统战工作网络，完善运行机制，推进统战工作深入开展。

4月27日 县委组织收看全国全省深化医药卫生体制改革电视电话会议。郑连胜等县领导在分会场收看了会议实况。会议要求，要推动医改各项政策落地见效，让医改红利更多惠及广大群众；以分级诊疗制度建设为抓手，加大公立医院改革力度，推进医保异地结算和大病保险全覆盖，建立符合行业特点的薪酬制度，调动医务人员积极性；推进社会办医和医师多点执业，加快补齐儿科服务和慢性病防治短板，把全面二孩政策好事办好。

4月28日 县委召开“两学一做”学习教育工作座谈会。会议主要是学习习近平总书记关于“两学一做”学习教育重要指示精神，贯彻落实中央和省、市委部署要求，对全县“学党章党规、学系列讲话、做合格党员”学习教育进行安排。会议要求，全县各级各部门要以严的精神和实的干劲，高标准、高质量，推进“两学一做”学习教育工作，确保学习教育取得党和群众满意的成效。

4月29日 县政府廉政工作会议召开。会议主要是贯彻落实市政府廉政工作会议精神，专题安排县政府系统勤政廉政建设工作。会议要求，全县政府系统干部，必须不折不扣落实好党风廉政建设主体责任，牢记“两个务必”，严格遵守“八项规定”等廉洁从政各项规定，巩固群众路线教育实践活动和“三严三实”专题教育成果，深入开展“两学一做”学习教育，推动政风行风持续好转。

4月29日 纪念“五四”运动97周年暨第二届“兰陵县十大杰出青年”评选活动总结大会召开。会上，表彰了第二届“兰陵县十大杰出青年”“兰陵县十大优秀青年”及2015年度“红旗团委”等先进单位和先进个人。会议肯定了过去一年来全县共青团工作取得的成绩，并对下一步工作提出了具体要求。

本月 为推动蒜苔价格保险落户兰陵、惠及全县蒜农，县政府采取多项措施，确保了今年蒜苔价格保险承保工作落实到位。随后，启动了“应急价格监测机制”，在各蒜苔主产区分别设立了61处价格采集点，自25日起，每天及时、准确地采集当日蒜苔销售价格和销售量信息，并持续整个蒜苔购销期。为下一步保险理赔工作提供重要价格数据支撑。截至30日，全县累计完成蒜苔参保面积19.14万亩，蒜农累计缴纳保费459.45万元，整体参保率超过80%。

5月

5月4日 县委书记、县人大常委会主任郑连胜带队赴沂南参观考察扶贫开发工作。考察团先后到沂南县岸提镇兴旺庄村、孙祖镇代庄村、依汶镇汶凤村进行参观考察。通过考察学习，考察团认为，沂南县通过精准识别扶贫对象、确定任务内容、创新扶贫模式等措施，牢牢把握扶贫工作重点，最大限度地挖掘、运用了各方面的资源和力量，推动了扶贫工作的深入开展。在随后召开的座谈会上，郑连胜就考察学习内容，结合兰陵实际，进行了总结分析，并对下一步扶贫工作作了具体安排。

5月5日 副省长夏耕带领省直有关部门负责人来兰陵调研商务、金融以及品牌建设工作。夏耕一行先后到兰陵县“千人计划”专家创业园、兰陵国家农业公园、蒜苔购销工作现场等地调研。随后，召开座谈会，听取了兰陵县有关情况汇报。夏耕指出，近年来，兰陵县委、县政府勇于担当、敢于创新，工作有特点、有亮点，走在了全市、全省前列。希望兰陵县再接再厉，把商务、金融和品牌建设等工作摆在更加重要的位置，真抓实干、奋力赶超，努力推动各项工作再上新台阶。

5月6日 市离退休老干部来兰陵视察经济社会发展情况。老干部们先后到兰陵文化广场、国家“千人计划”产业园和兰陵国家农业公园察看，在随后召开的座谈会上，郑连胜汇报了兰陵经济社会发展情况。老干部们一致认为，兰陵项目建设取得较大突破，城乡一体化建设持续推进，新型农村社区建设和高效农业示范基地建设成效显著，各项社会事业协调发展。并表示将一如既往的关心、支持兰陵各方面的工作，尽可能地发挥自己的余热，为兰陵经济社会发展贡献一份力量。

5月8日 市安监局局长汤海山到兰陵调研采空区治理工作。薛峰介绍了全县采空区现状和治理情况，在实地查看了兰陵镇部分采空区治理情况后，汤海山要求兰陵要正确认识非煤矿山采空区安全监管工作面临的新形势，扎实做好非煤矿山采空区安全监管工作，确保非煤矿山采空区治理工作取得实效，杜绝较大以上生产安全事故发生。

5月10日 兰陵举办省“海峡两岸交流示范点”授牌仪式。这是省委台办践行“两岸一家亲”理念搭建的基层对台交流平台，使之成为临台交往的桥梁和纽带，为促进两岸关系和平发展与祖国和平统一做出贡献。

5月13日 历时一个月的菜博会在取得丰硕成果后落下帷幕。期间，举行了新闻发布会、“苍山蔬菜”成果展等41项主题活动。同时，举办了首届“中国蔬菜科技与产业化博士后学术论坛”。中央电视台、新华社等30多家新闻媒体对本届菜博会进行了报道。此次菜博会吸引国内外200多家企业、近万名客商前来参展参会、投资洽谈。客商通过菜博会，集中签约了20个重点项目，签约额达106.1亿元。菜博会的举办，宣传了“苍山蔬菜”，带动了旅游产业的上档升级，扩大了兰陵的知名度和影响力，收到了良好的经济效益和社会效益。

5月15日 枣庄西—临沂5005次列车驶入兰陵北站，这标志着兰陵县历史上第一辆旅客列车正式开通运营。目前，经过兰陵县火车站的旅客列车有青岛北—温州、南阳—烟台、枣庄西—临沂。火车站开通客运列车后，群众从兰陵北站乘车出行可直达47个站点，46座城市。还可乘坐火车到枣庄、徐州等地转乘高铁通达全国，这对兰陵拉近与全国各地的时空距离，扩大对外交流，增强县域经济发展动力具有重要的推动作用。

5月16日 县委组织收看全省大气污染防治工作电视会议。县委副书记、县长薛峰等有关领导收看会议实况。会议结束后，薛峰要求，全县各级要认真学习贯彻此次会议精神，明确责任分工，做好扬尘治理、油品治理、土小企业治理等方面的工作。各乡镇要明确属地管理原则，立足实际，制定秸秆焚烧治理实施方案，全力做好大气污染防治工作。

5月17日 县委组织收看市委书记、市人大常委会主任林峰海“两学一做”专题辅导视频会，县领导郑连胜、薛峰等在兰陵分会场收看了会议实况。林峰海指出，开展“两学一做”学习教育活动，要准确把握“两学一做”学习教育的任务要求，把学党章党规、学系列讲话、做合格党员，作为一种政治责任、一种精神追求，把握学习重点，完善学习方法，务求学习实效，在学习中提升政治素养、锤炼坚强党性。

5月17日 全县秸秆禁烧与利用工作会议召开。会议指出，秸秆禁烧与利用是一项严肃的政治任务，事关民生改善和生态建设，必须不遗余力地抓紧抓好。各乡镇、各单位要认清形势，把秸秆禁烧工作作为落实学习教育的重要举措，增强工作责任感和紧迫感，做到决心不变、力度不减，狠抓落实、强力推进，以抓铁留痕的韧劲，打赢秸秆禁烧这场硬仗。

5月19日 国家开发银行总行研究院首席农产品流通顾问王兢一行来兰陵对公益性市场建设试点情况进行考核。考核组到项目建设现场进行了察看，并查阅了相关资料。王兢对兰陵的工作表示满意。兰陵县公益性农产品批发市场位于向城镇，规划占地308亩，总投资2.05亿元，项目建成运营后，预计年交易量达到40亿公斤以上，将成为全国农产品流通网络重要节点，在保障市场供应、稳定市场价格、促进食品安全、推动绿色环保等方面将发挥良好的示范引领作用。

5月19日 农业部农业生态与资源保护总站体系建设处处长朱平国来兰陵对地膜回收综合利用农业清洁示范项目进行检查验收。朱平国一行到鸿泰塑业进行实地查看，听取相关情况汇报。朱平国对兰陵取得的工作成果给予肯定，并希望健全完善回收利用长效机制，提高自身清洁化生产水平，发挥农业清洁生产的示范带动作用。

5月20日 石家庄栾城区区委书记吕素维带领党政考察团来兰陵考察国家农业公园建设。吕素维先后参观了兰陵国家农业公园的锦绣兰陵、兰花馆、农耕博物馆等场馆，并听取了相关情况介绍。考察团认为兰陵农业资源优势明显，通过农业旅游开发，社会经济发展、城市建设等取得了显著成效。表示要把兰陵的好经验、好做法带回去，与当地的实际工作结合起来，促进经济更快更好发展。考察团希望与兰陵县加强交流合作，相互学习，促进两地经济社会共同发展。

5月27日 山钢集团济钢铸管公司搬迁项目开工暨山东国铭球墨铸管科技有限公司揭牌仪式在兰陵县矿业循环经济产业园举行。这标志着山钢集团济钢铸管搬迁项目转入全面施工阶段，工程建设进入快车道。中国铸造协会执行副会长兼秘书长温平等出席仪式。郑连胜表示，兰陵将一如既往支持企业的发展，为企业提供优质高效的服务。并希望企业下一步在提高经济效益的同时，积极改革创新，增强环保意识，努力创造更多社会效益。仪式上，山钢集团济钢铸管公司总经理杨洪彬介绍了项目情况。

5月30日 2016年全县普通高考和中考考务管理工作会议召开。会议指出，高考事关考生的前途命运和千万家庭的福祉，各有关单位要狠抓信息公开、安全保密和考试管理工作，严肃考风考级，严格落实责任，确保完成今年的招生考试工作。

5月31日 市委常委、常务副市长左沛廷到矿坑镇凤凰庄村为全体党员作“两学一做”党课报告。左沛廷指出，在全体党员中开展“两学一做”学习教育，是推动全面从严治党向基层延伸、向全体党员覆盖的重要举措。每名党员都要对照中央和省、市委在“两学一做”中提出的标准要求，对照广大群众的信任和期盼，认真查摆自身存在的突出问题，并制定整改措施。

5月31日　县十六届人大常委会第二十七次会议召开。会议审查批准了兰陵县2016年县级财政预算编制情况、兰陵县城市总体规划（2015—2030）；听取了县政府关于全县社区矫正工作情况的报告；审议通过了县人大常委会关于行政审判工作、全县财源建设工作情况的调研报告以及贯彻《中华人民共和国消费者权益保护法》情况的执法检查报告；接受了个别代表的辞职请求；依法对县检察院部分工作人员进行了任免。

6月

6月1日　全县防汛工作会议召开。会议要求，全县各级要超前谋划方案措施，落实防汛任务，严明防汛纪律，深入开展安全隐患排查整改，抓好汛期公用设施的安全运行，动员广大干部群众，全力投入到防汛工作去，确保全县安全度汛。

6月4日　全县脱贫攻坚现场观摩会召开。会前，与会人员先后到尚岩镇惠东社区现代农业示范园、下村乡华新合作社、芦柞镇迎利家庭农场等地现场观摩。会议指出，精准脱贫关系国计民生、群众福祉。各乡镇要将脱贫攻坚融入“三农”工作中去，以产业发展增加村集体收入，带动贫困户脱贫致富。要吃透政策，摸清底情，创造性地开展工作，打赢精准脱贫攻坚战。

6月8日　兰陵县考村水库举行首批放鱼活动。这次放鱼活动由上海复旦大学高端水产科研团队在兰陵创建的山东复泓生态渔业有限公司主办。放养的苗种全部是从原产地引进的名优鱼原种，其中，有上海吴松江四鳃鲈、河南郑州黄河鲤、太湖青虾等，共计首批放养20余万尾。上海复旦大学以王金秋博士领衔的水产科研团队将进驻兰陵，旨在以考村水库为基地，创立中国最大的四大名鱼产业基地，打造兰陵县“复泓水库鱼”品牌。该基地的建立，将有力地推进兰陵县渔业转型升级。

6月11日　临沂市庆祝第十一个“中国文化遗产日”系列活动开幕式在兰陵国家农业公园举行。各界嘉宾共300余人参加了本次活动。目前，全县已申报小郭泥塑、兰陵美酒酿造技艺、兰陵猴呱嗒鞭舞、大仲村蓝印花布、兰陵民歌绣荷包5个省级非遗保护项目，长城过门笺、磨山大鼓、向城虎头鞋帽等7个市级非遗保护项目；4人被命名为省级非遗项目代表性传承人，6人被命名为市级非遗项目代表性传承人。今年的活动以“振兴传统工艺，助力精准扶贫”为主题，对全市60余个精品非遗项目进行了全景式呈现。并现场对渔鼓说唱、皮影戏、鲁南五大调等非遗项目进行了表演，对柳编、剪纸、面塑等项目制作工艺和流程进行了展演。

6月13日　全县“慈善一日捐”暨实施慈善扶贫计划动员会召开。会议主要是安排2016年度“慈善一日捐”活动，动员社会力量广泛参与慈善扶贫计划，以良好的活动成果助力精准扶贫工作。

6月14日　枣庄市侨联主席王玉如带领考察团来兰陵参观考察。考察团先后到爱普森新材料有限公司、国家“千人计划”专家创新创业服务中心、兰陵国家农业公园等地考察，并就招商引资、园区规划、项目建设、旅游发展、优化政务发展环境等工作进行了交流。王玉如对兰陵近年来经济社会发展所取得的成绩给予较高评价，并表示将以此次考察为契机，把兰陵的好经验、好做法带回去梳理消化，吸收借鉴。同时，希望今后继续加强交流合作，推动两地经济社会快速发展。

6月14日 省委常委、政法委书记张江汀来兰陵调研政法队伍建设工作。张江汀到兰陵县人民调解中心和县反恐指挥中心进行调研，并听取了相关工作情况汇报。张江汀对兰陵县政法工作给予肯定。同时要求，兰陵要贯彻落实中央、省委政法工作会议精神，坚持政治建警，深化“两学一做”活动，提升队伍综合素质，推进“雪亮工程”建设，抓好矛盾纠纷化解工作，发挥第一道防线的作用。

6月14日 由省史志办组织的《苍山县志（1840—2010）》志稿专家评审会在兰陵召开。省史志办主任刘爱军等出席评审会。薛峰介绍了《苍山县志》编纂修改情况。刘爱军认为，《苍山县志》总体质量好，观点正确，体例严谨，内容全面，是一部基础较好的志稿。《苍山县志》于2011年3月启动编修工作，历时五年。今年4月，被省史志办确定为2016年度两部省级重点市县级志书之一。评审会上，省史志系统修志业务专家还对《苍山县志》提出了修改意见和建议。

6月20日 省委农村工作领导小组副组长王军民一行来兰陵就农业农村工作进行调研。调研组到点豆农业链电商服务平台、向城镇道口村改厕现场、家瑞蔬菜种植专业合作社、尚岩镇西湖村等地调研，并听取了相关情况汇报。王军民指出，要加速推进互联网+等信息技术的推广应用，抓好农村环境综合整治，加快农田节水基础设施投入，创新农业经营体制机制，促进农业发展、农民增收。

6月20日 台湾新同盟会彰化分会参访团一行42人来兰陵考察社区及新农村示范点建设等情况。考察团到兰陵国家农业公园、兰陵萧氏文化园和荀子庙等地参观考察，并听取了相关情况介绍。考察团对兰陵基层社区建设、惠民政策和农业科技发展情况给予较高评价。同时表示，回台湾后将向更多台胞宣传推介兰陵，不断增进两地交往，加深两岸文化交流与合作。

6月24日 市委副书记、市长张术平到市政府办公室“第一书记”任职村尚岩镇惠东社区调研精准扶贫和新农村建设工作。张术平实地察看了惠东社区建设情况，听取了相关工作汇报。座谈会上，张术平对惠东社区“一区两园”建设给予肯定，同时要求，一要抓好精准扶贫。研究扶贫政策，整合帮扶资金，拓宽就业渠道，确保如期实现脱贫。二要抓好农业供给侧结构性改革。调整优化农业种植业结构，提高农产品质量和品质，增加村民收入。三要抓好沂蒙美丽乡村建设。挖掘当地乡村文化资源，做好全域旅游与美丽乡村建设结合文章，将惠东社区建设成村民安居乐业、村容整洁美丽的新家园。

6月25日 青岛临沂商会助推兰陵“三引一促”工作座谈会召开。薛峰介绍了兰陵经济社会发展情况，并希望青岛临沂商会把兰陵作为一个战略支点，投资兴业、创新发展。兰陵县将全力以赴营造便利化的创业环境，为企业生产经营和员工生活提供健全完善的公共服务。青岛临沂商会党委书记、青岛长丰投资有限公司董事长刘玉岭一行考察了爱普森新材料有限公司、山东津兰特种聚合物有限公司，国家“千人计划”专家创新创业服务中心等地。

6月28日 全县公务用车制度改革工作会议召开。会上，传达了市公务用车制度改革领导小组《关于兰陵县公务用车制度改革实施方案的批复》。会议指出，公车改革是摆在各级党政面前的一项重要政治任务，是强化党风廉政建设的重要举措。全县各相关部门要从严从紧贯彻执行改革原则，依法依规处理关键环节。要严明纪律，严格问责，确保圆满完成全县公务用车改革任务目标。

6月30日 全县第二批“第一书记”工作总结暨第三批工作推进会召开。会上，宣读了《关于对全县第二批“第一书记”工作先进单位和先进个人予以表扬的通报》；会议指出，这次通报表扬的“第一书记”都是第二批“第一书记”这个先进群体中的典型代表，是全县广大机关党员干部学习的榜样。各级各部门和第三批“第一书记”要同心协力、真抓实干，以实际行动巩固好、维护好、发展好“第一书记”工作品牌，坚决打赢脱贫攻坚这场硬仗。

6月30日 兰陵县召开庆祝中国共产党成立95周年大会。会上，表彰了近年来全县各个领域、各条战线上涌现出来的优秀共产党员、优秀党务工作者和先进基层党组织。会议要求，全县各级党组织和广大共产党员，要增强干大事、创大业的责任感和使命感，珍惜发展机遇，以崭新的姿态、饱满的热情，为推进兰陵发展尽心竭力，尽职尽责。

7月

7月2日 会宝岭水库防汛工作会议召开。会议分析了水库今年防汛形势，安排了当前防汛工作。会议指出，会宝岭水库的防汛安保任务艰巨，各相关部门要做好防大汛、抢大险、救大灾的准备，严格落实责任，严肃防汛纪律，确保水库安全度汛。

7月3日 全县涉氨制冷企业安全评估项目中期研讨工作会议召开。会议对涉氨制冷企业安全检查情况进行中期总结，通报检查中发现的问题。省安监局综合处副处长李旬等出席。会议指出，当前，全县涉氨制冷企业数量多、安全状况差，相关部门要加大执法力度，深化涉氨制冷企业专项整治，确保全县安全生产各项制度落实到位。

7月8日 全县农村无害化厕所改造和村庄道路硬化暨农业转移人口市民化工作现场推进会召开。会上，通报了全县农村无害化厕所改造和村庄道路硬化进展情况。针对厕改和道路硬化工作，会议要求，要发动群众参与，梯次推进；严格工作流程，完善管理配套，扩大村居道路硬化和改厕建设的综合效果。针对农业转移人口市民化工作，会议强调，全县各级各部门要深入基层，了解群众意愿，整合相关优惠政策，加大宣传力度，引导群众开展各项工作；项目施工方要加快各项建设进度，确保农业转移人口市民化工作顺利推进。

7月10日 全县党政领导班子成员述廉述责会议召开。会上，县委、县政府班子成员分别就落实党风廉政建设责任制情况、执行中央八项规定精神、存在问题及努力方向等逐一进行了报告。县纪委委员对述廉述责对象进行了民主测评。会议要求，全县党政领导班子成员要严格落实廉洁从政各项规定，认真履行“第一责任人”责任，增强“一岗双责”意识，恪尽职守，履职尽责，努力抓好反腐倡廉各项工作任务的落实。

7月14日 副省长赵润田到兰陵县调研，赵润田首先到会宝岭水库察看，听取了水库防汛工作汇报。赵润田指出，各级各部门务必要把防汛工作列入重要议事日程，严格按照安全度汛相关要求抓好落实，杜绝麻痹思想，做好日常巡查和值班工作，确保水库安全万无一失。随后，赵润田一行还到压油沟景区进行了查看，并对项目建设提出了意见和建议。

7月16日 全县惠民水站建设现场会议召开。兰陵与青岛海尔集团旗下日日顺健康平台联合实施的“一村一水站”工程，是一项关注民生、健康扶贫项目。会前，与会人员参观了长城镇范滩、城南、城北等村惠民水站现场。会议要求，各级各部门要按照“全县统筹、合理布局、方便群众、全面覆盖”的原则，把握时间节点，加快工程进展，力争早日实现城乡饮水安全全覆盖。

7月17日　省环保厅环评处处长范立佷带领省环保专项行动检查组来兰陵检查工作。检查组到临沂中联水泥有限公司实地查看，并听取了有关情况汇报。范立佷指出，兰陵高度重视环境保护工作，特别是在工业企业治理、环保违规项目整改等方面做了大量工作，环境质量明显改善。同时，希望兰陵继续创新工作方法，确保将环境保护各项措施落实到位。

7月18日　兰陵在重庆市举行招商引智洽谈会。会上，观看了宣传片《才智兰陵·创享未来》；县政府与中科院重庆绿色智能技术研究院签订了《战略合作协议书》；薛峰介绍了兰陵基本情况、人才产业政策和招商引资项目。与会专家、企业家推介了可转移转化项目、意向投资项目，为兰陵经济社会发展提出意见和建议。

7月19日　县委组织全县900余名党员干部参加德廉和党风党纪知识学习测试。本次测试内容主要包括《中国共产党章程》《中国共产党廉洁自律准则》等近20部党内法规和行政法规。通过学习测试，增强了党员干部守纪律讲规矩意识。

7月20日　全省乡村文明行动移风易俗电视会议召开。会议对全省乡村移风易俗工作情况进行了通报，并对下一步推进移风易俗工作进行再动员、再部署。县领导郑连胜等在兰陵分会场收看会议实况。会议要求，各级各部门要把乡村文明移风易俗工作摆上重要议事日程，明确规定婚丧办理流程和标准要求，倡导喜事新办、丧事简办、厚养薄葬的理念，推进重点任务落地生根。

7月20日　市林业局局长赵森带领全市雨季造林现场会与会人员来兰陵观摩。赵森一行实地观摩了鲁城镇神山流域万亩皂角林一期工程、荆山流域造林点等现场，听取了县政府关于雨季造林工作情况汇报。通过现场观摩，与会人员认为兰陵对雨季造林工作重视，行动迅速，措施得力，成效显著。

7月20日　县委在兰陵文化活动中心举办省“两学一做”宣讲报告会，　邀请省委党校中共党史教研室主任时新华作专题报告。报告会上，时新华从开展“两学一做”学习教育活动的背景及意义、如何学习党章党规及系列讲话、怎样做合格党员等方面作了系统讲解。与会人员一致认为，报告主题鲜明、内涵丰富、深入浅出，具有很强的理论性、指导性和可操作性，对全县党员干部贯彻从严治党要求，扎实推进“两学一做”学习教育具有重要指导意义。

7月22日　山东作家兰陵创作基地揭牌仪式在兰陵国家农业公园举行。仪式上，省委宣传部副部长王红勇、山东省作协党组书记、副主席杨学峰共同为“山东作家兰陵创作基地”揭牌。杨学峰指出，兰陵历史文化丰富，自然资源条件独特，近年来，兰陵文学创作呈现出一派欣欣向荣景象，涌现出一大批在省、市甚至全国都有一定影响的优秀文学作品。在下步工作中，各级要把创作基地作为连接省作协与兰陵县的桥梁和纽带，主动承担其服务作家、繁荣文学的责任；要围绕兰陵经济社会文化建设进程和成就，组织作家进行专题文学创作，更好地宣传兰陵、推介兰陵。

7月24日　全市第六次脱贫攻坚现场推进会在兰陵召开。与会人员先后到压油沟村、玖鹏牧业公司、惠东社区、鸿强蔬菜产销合作社等5个脱贫攻坚工作现场观摩。郑连胜汇报了兰陵扶贫工作开展情况。会议要求，各级各部门要压牢压实县区主体责任，确保脱贫攻坚措施全面下沉。要细化分解任务，精准调度推进，加强项目管理，确保政策资金项目精准到位。要分层分级严明考核责任，加强跟踪督查，确保脱贫攻坚成效扎实过硬，圆满完成年度脱贫攻坚任务。会议还通报全市脱贫攻坚重点工作推进情况和指挥平台抽查结果。

7月29日　市委书记、市人大常委会主任林峰海，市委副书记、市长张术平带领全市“转方式、调结构”现场交流会与会人员来兰陵进行视察。林峰海等领导先后视察了新天地旅游开发项目、琦泉生物质发电项目和山东国铭球墨铸管项目，听取了相关工作情况汇报。张术平对今年以来兰陵经济社会发展取得的成绩给予肯定，同时要求，兰陵县各部门各企业要立足本地、放眼周边、顺势而动，以更大作为，激发经济社会发展活力。

8月

8月2日　全县创卫整改工作会议召开。会上，观看了暗访视频资料片，通报了兰陵县创建国家卫生县城工作暗访调查情况。会议强调，目前，兰陵创卫工作问题突出、形势严峻，各级各部门要迅速行动起来，统一思想、明确任务、立足当前、着眼长远，彻底整改问题，确保顺利通过国家卫生县城创建。

8月2日　兰陵召开会宝湖国家湿地公园规划座谈会。北京林业大学自然保护区学院教授、科研院副院长张明祥等出席会议。与会人员观看了会宝湖湿地公园宣传片，听取了相关工作情况汇报，并对拟建的公园游客服务中心、匡衡文化园的选址等提出了指导性建议。会议强调，会宝湖国家湿地公园建设要与全县交通道路规划、土地利用规划、旅游业发展、精准扶贫规划等统一起来，实现生态效益、社会效益和经济效益的最大化。该公园建设规划于2015年12月正式启动，目前，已通过省林业厅评审。

8月3日　全国政协社会与法制委员会副主任施芝鸿一行来兰陵考察碳能肥料实验情况。考察组到家瑞蔬菜产业园生产基地、兰陵国家农业公园实地查看，并听取相关情况汇报。施芝鸿认为，兰陵在引领现代农业发展方向、加快农业发展方式转型、促进农业产业结构调整等方面成绩显著，特别是在现代农业建设中的发展思路、布局规划和建设管理水平都值得推广。同时，希望兰陵要加大对农业的科技投入力度，闯出一条新型农业、现代农业的兰陵之路，带动广大农民增收致富。

8月9日　兰陵与青海省海晏县举行缔结友好县签约仪式。以期增进两县友谊，密切相互联系，实现区域优势互补。仪式上，兰陵县县长薛峰、海晏县县长苏东曲分别介绍了两地的县情及经济社会发展情况，并签订了缔结友好县协议书。缔结友好县后，将推动两县在政治、经济、文化等方面的深层次交流与合作。通过定期或不定期地进行互访，巩固和发展友好合作关系，借鉴对方成功经验，实现共同发展、互惠共赢。

8月12日　《兰陵县军事地理志》资料征集会议在县人武部召开。会议指出，编纂《军事地理志》是一项为加强国防建设提供地情资料的政治任务。它涉及面广、量大，囊括地情资料和战争潜力保障。要求相关单位安排专人负责，提供翔实、准确的资料，确保《兰陵县地理志》按时完成定稿评审。

8月12日　县委巡察工作动员部署会议召开。这次巡察，主要是按照县委的部署要求，紧盯被巡察乡镇落实党风廉政建设主体责任的情况、贯彻落实中央八项规定精神的情况、加强党的建设情况、整治和查处侵害群众利益的不正之风和腐败问题情况。着力发现问题，深化监督执纪问责，推动党风廉政建设和反腐败工作深入开展。

8月12日 省农业厅、省旅游发展委员会（鲁农生态字〔2016〕10号）公布了全省休闲农业和乡村旅游示范创建名单。兰陵县榜上有名，被评为山东省休闲农业和乡村旅游示范县。

8月4日—13日 华东森林资源监测中心核查组在组长古力带领下来兰陵对2016年营造林情况进行综合核查。核查组对兰陵2012-2015年实施的20500亩营造林重点工程作业设计文本和作业小班设计图等内业资料进行了对照核查，并从8个项目实施乡镇抽取了尚岩镇和金岭镇作为样本点进行了实地检查，共涉及37个小班、7223亩营造林。古力对兰陵营造林工作取得的成效给予肯定，并建议今后要加强林地的管护力度。

8月13日 人民日报社人民论坛杂志社创投部主任李从玉一行来兰陵调研美丽乡村建设工作。调研组到卞庄街道代村社区、兰陵国家农业公园实地调研，了解了项目规划设计及配套工程建设等情况。李从玉对兰陵在美丽乡村建设中的做法给予肯定。同时，希望兰陵继续挖掘乡村历史文化资源，着力打造独具特色的美丽乡村。期间，李从玉一行还到慈善扶贫超市调研，了解兰陵扶贫工作开展情况。

8月15日 市政协党组副书记、副主任钱迎伟一行来兰陵督查省委、市委政协会议精神贯彻落实情况。督察组到向城、尚岩等镇对政协委员工作室建设情况进行了察看，随后，召开座谈会。郑连胜汇报了相关工作情况。钱迎伟认为，兰陵县委、县政府重视政协工作，兰陵政协工作亮点多，并在助推全县经济社会发展中做出了重要贡献。

8月15日 全县“脱贫措施精准对接落地月”活动推进会议召开。会议主要是部署推进全县“脱贫措施精准对接落地月”活动，督促乡镇和部门加强对接和沟通，重点推进各项扶贫资金和项目落地，尤其是脱贫措施要精准对接，落实到村到人，确保完成节点性脱贫攻坚任务目标。会议要求，各乡镇、各部门要以扶贫工作统揽全县经济社会发展的全局，苦干实干，举全县之力坚决打赢脱贫攻坚这场硬仗。

8月15日 县十六届人大常委会第三十次会议召开。会议听取了审议了县政府关于2015年财政决算和2016年上半年财政预算执行情况、国民经济和社会发展计划执行情况、2015年度县级财政预算执行和其他财政收支审计情况等三个报告；接受了一名代表的辞职请求；依法对县人大常委会、县政府、县法院部分工作人员及人民陪审员进行了任免。

8月18日 全县遏制较大以上事故专项整治工作会议召开。会上，观看了事故警示教育片；传达了“两高”关于办理危害生产安全刑事案件的司法解释。会议要求，各级各部门要牢固树立安全发展理念，严格落实企业安全生产主体责任，加大暗查暗访和媒体曝光力度，重点解决非煤矿山领域、建筑施工领域、交通运输领域等治理不彻底的问题，确保全县安全生产监管责任无盲区。

8月20日 由县委宣传部、县人社局等共同主办的“三农物资城”杯大学生创新创业大赛新闻发布会暨启动仪式举行。临沂日报社、大众网等20多家媒体记者参加新闻发布会。大赛旨在搭建大学生创新创业成长平台，培育和提升大学生创业意识和创业能力，鼓励和扶持大学生创新创业。大赛的主题为“创新引领未来，奋斗成就梦想”。三农物资城将对参赛人员的产品选择、管理和后期转化给予支持，并为获奖团队提供创业扶持资金95万元。

8月23日　全市秋季农作物秸秆禁烧与综合利用工作现场会在兰陵召开。与会人员参观了芦柞镇蒜茬玉米收获现场、南桥镇秸秆收储中心和琦泉生物质发电项目，听取了县政府关于秋季农作物秸秆禁烧与利用工作情况介绍。会议要求，各级各部门要强化宣传教育和执法巡查力度，在构建禁烧责任体系上实现新突破，做到组织领导、协调配合、考核奖惩“三个到位”，确保秋季秸秆禁烧与综合利用任务圆满完成。

8月26日　全市文化精准扶贫工作推进会在兰陵召开。与会人员到金岭镇压油沟文化旅游扶贫项目、尚岩镇惠东社区贫困村搬迁项目等现场进行了查看，听取了兰陵文化扶贫工作情况汇报。市文广新局局长曹守娟肯定了兰陵在文化精准扶贫工作所取得的成绩，并就下一步工作提出了意见和建议。会议要求，各级文化部门要结合单位职能，继续实施贫困村文化扶智工程，扎实开展文化脱贫示范项目建设，推动全市文化建设实现跨越发展。

8月29日　中共兰陵县第十三届委员会第九次全体（扩大）会议召开。会议主要是贯彻落实省委四届十四次全体会议和市委十二届十一次全体（扩大）会议精神；总结上半年工作，部署下半年工作任务；通过了《中国共产党兰陵县委员会工作规则》。会议号召，全县各级党组织和全体党员干部要贯彻落实中央和省、市委决策部署，团结带领全县人民，锐意进取，扎实工作，为加快建成全面小康社会做出贡献。

9月

9月2日　省安监局副局长赵卫东带领督查组来兰陵对非煤矿山转型升级进展情况进行专项督查。督查组到临矿集团会宝岭铁矿和史贝美肥料有限公司实地查看，听取了相关工作情况汇报。赵卫东认为，兰陵重视非煤矿山转型升级工作，前期基础工作扎实，成效显著。同时，希望兰陵县要着力开展隐患排查治理工作，妥善处理非煤矿山转型升级工作中存在的热点难点问题，全力维护社会稳定和保障安全生产。

9月11日　香港言爱基金会考察组到兰陵思源实验学校项目建设规划用地现场实地考察。随后，召开座谈会，言爱基金会项目负责人就捐建学校的基本情况和学校投入使用的时间节点等问题作了说明。薛峰表示尊重言爱基金会对学校的规划和构思，希望学校能结合兰陵文化和言爱、思源理念，有特色且更有实用性。同时要求，各相关单位要从资源配备、规划设计等方面加强配合，确保各项前期准备工作有序推进，实现早开工建设、早投入使用。

9月17日　全县乡镇领导班子换届工作会议召开。会议主要是学习贯彻中央和省、市委关于乡镇领导班子换届工作会议精神，安排全县乡镇领导班子换届工作。会议要求，换届期间，要严格标准条件，规范产生方式，突出警示教育，严肃换届纪律，确保按时完成换届工作任务。

9月20日　全县安全生产工作会议召开。会上，传达了省、市安委会《关于做好安全生产巡查工作准备认真开展自查的通知》。会议要求，各相关部门要迅速采取行动，逐项抓好落实，积极推行安全生产风险等级管控和隐患排查治理双重预防性工作机制，强化责任落实，搞好协调配合，严格督导问责，确保在巡查组到来之前将所有问题全部整改完毕。

9月20日　全县计划生育工作会议召开。会议指出，全县各级要统一思想、凝聚共识，围绕全面落实两孩政策，调整工作思路、创新工作方法，着力构建计划生育运行新机制，促进计划生育工作健康稳定发展。

9月22日　经省爱卫办研究，同意我县通

过创建国家卫生县城技术评估。标志着我县创建国家卫生县城工作又向前迈出了坚实的一步。在前期技术评估中，专家组对兰陵爱国卫生组织管理、环境卫生、食品安全、传染病防治等工作进行了评估验收。一致认为，兰陵县委、县政府重视国家卫生县城创建工作，强化了基础设施建设，狠抓了环境卫生综合治理，建立健全了长效管理机制，国家卫生县城创建工作取得显著成效，各项工作指标基本达到《国家卫生县城标准》要求。

9月26日 市妇联主席相启荣一行来兰陵调研妇女居家灵活就业工作。调研组到鲁城镇永瑞服装有限公司、战马户外装备有限公司等地调研，听取了相关工作情况汇报，并对兰陵妇女居家灵活就业工作的经验和做法给予肯定。相启荣指出，兰陵通过微小企业发展给农村妇女提供了良好的就业岗位，各项工作呈现良好发展态势。希望今后发挥好妇联组织和妇女群众在推动经济社会发展中的作用，继续带领更多农村妇女增收致富。

9月29日 全县环保突出问题治理攻坚推进会召开。会议主要是贯彻落实全市环保工作会议精神，深入查找、集中整治环保突出问题，推动全县环保工作再上新台阶。会议要求，各级各部门要坚持目标导向与问题导向相统一，真抓实干，攻坚克难，全力以赴把环保突出问题治理攻坚抓实抓好，抓出成效。

9月30日 在全国第三个“烈士纪念日”到来之际，兰陵县举行公祭烈士活动。薛峰等县领导与全县干部群众代表齐聚鲁南革命烈士陵园，悼念革命烈士，缅怀先烈功绩。

10月

10月1日 山东省第十二届兰花博览会暨颂兰书画展在兰陵国家农业公园开幕。本次博览会由兰陵县人民政府和山东省兰花协会主办，时间为1日至3日，是集精品兰花展、兰花文化交流、兰花交易、旅游观光于一体，全方位传播人与自然和谐相处的科学理念，彰显地域文化和兰艺特色，为各参展方提供的交流贸易平台。展览期间，山东、江苏、云南、浙江等地区的兰友和兰花组织汇集兰陵，共赏精品，共尝雅香。

10月8日—10日 中国兰陵“荀子思想与教育创新”学术研讨会在兰陵举办。省政协副主席郭爱玲等省、市、县有关领导以及来自中国大陆、台湾、香港和美国、法国、韩国、越南等国家和地区的专家学者，共160余人出席会议。本次会议由中国孔子基金会、省政协文史资料委员会等主办。研讨的主题是加强荀子思想的研究和利用。会议期间，与会专家学者通过主旨发言、分组讨论等形式，围绕荀子与兰陵、荀子与教育等开展研讨，推动“华夏古县、文化兰陵”品牌建设。

10月11日 全县第二期政法干部和党务干部培训班在县委党校同时开班。这次培训历时10天，除在县委党校接受理论知识培训外，还组织学员赴浙江大学、上海市委党校等国内知名院校进行异地培训，以便提高学员的综合素质和工作能力。来自全县公安、交警系统的60名干部和县直机关的42名党务干部参加了此次培训。

10月12日 国家多部委共同制定乡村旅游扶贫工程行动方案，其中，尚岩镇陶里庄村、枣庄村、张庄村、安庄村、葛村、居庄村，金岭镇北坞丘村、义合庄村，压油沟村，车辋镇前银厂村，下村乡上大炉村、米峪子村、增光峪村等13个村入围全国乡村旅游扶贫重点村。乡村旅游扶贫工程主要任务是科学编制乡村旅游扶贫规划、加强旅游基础设施建设、开发乡村旅游产品、开展旅游宣传营销、实施乡村旅游扶贫人才培训等。

10月13日　省纪委副书记明春德来兰陵调研指导巡察工作。郑连胜、纪军先后汇报了兰陵开展巡察工作有关情况。明春德对兰陵积极推进县委巡察工作的做法给予肯定。他指出，兰陵县委巡察工作走在了前列，取得了很好的成绩。下一步要认真落实好省委《关于建立市县党委巡察制度的意见》，理清思路，把握重点，健全组织机构，强化制度建设，为巡察工作提供有力保障，确保巡察工作取得实效，推动全面从严治党责任落实。

10月13日　环保突出问题治理情况调度会议召开，会议主要讨论解决全县水域环境中存在的各类污染问题，并决定开展水域环境集中整治行动。会上，通报了全县环保突出问题治理工作完成情况，传达了《关于开展全县水域环境集中整治行动的通知》。会议要求，各部门各单位要继续坚持问题导向，关注突出问题，加大工作力度，建立长效机制，全力打好环保突出问题治理攻坚战，确保实现“大地常绿、空气常新、碧水常流、土壤常净”的目标。

10月15日　河南范县考察团来兰陵参观考察城乡环卫一体化工作。考察团到向城镇、尚岩镇进行了实地考察，听取了相关工作情况介绍，并对兰陵实施“市场化运作，城乡一体化管理，实行专业公司托管，破解农村环卫难题”的做法表示赞赏。考察团认为，兰陵的环卫工作思路清新，措施得力，回去后将认真学习借鉴兰陵经验，推进本地环卫工作深入开展。

10月19日　市委常委、副市长尹长友带领全市优质农产品基地品牌现场观摩会与会领导来兰陵观摩。尹长友一行先后观摩了众利为农服务中心、佰盟现代蔬菜产业园和鸿强蔬菜产销专业合作社标准智能化种苗示范基地，听取了相关工作情况汇报。与会领导对兰陵培育农产品基地品牌建设工作给予肯定，并希望兰陵以此次观摩会为契机，围绕“农业强、农村美、农民富”的工作目标，加快现代农业发展，加大资金投入，培育名优特色品牌，实现农业发展新突破，农民增收新亮点，农村面貌新变化，为全县经济社会持续发展奠定基础。

10月19日　山东省第八届百县篮球（西部赛区）总决赛在兰陵举办。“百县篮球、千乡乒乓球、万人象棋”三大赛事是具有山东特色的全民健身活动品牌，是竞技体育和群众体育相融合的典型赛事，不仅体现了拼搏争先的竞技体育精神，也吸引了更多的人参与到全民健身队伍中来。其中，兰陵代表队参加了本次西部赛区总决赛对决。

10月19日　全县第15期青年干部培训班在县委党校开班。县委常委、组织部长、统战部长王剑峰在讲话中要求，青年干部要在勤学善思中提高素质，在实践锻炼中增长才干，在严格自律中塑造形象。这次培训班历时两个月，培训内容涵盖党史党建、基础理论、历史文化、哲学思维等方面，并穿插互动式教学、影像教学、学员论坛、异地培训等环节，以达到全面提高参训青年干部综合能力和素质的目的。

10月19日　临沂市离退休人员第十四届“社会保障杯”门球赛开幕仪式在兰陵县老干部活动中心举行。本次比赛共有来自全市各县区的14支代表队、130余人参赛。赛事的举办为全市老年门球精英切磋球技、交流感情、增进友谊搭建了平台。

10月19日　山东艺术学院音乐学院院长李云涛、书记王世慧等11人来兰陵进行民间音乐采风活动。活动期间，兰陵民间歌手为采风团演唱了《跑四川》《忘恩负义》和《姐儿南园摘大桃》等原生态民间小调，受到采风团的一致好评。采风团还与民间歌手进行了座谈，就“苍山民歌”的发展沿革、挖掘整理、传承授艺等问题进行了交流。李云涛表示，此行收获良多，对“苍山民歌”有了更加深刻地认知，也感受到“苍山民歌”的魅力和民间歌手们的不凡技艺，并希望以后能与兰陵县长期建立联系，为山东艺术学院音乐学院提供一个感受和学习交流原生态民间音乐的平台。

10 月 20 日　由中国农村杂志社、新华青少年儿童食品质量研究发展中心组织开展的“中国贫困地区幼童营养扶贫公益行动——让贫困地区宝宝喝上国产好奶粉山东行”活动走进兰陵。仪式上，北京三元食品股份有限公司等企业为兰陵贫困家庭、双胞胎家庭捐赠了价值 18 万元的奶粉和奶瓶，发放了价值 50 万元的营养扶贫补贴，将对全县 500 名 0-7 岁儿童开展为期 5 年的营养扶贫。此次扶贫公益行动旨在用实际行动带给贫困地区儿童温暖与关爱，同时，唤起全社会对贫困地区儿童成长发育的关注。

10 月 21 日　上海市外延蔬菜生产基地揭牌仪式在兰陵举行。与会领导、嘉宾参观了兰陵国家农业公园和兰陵利源、家瑞蔬菜生产基地。随后，上海市商务委与兰陵县、费县、河东区政府，西郊国际（蔬菜集团）与兰陵县利源、家瑞和费县盛农、河东区珍林园蔬菜生产基地分别签约，并举行了外延基地揭牌和蔬菜发车仪式。市委副书记、市长张术平指出，今年，上海市在兰陵设立 2 个基地，是对兰陵蔬菜品牌的认可，为兰陵蔬菜产业向更高水平发展提供了新的平台。兰陵要按照“优质、优品、优价”的要求，推进优质蔬菜基地品牌建设，全力保障上海“菜篮子”的供给。

10 月 24 日　中医药适宜技术全国观摩基地揭牌仪式在磨山镇西疃社区举行。该基地的建立旨在促进全国各省市的基层医生就中医药适宜技术理论、临床应用、诊所运营及管理等方面进行交流，致力于中医药适宜技术的发展和普及，推动基层中医药服务水平的提升。西疃社区卫生室作为专委会在全国推广中医药造宜技术的首批观摩基层诊所，将承担起在全国基层诊所建立标杆，树立榜样的作用。

10 月 25 日　民革临沂市委“中山书屋”揭牌仪式分别在金岭镇尚庄小学和磨山镇西疃社区举行。此次捐赠的 2 家书屋，图书约 20000 余册，书籍涉及文学、科技、卫生、法律、儿童读物等方面，这不仅对农民朋友的种植、养殖、务工等具有很强的指导性，同时，也为丰富孩子的课余生活，提升他们的文化内涵和修养提供重要的支撑。

10 月 27 日　省食安办副主任、省食药监局副局长陈耕一行来兰陵调研蒜苔质量安全监管情况。调研组听取了相关工作情况汇报，并到大蒜种植基地和冷库等地进行现场调研。陈耕认为，兰陵在食品安全工作中，领导重视，监管到位，措施得力，为蒜苔质量安全监管提供了强有力的组织保障。特别是追溯体系和诚信体系的建立，为群众打造了放心安全的大蒜产品，食品安全工作走在了全省前列，有效提升了山东的食品安全保障水平。

10 月 31 日　全县移风易俗工作推进会议召开。会上，传达了全市移风易俗工作会议精神。会议要求，各级各部门要深化对群众的教育引导，加强红白理事会建设，科学制定红白理事制度，大力推进殡葬改革，推动文明创建向纵深发展。同时，发挥好党员示范带动作用，推动移风易俗工作深入开展。

11 月

11 月 2 日　副省长赵润田带领省扶贫现场

会与会人员来我县视察指导易地扶贫搬迁工作。在尚岩镇惠东社区，薛峰汇报了全县易地扶贫搬迁工作的具体情况以及惠东社区规划、建设、搬迁整体情况。赵润田对兰陵易地扶贫搬迁工作给予较高评价，认为惠东社区在没有享受易地搬迁扶贫政策的情况下，建设仍然呈现出高标准、高品位，非常难得。同时强调，要认真贯彻落实中央和省委、省政府决策部署，加快推进易地扶贫搬迁工作，2018年底前全部完成任务。要超前谋划、同步落实产业发展、创业就业等扶持措施，确保群众搬得出、稳得住、能脱贫。

11月3日　省委副秘书长、省扶贫办主任时培伟一行来兰陵调研扶贫工作。调研组到慈善扶贫超市和压油沟村旅游扶贫项目等地现场调研。时培伟指出，兰陵县高度重视扶贫工作，在慈善扶贫、产业扶贫，旅游扶贫工作上成效显著，走出了一条具有兰陵特色的精准扶贫之路。希望全县各级在扶贫工作上要主动作为，推动扶贫开发工作再上新台阶。在易地搬迁扶贫工作方面，要结合各自实际，严格按照政策规定加快实施，增强基层组织的示范引领和带动作用，坚决打赢精准扶贫这场攻坚战。

11月5日　县十六届人大常委会第三十二次会议召开。会议传达了全市人大换届选举工作会议精神；通过了县人大常委会关于2016年县、乡（镇）人民代表大会换届选举实施方案；任命了县、乡（镇）选举委员会及乡镇、街道、开发区、县直机关换届选举指导组成员，对县第十七届人大代表、乡镇代表名额进行了分配，确定了县、乡（镇）人大换届选举时间；听取了县政府关于县十六届人大五次会议代表所提议案建议办理情况的报告；接受了一名代表的辞职请求：依法对县人大常委会、县检察院部分工作人员进行了任命。

11月6日　县委副书记王军一行赴上海“中国极地研究中心”，代表兰陵县委、县政府向“雪龙”号南极科考船赠送“苍山蔬菜”，签订“雪龙号优质蔬菜供应合作协议”，并参加“中国第三十三次南极科学考察队出征仪式”。本次赠送活动，兰陵县共向“雪龙”号赠送了苍山大蒜、庄坞牛蒡、长城辣椒等蔬菜5000余公斤。通过此次活动，兰陵成为“雪龙”　号船首选蔬菜选供基地，实现了“苍山蔬菜”走进极地、走向世界的目标，有效提升了“苍山蔬菜”的品牌。

11月5日—8日　国家农产品地理标志登记保护产品展在昆明国际会展中心举办。国内外参展企业3000多家，“三品一标”产品近万个，吸引国内外客商30余万人。“苍山大蒜”代表我市参展，因其优良的品质、丰富的营养及其药用价值等特点享誉国内外，被评为金奖（山东唯一一个获金奖地标产品）。“苍山大蒜”产于兰陵县，为山东省传统名特蔬菜之一，常年种植面积36万亩，年产大蒜约3亿公斤，出口创汇实现2亿美元。兰陵县被誉为“中国大蒜之乡”，大蒜获GAP认证，并于2015年获得农业部农产品地理标识产品认证，“苍山大蒜”品牌价值评估48.37亿元，列全国第17位，位居保健蔬菜之首。

11月8日　县委组织全县领导干部收看了中央宣讲团党的十八届六中全会精神报告会，中央宣讲团成员黄坤明作宣讲报告。报告会上，黄坤明围绕习总书记重要讲话、《关于新形势下党内政治生活的着干准则》和《中国共产党党内监督条例》，对全会精神进行了详细解读，报告紧扣主题，内容丰富，全面系统，重点突出，思想性、理论性、指导性强。

11月9日　全县脱贫攻坚工作现场推进会议召开。与会人员首先到长城镇李宅村、东官庄村项目建设现场观摩。随后，召开了座谈会，会议指出，打赢脱贫攻坚战，重中之重是精准扶贫、精准脱贫。各级各部门要积极探索脱贫攻坚新思路、新方法，提高脱贫效果的可持续性，做好扶贫工作。

11月10日 全县县、乡（镇）两级人民代表大会换届选举工作会议召开。会议对换届选举和换届宣传工作作了具体部署。会议指出，县、乡（镇）两级人大换届选举时间与同级党委的换届时间统筹安排，县、乡（镇）人大换届同步进行，要确保换届选举工作在时间安排、方法步骤上统筹兼顾，认真做好换届选举的各项工作。这次县、乡（镇）人大换届选举工作，从2016年10月15日开始至2017年2月26日止。

11月15日 国家督学、上海交通职业技术学院院长鲍贤俊带领督导组来兰陵督导义务教育均衡发展工作。督导组到县实验中学、长城中学及南桥镇中心小学等地查看，听取了相关情况汇报。鲍贤俊肯定了兰陵在推进义务教育均衡发展工作中所取得的成绩，并对存在的问题提出了相关建议。希望兰陵尽快解决城区教育不足的问题，使城区学校建设跟上县城扩张建设步伐，缩小城乡之间、校级之间办学差距，提高学校精致化管理水平。

11月16日 县委副书记、县长薛峰到下村乡检查指导115师师部旧址修复工作。薛峰指出，师部旧址修复一定要尊重历史、客观真实，着重体现115师革命先烈在鲁南地区艰苦奋斗的历史功绩和工作亮点，丰富展览展示及陈列的内容，使旧址不仅能反映历史原貌，更能体现革命精神，激励后人继承和发扬老一辈革命家的光荣传统和拼搏精神。115师师部旧址修复项目总占地2万平方米，总投资3000万元，项目分两期实施，一期主要恢复115师师部；二期主要建设八路军东进抗日纪念馆、纪念广场等。项目建成后，将成为弘扬抗战精神、沂蒙精神，开展爱国主义教育的重要基地。

11月20日 市委常委、副市长高波带领青海省赴临沂挂职领导干部来兰陵调研经济社会发展情况。考察团先后到国家“千人计划”专家创业园、兰陵国家农业公园、压油沟村旅游扶贫试点项目、萧氏文化园、葡子庙、兰陵美酒文化产业园和山东国铭球墨铸管项目进行查看，并了解了兰陵经济社会发展情况。考察团认为，近年来，兰陵项目建设取得较大突破，经济建设日新月异，产城互动发展协调，新型旅游扶贫项目建设和文化建设工作成效显著，各项社会事业协调发展，稳步推进。

11月24日 兰陵召开平安兰陵建设“百日集中整治”活动动员会议。会上，传达了《平安兰陵建设“百日集中整治”活动实施方案》。会议指出，要严格落实领导干部维护社会稳定工作“一岗双责”“党政同责”责任制，整治存在的突出问题。“百日集中整治”活动要重点宣传防盗、防窃、防火和防范金融风险、电信网络诈骗、安全生产等与群众日常生活密切相关的防范知识，教育群众增强自我防范意识，营造群防群治的良好氛围，减少违法犯罪事件的发生。

11月28日 临沂华龙热电有限公司搬迁扩建项目点火启动仪式举行。该项目于今年3月14日开工奠基，历时260天，现已圆满完成一期工程。项目一号炉点火后，将具备200万平方米的供热能力，12月1日正式向县城居民供暖。

11月28日 全国“推动移风易俗，树立文明乡风”电视电话会议召开。会议要求，要联系农村生产生活和农民群众思想实际，发挥群众性精神文明创建活动对移风易俗、改造社会的重要作用，让文明新风融入生产生活的各个方面，成为农民群众的自觉行为。要严格执行相关制度，强化党章党规的引导作用、法律法规的刚性约束作用和公共政策的价值导向作用，推动形成良好社会风尚。

11月29日 县领导郑连胜、薛峰会见了希杰大韩通运综合物流研究院院长、希杰荣庆物流供应链有限公司首席副总裁鱼在爀，双方就加强合作、深化交流进行了友好会谈。郑连胜介绍了兰陵丰富的资源优势和良好的投资环境。鱼在爀认为，兰陵县是一座充满活力和魅力的城市，商贸物流发达，地产品丰富，在商品种类等各方面都有较强的互补性。希望双方发挥好自身的优势，继续增进友好交流，在经济、技术等领域加强务实合作。

11月29日 市人大常委会副主任刘淑秀带领市人大督导组来兰陵督导县、乡（镇）人大换届选举工作。督导组到卞庄街道朝阳社区、尚岩镇岳村等地查看了人大换届选举工作开展情况，听取了相关情况汇报。刘淑秀认为，兰陵高度重视此次换届选举工作，各项工作要求严、标准高、措施实、效果好。在下步工作中，希望要依法组织好县、乡两级人大换届选举工作，保障广大选民依法参加选举，选出人民满意的代表。

12月

12月1日 山东省海峡两岸交流基地授牌仪式在兰陵镇萧氏文化园举行。仪式上，山东省台办副主任齐子明授予兰陵“山东省海快两岸交流基地”的牌匾。这也是临沂市唯一省级海峡两岸交流基地。台湾萧氏宗亲会会长萧围光，县委副书记、县长薛峰分别讲话。双方希望以此授牌为契机，打造成为海峡两岸交流、促进兰台经济人文交流发展的重要平台，为海峡两岸交流发挥积极作用，推动两岸经贸的交流合作，实现互利共赢。

12月4日 国家林业局湿地保护管理中心副处长胡昕欣带领考评组到会宝湖国家湿地公园进行实地考察，听取了相关情况介绍，观看了湿地公园申报宣传片。考评组认为，兰陵申报的温地公园，湿地资源丰富，对当地生物多样性保护和水资源生态安全都有重要意义。希望兰陵修改完善申报宣传片和规划文本，力争早日通过国家湿地公园的评审。

12月9日 全县领导干部会议召开。宣布市委关于兰陵县政府主要负责同志职务调整的决定。市委批准，孙伟任中共兰陵县委委员、常委、副书记，免去薛峰的中共兰陵县委副书记、常委、委员职务；市委同意，提名孙伟为兰陵县人民政府县长候选人，薛峰不再担任兰陵县人民政府县长职务。

12月10日 中国共产党兰陵县第十三届委员会第十次全体会议召开。全会学习贯彻了党的十八届六中全会、省委十届十五次全会和市委十二届十三次全会会议精神，听取了郑连胜受县委常委会委托作的工作报告，审议通过了《中共兰陵县委关于深入学习贯彻党的十八届六中全会精神的意见》和《关于召开中国共产党兰陵县第一次代表大会的决议》。全会肯定了县委十三届八次全体会议以来县委常委会的工作。全会决定，中国共产党兰陵县第一次代表大会于2017年1月召开。全会认为，召开县第一次党代会是全县政治生活中的一件大事。要精心组织、周密安排，扎实做好各项筹备工作，为县第一次党代会召开营造良好环境。全会号召，全县各级党组织和广大党员干部要贯彻落实中央和省、市、县委决策部署，团结带领全县人民，解放思想、扎实工作，以优异成绩迎接党的十九大胜利召开。

12月11日 县委召开党的十八届六中全会

宣讲团工作动员会。会议指出，县委集中开展十八届大中全会宣讲活动，有利于促进全会精神广泛宣传普及，更好地落实全会提出的各项任务。宣讲团成员要以强烈的政治责任感和良好的精神状态，完成好全会精神的宣讲任务，在全县推动兴起学习宣传贯彻全会精神的热潮。

12 月 12 日　由中国品牌建设促进会、经济日报社、中国国际贸促会、中国资产评估协会等单位联合举办的“2016 年中国品牌价值评价信息发布会”在北京国贸大酒店举行。经过材料初审、专家评审、价值测算和结果核验，产生了 2016 年品牌价值评价结果，“苍山大蒜”品牌价值再创历史新高，达到 172.71 亿元，列初级农产品类地理标志产品第 11 位。

12 月 13 日　县十六届人大常委会第三十三次会议召开。会议听取审议了县政府关于 2016 年全县地方政府债务限额及县级预算调整方案、全县重点项目建设及扶贫工作情况三个报告，并分别作出决定和审议意见；会议同意薛峰同志辞去兰陵县人民政府县长职务；表决任命孙伟为兰陵县人民政府副县长，代理县长。

12 月 13 日　农业部下发了《关于公布 2016 年全国休闲农业和乡村旅游示范县（市、区）的通知》（农加发〔2016〕7 号）。兰陵县榜上有名，被评为全国休闲农业和乡村旅游示范县。兰陵现有国家、省、市级休闲农业与乡村旅游示范乡镇 2 个、示范点 6 个。其中，兰陵国家农业公园景区被农业部、国家旅游局评为“全国休闲农业与乡村旅游示范点”“全国休闲农业与乡村旅游五星级示范创建园区”“全国十佳休闲农庄”等荣誉称号。

12 月 14 日　全省农村无害化卫生厕所改造电视电话会议召开。会上，兰陵县作为全省首批通过农村无害化厕所全覆盖验收的两个县之一，受到省委、省政府表彰，并获得 1600 万元省级奖补资金。截至目前，全县共完成改厕任务 160521 户。

12 月 15 日　县委副书记、代县长孙伟视察全县重点项目建设情况。孙伟先后查看垃圾焚烧发电项目、国家农业公园新建项目，听取了第五届菜博会、第五届中国兰花大会和第五届沂蒙优质农产品交易会筹备情况和国家农业公园新建配套项目规划建设情况汇报。孙伟要求，各项目建设单位要抢抓时间，倒排工期，加快进度，确保工程如期完工。同时，要严格工程标准，确保工程质量和施工安全，着力打造精品工程、特色工程。

12 月 17 日—18 日　杭州电子科技大学高层次人才团队来兰陵进行考察交流。考察团实地考察了国家“千人计划”专家创业园、兰陵美酒股份有限公司等地，了解了兰陵县“三引一促”工作开展情况。考察团表示，兰陵有良好的区位优势和环境条件，感受到这座城市广阔的发展前景和巨大的合作空间。今后，将积极考察论证，努力寻求项目合作，实现校地发展共赢。

12 月 20 日　榆树市市长高中会带领考察团来兰陵考察现代农业经济发展情况。考察团参观了兰陵国家农业公园现代农业示范园区，了解了现代化农业技术、生态种植模式和农耕文化。考察团认为，兰陵对农业工作高度重视，基础好、有特色、有市场，是个农业强县。以后，将不断加强两地交流，共同推进双方现代化农业的发展。

12 月 26 日　县领导郑连胜、孙伟等分别到卞庄街道代村选区投票站、兰陵镇南王庄选区投票站参加县第十七届人大代表选举。本次县、乡两级换届选举工作机构在选民登记、资格审查、考察审查代表候选人、投票选举等各个环节严格把关，使整个换届选举工作依法进行，程序到位，为整个换届选举工作营造了良好的环境和浓厚的舆论氛围。

12月28日 G206威汕线和S229沂邳线兰陵绕城工程签约暨开工动员会在兰陵县公路管理局举行。仪式上，介绍了两个项目的工程概况及前期工作进展情况。会议强调，G206威汕线和S229沂邳线兰陵绕城段改建工程是今年县委、县政府确定的重点工程，各参建单位要严格把控进度与质量，确保将两个项目建设成为“精品工程”“优质工程”和“民心工程”。

12月28日 县委书记、县人大常委会主任郑连胜到第五届菜博会组委会调研指导工作。在菜博会旅游综合体项目建设现场，郑连胜先后查看了兰陵演艺中心、兰陵历史文化展示馆、福禄寿喜园等项目建设情况。郑连胜强调，第五届菜博会“三会合一”规模空前、任务繁重，各专项工作组及成员单位要对照任务分工、目标要求和时间节点，加快工作进度，强化工作措施，力争把本次菜博会办成一届国内一流、国际上有影响，精彩、务实、节俭的高水平盛会。

本月 兰陵县把移风易俗作为推进乡村文明行动和美丽乡村建设的重要内容，推行以“丧事简办、婚事新办”为主要内容的移风易俗活动，目前，全县已实现红白理事会和红白理事制度行政村“两个全覆盖”，并在遏制婚丧嫁娶铺张浪费、破除封建迷信和陈规陋习方面取得明显成效。新华社、山东电视台、临沂日报社等多家媒体报道了兰陵移风易俗工作的经验做法。

概 况

建置沿革

兰陵县历史悠久。夏代少康中兴后，封其少子曲烈于鄫地（今向城镇鄫国故城）。商代县境有鄫、戚、武等部族方国。周初行分封，因鄫为大禹之后故，以鄫国为子爵。公元前 567 年，鄫国为莒国所灭。公元前 553 年，通过霸主晋国的干预，在向城盟会上莒国正式承认鄫国土地属于鲁国，重新划定鲁莒界限，鄫地纳入鲁国次室邑（春秋时期鲁国大夫季文子在兰陵所建）的管辖范围。公元前 382 年，楚国夺取鲁国次室邑，公元前 319 年至前 311 年间改次室邑为兰陵县，楚考烈王八年（前 255 年）任荀卿为兰陵令。

秦统一天下后，县境先是分属薛郡之缯、兰陵、襄贲、戚等县，后分属郯郡（后改为东海郡）之缯、兰陵、襄贲、戚等县。汉朝成立后，县境分属楚国东海郡之缯、兰陵、襄贲、戚等县。北魏时，今县境分属兰陵郡之兰陵县、琅琊郡之即丘县、郯郡之郯县。隋文帝开皇十六年（596 年），分氶县设鄫州（治所在今枣庄峄城区）及兰陵县归彭城郡；分即丘为临沂、即丘二县归琅琊郡。隋炀帝大业初，废鄫州，并鄫州、兰陵县入氶县，改氶县为兰陵县；并即丘入临沂县。县境西部归属彭城郡兰陵县管辖，县境东北部属琅琊郡临沂县管辖，县境东南部属下邳郡郯县管辖。

唐高祖武德四年，（621 年）于氶县置鄫州，分置兰陵、鄫城二县；新置邳州，辖下邳、郯、良城三县。627 年（唐太宗贞观元年）废鄫州，并兰陵、鄫城二县入氶县，氶县归沂州琅琊郡管辖；废邳州，郯、良城二县亦撤并。县境西部归属沂州琅琊郡氶县管辖，县境东部部属沂州琅琊郡临沂县管辖，县境北部沂州琅琊郡费县管辖。唐贞观元年 (627 年)，今县境分属河南道沂州之临沂县、氶县。北宋属京东东路临沂县、氶县。金时属山东东路沂州临沂县、费县，山东西路邳州下邳县、兰陵县（明昌六年，即 1195 年，改氶县为兰陵县）。元代属中书省山东东西道宣慰司益都路沂州临沂县、费县。（山东东西道宣慰司，益都路。峄州，唐置鄫州，又改兰陵县为氶县，后州废，以县属沂州。宋仍旧。金改兰陵县，于县置峄州。元初以峄州隶益都路，至元二年，省兰陵入本州。）

明代分属沂州（属直隶州管辖的二级州）、沂州之费县、郯城县，邳州管辖。属沂州管辖的有艾南乡的永安、层山、兰山等三社，芙西乡的仲村、沂沟、大冶、小炉、宝山、乐归、扶丘、萧陵、东柞、河湾、青宁、芙蓉、中立、田营、宝义等 15 社，向城乡的泇关、城阳、鱼沟、结义、兴明、高山、鲁坊、昌茂等 8 社，石城乡的郭里、流泉、横山、坊前、兰陵、新兴等 6 社；属郯城县管辖的有芙东乡的三峰、磨山、池头、道庄、柞城、沙沟、沙堰、芦柞、王田、崔冢等 10 社。

清代分属沂州府（属山东省直管的一级州，称直隶州）之兰山县、费县、郯城县，邳州管辖。属兰山县的有芙西乡，辖大冶、乐归、小陵、河湾、芙蓉、中丘、中美、青东、扶宝、小山等 10 社，72 村庄；向城乡辖泇头、鱼沟、兴明、高山、鲁坊、昌茂、城义等 7 社，51 个村庄；石城乡辖坊前、兰陵、新兴、城前、千期、郭泉、黎泉、仁和等8社，61个村庄。

民国二年府制取消，复设临沂县，县境分属临沂县六、七、八区，郯城县四、五区，费县二、七区。

1937年“七七”卢沟桥事变爆发后，在中国共产党的影响下，上大炉村人万春圃等于1937年11月10日，在尚岩沟西（今尚岩镇沟西村）召开有临沂县、郯城县、费县、峄县（以下简称“临郯费峄”）4县代表参加的抗日联席会议，协商成立临郯费峄4县边区联庄会办事处。

1939年2月临郯费峄4县边区联庄会办事处在车辋（今车辋镇驻地）召开会议进行改组，改称临郯费峄4县边区联合办事处。1940年3月临沂县抗日民主政府在庄坞（今庄坞镇驻地）成立。1941年3月28日临郯费峄4县边联抗日人民代表大会在万村（今尚岩镇万村）召开，成立临郯费峄四县边区政府，简称“边联县”。1943年春天，中共鲁南区委决定建立兰陵办事处，次年3月改称兰陵县。1944年春，边联县改称赵镈县。临西办事处撤销，所辖苍山区并入赵镈县八区、庙山区并入赵镈县九区、车庄区分别并入赵镈县八、九区。1945年10月兰陵县撤销，其部分辖区归属赵镈县。1945年9月，赵镈县与战时的民主政权临沂县合并统称赵镈县。1947年3月，为应对国民党军队重点进攻山东，中共鲁南区党委决定将赵镈县东部析出置县，寓纪念1933年中国共产党领导的“苍山暴动”之意，取名苍山县。1948年重置兰陵县。1950年5月11日撤销赵镈县，其辖区大部并入苍山县。1953年撤销兰陵县，其部分辖区并入苍山县。新中国诞生后，苍山县隶属临沂地区。

1994年12月，撤销临沂地区，设立地级临沂市，苍山县隶属临沂市。2010年，辖兰陵、大仲村、矿坑、车辋、尚岩、鲁城、新兴、向城、南桥、长城、神山、磨山、庄坞、层山、沂堂等15镇，贾庄、三合、二庙、下村、兴明等5乡，卞庄1个街道办事处。2010年2月4日 ，经山东省人民政府批准，苍山县沂堂镇划归临沂市罗庄区管辖。8月13日，苍山县行政区划调整工作会议召开，根据《临沂市人民政府关于调整苍山县部分行政区划》的通知，撤销二庙乡，原行政区域并入长城镇；撤销层山镇，原行政区域并入庄坞镇；撤销兴明乡，原行政区域并入向城镇；撤销三合乡，设立芦柞镇，将卞庄街道办事处的前芦柞等22个行政村划归芦柞镇管辖，镇政府机关驻芦柞西村；撤销贾庄乡，设立金岭镇，将卞庄街道办事处的东坊上等49个行政村划归金岭镇管辖，镇政府机关驻前月庄村；将贾庄乡的贾庄等14个行政村苍山经济开发区管辖。2014年1月21日，苍山县正式更名为兰陵县。

截至2016年年底，全县辖卞庄街道1个，金岭、大仲村、矿坑、车辋、鲁城、尚岩、向城、新兴、兰陵、南桥、芦柞、长城、庄坞、磨山、神山等镇15个，下村乡1个，全县辖行政村（居）630个。

环境资源

【境域】 兰陵县位于山东省南部，临沂市西南部。境域跨北纬34°37′～35°06′，东经117°41′～118°18′之间。东北部与临沂市罗庄区相依，北部与费县交界，西部与枣庄市为邻，南部与江苏省邳州市毗邻，东南部与郯城县相连。2016年全县总面积1724.87平方千米。

【地形】 兰陵县地处鲁南低山丘陵南缘，海拔高程40至580米。地势自西北向东南逐次降低，依次是低山、丘陵、平原、洼地。境内低山多分布于西北部的鲁城、下村、车辋等乡镇。山地面积3.5万公顷，占全县总面积19.6%。境内的主要河流都源于西北，流向东南。平原多为东、西泇河、汶河及沂河冲积、洪积而成，面积11.2万公顷，占总面积的62%。丘陵多分布于低山平原之间，面积3.37万公顷，占总面积的18.4%。

全县共有大、小山头611个，属尼山山系。一般海拔高度100至200米，海拔250米以上的16个。主要山头有抱犊崮、文峰山、九女山、西神山、大虎山、平山、黄山、景山、高山、阴阳寨、大涧山等，号称鲁南第一峰的抱犊崮为县境制高点，海拔580米。

【河流】 兰陵县共有河流28条，其中主要河道流有沂河、武河、苍邳分洪道（古涑河），燕子河、东泇河、西泇河、运女河、淘沟河等，跨省河流16条，均属沂河水系。另有中华人民共和国成立以后开挖的东、西方向河网一套，连通东泇河、白家沟、汶河及西泇河，起灌溉泄洪补偿调控等作用。

【土壤】 受成土母质、地形、地貌、气候、植被、水文地质和人为等成土因素的影响，县境内有棕壤、褐土、潮土、砂礓黑土4个土类、10个亚类、16个土属、27个土种。棕壤土、褐土、砂姜黑土、潮土面积分别占总面积的12.6%、35.6%、23.7%、28.1%。

【气候】 兰陵县属暖温带季风半湿润气候，大陆度为63.1%，四季分明，雨热同季，大陆性明显。春季多风、风大，气候干燥；夏季高温多湿，降水集中，灾害性天气较多；秋季天高气爽，气候宜人；冬季寒冷，雨雪稀少。年平均气温13.2℃，极端最高气温40.5℃，极端最低气温-24.9℃。7月最热，平均26.6℃。1月最冷，平均-1.8℃。冷热年平均相差28.4℃。年平均降水量920至970毫米，北部山区多于南部平原。各月降水分布不均匀，降水的季节性明显，7、8月雨量达450毫米，占全年降水量的将近一半。降水变率大，最多年份达1300毫米，最少年份还不足600毫米，因此容易发生旱、涝灾害。年主导风向为东北风，其中夏季多东南风。

【土地资源】 截至2016年底，兰陵县土地总面积1724.0185平方千米，其中农用地132977.07公顷（耕地106781.81公顷、基本农田97887.51公顷），建设用地29071.6公顷，未利用地10353.18公顷。人均耕地1.14亩。

【矿产资源】 截至2016年，全县已发现矿种25个，其中铁、石膏、石英砂、石灰岩是县内优势资源。其中铁矿石储量13.6亿吨、石膏储量11.6亿吨、石英砂岩储量6亿吨、石灰岩储量200亿吨，资源主要分布在县域西部、南部的尚岩、鲁城、新兴和兰陵等乡镇；全县矿业权58个，其中，铁矿25个，石膏矿9个，石英砂7个，建筑石料用灰岩矿及其它17个。

【水资源】 兰陵县多年（1956—2000年系列，下同）平均降水量为849.9mm，多年平均径流深309.7mm，多年平均地表水资源量为5.5764亿m^3，多年平均地下水资源量为2.4283亿m^3。全县人均占有水资源量541m^3，仅占全国人均水资源量2100m^3的四分之一。

【动植物资源】 兰陵县共有木本植物340种，分属64科98属，现有的木本植物中，以蔷薇科、杨柳科属多，木樨科和豆科次之。常见的用材树种以欧美扬、刺槐、苦楝、旱柳、白榆、臭椿、泡桐居多；经济林树种以桃、梨、葡萄、枣、柿子、板栗、花椒居多，防护林树种主要是侧柏、刺槐和赤松；灌木树种主要是紫穗槐、杞柳、银花、白腊条；观赏树种主要有雪松、蜀桧、银杏、国槐、合欢、紫薇、月季等。全县有草本植物17科、700多种，主要有葎草、白茅、狼尾草、稗、喜旱莲子草等，植物药材140种，人工栽培的有30种，主要有白芍、地黄、山药、川芎、山茱萸、地榆、益母草、车前子等。

野生动物：鸟类有麻雀、野鸡、猫头鹰、鹞鹰、雁、燕子、鸽子、鹌鹑、斑鸠、乌鸦、啄木鸟、喜鹊、灰喜鹊、黄雀、麦鸡子、松鸡子、白头翁等。兽类有野兔、黄鼠狼、刺猬、狐狸、獾等。昆虫类有蝉、螳螂、蜜蜂、蝴蝶、蚂蚱、蟋蟀、蜻蜓、蚕、豆虫等。爬行类有蛇、壁虎、蜥蜴、鳖、青蛙、蟾蜍等。

国民经济和社会发展

2016年，全县各级在县委、县政府的正确领导下，攻坚克难、扎实工作，着力做好县域经济发展“四篇文章，”经济社会保持良好发展态势。全年实现地方生产总值358041亿元，同比增长6.8%。其中第一产业增加值59.69亿元，第二产业增加值125.73亿元，第三产业增加值173.09亿元，分别增长3.9%、7.3%、7.4%。三次产业构成为16.63 ∶ 35.08 ∶ 48.29。

【农业】 2016年第一产业实现总产值102.58亿元，其中，农、林、牧、渔及农林牧渔业服务业产值分别为86.44亿元、0.97亿元、11.12亿元、2.66亿元和1.39亿元。实现增加值60.48亿元，其中，农、林、牧、渔及农林牧渔业服务业增加值分别为53.34亿元、0.61亿元、4.09元、1.56亿元和0.88亿元。

全年粮食播种面积145.98万亩，同比增长2.11万亩，增长1.5%。总产64.85万吨，同比减少0.2万吨，减少0.3%。其中，夏粮66.8万亩，增长0.4%，单产453.6公斤/亩，减少7.4公斤，总产30.30万吨，增加0.15万吨，增长1.5%，秋粮播种面积79.18万亩，增长0.71万亩，增长0.9%，单产436.3公斤，减8.5公斤，总产34.5万吨，减0.35万吨。油料种植面积17.1万亩，总产6.25万吨。棉花种植1.46万亩，总产量0.14万吨。水果产量6.4万吨。全年蔬菜面积77.9万亩，总产289.1万吨，实现产值63.4亿元，增长4.13%。

畜禽养殖平稳发展。年末生猪存栏36.1万头，同比增长0.8%；家禽存栏735万只，下降14.4%；牛、羊存栏分别达到2.4万头、32.5万只，分别增长29.2%、7.7%。全年出栏生猪60.8万头，下降6.3%；出栏家禽1933万只，增长2.4%；出栏牛、羊分别达到3.05万头、46.1万只，同比分别增长0.3%、8.7%。全年肉类总产量8.61万吨，比上年增长4.6%；奶类产量19067吨；禽蛋产量4.19万吨，增长2.8%。

全年完成造林面积1237公顷，退化林修复面积68公顷，育苗面积386公顷，其中，当年新育151公顷。

年末农业机械总动力141万千瓦，增长12.1%，拖拉机保有量9.08万台，各类配套农具8.3万台（套），小麦和玉米联合收割机分别达到1941台和262台。全县农作物综合机械化水平达到85%，主要粮食生产机械化水平达到92%。主要农作物秸秆综合利用率达到80%，其中秸秆机械化切碎还田63万亩。

【工业】 全县213家规模工业企业完成总产值580.61亿元，实现增加值120亿元，分别增长5.31%和8.19%。工业用电量90379万千瓦时，增长-11.82%。“2+3”主导产业实现产值540.13亿元，增长5.08%，其中，矿产建材业实现产值126.87亿元，增长-6.05%，农副产品加工业实现产值380.18亿元，增长9.63%。工业效益良好。规模以上工业实现销售收入581.89亿元，增长6.14%，利税、利润分别为43.53亿元、32.49亿元，分别增长 3.38% 和 -1.67%。

【固定资产投资】 固定资产投资适度增长，投资结构趋于优化。2016 年，规模以上投资项目 164 个，完成投资 215.7 亿元，增长 17.3%。第一产业完成投资 1.26 亿元，增长 -78%；第二产业完成投资 142.8 亿元，增长 15.9%。第三产业完成投资 73.68 亿元，增长 34.28%，其中，房地产开发投资完成 14.4 亿元，降低 26.5%。第一、二、三产业投资占比分别为 0.6%、66% 和 33.4%。亿元以上新开工投资项目 42 个，完成投资额 81.8 亿元。高新技术产业投资占比达到 22.3%。

【交通和邮电通信业】 交通业持续快速发展。年末全县通车里程 2774 公里，其中，高速公路 53 公里，国、省道 244 公里，县、乡、村公路 2505 公里。

通信业平稳发展。全年完成邮政业务总量 7231.76 万元，增长 26.4%；拥有固定电话用户 4.26 万户；移动电话用户 69.80 万户，增长 10%；全县互联网用户 14.09 万户，同比增长 17.2%。

【国内市场、外经外贸和招商引资】 消费市场运行平稳。2016 年，全县实现社会消费品零售总额 226.6 亿元，增长 10.6%。

对外贸易略有波动。进出口总额 10547 万美元，增长 -60.6%，其中出口总额 10117 万美元，进口总额 430 万美元，分别增长 -60% 和 -70.8%。

全县招商引资实际到位市外资金 101.6 亿元，全县共实施固定资产投资过三千万的实体经济项目 60 个，实体经济项目本年累计实际到位资金 71.2 亿元，占引资金总额的 70.8%；向上争取无偿资金和政策性资金 15.2 亿元，占 17.9%；各类融资认定招商引资到位资金 11.9 亿元，占 11.3%。

【财税、金融】 财税收入稳步增长。全年实现地方财政收入 15.06 亿元，较上年增长 14.16%。其中，税收收入完成 13.07 亿元，占地方财政收入 84.12%；非税收入完成 1.99 亿元。全县财政支出累计完成 43.92 亿元，增长 13.9%。国、地税收入合计 20.3 亿元，增长 17.8%，其中，国税收入 10 亿元，增长 4.8%；地税收入 10.3 亿元，增长 33.7%。

金融业健康运行。年末全县金融机构各项存款余额 310.27亿元，比年初增加47.05亿元，其中住户存款余额 234.21 亿元，比年初增加 36.65亿元。金融机构各项贷款余额193.47亿元，比年初增加 26.26 亿元，其中，中长期贷款余额 30.13 亿元，比年初增加 5.69 亿元，短期贷款余额 66.67 亿元，比年初增加 6.52 亿元；存贷比 62.36%，新增存贷比 55.80%。

【科技、教育、卫生】 科技成果有新突破。2016 年，县级投入科技经费 50 万元，审批立项省级 3 项，市级 11 项，争取项目资金 200 万元，获得市级科技进步奖 6 项。申请发明专利 82 件，授权发明专利 34 件。

教育事业蓬勃发展。2016 年全县共有普通中学 41 所，在校学生 75317 人，其中高中生 16782 人，任课教师 4393 人。小学 259 所，在校生 145420 人，任课教师 5591 人。幼儿园 476 所，入园儿童 56100 人。

医疗卫生事业健康发展。2016 年末共有卫生技术人员 3094 人，医院、卫生院及其他医疗机构共拥有病床 4019 张。

【人口与就业】 2016 年末，全县总户数 358331

户，户籍人口140.10万人，出生人口33371人，死亡6289人。60周岁及以上老龄人口23.31万人，占总人口的比重达到16.64%。年末常住人口118.95万人，常住人口中城镇人口占比达到48.72%。

城镇新增就业0.86万人，新增农村劳动力转移就业1.62万人，城镇登记失业率控制在2.22%。全县共组织职业技能培训5189人，创业培训601人。

【居民生活】 城乡居民收入持续增长。2016年全县居民人均可支配收入20008.6元，比上年增加1735.9元，同比增长9.5%。其中，城镇居民人均可支配收入28284.8元，比上年增加2191.4元，同比增长8.4%；农村居民人均可支配收入12045.6元，比上年增加953.9元，同比增长8.6%。

社会保障体系日臻完善。2016年末，全县城镇职工养老保险、医疗保险、失业保险、工伤保险、生育保险人数分别为54395人、55485人、36453人、55972人、31675人。城乡居民养老保险参保人数60万人、城乡居民医疗保险99.56万人。城乡居民养老保险金标准提高到每人每月100元。

精神文明建设

【文明城市创建】 以“四城联创”为契机，深入开展文明城市创建工作，积极开展城市环境专项整治活动，开展系列群众性创建活动，不断提升城市文明程度；围绕学雷锋纪念月等节点，组织各中小学校和文明单位开展了系列志愿服务活动。深入开展“我们的节日”主题实践活动，承办了《中华长歌行—我们的节日·清明》临沂地方篇的拍摄，开展了“网上祭英烈”和“向国旗敬礼”签名寄语活动，网络签名寄语人数达到14万人。着力营造网上舆论氛围，传播文明声音，引领社会风尚，被各级媒体采用文明信息评论1000余条，精神文明建设信息工作位居全市前列。

【深入实施四德工程】 在村居、学校、县直部门和企业广泛建立善行义举四德榜，积极做好山东省四德榜兰陵县网上平台录入工作，确保村居学校实现全覆盖。深入挖掘道德模范典型，开展了2015年度“兰陵好人”评选表彰活动，评选出10名“兰陵好人”，并在2016年百姓春晚上进行表彰奖励。积极推荐“临沂好人”候选人，累计推荐候选人24名，其中李安玲、任海昌等4人被评为“山东好人”，积极开展“中国好人榜”群众线索推荐工作，累计推荐线索1万余条。积极培育和践行社会主义核心价值观，加大了“图说我们的价值观”公益广告刊播力度，开展了“践行核心价值观、新春祝福送春联”活动，举办了2期道德模范故事会。

【乡村文明行动】 深入推进移风易俗活动，实现了红白理事会和红白理事制度行政村 “两个全覆盖”，在遏制婚丧嫁娶铺张浪费、破除封建迷信和陈规陋习方面取得明显成效，新华社《山东参考》、山东电视台《山东新闻联播》等多家媒体报道了我县移风易俗工作的经验做法。中央电视台《新闻联播》报道山东移风易俗工作时，采用了向城镇朱村移风易俗工作的视频资料。县文明办拍摄的移风易俗微纪录片，荣获全省乡村文明行动微电影大赛三等奖。同时，围绕城乡环卫一体化加大督导考核力度，提升了各乡镇城乡环卫一体化工作水平。

【志愿服务活动】 围绕学雷锋纪念月，组织各中小学校和文明单位开展卫生清洁、关爱孤寡老人、留守儿童等系列志愿服务活动。按照市文明办要求，完成在“山东志愿服务网”县一级志愿团体注册及验证，加大志愿者在山东志愿服务网注册数量，共注册志愿者1.8万余人，统一开展活动项目，并记录时长。组织广大志愿者积极开展创卫、献爱心等志愿服务活动，参与“志愿有我·温暖临沂”主题志愿服务活动，经过评选推荐报送兰陵县菜博会志愿服务团队参加临沂市“最美志愿服务组织”评选活动。组织县医院、中医院开展志愿服务义诊进社区活动，组织交通局、公路局开展“志愿有我·温暖回家路”暨“温暖回家过大年”志愿服务活动。对志愿服务活动开展调研，并报送《兰陵县关于建立完善志愿服务嘉许激励制度的调研报告》。

【未成年人思想道德建设】 进一步加强乡村学校少年宫的建设和管理，对13所中央、省公益金扶持乡村学校少年宫进行督导检查，并推荐了庄坞镇中心小学和大仲村镇中心小学成为2016年度市公益金扶持乡村学校少年宫，申报了7所中央彩票金扶持乡村学校少年宫。积极选拔选手参加临沂市第二届国学小名士经典诵读活动，其中有2名参赛选手分别获得二等奖和三等奖。组织12个乡村学校少年宫的240名学生参加了书法比赛活动，选拔2名优秀学生参加临沂市第二届乡村学校少年宫成果展—书法比赛，分别荣获二等奖、三等奖。组织11个乡村学校少年宫的180名学生参加了乒乓球比赛活动，在临沂市第二届乡村学校少年宫成果展—乒乓球比赛中获得男子双打获得第五名、团体第六名的好成绩。组织了“国学小名士”征文活动。开展优秀童谣征集活动，共征集童谣60余首，其中获一等奖1首，三等奖1首。

撰稿：徐开成

组织机构及领导成员

【县级领导班子】

中共兰陵县委员会

书　记：

　　郑连胜

副书记：

　　薛　峰（11月离职）

　　矫晓斌（6月离职）

　　王　军（挂职）

　　吴恩坤（6月任职）

　　孙　伟（11月任职）

常　委：

　　纪　军（女）

　　王剑峰

　　李　剑

　　郑戏元（6月离职）

　　池永波

　　刘　斐（1月离职）

　　李增刚

　　孙运峰

　　吴　晓（挂职，2月离职）

　　徐庆军（挂职，2月任职）

　　周晓东（6月任职）

兰陵县人大常委会

主　任：

　　郑连胜

副主任：

　　刘茜堂

　　李　玲

　　李玉廷

　　杨振广

　　张　林

党组书记：

刘茜堂

党组成员：

李玉廷

杨振广

张　林

兰陵县人民政府

县　长：

薛　峰（11 月离职）

孙　伟（11 月任职）

常务副县长：

刘　斐（1 月离职）

王剑峰（1 月任职，6 月离职）

李　剑（6 月任职）

副县长：

米兴法

高思圣

杨秀秀（女，回族）

杨金童

梁　浩（挂职）

政协兰陵县委员会

主　席：

翟玉才

副主席：

朱茂成

高久军

王克洪

钟如华

秘书长：

金怀峰

中共兰陵县纪律检查委员会

书　记：

纪　军（女）

副书记：

吴付岭

聂文忠

常　委：

苗智云（女，12 月离职）

刘　强

张祥远

兰陵县人民武装部

部　长：

王志胜

政　委：

池永波（6 月离职）

副部长：

杨文元

党委第一书记书记：

郑连胜

党委书记：

池永波

党委副书记：

王志胜

党委委员：

杨文元

孙绪福

朱应钦

纪委书记：

杨文元（兼，6 月离职）

【县委机构】

县委办公室

主　任：

孙运峰

常务副主任：

王玉纯（8 月离职）

林清海（8 月任职）

副主任：

林清海（8 月升职）

李兴华（7 月离职）

金　勇（7 月离职）

杨俊勇

张贵彬（8 月任职）

朱付伟（8 月任职）

组织部

部　长：

李　剑（6 月离职）

王剑峰（6 月任职）

常务副部长：

马新华

副部长：

邱合金

王　超

庄文武（12 月离职）

宋庆保（12 月任职）

宣传部

部　长：

郑戏元（6 月离职）

周晓东（6 月任职）

常务副部长：

刘献华（女）

副部长：

毛利华（女，12 月离职）

徐启飞

付尊贵（12 月离职）

程向阳（12 月任职）

统战部

部　长：

李　剑（12 月离职）

毛彦玲（女，12 月任职）

常务副部长：

张继发

副部长：

李中华

马文乐（女）

张永华（回）

政法委（综治办）

书　记：

李增刚（兼）

常务副书记：

赵　海

副书记：

高宏伟（12 月离职）

刘清华

李江涛

综治办主任：

高宏伟（12 月离职）

610 办公室主任：

左月太（兼）

维稳办主任：

赵　光（7 月离职）

张中国（7 月任职）

副主任：

范文福

赵　强

老干部局

局　长：

宋庆保

副局长：

冯昭今

潘洪尚

离退休干部党工委

书　记：

　　宋庆保

副书记：

　　李　力（女，兼）

　　刘卫东（兼）

委　员：

　　周　振（兼，8 月离职））

　　苏　涛（兼，8 月离职）

　　胡成章（兼）

　　王传山（兼，8 月离职）

　　金　磊（兼）

　　贾瑞红（女，兼，8 月离职））

　　刘夫成（兼）

　　赵　光（8 月任职）

　　傅学贵（8 月任职）

　　朱学才（8 月任职）

　　王东坤（8 月任职）

老龄委办公室

主　任：

　　冯昭今

副主任：

　　陈黎东

老年体协办公室

主　任：

　　钟奎英（女）

老年大学

校　长：

　　房保华（8 月任职）

信访局

局长（党组书记）：

　　李　勇（12 月离职）

　　高宏伟（12 月任职）

副局长：

　　刘春晓

　　马　莲（女）

　　许飞飞（12 月离职）

党组副书记：

　　赵夫胜

党组成员：

　　刘春晓

　　许飞飞

县直机关党工委

书　记：

　　马建铭

副书记：

　　戴建华

　　李　力

　　张凡茂（12 月离职）

纪（工）委书记：

　　戴建华

武装部长：

　　王庆刚

台湾工作办公室

主　任：

　　张　伟（12 月离职）

　　刘建祥（12 月任职）

副主任：

　　王法明

督委办

主　任：

　　杨俊勇

副主任：

　　王　鹏

　　王　毅

机构编制委员会办公室

主　任：

王广辉

副主任：

任传红（女）

陈　彬（8 月任职）

事业单位监督管理局

局　长：

任传红（女，兼）

县委党校

党委书记、常务副校长：

刘献利（12 月离职）

王景亮（12 月任职）

党委委员：

邱振兴

吕桂范

张秀亮

任传玲（女）

纪委书记：

吕桂范

副校长：

邱振兴（12 月离职）

魏光霞（女）

郝洪顺（12 月任职）

党史研究室

主　任：

刘如彬

副主任：

李国庆（8 月离职）

李海林（兼）

档案局（馆）

局　长：

李海林

馆　长：

李海林

副局长：

钟海莉（女）

副馆长：

宁区亮

孔成功

【县政府部门及事业单位】

县政府办公室

主　任：

朱元峰（2016 年 7 月离职）

孙启全（2016 年 7 月任职）

副主任：

张行岭

王永学（兼任，2015 年 11 月任职）

许亚东（2016 年 7 月任职）

高何坤

欧　磊（2016 年 7 月任职）

农工办

主　任：

宫官明

副主任：

盛文瑞（8 月离职）

庄正伟（8 月离职）

刘　霞（女，8 月任职）

农安办

主任（党组书记）：

张贵彬（8 月离职）

付成高（12 月任职）

副主任（党组成员）：

金保伟

朱伟秀（女）

扶贫办

主　任：

林清海（8 月离职）

张贵彬（8 月任职）

副主任：

徐　林

赵国栋

开发办

主　任：

李建华

副主任：

胡树雷（8 月任职）

史志办

主　任：

陈永亮

副主任：

王　琳

马建光

纪检组长：

孙　燕

节能办

主任（党组书记）：

李金龙

副主任：

马秀丽（女）

孟大伟

马晓敏（女）

党组成员：

马秀丽（女）

孟大伟

爱卫会办公室

主　任：

马会东

副主任：

高　松

蔡永秀（女）

张廷明

人民防空办公室

主任（党组书记）：

周　谊（12 月离职）

谭富龙（12 月任职）

副主任（党组成员）：

李东志

王继学

任传平（8 月离职）

郭昌华（8 月任职）

纪检组长（党组成员）：

郭昌华（8 月离职）

金融工作办公室

局　长：

刘　尚

法制局

局　长：

周磊波

副局长：

陈绍田

王保凤（女）

政务大厅

主任（党组书记）：

李瑞松

副主任（党组成员）：

王　健

马霄鹏

财政局

局长（党组书记）：

王荣修（12 月离职）

李玉昆（12 月任职）

党组副书记：

宋学进

党组成员：

杨成林

李建华

王　健

寇全会

王永吉

胡成章

副局长：

宋学进

黄从兴

国有资产运营管理中心

主　任：

宋学进

副主任：

王爱星

宋跃奎

财政监督管理局

局　长：

王　健（7 月任职）

副局长：

刘广峰

田文洁（女）

预算外资金管理局

局　长：

杨成林

副局长：

李　伟

朱景亚

财政监督局

局　长：

王　健

会计管理局

局　长：

寇全会

驻乡镇财政监督办事处

神山监督办主任：

焦学斌

尚岩监督办主任：

李玉超

长城监督办主任：

张守升

民政局

局长（党组书记）：

王胜永（12 月离职）

宋远珍（12 月任职）

党组副书记：

孙晨钟

副局长：

孙晨钟

王永法

王保印

党组成员：

陈艳凤（女）

王永法

朱培国

慈善办主任：

陈艳凤（女）

公安局

局长、党委书记：

李增刚（兼）

政　委：

周　振（8 月离职）

副局长：

赵　光

潘洪儒（12 月离职）

蔡伟超

左月太

鲁统磊（挂职，12 月离职）

徐东辉（12 月任职）

张敬华（挂职，12 月任职）

副政委：

张中国

党委副书记：

周　振（8 月离职）

宋加贤

党委委员：

宋加贤

赵　光

潘洪儒（12 月离职）

蔡伟超

左月太

张中国

潘云峰

徐士国

佘沛光

郭长青

徐东辉

鲁统磊（12 月离职）

张敬华（12 月任职）

纪委书记：

宋加贤

司法局

局长（党组书记）：

张宽祥

副局长：

张　峰

邵常梅（女）

吴清雷

马玉泉

党组成员：

邵常梅（女）

盛文德

吴清雷

马玉泉

监察局

局　长：

吴付岭

副局长：

张祥远

魏传礼（7 月离职）

张祥明

规划局

局　长（党组书记）：

苏保金

副局长（党组副书记）：

刘成立

副局长（党组成员）：

樊宝生

孙西福

党组成员：

董勤明

环保局

局长（党组书记）：

汤兴华（12 月离职）

李　勇（12 月任职）

副局长：

王宇飞

李　伟

李建立

杨俊富

张庆鹏

党组副书记：

李建立

党组成员：

王宇飞

李　伟

杨俊富

张庆鹏

招商局

局长（党组书记）：

沈秀峰（12 月离职）

张　伟（12 月任职）

副局长：

李传良

蒋春强

翟晓辉（8 月离职）

党组成员：

李传良

蒋春强

翟晓辉（8 月离职）

发展和改革局

局长（党组书记）：

段培庆

副局长（党组成员）：

朱怀林

杨　讳

邱万苍

服务业发展办公室

主任（党组成员）：

傅成高

重点项目办公室

主　任：

朱怀林

国土资源局

局长、党委书记：

刘继永

副局长：

刘建垠

李怀强

马万铎

刘德光

党委副书记：

张兴国

党委委员：

俞启民

王兰营

刘建垠

李怀强

马万铎

刘德光

张国庆

纪检组长：

张国庆

矿产资源管理办公室

主　任：

梁建新

土地储备中心

主　任：

王兰营

人力资源和社会保障局

局长（党组书记）：

卞艳林
党组副书记：
刘卫东（7月任职）
党组成员：
刘卫东（7月升职）
李　智
田家平（7月离职）
张玉铎
黄　勇
刘　伟
公文哲
侯振恒（12月任职）
副局长：
田家平
张玉铎（7月离职）
黄　勇
李　智（7月任职）
侯振恒（12月任职）

社会保险处

主　任：
李　智（7月离职）
张玉铎（7月任职）
副主任：
张　伟
徐　杰

劳动监察局（劳动监察大队）

局长（大队长）：
刘　伟

人才交流中心

主　任：
公文哲

劳务工作办公室

主　任：
王得强

医疗保险管理处

主　任：
郑祥永

就业工作办公室

主　任：
王　斌

农村社会养老保险管理处

主　任：
高和海

职业技能鉴定与培训中心

主　任：
邢云善

技工考核办公室

主　任：
宋传国

城市管理局（综合执法局）

局　长：
徐东辉（12月离职）
张永华（回，12月任职）
副局长：
王保永
刘立峰
李　勇
党组书记：
徐东辉（12月离职）
张永华（回，12月任职）
党组副书记：
王保永
党组成员：
王保永
刘立峰
薛　峰
李　勇

经济贸易和信息化局

局　长：

李明坤

副局长：

苏　涛（7月离职）

潘贵鸿（8月离职）

孙东亮（8月任职）

党委书记：

李明坤

党委委员：

苏　涛（7月离职）

潘贵鸿（8月离职）

孙东亮（8月任职）

李金龙

教育体育局

局长（党委书记）：

张同峰（12月离职）

孙怀广（12月任职）

党委副书记：

金　磊（8月任职）

副局长：

金　磊

苗全盛

刘海防

党委委员：

金　磊（8月升职）

苗全盛

杨秀青

张守矩（6月离职）

金保庆

刘海防

蔡慧芳（女）

高宗江

县政府教育督导室

主　任：

杨晓光（8月任职）

科学技术局

局　长：

孙　静（女）

副局长：

朱兴志（8月离职）

袁志成

李　洁（女）

陈庆超（8月任职）

蔡　杰（12月任职）

党组书记：

孙　静（女）

党组成员：

朱兴志

袁志成

刘向雷

徐帮利

陈庆超（8月任职）

蔡　杰（12月任职）

住房和城乡建设局

局长、党委书记：

徐　琳（12月离职）

宋　军（12月任职）

副局长：

张　敏

刘洪年

程向阳（12月离职）

王永海（12月任职）

党委副书记：

程向阳（12月离职）

党委委员：

崔　健（7月离职）

徐勤峰

张　敏
刘洪年
苑庆山
徐芝森
黄俊海
王永海（12 月任职）

房产和住房保障局

局长（党组书记）：
宋　军（12 月离职）
韩　杰（12 月任职）
副局长（党组成员）：
王东升
庄守营
徐士军
房产交易中心主任：
徐士军

交通运输局

局长、党委书记：
徐安军（12 月离职）
徐　琳（12 月任职）
副局长：
庄绪金
苏云磊
岳海涛（12 月任职）
党委委员：
庄绪金
庄庆国
郑　亮（12 月离职）
刘夫成
苏云磊
岳海涛（12 月任职）

卫生和计划生育局

党委书记、局长：
王景亮（12 月离职）
王　翰（12 月任职）
副书记：
冯国凯
委　员：
仓继存
宋运鲁
贾瑞红（女，7 月离职）
杨祥彬
宋远亮
鲍玉红（女）
杜晓飞（女，7 月离职）
马会东（兼）
杨永亮（8 月任职）
副局长：
贾瑞红（女，7 月离职）
杨祥彬
鲍玉红（女）
刘　云（女）
宋远亮（7 月任职）

食品药品监督管理局

局　长：
吴绍良（12 月离职）
祝学海（12 月任职）
副局长：
刘　云（女）
李兆刚
张明远
党组书记：
吴绍良（12 月离职）
祝学海（12 月任职）
党组副书记：
刘　云（女）

党组成员：

李兆刚

张明远

李海东

食品药品稽查大队

大队长：

李海东

工商行政管理局

局长、党委书记：

孙启全（8 月离职）

张广远（8 月任职）

党委副书记：

张西军

副局长：

岳建军

张西军

王　永（10 月任职）

党委委员：

岳建军

王　永（10 月任职）

王纪新（10 月任职）

企业注册局

局　长：

王纪新（10 月任职）

安全生产监督管理局

局　长：

宋远增（12 月离职）

王继光（12 月任职）

副局长：

徐启超

亓新雅（女）

张述兴

赵凤亮

党组书记：

宋远增（12 月离职）

王继光（12 月任职）

党组成员：

张永新

质量和技术监督局

局长（党组书记）：

邢希峰

副局长：

赵　健

王　敏（女）

党组副书记：

李玉营

党组成员

赵　健

李　军（8—12 月）

文化广电新闻出版局

局长、党组书记：

王昌印

副局长：

王景堂

徐秀梅（女）

党组成员：

潘兆伟（7 月离职）

王景堂

文化市场管理执法局

局长（党组书记）：

刘　震

副局长（党组成员）：

刘　伟

朱元侠（女）

张建军（8 月离职）

潘贵鸿（8 月任职）

民族宗教局

局　长：

张永华（回，12 月兼任城管局局长）

副局长：

李海英（女）

李凤亭

审计局

局长（党组书记）：

刘砚秋

副局长：

张广娟（女）

袁　威

崔文志

党组副书记：

张广娟（女）

党组成员：

袁　威

崔文志

刘广阔

统计局

局长（党组书记）：

陈怡红（女）

副局长：

徐恒通（8 月离职）

赵庆春

王唯贤

党组成员：

徐恒通（8 月离职）

赵庆春

朱成芹（女）

王唯贤

物价局

局长、党组书记：

廖俊宽

副局长：

龙启江（7 月离职）

郑洪杰

郭德峰

党组成员：

沈庆华

龙启江（7 月离职）

郑洪杰

郭德峰（2 月任职）

旅游局

局　长：

王冠雅（12 月离职）

沈秀峰（12 月任职）

副局长：

解党先（12 月离职）

丁士杰（8 月离职）

赵启民

李国庆（8 月任职）

地震局

局　长：

刘向雷

农业局

局长（党组书记）：

郭再立

党组副书记：

张贵彬（8 月离职）

副局长：

刘自学

苑士民

张　奥

党组成员：

刘自学

梅　华

苑士民

盛文瑞

张　奥

高洪峰

林业局

局长（党组书记）：

赵　华

副局长：

张守宽

宋传利

付志涛

党组成员：

张守宽

栗胜峰

陈　飞

付志涛

森林公安局

局　长：

陈　飞

水利局

局长（党组书记）：

李玉昆（12 月离职）

汤兴华（12 月任职）

党组副书记：

王彦鸣

副局长：

邢　军

曹兆平（7 月离职）

李兴光（兼）

魏秀莲（女，8 月任职）

党组成员：

邢　军

曹兆平

徐廷昌

姜长青

刘同贵

魏秀莲（女，8 月任职）

畜牧局

局　长：

陈永生

副局长：

王刚增

许国华

党组书记：

陈永生

党组成员：

张钟钦

王刚增

赵向军

许国华

农机局

局长（党组书记）：

徐启龙

副局长（党组成员）：

贾备战

王　榈

刘　峰（女，8 月任职）

水产局

局长（党组书记）：

张宝桓

副局长（党组成员）：

许丽娟（女）

江　鹏

气象局

局　长：

申培鲁（5月离职）

李　军（5月任职）

副局长：

李　军（5月升职）

张奎松

杨　昆（7月任职）

粮食局

局　长：

师　冰

党委书记：

师　冰

党委委员：

张春年

刘　华

徐帮利（8月离职）

副局长：

张春年

刘　华

社会粮食统计中心

主　任：

徐帮利（8月离职）

商务局

局长（党组书记）：

孙庆华（12月离职）

郭学利（12月任职）

副局长：

狄华吉（月离职）

李清江

王广兴

贸易促进会

副会长：

孙　雷

黄德萌（9月任职）

赵国栋（9月任职）

中小企业局

局长（党组书记）：

张乃钦（12月离职）

郑维新（12月任职）

副局长（党组成员）

张　毅

张　坤

刘宗乾（7月任职）

供销合作社联合社（供销集团）

理事会（党委）

主任（党委书记）：

梅　华（12月离职）

房保法（12月任职）

副主任：

林清泉

许京付

监事会

主　任：

周云军

副主任：

王旭升

物资集团

党委书记、总经理：

郭名远

副总经理：

郭永新

彭　彦

机关事务管理局

局　长：

彭　超

副局长：

宋　敏（女）

宋　峰

陈　敏（女，1 月任职）

检验检测中心

主　任：

庄红利

副主任：

刘庆涛

体育中心

主　任：

马俊峰

副主任：

周　涵

党组书记：

张荣凤（女）

党组副书记：

马俊峰

会宝岭水库管理处

党委书记：

王永学

主　任：

赵金巨

副书记：

李兴光

副主任：

张海鹏

李兴光

崔　健（7 月任职）

党委委员：

张海鹏

李兴光

徐茂昌

崔　健（7 月任职）

师红卫（兼）

孙富胜（兼）

文峰山景区管委会

主　任：

赵家合

党总支书记：

王立武

副主任：

陈　伟（1 月任职）

广播电视台

台长（党组书记）：

郭学广

总编辑（党组成员）：

陈宏前

副台长（党组成员）：

许　强

徐　林

李舶滔（8 月任职）

副总编辑：

李舶滔（8 月离职）

第一中学

校　长：

刘金广

党委书记：

张同峰

副校长：

黄友忠（8 月离职）

宋传世

王　跃

工会主席：

程宝胜（8 月离职）

第二中学

校　长：

杨晓光（8 月离职）

总支书记：

蔡慧芳（女）

副校长：

刘宗保（8 月离职）

沙俊宝

高传宝

王昌飞（8 月任职，主持工作）

工会主席：

付瑞明

第四中学

校　长：

林传聪

副校长：

郑秀瑞（8 月离职）

刘宗喜

吴绍廷

赵瑞华（8 月任职）

支部书记：

高宗江

支部副书记：

林传聪

郑秀瑞（8 月离职）

实验中学

校　长：

杜彦磊

副校长：

郑卫东（6 月离职）

宋飞远

房　明

张　华

东苑中学

校　长：

徐维学

总支书记：

庄守业

副校长：

宋麒麟（9 月离职）

王琪琳（9 月离职）

郑汉林

刘洪明（9 月任职）

金银军（9 月任职）

工会主席：

金银军（9 月离职）

职业中专（职教中心）

校　长：

苗全盛（兼）

副校长：

李　楠

王昌飞（8 月离职）

羿艳萍（8 月任职）

王学忠（8 月任职）

人民医院

院　长：

朱大为（7 月离职）

赵启飞（7 月任职）

党委书记：

　　朱大为

党委副书记：

　　王汉林（7月离职）

　　赵启飞（7月任职）

副院长：

　　宋恒芹（女，7月离职）

　　黄智龙（8月离职）

　　孟　良

　　栗向明

党委委员：

　　宋恒芹（女）

　　黄智龙（8月离职）

　　秦西平

　　孟　良

　　栗向明

纪委书记：

　　王汉林（7月离职）

　　宋恒芹（7月任职）

工会主席：

　　秦西平

中医院

院　长：

　　高志刚（7月离职）

　　高　岩（7月任职）

党总支书记：

　　高　岩（7月离职）

　　孙梦寒（8月任职）

副院长：

　　寇全春

　　胡文胜

妇幼保健院

院　长：

　　赵启飞（7月离职）

　　高志刚（7月任职）

副院长：

　　徐春霞（女，7月离职）

　　姜玉荣（女，7月离职）

　　王庆雅（8月任职）

　　于　涛（8月任职）

总支书记：

　　赵启飞（7月离职）

　　黄智龙（8月任职）

总支副书记：

　　徐春霞（女，7月离职）

工会主席：

　　高学昌（7月离职）

疾控中心

主　任：

　　仓继存

副主任：

　　曹　晨

　　姜德水（8月任职）

党总支书记：

　　宋运鲁（7月离职）

　　姜玉荣（女，8月任职）

农场

场　长：

　　董　飞

党委书记：

　　王冠雅（兼，12月离职）

副书记：

　　董　飞

党委委员：

　　王建东

　　曲敏峰

副场长：

王建东

曲敏峰

工会主席：

王建东（兼）

【法院　检察院】

法院

院　长：

陈思贤（8月离职）

宋思伟（8月任职）

副院长：

王俊杰

吕金华

于　华

杨　涛

党组书记：

陈思贤（7月离职）

宋思伟（8月任职）

党组副书记：

王俊杰

党组成员：

吕金华

于　华

杨　涛

李金龙

赵清军

张守峰（女）

纪检组长：

李金龙

检察院

检察长、党组书记：

孙德茜

副检察长：

杜文戈

乔　伟

王立德

刘贵彬（11月任职）

党组副书记：

杜文戈

党组成员：

乔　伟

刘贵彬

刘学晨（女）

诸葛善军

仲高峰

苏子光

王立德

纪检组长：

刘贵彬（7月离职）

仲高峰（7月任职）

反渎局

局　长：

诸葛善军

反贪局

局　长：

苏子光

【县政协专门委员会及办事机构】

办公室

主　任：

金怀峰

机关事务服务处

主　任：

陈玉华（女）

经济委员会

主　任：

郎付龙

提案委员会

主　任：

毛玉东

社会联络和法治委员会

主　任：

孙士祥（12 月离职）

周　谊（12 月任职）

科教文卫委员会

主　任：

张西民

委员活动室

主　任：

薛良宝

人口资源环境委员会

主　任：

王加忠

【群众团体】

总工会

主　席：

孙运峰（兼，12 月离职）

崔　浩（兼，12 月任职）

常务副主席（党组书记）：

李恒举（12 月离职）

王玉纯（12 月任职）

副主席（党组副书记）

王玉纯（8—12 月）

副主席（党组成员）：

刘习武

魏秀莲（女，8 月离职）

蒋亚南

范天坤（12 月任职）

共青团县委

书记（党组书记）：

程志强（12 月离职）

马平川（12 月任职）

副书记（党组成员）：

王　鹏

钱成广（12 月离职）

妇联

主席（党组书记）：

尹雪娜（女）

副主席（党组成员）：

李振芳（女）

科协

主　任：

王志永

副主任：

李　玲（女、兼）

王　毅

王　英（女，8 月离职）

党组书记：

王志永

党组成员：

王　毅

王　英（女，8 月离职）

工商联

党组书记：

李中华（兼）

主　席：

任　力（女）

副主席（党组成员）：

周　坤（8 月离职）

张　涛（8 月任职）

残联

理事长：

崔　力

副理事长：

王建华

师红卫（12 月离职）

苗智云（12 月任职）

党组书记：

崔　力

党组副书记：

苗智云（12 月任职）

党组成员：

师红卫（12 月离职）

红十字会

会　长：

杨金童（兼）

常务副会长：

冯国凯

副会长：

王东坤

侨联

主　席：

毛利华（12 月任职）

【驻县、垂直管理部门】

公路局

局　长：

邢计志

副局长：

赵淑赟

姜良华

国家税务局

局长（党组书记）：

张庆民

副局长：

马晓彬

徐大鹏

纪检组长：

晏　飞

地方税务局

局长（党组书记）：

李玉龙

副局长（党组成员）：

李宗强

王保国

陈　永

纪检组长（党组成员）：

周跃宝

交警大队

大队长：

宋家贤

副大队长：

刘玉刚

宋　斐

杨国峰

周长伟

消防大队

大队长：

李　伟

教导员：

姜志歌（12 月离职）

杨　波（12 月任职）

副大队长：

王恩栋

邮政公司

总经理、党委书记：

孙克好

副总经理：

苏东丽

党委委员：

郁金太

李忠诚（3 月任职）

新华书店

经　理：

王海玉（女）

支部书记：

张庆环

副经理：

杜　晓

供电公司

总经理：

孔庆文

党委书记：

赵　巨（4 月离职）

党委副书记：

王　楠（4 月任职，主持党委工作）

副总经理：

史方华

田永胜

史公锋

纪委书记：

葛兆威

工会主席：

许　峰

烟草专卖局（分公司）

党委书记、经理：

李彦东（3 月离职）

王海泉（3 月任职）

局　长：

张绍福（3 月离职）

王海泉（3 月任职）

副局长：

陈　光

副经理：

刘元德

曹丽娟（女，10 月任职）

党委委员：

陈　光

张绍福

刘元德

曹丽娟（女，10 月任职）

纪委书记：

陈　光

盐务局（盐业公司）

局长、经理：

原松涛

副局长、副经理：

乔海涛

范金良

孙龙武

广电网络公司

经　理：

朱文玉（1 月离职）

王　涛（4 月任职）

副经理：

王　涛（4 月升职）

穆继鹏（2 月离职）

宋大厚

联通公司

总经理：

李　洋（4 月任职）

副总经理：

刘同峰

李　洋（主持工作，4 月升职）

徐　川

王晓东（4 月任职）

孙同元（4 月任职）

党总支书记：

李　洋

移动公司

总经理（党总支书记）：

吕敬丽

副总经理：

王孝龙

周志锦

电信公司

总经理：

唐信申

副总经理：

刘　丰（4 月离职）

程凌飞（1 月任职）

高　洋（4 月任职）

人民银行

行　长：

姜良庆

副行长：

刘　铮

林令波

农业银行

行　长：

韩永泉

副行长：

吴志华

戴福海

工商银行

行　长：

李　伟（11 月离职）

副行长：

赵建民

刘庆宝（11 月起主持工作）

葛春伟（12 月任职）

建设银行

行　长：

许电强（7 月离职）

韩　伟（7 月任职）

副行长：

王洪伟

客户经理：

李玉梅（女）

纪检特派员：

乔卫民

中国银行

行　长：

吴清剑

副行长：

唐乐彬（6 月离职）

吕端洋

张　雪（女，9 月任职）

农业发展银行

行　长：

米发荣

副行长：

刘维达

农商银行

董事长、党委书记：

宋广辉

行长、党委副书记：

庄　红（女）

监事长：

张振勇

党委副书记：

张吉全

副行长：

杜爱虎

董卫国

吕　健

纪委书记：

张守山

邮政储蓄银行

行　长：

王家勤

副行长：

郝成伟

李海磊

郭文波（12 月任职）

临商银行

行　长：

赵雪峰

副行长：

赵　军（11 月离职）

行长助理：

刘俣伯（1 月任职）

刘宗国（11 月任职）

村镇银行

行　长：

侯象林（1 月离职）

毛明三（1 月任职）

副行长：

袁　泉（5 月离职）

蔡文伟

行长助理：

杨　硕（6 月任职）

财保公司

经　理：

姜　辉

副经理：

王　玮（女）

肖相平

周　燕（女）

孟金阳

人保公司

经　理：

陈新海

副经理：

李忠平（11 月离职）

米法强（11 月离职）

王化胜（1 月任职）

张志方（11 月任职）

【乡镇街道开发区】

卞庄街道

党工委

书　记：

刘志军（7 月离职）

王　健（7 月任职）

副书记：

霍海涛
王传宝（12 月离职）
王家祥（挂职，12 月正式任职）
解党先（挂职，12 月离职）
委　员：
刘宗杰（12 月离职）
赵传伟
王　莹（女）
王茂伟
赵传伟
胡高升（7 月任职）
柴士强（7 月任职）
孙　伟（12 月任职）

办事处

主　任：
霍海涛
副主任：
王福华（7 月离职）
柴士强（7 月任职）
孟祥欣（女，7 月任职）
于继承（12 月任职）
李　飞（12 月任职）
人大工作委员会主任：
程金永（12 月离职）
王传宝（12 月任职）
政协委员联络室主任：
程金永（7 月离职）
王传宝（7 月—12 月）
王家祥（12 月任职）

金岭镇

党委书记：
孙怀广（12 月离职）
王庆贺（12 月任职）
副书记：
房宝法（12 月离职）
姜玉海
党委委员：
焦景军
王丽美
吉兴刚
王晓飞（女）
金　鑫
人大主席：
白晓栋
镇　长：
房宝法（12 月离职）
白晓栋（12 月任职）
副镇长：
陆文娟（女）
王丽美（女）
政协委员联络室主任：
房宝法（1 月—7 月兼职）
姜玉海（7 月—12 月兼职）
白晓栋（12 月任职，兼）

大仲村镇

党委书记：
宋远珍（女，12 月离职）
张晓莉（女，12 月任职）
副书记：
郑维新（12 月离职）
徐晓飞（12 月离职）
赵　磊（12 月任职）
张　伟（12 月任职）
党委委员：
胡学忠
白景祥
曹德印（12 月离职）
韩艳丽（女）

付用健（7 月任职）
曾宪英（女，7 月任职）
赵可峰（12 月任职）

人大主席：
赵　磊（12 月离职）
徐晓飞（12 月任职）

人大副主席：
白景祥（12 月任职）
李　腾（12 月任职）

镇　长：
郑维新（12 月离职）

副镇长：
周永军
韩艳丽（女，7 月离职）
付用健
苑兴铮（7 月任职）
马崇峻（12 月任职）

政协委员联络室主任：
张　伟（12 月任职）

矿坑镇

党委书记：
沈　伟

副书记：
刘海波（12 月离职）
张晓莉（12 月离职）
卜祥彬（12 月任职）
钱成广（12 月任职）

党委委员：
索志云（4 月离职）
孟令杰
赵成娟（女）
杨　雪（12 月离职）
金保磊（7—12 月）
丁胜国（7 月任职）
孟凡晓（7 月任职）
王　喆（12 月任职）
鲁统亮（12 月任职）
刘松涛（12 月任职）

人大主席：
侯振恒（12 月离职）
刘海波（12 月任职）

副主席：
孟令杰（12 月任职）
解方舟（12 月任职）

镇　长：
张晓莉（12 月离职）
卜祥彬（12 月任职）

副镇长：
黄娟娟（女，月离职）
孟凡晓（7 月任职）
孙春晓（女，12 月任职）
巩宗辉（12 月任职）
钟娜娜（女，12 月任职）

政协委员联络室主任：
卜祥彬（兼，12 月任职）

车辋镇

党委书记：
公丕提

副书记：
李　洁（女）
杨　林

党委委员：
王章美（女）
李　刚
陈　峰
张夫布
赵　磊

人大主席：

卜祥彬

镇　长：

杨　林

副镇长：

张夫布

王　平

政协委员联络室主任：

李　洁（女）

王友付

尹景峰（挂职，9月离职）

姜良玉（7月任职）

万贵强（12月任职）

姜照雅（女，12月任职）

政协委员联络室主任：

刘　英（女，12月离职）

张　波（12月任职）

下村乡

党委书记：

车彦苍

副书记：

刘　英（女，12月离职）

张　波

宋　峰（挂职）

赵其昌（12月任职）

党委委员：

赵其昌（12月升职）

张希山（12月离职）

李宏伟

刘国力（7月任职）

林化超（7月任职）

姜良玉（7月任职）

隽　祥（12月任职）

李庆宇（12月任职）

人大主席：

岳海涛（12月离职）

刘　英（12月任职）

人大副主席：

隽　祥（12月任职）

蔡　文（女，12月任职）

乡　长：

张　波

副乡长：

鲁城镇

党委书记：

肖　欣（女，12月离职）

胡建伟（12月任职）

人大主席：

羿艳飞（12月离职）

孙付胜（12月任职）

副书记：

陈建伟

张　坤（12月离职）

房保华（挂职）

党委委员：

李荣红（女，12月离职）

金　宏（12月离职）

王洪军

李　刚（12月任职）

陈　峰（12月任职）

刘　健

王成玉（女，12月任职）

马俊楼（12月升职）

人大副主席：

王洪军（12月任职）

赵尔永（12月任职）

镇　长：

胡建伟（12月离职）

宋　剑（12月任职）

副镇长：

李宝生（12月任职）

刘　尧（12月任职）

刘　敏（女，12月任职）

政协委员联络室主任：

羿艳飞（12月离职）

陈建伟（12月任职）

尚岩镇

党委书记：

杨振魁

副书记：

宋志强（12月离职）

陈庆超

马平川（12月离职）

许从启（12月任职）

王志国（回，12月任职）

党委委员：

潘　静（女，12月离职）

崔　颖（女）

王洪军（月离职）

王志国（回，12月升职）

王士东（12月离职）

时　磊（月离职）

孟祥杰（7月任职）

宋远涛（7月任职）

曹光辉（12月任职）

李明艳（12月任职）

刘秀飞（12月任职）

人大主席：

许从启（12月离职）

师红卫（12月任职）

人大副主席：

孟祥杰（12月任职）

镇　长：

宋志强（12月离职）

许从启（12月任职）

副镇长：

崔　颖（女）

孟祥杰（7月离职）

刘全飞（7月任职）

任颜颜（女，12月任职）

马　超（12月任职）

政协委员联络室主任：

马平川（12月离职）

许从启（12月任职）

向城镇

党委书记：

王　翰（12月离职）

萧　欣（女，12月任职）

副书记：

马　宁（12月离职）

王庆贺（12月离职）

孙付胜（12月离职）

张　伟（12月任职）

张凡茂（挂职，3—12月）

李昌凯（12月任职）

党委委员：

杨　勇

刘　靓（女）

杨代东

王　永

耿　敏（女，7月任职）

贾继彪（7月任职）

范文基（7月任职）

人大主席：

张　伟（12月离职）

马　宁（12月任职）

人大副主席：

沈开宏（12 月任职）

镇　长：

王庆贺（12 月离职）

张　伟（12 月任职）

副镇长：

王　华（女）

刘　靓（女）

贾继彪（7 月离职）

王　永（挂职）

刘光明（7 月任职）

王晓明（12 月任职）

政协委员联络室主任：

孙付胜（12 月离职）

李昌凯（12 月任职）

新兴镇

党委书记：

祝学海（12 月离职）

宋志强（12 月任职）

副书记：

张　磊（12 月离职）

张西海（12 月离职）

庄文武（12 月任职）

孙　雷（挂职，3 月任职）

王　磊（12 月任职）

党委委员：

耿　敏（女，7 月离职）

张伟伟（女）

肖　扬（12 月离职）

王继飞

赵柏营

杨慧慧（7 月任职）

王　平（7 月任职）

王士东（12 月任职）

徐岩松（12 月任职）

人大主席：

周学谦（12 月离职）

张西海（12 月任职）

人大副主席：

赵云飞（12 月任职）

镇　长：

张　磊（12 月离职）

庄文武（12 月任职）

副镇长：

张伟伟（女，1 月离职）

王艳国

徐岩松（12 月任职）

刘庆华（12 月任职）

刘　磊（12 月任职）

政协委员联络室主任：

张西海（12 月离职）

庄文武（12 月任职）

兰陵镇

党委书记：

苏云涛（7 月离职）

朱元峰（7 月任职）

副书记：

赵　飞（12 月离职）

黄　磊（挂职，4 月离职）

邱宝国（挂职，12 月离职）

郑　亮（12 月任职）

徐飞飞（12 月任职）

党委委员：

胡高升（7 月离职）

左汉毅

李庆宇（回，12 月离职））

张纯清（女）

吴晓华

毛　利（12 月任职）

田　晶（女，12 月任职）

任传勇（12 月任职）

人大主席：

杨祥玉（12 月离职）

赵　飞（12 月任职）

人大副主席：

邵立业（12 月任职）

何润璞（12 月任职）

镇　长：

刘建祥（12 月离职）

郑　亮（12 月任职）

副镇长：

左汉毅

毛　利（12 月离职）

陈　龙（12 月任职）

曹　澍（12 月任职）

政协委员联络室主任：

郑　亮（12 月任职）

南桥镇

党委书记：

陈向营

副书记：

范天坤（12 月离职）

谭富龙（12 月离职）

羿艳飞（12 月任职）

党委委员：

赵凤香（女）

刘　军

王　喆（12 月离职）

高　朋（7—12 月）

金保磊（12 月任职）

徐　平（12 月任职）

王晓东（12 月任职）

人大主席：

王永海（12 月离职）

人大副主席：

杜凤文（12 月任职）

镇　长：

谭富龙（12 月离职）

羿艳飞（12 月任职）

副镇长：

张鹏飞（12 月离职）

高　朋（7—12 月）

王晓东（12 月任职）

彭　坤（12 月任职）

沙俊峰（12 月任职）

政协委员联络室主任：

范天坤（12 月离职）

芦柞镇

党委书记：

韩　杰（12 月离职）

张　磊（12 月任职）

副书记：

赵玉金

时　磊（12 月离职）

张子钰（女，挂职，3 月任职）

王德富（12 月任职）

党委委员：

和　静（女，12 月离职）

张晓燕（女）

李建刚

张　朋

张本营（7 月任职）

张　娜（12 月任职）

盛　斌（12 月任职）

人大主席：

刘长华

人大副主席：

刘云国（12 月任职）

镇　长：

赵玉金

副镇长：

和　静（女，12 月离职）

梁志恒

魏英亮（12 月任职）

任传银（12 月任职）

政协委员联络室主任：

王德富（12 月任职）

长城镇

党委书记：

王志乾

副书记：

郭学利（12 月离职）

王德富

杜兴金（12 月任职）

公文哲（挂职，3 月任职）

刘战海（12 月任职）

党委委员：

杨慧慧（女）

赵叶枫

潘　登

许彦计

刘战海（12 月升职）

任可飞（12 月任职）

人大主席：

杜兴金（12 月离职）

张凡茂（12 月任职）

人大副主席：

许彦计（12 月任职）

王　丽（12 月任职）

镇　长：

郭学利（12 月离职）

杜兴金（12 月任职）

副镇长：

许彦计（12 月离职）

孙春晓（女，12 月离职）

于秀玲（女，3 月离职）

任可飞（12 月任职）

王传生（12 月任职）

李　伟（12 月任职）

王俊利（12 月任职）

政协委员联络室主任：

郭学利（12 月离职）

杜兴金（12 月任职）

庄坞镇

党委书记：

张　健

副书记：

薛振涛（12 月离职）

杨立德

程金永（12 月任职）

党委委员：

刘东风（女）

赵可峰（12 月离职）

王国亮

赵佃义

徐利国

赵　伟

王　萌（12 月任职）

人大主席：

刘利杰（12 月离职）

邱振兴（12 月任职）

人大副主席：

王　萌（12 月任职）

镇　长：

薛振涛（12 月离职）

程金永（12 月任职）

副镇长：

赵　伟

李晓辉（7 月任职）

徐　娜（女，12 月任职）

史立娜（女，12 月任职）

政协委员联络室主任：

杨立德（12 月任职）

纪委书记：

王国亮

磨山镇

党委书记：

张广远（7 月离职）

薛振涛（7 月任职）

副书记：

佘沛强

王　伟（12 月离职）

赵成娟（女，挂职，12 月正式任职）

王　健（挂职，3 月任职）

党委委员：

宋艳东（回）

张　娜（女，12 月离职）

马忠海

隽　祥（12 月离职）

王付卿

苏云芳（女，7 月任职）

刘　磊（7 月任职）

杜勤利（女，12 月任职）

张夫布（12 月任职）

人大主席：

宋　剑（12 月离职）

张　坤（12 月任职）

人大副主席：

王付卿（12 月任职）

付　京（12 月任职）

镇　长：

佘沛强

副镇长：

张　娜（女，7 月离职）

刘　磊（7 月任职）

李庆方（7 月任职）

马士华（12 月任职）

政协委员联络室主任：

赵成娟（女，12 月任职）

神山镇

党委书记：

王　健（7 月离职）

魏建成（7 月任职）

党委副书记：

魏建成（7 月升职）

李昌凯（12 月离职）

李怀明（12 月任职）

李　军（12 月任职）

党委委员：

李　玉（1 月离职）

王家祥（1 月离职）

杜勤利（女，12 月离职））

吴振群（12 月离职）

朱建侠（女，12 月离职）

刘　超

王　磊（12 月离职）

司马欣欣（7 月任职）

张　娜（12 月任职）

高　朋（12 月任职）

左荣启（12 月任职）

人大主席：

李怀明（12 月离职）

李　洁（12 月任职）

人大副主席：

苗　磊（12 月任职）

镇　长：

魏建成（12 月离职）

李怀明（12 月任职）

副镇长：

金保磊（7 月离职）

朱建侠（12 月离职）

王成玉（12 月离职）

谭　浩（12 月任职）

李如友（12 月任职）

张　敏（12 月任职）

政协委员联络室主任：

李　军（12 月任职）

经济开发区

党工委书记：

陈建新（12 月离职）

徐安军（12 月任职）

管委会常务副主任：

周东峰（6 月离职）

苏云涛（6—12 月）

陈建新（12 月任职）

管委会副主任：

王继光（12 月离职）

赵诗伟

井　卫

程志强（12 月任职）

党工委副书记：

周东峰（月离职）

王继光（月离职）

李传良（3 月任职）

程志强（12 月任职）

党委委员：

赵诗伟

井　卫

赵启亮

梁爱成

纪工委书记：

赵启亮

人大工委办公室副主任：

翟晓辉（8 月任职）

招商局局长：

梁爱成

武装部长：

宋　琦（8 月任职）

办公室主任：

苏　杰（8 月任职）

经济发展局局长：

王言文（8 月任职）

社会事务局局长：

井　良（7 月任职）

安全生产监督管理局局长：

宋　健（7 月任职）

县生物医药产业园管理办公室主任

赵　腾（8 月任职）

（各有关单位供稿）

中共兰陵县委员会

县委办公室工作

【概述】 2016年，县委办公室各科室立足职能、团结协作，围绕“不让领导安排的工作延误；不让办理的文件事项积压；不让各种差错发生；不让来办事的同志受冷落；不让县委和办公室形象受损害”“五个不让”为目标，充分发挥参谋职能、综合协调、后勤保障三项职能作用，“三个服务”工作水平实现新突破。

一是树立高度负责的精神，会务保障水平不断提高。牢固树立“办公室工作无小事”的理念，注重细节、强化衔接，以极端负责、极其用心、极为精细的态度做好每项工作、把好每道关口，确保了县委重大活动、重要会议“零差错”。一年来，累计组织县委常委会33次，全县大型综合性会议30余次，组织筹办各类领导重大活动60余次，转办各类批件600余件，接待来访群众150余次，各项工作都及时、准确、规范、高效，未出现大的疏漏和问题。坚持定点接待，在保证接待质量的基础上，严格接待审批程序、标准和规格，严格接待登记，结账时认真和定点宾馆核对结账，确保费用开支准确合理。二是强化精品意识，综合材料起草、办文质量得到新提升。坚持精益求精的文字工作精神，努力在吃透上情、把握下情、了解外情的基础上，深刻领会领导意图，认真分析，综合提炼，圆满完成了县委全委会、党代会、领导干部会议等重要会议的文字起草工作，全年起草领导讲话、调研报告、经验材料等各类综合性文稿380余篇，“兰陵县农村改厕三年任务一年完成”经验材料被省农村工作领导小组副组长王军民同志批示；严格按照“确有必要、注重实用”的原则，认真落实县委“精文简会”的要求，严格程序、严格审核、严格送签，有效地控制了以县委、县委办公室名义下发的文件数量，提高了发文质量。全年起草下发各类文件117份，交去年下降33.9%。三是加强信息调研工作，发挥决策参谋作用。着眼于发挥党委信息主渠道作用，紧紧围绕实现“第一手情况”“第一道研判”“第一时间报送”的工作目标，根据全县工作总体和阶段性部署，突出典型经验、热点难点、苗头性倾向性问题，做好各类信息的调度、收集、整理、编写和报送等工作，不断提高信息服务的时效性和针对性。一年来，共上报省委办公厅和市委办公室各类信息600余条，多条信息被省委办公厅采用。四是严守工作纪律，强化机要保密工作。进一步规范制度，完善密码通信网络，强化管理，充分发挥密码通讯的主渠道作用，保证了中央、省、市重大决策和重要工作部署的迅速贯彻落实，为县委工作提供了有力保障。县委机要局荣获“全市密码工作保密优质无事故先进单位”。加强保密意识教育，落实保密工作责任制，加强对全县涉密计算机、党政部门涉密人员、信息网络以及经济、科技、商业秘密的保密指导管理。加大执法力度，对不按规定违规使用保密设备的单位进行了严厉查处，并勒令进行了整改，保障了国家信息安全。五是强化值班备勤，确保信息畅通。严格落实24小时值班制度，工作日午间全体人员轮班执勤，晚间安排专门人员夜间值守，“五一”“十一”、春节等重要节假日，实行全天候值班制度，不论在什么情况下，都确保了值班室不空岗、不漏岗，24小时值班待命，值班电话24小时畅通，不漏接一个电话，保障了县委信息畅通。六是坚持转变作风，班子自身形象进一步提升。继续巩固提升教育实践活动成果，扎实开展了“两学一做”活动，围绕“学党章党规、学系列讲话，做合格党员”，组织办公室所有党员干部进行了3次专题研讨，党员的党性修养在学习中得到不断锤炼。积极开展精准扶贫，选派精兵强将到卞庄街道芙蓉西村担任第一书记，围绕“抓党建、促脱贫”目标，协调县朝阳置业有限公司资助现金10万元，用于村内的基础设施建设；协调县水利局免费为村庄打大口井3眼；协调相关部门为村内硬化道路16000余平方米、为村内改造卫生化厕所342户；投资5万元发展光伏产业项目。

【综合协调工作】 综合协调工作是办公室的一项重要工作，对县委工作的日常运转发挥着重大作用。办公室充分发挥综合协调职能，加强同省、市的联系，及时了解上级工作动态和要求；统筹安排领导同志的活动，做到事前沟通、事后反馈，确保工作准备充分、衔接紧密；主动加强与其他各大班子办公室之间的协调和部门之间的交流合作，做好重要活动和相关工作的协调；切实搞好县委重要会议、上级领导视察等重大活动的组织、安排和协调工作，特别是在组织承办大型会务和重要活动方面积累了经验，确保了县委全委会等大型会议和全市县域经济现场观摩会等重要活动的顺利举行。2016年，累计组织县委常委会33次，全县大型综合性会议30余次，组织筹办各类领导重大活动60余次。

【文字综合工作】 文字综合是县委办公室的一项重要工作，是办公室参与县委决策的主要途径。主要负责县委主要领导各类文稿、县委文件、县委办公室文件、县委各类综合性文稿和县委召开的有关会议材料的起草、把关工作；围绕县委中心工作和全局性、政策性问题，及时了解掌握群众关注的热点难点问题，认真做好决策前、中、后等全方位调研，尽量获取第一手资料，形成调研材料，发挥好参谋助手的作用；紧密围绕全县改革、发展、稳定的大局，以搞好“三个服务”为目标，进一步提升信息综合处理能力，帮助领导掌握基层动态、了解基层情况，推动工作开展。2016年，共起草印发兰陵发、兰陵委发、兰陵办发、兰陵办字等文件117份，起草领导讲话、调研报告、经验材料等各类综合性文稿380余篇，上报信息600余条。其中，《兰陵县农村改厕工作“三步并作一步走”》在省政府《决策研究参阅》刊发后，被省委领导王军民同志批示；《兰陵县“联姻”海尔集团实施惠民水站建设的实践与思考》在《山东通讯》刊发。

【保密工作】 县委保密办为正科级行政单位，加挂县保密局牌子，依照《保密法》履行保密行政管理职能，组织指导保密宣传教育，加强涉密人员管理，加强保密技术防范，协调组织查处泄密事件，监督检查《保密法》及其它保密法规制度的实施。紧紧依托县委党校，采取多种形式，加强对各级领导干部、涉密人员的保密宣传教育，落实保密工作责任制，完善制度建设和技术防范，筑牢国家秘密安全防线；加强保密工作监督检查，加大执法力度，严肃查处失泄密事件，确保国家秘密万无一失。2016年，组织开展了3次保密工作专项检查，回收销毁各单位处理敏感信息的计算机硬盘7块、打印机5台，集中销毁2006年以来存储的包含涉密材料在内的文件资料4000余公斤。

【机要工作】 县委机要局是负责县委机要通信和密码管理工作的职能部门，为正科级行政单位。密码通信和密码管理是县委机要局的核心工作。在县委和上级业务部门的关心及各乡镇（街道、开发区）、县直各部门的帮助支持下，形成了领导班子健全、管理制度完善、队伍建设过硬、工作成绩突出的良好局面。在及时准确地接收、译传、办理各类电报过程中，未出现过一起压、漏、误办电报事故和失泄密事件，有效地保障了县委与上级党委的通信畅通和上级指示精神的贯彻执行。2016年，荣获“全市密码工作保密优质无事故先进单位”。

【接待工作】 接待工作是县委办公室的重要职责之一，主要负责上级党委政府重要来宾接待和全县重要会议、活动的接待服务工作。在县委、县政府的正确领导下，在上级业务部门和县分管领导的帮助指导下，严格执行中央八项规定精神和《党政机关厉行节约反对浪费条例》《党政机关国内公务接待管理规定》等文件要求，细化工作环节，严格接待工作标准和程序，切实做到接待工作不铺张、不浪费，不超规格接待。积极参与第五届兰陵（苍山）蔬菜产业博览会、全省异地扶贫搬迁推进会议等重大活动、重要会议的后勤保障工作，为我县顺利开展工作、扩大对外交流、推动经济社会快速发展做出了积极贡献。

组织工作

【概述】 中共兰陵县委组织部下设办公室、研究室、干部科、组织科（加挂流动党员管理办公室）、干部监督科、人才工作科、干部综合科等7个科室，及党员干部教育中心（正科级参照公务员管理单位）、选聘高校毕业生到村任职办公室（副科级行政单位）、人才工作办公室（副科级事业单位）、县党性教育基地管理办公室（副科级事业单位），归属管理县委组织员办公室（正科级行政单位）、县“两新”组织工委（正科级行政单位）。2016年底，共有工作人员26人，其中干部25人，工人1人，中共党员26名。

主要职责：研究探索加强基层党组织建设的途径和方法，加强党员队伍的教育和管理，负责全县基层组织建设工作的规划和协调，负责全县党员干部统计及“两新”组织和流动党员管理工作；制定全县领导班子和干部队伍建设规划，贯彻干部德才兼备原则，负责落实《干部任用条例》，加强全县干部队伍建设和领导班子建设，并负责后备干部的选拔、考察和培养、干部档案管理和出国人员政审等工作；组织实施贯彻落实党的人才工作政策，规划、指导和协调全县人才工作；做好对干部选拔任用监督及领导干部日常管理监督，并做好组织系统信访工作；做好大学生“村官”管理服务工作；负责调研信息工作，加强研究组织工作的新情况，不断探索组织工作的新路子；拟定全县党员干部教育工作规划，并负责党员干部教育及全县农村党员干部现代远程教育设备的配备、管理和使用，做好党员干部电教片的录制、发放及党性教育基地建设和管理工作。

【领导班子和干部队伍建设】 进一步加强领导班子及干部队伍建设，组织人员集中对乡镇（街道）、兰陵经济开发区和县直部门单位领导班子及领导干部进行年度考核。组织牵头单位对137名返岗科级干部进行专项考核。着眼乡镇领导班子换届实际，在乡镇（街道）公开竞争性选拔党政工作机构办公室副主任33名；在县直部门单位公开选拔乡镇（街道）党政领导班子成员10名，其中女干部2名、非党干部2名；在乡镇（街道）和县直部门单位公开选拔少数民族乡镇（街道）党政领导班子成员1名，相关做法在《临沂组工信息》刊发。本着“总体稳定、个别调整、分期分批、理顺配强”的原则，根据职位空缺和实际工作需要，分别于7、8月份对部分乡镇（街道）和县直部门单位领导干部进行了适当调整，共提拔科级干部41名，重用科级干部42名，调任科级干部3名。配合做好县级干部年度考核、部分县级干部人选推荐考察和县级领导班子换届考察工作。认真配合做好市委对县级领导班子和领导干部的考核，为市委科学决策提供了依据。根据工作需要，民主推荐考察县委常委人选1名、副县长人选2名、县会宝岭水库管理处主任人选1名。工作中，积极配合做好会议投票推荐、个别谈话推荐及实地考察等环节工作。在县级领导班子进行换届考察工作中，认真配合做好谈话调研听取意见、会议测评及推荐、二次谈话听取意见及实地考察等环节工作，确保了换届考察工作的顺利开展。严格标准程序，圆满完成了县乡领导班子换届工作。认真传达学习全市县乡换届工作会议精神，成立县乡换届选举工作领导小组，制定印发《关于认真做好乡镇领导班子换届工作的通知》，加强对换届选举工作的指导。研究制定乡镇领导班子换届考察工作方案，扎实组织开展乡镇换届考察工作，顺利完成个别谈话调研、会议测评及推荐、二次谈话听取意见和实地考察等环节工作。在换届考察的基础上，根据乡镇领导班子职位空缺和结构需要，县委召开常委会对乡镇换届人事安排方案进行了研究，共提拔科级干部81名，重用42名，调任4名，差额人选34名，为换届工作顺利开展奠定了坚实基础。加强督导，指导乡镇开好了党代会和人代会，组织提名的相关人选均全部顺利当选。严格程序，精心组织，认真组织好县党代会、人代会和政协会，圆满完成了大会的各项选举任务，达到了预期目的。按照市委组织部要求，在对全县国有企业进行调查摸底的基础上，召开全县国有企业“六个好”领导班子创建活动动员会，制定下发实施方案和明白纸，对“六个好”创建活动进行安排部署。组织人员对全县18家国有企业“六个好”活动开展情况进行实地督导，查找突出问题，督促整改到位，取得了较好效果。

【人才工作】 认真履行牵头抓总职能，调整了人才工作领导小组，县委、县政府出台《关于做好总部企业等重点招引工作的通知》，把引人才工作作为经济发展转调创的主攻方向之一，细化工作任务目标。县委组织部加强对引人才工作指导督导，建立了部长办公会成员包片督导制度，引进国家“千人计划”专家李伟博士等高层次人才来县创新创业，“三引一促”引人才工作位列全市第四名。启动实施县“双创人才”计划，县委、县政府制定下发了《兰陵县“双创人才”选拔培养计划（试行）》，县委办公室、县政府办公室下发了《兰陵县“双创人才”计划创新创业启动资金实施细则》，对到县创新创业的高层次人才最高给予300万元的创业扶持。2016年，为6名来县创新创业的高层次人才发放了600万元扶持资金。实施“万名人才回乡行动”，建立在外人才台账，引导兰陵籍在外人才服务家乡发展。组织开展全县人才和技术需求征集工作，增强引才的针对性和实效性。承办中国蔬菜科技与产业化博士后学术论坛，2次组织高层次人才兰陵行活动，累计邀请4位院士，20名国家“千人计划”专家、长江学者、中科院“百人计划”，13名泰山学者、北京“海聚工程”、天津“千人计划”、浙江“千人计划”，120余名专家、教授、博士后来县参观考察、洽谈对接合作事宜，筹建方智远院士工作站、中国农业科学院蔬菜花卉研究所博士后创新实践基地，聘请匡定波院士等6名高层次人才为县政府人才与科技工作顾问，7个高层次人才创新创业项目签约。举办山东兰陵（重庆）招商引智洽谈会，邀请50余名四川省、重庆市高等院校、高新技术企业的专家教授、企业家，推介兰陵县人才产业政策，达成合作意向12个，县政府与中科院重庆绿色智能技术研究院就建设智慧城市签订合作协议。加大各类人才平台建设和申报力度，新增省级企业技术中心1个，市级重点实验室、工程实验室、企业技术中心、工程技术研究中心8个。国家“千人计划”专家创业园建设列入年度政府工作任务，服务中心建成使用，市委主要领导在全市转方式调结构现场交流会对园区给予了肯定。加大人才工作宣传力度，大众日报、领导科学报、临沂日报在头版头条、多个版面多次对兰陵县人才工作进行报道。兰陵县组织实施的“充分发挥高层次人才和创新创业团队作用，加快推进县域经济转型升级”工作，荣获2015—2016年度临沂组织工作创新奖。

【基层组织建设】 不断优化调整基层党组织设置，2016年底，全县共有党组织2063个，其中党委44个，党总支194个，党支部1825个（其中农村基层党组织1115个）。

以后进村班子整治为切入点，切实加强村级班子建设。在全县倒排60个后进村班子，实行动态备案管理，落实县乡领导班子成员帮扶责任制，定责任、定目标、定奖惩、包转化。每月一次例会调度、每季度一次现场查看、每半年一次督导考核，强化各项整顿措施的落实。截至2016年11月，60个后进村班子全部实现转化升级。努力破解村集体经济薄弱难题。对集体经济薄弱村，采取第一书记帮扶、引进增收项目、盘活集体资产、实施村社共建等方式，加快脱贫增收步伐。选派225名第一书记到123个贫困村抓党建促脱贫，协调争取上级帮扶资金1.3亿元，实施增收项目300个。积极协调引进海尔惠民水站项目，实现600个行政村、1024个自然村全覆盖，在有效解决农村群众饮水安全问题的同时，增加了村集体收入，全面消除了集体经济“空壳村”。

认真做好抓党建促脱贫工作。对121个省级扶贫工作重点村班子建设情况进行全面摸底，建立《省级扶贫工作重点村班子建设台账》，调整村党组织书记2名，充实村“两委”成员37名，夯实了脱贫攻坚的组织基础。采取“1+X”结对帮扶模式，安排省级扶贫工作重点村党员与贫困户结成帮扶对子，帮助贫困户稳步实现脱贫致富目标。共组织省级扶贫工作重点村780名有致富项目的党员，结对帮扶1550个贫困户，引导他们发展种植、养殖、加工等项目，有1280户顺利实现脱贫致富。

全面启动以村居干部经济责任审计、党务巡查和村集体清产核资为主要内容的村级督查工作，2017年7月底前基本完成。

持续深化结亲连心工作，组织全县1.3万名县乡机关干部直接联系服务32.8万户群众。深入开展农村党组织书记“户户到”工作，全县1024名村党组织书记、864名机关干部及选派第一书记走街串户，在村头村尾、田间地头，村干部与群众聊家长里短、话村庄发展，真正解决了联系服务群众“最后一公里”问题。

选聘8名优秀大学生到村任职，担任村党组织书记助理，加强21名选调（选聘）大学生村官的日常教育管理。

全面抓好各领域党建工作。加强县直机关党建工作，成立县直机关党建工作领导小组及其办公室，定期召开县直机关党建工作会议，研究制定推进措施，明确重点任务分工。加快推进城市街道、社区区域化党建工作。成立卞庄街道“大工委”，遴选3名优秀人员兼任街道党工委委员；新规划设立4个城市社区，成立社区大党委，构建了“社区党总支—网格党支部—楼宇党小组—党员中心户”的基层社区党组织结构。改进“两新”组织党建工作。在兰陵经济开发区、棠林工业园及兰陵镇、向城镇等4个非公企业聚集园区成立“两新”组织综合党委；对全县330个非公企业、53家社会组织进行全面摸底排查，不断扩大党的组织覆盖和工作覆盖，叫响服务人才、服务企业、服务党员、服务社会的党建品牌。

【党员队伍建设】 按照上级安排部署，把“两学一做”学习教育作为严肃党内政治生活、坚持全面从严治党的基础性、常态化工作来抓。采取支部自查、党委核查等方式，对全县1825个基层党组织党员在册、交纳党费、参加组织生活等情况进行全面排查和核实，从源头上理清党员组织关系。分农村、企事业单位、服务行业、“两新”组织、教育系统、卫生系统和驻外党组织等六个层面动员部署学习教育，向基层支部选派1733名学习教育指导员，全程参与集中学习、研讨交流，实现了党组织和党员的全覆盖。县委常委会充分发挥领学带学促学作用，各级领导班子和领导干部，自觉带头讲党课、带头组织学习研讨，带领广大党员形成深学实学的生动局面。不断创新学习形式，充分利用鲁南革命烈士陵园、季文子廉政教育纪念馆、115师师部旧址、代村现代农业示范园、苍山暴动纪念馆5处党性教育教学点，集中培训、轮训党员3万余名。对照“四讲四有”标准，组织全县党员开展“受教育、亮承诺、当先锋”主题活动，引导党员作出党性承诺、岗位承诺、实事承诺。要求全县4.8万名党员统一佩戴党员徽章，让每名党员既有荣誉也有压力。

严格执行《中国共产党发展党员工作细则》，严格政治标准，严格程序步骤，不断提高新发展党员质量。全面推行入党积极分子公推制度，严格落实发展党员“五制”管理规定。全年发展新党员488名，其中农村党员362名，党员队伍的年龄结构、知识结构等进一步优化。加大解决力度三年以上不发展党员村的问题，共帮169个三年以上不发展党员村的问题，全县三年以上不发展党员村减少到62个，占行政村总数的10.3%。

发挥党员先锋模范作用，营造“学先进、比先进、赶先进”的浓厚氛围，6月30日在县文化活动中心隆重举行兰陵县庆祝建党95周年大会，表彰先进基层党组织100个、优秀共产党员100名、优秀党务工作者100名。兰陵县的多个基层组织和党员受到中央、省市表彰。其中，卞庄街道代村社区党委书记、村委会主任被中共中央表彰为“全国优秀共产党员”，是全县历史上第一个受中央表彰的优秀共产党员。尚岩镇党委、向城镇敬老院院长崔侠、兰陵县新农村畜牧养殖专业合作社党支部书记、理事长诸葛茂玉分别被省委表彰为“先进基层党组织”“优秀共产党员”“优秀党务工作者”。向城镇张村社区党支部等18个基层党组织、大仲村镇流井村党总支书记、村委会主任时圣才等15名党员，尚岩镇尚岩岳村党支部书记张玉国等8名党员分别被市委表彰为“先进基层党组织”“优秀共产党员”“优秀党务工作者”。

加大对生活困难党员、离任村干部的关怀

救助力度，设立212万元的党员关爱基金，帮助2856名生活困难党员解决了实际困难问题，切实感受到了党组织的关怀和温暖。

创新流动党员教育管理，成立驻浙江台州流动党员党支部，全县驻外流动党组织达到36个，管理服务流动党员3600余名。依托驻外党委，实施“万名人才回乡行动”，引导兰陵籍在外人才服务家乡发展。

【干部档案信息、统计及“大组工网”管理工作】 按照市委组织部部署要求，扎实做好干部人事档案专项审核工作。截至6月底，干部人事档案专项审核工作已全部结束，共审核干部人事档案3066卷，其中县委组织部审核1786卷，县人社局审核701卷，县教体局审核579卷。同时，强化审核结果运用，积极做好信息反馈确认和存在问题调查核实整改工作，共补充收集档案材料4471份，重新认定干部信息366人。严格履行岗位责任制和专网设施安全保密责任制，全力抓好“大组工网”管理工作。按照市委组织部要求，认真开展“大组工网”分级保护建设工作，对加密key等设备进行了更换，对部分陈旧设备进行了更新，并顺利通过了分级保护测评验收。严格落实安全保密防范措施，强化安全保密教育，做到警钟常鸣，保证专网运行绝对安全。将专网安全教育纳入部内例行学习内容，组织部全体人员开展保密知识学习，进一步提升了安全保密意识和业务水平。

【党员干部教育工作】 党员教育工作在市委组织部综合考核中取得了全市第一名的成绩。农村党员集中轮训成效明显。县级层面举办农村干部（党员）培训班5期，培训农村（社区）党组织书记604人、其他“两委”干部1031人、优秀党员100人。乡镇层面举办农村（社区）党员干部集中培训班83期，培训农村党员干部28799人；村级层面培训党员干部28780人。有关做法被《中国组织人事报》《领导科学报》《山东组工调研信息》等新闻媒体刊发报道。农村“两委”干部专科学历教育扎实推进。分班组织集中面授3次，组织6名教师分赴3个“送教下乡”教学基地进行现场教学8次，有效提升了参训农村干部的理论素质和实践能力。“兰陵党建”信息化系列平台初见成效。在16个部门、乡镇的门户网站中添加党建栏目，扩大了全县党建和基层组织工作的宣传阵地。完善党员教育手机短信平台，优化栏目设置，拓宽教育功能，先后编发涉及五中、六中全会精神解读、“两学一做”学习教育、《中国共产党廉洁自律准则》、换届纪律解读等方面宣传短信37期，12万余条。教学资源开发水平不断提升，联合省《齐鲁先锋》栏目组，策划拍摄了3集兰陵驻外流动党组织工作系列片，《兰陵企业家“充电增智”助转型升级》等多篇稿件被大众日报、临沂日报等党报党刊宣传报导或转载刊发。干部教育工作培训力度加大。实行精准培训，区分系统、部门，先后组织财政系统、审计系统、政法系统、经济部门负责人、优秀农村支部书记、骨干企业家、机关党务工作者、青年干部8个群体的560余名干部，分批到上海交通大学、浙江大学等国内知名高校进行培训。主题培训班次稳步推进，900余名干部参加了培训。干部教育制度建设逐步规范，先后出台了兰陵县《干部教育培训工作条例实施细则》《加强和改进全县干部教育工作的意见》。党性教育工作现场教学基地建设已具规模。着力打造“五点一线、三位一体”的综合教育基地，编印了3000份党性教育教材和宣传手册，制作完善4部视频教学片，提高了培训效果。组建了党性教育基地讲解员队伍。基地共承接78场3000余人次参加党性教育培训。承接了市党性教育基地 2016 年夏训活动两期 120 余人的现场学习。

【干部监督工作】 认真落实中央关于从严管理监督干部的新要求，积极完善领导干部分类管理监督、选拔任用全程记实、干部监督信息共享等机制，加强对全县领导干部的管理监督。扎实做好领导干部报告个人有关事项工作，组织 42 名省管、市管干部和 21 名县级后备干部向市委组织部报告个人有关事项，组织全县所有在职在编科级干部规范报告个人有关事项。严格清理规范公职人员企业兼职（任职）问题，对 22 名疑似企业兼职或出资办企业的公职人员进行逐一排查清理。认真落实领导干部谈话提醒、函询、诫勉等制度，2016 年以来，共谈话提醒 16 人次，函询 15 人次、诫勉 1 人次，“双向约谈”领导干部 282 人次。加强审计监督，委托县审计局对 12 名部门主要负责人进行离任审计，对 3 名部门负责人进行任中经济责任审计。强化干部选拔任用工作监督，对干部调整期间收到的 29 件次信访举报从严从速进行调查落实。根据调查核实情况，取消 5 名参与竞争人员的竞争资格，取消 5 名进入考察范围人员的提拔重用资格，对 1 名参与竞争人员的年龄进行了重新认定。认真开展“带病提拔”责任倒查工作，对 2015 年受到撤销党内职务或行政职务以上处分的 6 名领导干部选拔任用情况进行了集中倒查，加强对干部选拔任用工作责任追究。精心谋划部署，扎实做好换届风气监督各项工作。根据换届工作各个节点，先后制定了《关于做好换届纪律宣传教育的工作方案》《加强换届风气监督工作配档表》《关于认真学习观看“一片一书”切实加强换届纪律教育的通知》《关于加强县乡换届风气监督的实施方案》《换届纪律问题快查快办工作方案》《关于进一步加强换届风气监督的通知》等一系列的方案或通知，层层推进换届风气监督工作。突出精准意识，抓住重点群体，加强换届纪律宣传教育。认真落实中央“四必看”“四必谈”“四必训”等要求，先后开展专题学习 36 次，参学领导干部 600 余人次。累计发放换届纪律文件选编 82 本、换届纪律提醒卡 520 份，发送换届纪律短信 12000 余条次，组织 460 余人进行换届纪律知识测试，开展换届谈心谈话 470 余人次，营造了风清气正的换届舆论氛围，县乡换届期间没有发生一起违反换届纪律的案件，得到上级充分肯定。

【自身建设】 按照中央、省、市委组织部的要求，以“建设模范部门、打造过硬队伍、提高组织工作满意度”为目标，着力加强组工干部队伍自身建设。通过举办组工干部培训班、执行周五集中学习制度，认真学习党章、中国特色社会主义理论知识、党的十八大及五中、六中全会等会议精神，深入开展了“三严三实”专题教育及“两学一做”专题教育，全面提高了组工干部的党性修养、理论水平、政策水平和工作能力。认真对照“八项规定”要求，深入整改四风问题，进一步修订完善了部机关管理制度，对办公用房使用、公务用车管理、公务接待支出等工作进行了自查自纠，进一步精简了会议和发文数量。按照“三服务两满意”和组工干部“十严禁”纪律要求，严格落实省委组织部下发的《关于加强全省组织部门干部队伍建设的若干规定》，认真完善了部内各项规章制度，强化了组工干部的服务意识、纪律意识，提高了规范化管理水平。

【调研信息网宣工作】 紧密结合全县党建和组织工作中心任务，在调查研究上下足功夫，总结提炼了一批较有价值的文字材料，在服务领导决策、展示工作成效、促进相互交流、扩大舆论宣传方面发挥了重要作用。积极承担综合文稿起草工作，参与起草相关重要会议、活动的领导讲话及综合材料，全力配合参与业务科室牵头的会议会务和重要活动的服务工作。认真撰写组工调研信息和外宣稿件，累计组织撰写上报各类通讯信息稿件 62 篇，其中被内部刊物及市级以上影响力媒体采用 23 篇。从严抓实部内信息和组工网宣工作，及时督促各部门单位报送工作亮点和经验做法，共汇总整理各类信息稿件 82 篇；搜索上报网络舆情 600 余条；及时发布有关党的建设、组织工作、自身建设等主题的评论热点 23 次；撰写整理上报评论文章 265 篇，其中被影响力党报、党网采稿 58 篇；完成了市部研究室下达的网络专题引导任务 15 次。全面加强党建信息员队伍建设，组织召开了全县组工调研信息工作座谈会，先后组织开展 5 次部内信息讲评会。2016 年，研究室的各项工作在全市各县区中保持先进位置。

宣传工作

【理论武装】 县委宣传部按照中央和省、市、县委的统一部署，紧紧围绕学习贯彻党的十八大及历次全会精神，学习贯彻习近平总书记系列重要讲话精神这一主线，认真抓好理论武装工作，进一步坚定了干部群众的道路自信、理论自信、制度自信、文化自信，筑牢了团结奋斗的思想基础。一是学习型党组织建设成效显著。结合“两学一做”学习教育活动，进一步改进县委理论学习中心组的服务工作，代县委起草了《2016 年全县党委（党组）中心组理论学习安排意见》等文件，对学习的重点内容、方式方法做出了明确规定，促进了领导干部理论学习的制度化、规范化。二是理论大众化扎实推进。继续开展学习贯彻党的十八届五中全会精神宣讲活动，进一步把学习宣传贯彻十八届五中全会精神引向深入；举办了全县学习贯彻党的十八届六中全会精神报告会，成立了学习贯彻党的十八届六中全会精神宣讲团，深入基层开展宣讲活动；广泛开展理论下基层活动，举办了赵志全同志先进事迹巡回报告会，开展了理论政策进万家活动，开展了“中国梦·小康情”百姓宣讲活动、纪念中国共产党成立 95 周年主题教育等活动。三是理论调研工作成果丰硕。围绕加强基层宣传思想文化工作、文化产业与其他产业融合发展、强化爱国主义教育基地建设和管理等专题，深入基层进行专题调研，形成了一批指导性、操作性强的研究成果。

【新闻舆论】 坚持团结稳定鼓劲、正面宣传为主，牢牢把握正确舆论导向，不断强化新闻宣传工作，讲好兰陵故事，传播好兰陵声音，为全县经济社会发展凝聚正能量。一是对内宣传有声有色。《农村大众·今日兰陵》报社、县广播电视台发挥宣传主阵地作用，突出县域经济发展“四篇文章”、第四届菜博会、创建国家卫生县城、精准扶贫等全县重大活动和重点工作，做好宣传造势工作，开展跟进式、专题式报道，着力形成舆论强势。《农村大众·今日兰陵》共出刊 90 期，刊发各类新闻报道 3700 余篇，县广播电视台共制作《兰陵新闻》284 期，新闻报道 2700 余篇。二是对外宣传成效显著。坚持上大报、上头条、上联播、上内参，拓宽发稿渠道，健全报道机制，在主流媒体唱响兰陵好声音。县新闻中心在中央、省、市级重点党报党刊及网站发表稿件 600 余篇，其中人民日报大篇幅刊发稿件《兰陵探秘国家农业公园》，《新华每日电讯》分别在一版刊发了《“小厕所”连着“大民生”》《山东兰陵“慈善扶贫超市”助力精准扶贫》两篇文章，先后组织开展了菜博会、兰陵县高层次人才兰陵行、百家媒体看兰陵等新闻采访活动；县广播电视台在中央、省、市电台、电视台发稿450篇，菜博会期间，在中央《新闻联播》前播放“品兰陵、游菜乡，相约菜博会”的5秒宣传片，在《共同关注》《新闻直播间》《朝闻天下》等栏目中连续播出菜博会举办情况，在央视新闻频道播出新闻报道4篇，并荣获2016年度山东广播宣传先进集体一等奖、电视宣传先进集体；加强城市品牌形象宣传，清华大学城市品牌研究室着手对兰陵县进行城市品牌体系顶层规划设计，制定科学性、操作性强、符合兰陵特点的城市品牌系统方案。三是网络舆论引导坚强有力。坚持网上正面舆论宣传，加强新媒体宣传，认真做好了网络监测、网上舆论引导、社会舆情报送等工作，理直气壮唱响网上主旋律。舆情监控工作严密细致，按照网络舆情研判处置程序进行及时妥善地处理；加强网络队伍建设，联合县公安局网监大队成立了兰陵县反信息诈骗联盟，组建了310人的网评员队伍，加大了网上正面宣传；利用“文化兰陵”手机客户端和“中国兰陵”微信平台做好新媒体宣传，开通山东手机报临沂兰陵版，订阅受众群达到30余万人；积极做好舆情信息报送工作，被评为全省舆情信息工作先进单位及全市舆情信息工作先进单位。

【文化工作】 着眼增强百姓文化“获得感”，加快文化强县建设步伐，推进文化事业产业繁荣发展。一是持续推进文化惠民工程。扎实推进公共文化服务体系建设，在农村文体广场全覆盖的基础上，进一步完善了乡村大舞台、农家小书屋、村级综合文化服务中心等基础设施；深入开展“送戏下乡文化惠民”，确保有3个专业剧团经常性在农村和社区巡回演出；创新方式开展大规模标准广场舞培训，组织成立了兰陵县广场健身舞蹈协会和兰陵县文化志愿者协会；规范提升公益电影标准化放映水平，积极做好“公益电影＋”文章；继续巩固“村村响”广播成果，不断丰富节目内容，确保了县委政府的声音传到每家每户；组织开展了“文化惠民生，欢乐幸福年”系列群众文化活动，举办了首届龙狮秧歌会，依托《百姓大舞台》举办了“史贝美之春”百姓春晚、首届少儿春晚和“万图之夜”春节联欢晚会，极大丰富了群众文化生活。二是突出抓好文艺创作繁荣。不断加大文艺精品创作力度，组织了中国著名作家看兰陵、“万名书法家送万福下乡”“醉美花海”美文征集等活动，成立了山东作家兰陵创作基地、山东省现代诗书画院临沂分院，举办了创卫书画展、摄影展、文学采风，并印制了画册、作品集，推出了多部文艺精品，与中央新影集团合拍的电影《青葱岁月》正在积极推进上映播出，由电影《青葱岁月》剪辑的微电影《妈妈的爱情》获第四届亚洲微电影艺术节“金海棠奖”。三是着力推动文化产业发展。围绕红色、历史、生态等兰陵县产业优势，积极完善文化产业项目库，重点关注兰陵国家农业公园、压油沟生态旅游扶贫开发项目、荀子庙园、兰陵酒文化产业园等重点文化产业项目，积极向上申报省、市级重点文化产业项目，积极争取了省、市级文化产业扶持奖励资金政策完善文化产业项目库建设。认真做好文化市场管理和“扫黄打非”工作，有效净化了全县文化市场环境。

撰稿：徐开成

统战工作

【机构设置】 县委统战部主要职能是了解情况、掌握政策、协调关系、安排人事、增进共识、加强团结。设有行政编制8名，其中，正科级1

名，副科级2名，科员4名。下设兰陵县心理援助中心，为股级事业单位，编制2名。

【综述】 2016年，兰陵县委统战部认真履行职能，不断完善统战工作机制，教育引导广大统战成员充分发挥自身优势和作用，围绕中心，服务大局，扎实做好社区统战、党外代表人士、社会组织统战、党外知识分子、非公有制经济、民族宗教、光彩事业等各项工作，有效促进了全县经济发展和社会稳定。2016年，省民委民族团结进步创建活动“互观互检”检查组来我县检查皇甫寺村民族团结进步创建工作；中国社科院马克思主义研究院、省宗教局考察组、省委统一战线领导小组先后莅临兰陵检查指导；济南市济阳县，临沂市临沭县、河东区、郯城县等兄弟县区先后来参观考察。

【党外代表人士工作】 深化民主党派成员、无党派人士坚持和发展中国特色社会主义学习实践活动，做好有影响力有个性党外人士的团结、引导和转化工作。协调组织做好政协委员考核工作，每季度对政协委员履职情况进行考核打分，对涌现的新的代表人物进行物色、培养、吸收，为换届工作打下坚实基础。依托全市党外代表人士实践锻炼基地——兰陵国家农业公园优势，强化党外代表人士实践锻炼，参与国家农业公园建设、管理、技术指导、旅游开发及菜博会筹备等工作。高度重视党外代表人士管理使用，提拔1名科级干部为县级干部，调整2名科级干部工作岗位。建立了党委领导与民主党派成员、工商联、无党派人士联谊交友制度，每名县委常委联系2名党外代表人士。积极协助县委、县政府开好各界代表人士协商会、通报会、座谈会等，不断提高全县民主协商工作水平。民革临沂市委在我县捐赠图书2万余册建设2所“中山书屋”。九三学社开展“白内障脱盲精准扶贫手术”帮助700多名白内障患者免费治疗。兰陵萧氏文化园被确定为山东省海峡两岸交流基地。

4月19日，省民委副主任马辉率全省民族团结进步创建“互观互检”考察组莅临兰陵县开展民族团结进步创建观检工作

【新领域统战工作】 社会组织方面，加强对社会组织代表人士的教育引导，指导社会组织联合会及6个分会强化自身建设，组织开展送医下乡、普法宣传6次。党外知识分子方面，深化全县党外知识分子“三讲三立”（讲政治、讲大局、讲团结，立德行、立才智、立事业）专题教育实践活动，在党外知识分子联谊会中开展“两学一促”（学中国特色社会主义理论、学系列讲话，促建功立业）教育活动，组织引导县知联会及各分会开展同心关爱、同心法律服务活动，开展送医送药、送科技、送法律下乡等社会服务活动4次。加大心理援助中心投入力度，引进高学历人才1名，县财政局先后拨付20余万元购置专业设备，建立了218名心理咨询师志愿者队伍，以关爱留守儿童、空巢老人、心理咨询服务进社区等为工作重点，推动心理援助工作经常化、规范化。归国留学人员方面，积极引导归国留学人员回国创业，服务全县“三引一促”工作，加快归国留学人员创业基地建设，

成立兰陵国家“千人计划”专家创业园，被市委统战部确立为临沂市归国留学人员创业基地。

【非公有制经济人士统战工作】 完善统战部门与非公有制经济人士沟通协商制度化平台，加强对非公有制出资人、党务工作者的培训力度，组织“上海交通大学—兰陵县企业家现代企业制度创新发展高级研修班”。把工商联换届人事安排与人大、政协换届工作衔接，对全县228名非公有制代表人士进行综合评价，平稳有序做好换届工作。发挥好县光彩事业促进会的作用，继续以“民企帮村”和捐资助学活动为重点，动员并组织乡镇（街道、开发区）基层商会和县直属行业商会开展了“商会扶贫献爱心”活动，筹集资金30万元，由县工商联组织直属行业商会选定山区1000户贫困户进行走访慰问。召开“百企帮百村”精准扶贫会议，动员我县130多家优秀爱心企业奉献爱心，回报社会。加强10个行业商会、18个基层商会、5个异地商会建设，新成立上海山东兰陵农副产品商会。

【民族宗教工作】 民族工作方面，继续开展民族团结进步创建活动，落实民族宗教政策，协调各类资金，加大对民族村居基础设施、集体经济发展的扶持力度。根据中央、省、市扶贫工作会议精神，积极向上级申请少数民族发展资金，用于对少数民族村的帮扶和发展，共申请到各类帮扶资金380万元。宗教工作方面，稳妥有序地进行了兰陵县基督教两会换届，帮助和支持宗教团体加强自身建设，加大宗教界爱国人士培养力度，积极引导宗教界人士为社会和谐服务，开展“同心同向奔小康·宗教界助力脱贫攻坚慈善活动”，县基督教两会捐款10万元帮扶磨山镇脱贫攻坚。

【政协换届工作】 会同县委组织部制定《关于县政协换届工作有关问题的意见》并召开专题会议对政协换届进行专题部署。分7个督导组到各部门单位对上届政协委员信息进行摸底核实，并听取各民主党派、人民团体和有关方面对政协换届委员安排的意见。积极筹备政协委员推荐提名、组织考察等工作，严把政协委员政治关、结构关、程序关。

机构编制

【行政审批制度改革】 （一）调整规范行政审批事项目录。2016年以来，兰陵县编办认真贯彻落实国务院、省、市调整取消下放行政审批事项的衔接落实工作，持续精简行政审批事项，对全县行政权力清单进行了三次调整完善，共调整38项县级行政权力事项，其中，取消8项，调整为政府内部审批1项，列入县级行政审批事项目录2项，调整为其他行政权力26项，承接上级下放管理层级的行政权力事项1项。现共有3138项行政权力事项，另有省以下垂直管理部门权力事项74项。

（二）规范行政审批行为。优化行政审批工作流程。根据历次清单调整情况，及时完善涉及调整事项的业务手册和服务指南编制工作。除涉密事项外，所有部门单位均已按要求逐项制定完善，并已在政府网站向社会公开和提供电子文档下载服务。推进建设项目区域化评估评审。按照省、市的部署安排，结合实际情况，在经济开发区开展了区域化评估评审工作。按照《兰陵县建设项目区域化评估评审工作实施方案》的安排，会同相关部门单位组织实施评估评审工作。

（三）加强事中事后监管。为大力推广随机抽查，规范事中事后监管，加快推进简政放权、放管结合、优化服务，兰陵县重点加强了行政审批事中事后监管工作，研究制定了监管实施方案，要求各部门单位进一步落实监管责任，创新监管方式、强化监管结果运用，不断提高管理效能，激发市场活力。目前，所有涉及行政审批事项的县直部门单位均已完成实施方案制定工作，并建立了“双随机”抽查目录。

（四）规范行政审批中介服务。2016 年以来，兰陵县对县直部门单位行政许可中介服务收费项目清单进行了两次调整完善，共有 14 项行政许可中介服务收费项目不再纳入清单管理。现清单共有 14 个部门单位 27 项行政许可中介服务收费项目。

（五）推进行政权力事项网上办理。2016 年 6 月，按要求兰陵县所有行政许可事项全部录入行政许可事项库，每个行政许可事项有 115 项基本要素，各单位根据实际工作情况逐项录入，经兰陵县编办初审、兰陵县政府法制局复审，7 月已全部录入完成。

【行政管理体制改革】（一）加强部分重点领域机构建设。进一步加强乡村安全生产监督管理等机构建设。扎实做好乡村安全生产、建设工程质量安全、环境保护、道路交通安全监管机构建设，明确相应机构人员设置、具体职责等内容，各乡镇机构和人员已经配备到位。做好兰陵县委巡查机构建设工作。按照要求，兰陵县于 2016 年 11 月设立了兰陵县委巡察办和巡察组等机构，并将兰陵县委巡察办的编制调整到位，对兰陵县委巡察组人员编制的调整方案也作了明确。

（二）继续深化重点镇行政管理体制改革。2016 年，兰陵县不断深化优先发展重点镇行政管理体制改革试点，进一步做好了市级优先发展重点镇兰陵镇行政管理体制改革的深入推进工作。督促相关部门单位和兰陵镇加强合力，做好机构运行、下放权限运行等方面的工作，确保改革取得良好成效。

【事业单位改革工作】（一）积极推进中小学管理体制改革工作。一是做好中小学教职工编制核定工作。按照山东省制定的编制核定编制，对全县中小学校教职工编制进行了重新核定，已于 6 月按程序上报市政府审批。在编制使用核准工作中，在确保财政供养人员只减不增前提下，结合教育等公益事业重点工作规划，编制使用计划重点向教育领域倾斜。二是认真做好中小学校长职级制和去行政化改革工作。按照临沂市要求，稳步开展了中小学校长职级制和去行政化改革工作，各项工作正在逐步进行中。

（二）稳步推进生产经营性事业单位改革工作。进一步做好转企改制工作和事业单位法人治理结构试点工作，根据职责分工，协调主管部门及财政、人社等部门做好固定资产核定等各项任务工作，稳步推进转企改制工作按时完成。

（三）积极推进事业单位法人治理结构试点工作。按照事业单位改革工作部署，积极开展事业单位法人治理结构试点工作，在卫生行业选取了兰陵县人民医院、在教育行业选取了兰陵县实验小学、在文化行业选取了兰陵县图书馆作为试点单位。主管部门兰陵县卫计局、兰陵县文广新局、兰陵县教体局已会同机构编制、发改、财政、人社等部门研究拟定了试点工作实施方案。各试点单位的理事会均已组建完成，并分别召开了两次理事会。

【机构编制管理】（一）严控机构编制总量。继续深入贯彻落实严格控制编制和财政供养人员只减不增等机构编制管理政策，严格执行用编进人计划制度，严肃机构编制纪律，力推管理规范化、科学化、精细化，切实管住机构编制总量。

（二）严把机构编制使用关。积极创新工作思路，在编制控制总量内，加大编制收回力度，严格编制使用标准，切实做好编制使用收支文章。一是保重点。编制使用核准工作中，在确保财政供养人员只减不增前提下，按照“退补相当”和保障党委政府中心工作、民生等重点领域的原则，结合单位用人需求，妥善核准编制使用计划。2016年，为保障党委政府发展教育等公益事业重点工作规划，核准全县中小学校编制使用计划440名，占到了事业编制使用计划的78.6%，将有力缓解中小学教师短缺的问题。二是强基层。在编制使用计划核准中，将加强基层力量建设作为一个重要原则，特别是公务员考录编制使用计划核准时，主要向乡镇、基层执法单位倾斜，2016年，核准各乡镇公务员考录编制使用计划57名，基层食品药品监管、工商行政管理编制使用计划6名，占到了行政编制使用计划的75%。三是优急需。在保障重点工作、加强基层工作人员力量的基础上，优先向安全生产、环境保护、城市管理、社会福利、农业、水利等人员急需的民生领域倾斜，以充分保障经济社会发展。

（三）进一步加强信息系统管理工作。一是认真做好信息数据维护工作。按照临沂市里的要求，兰陵县编办已实现机构编制信息动态管理，做到了机构、编制、领导职数和人员实名制等信息数据及时更新，并按规定做好了信息上报以及机构编制业务网上办理工作。

【事业单位监督管理】（一）扎实开展事业单位绩效考核工作。2016年8月，进一步完善了《2016年度兰陵县事业单位绩效考核工作实施方案》（兰陵事考办〔2016〕1号），将除列入县委、县政府科学发展综合考核之外的全县各级各类454个事业单位全部纳入2016年度事业单位绩效考核范围。同时，并进一步强化了考核结果奖惩措施的落实措施。

（二）全面加强事业单位监督管理工作。一是做好事业单位登记管理工作。严格依照《事业单位登记管理暂行条例》规定，依照受理、审核、核准、公告等法定程序，做好设立、变更、注销、证书补领、重新申领证等基础性登记工作，并对事业单位登记中各类无谓证明进行了清理规范，重新细化了登记管理流程图和所需材料目录，制作了清单，进一步提高了事业单位登记管理工作的科学化、法制化、规范化水平。二是认真做好“四库、双随机”建设工作。按照临沂市编办的要求，根据实际情况完成了《随机抽查事项库》《随机抽查对象名录库》《事业单位异常信息名录库》《执法检查人员名录库》的建立工作，并对兰陵县劳动就业办公室、兰陵县红十字会医院、兰陵县特殊教育中心等10个单位进行了双随机抽查工作。三是扎实开展“僵尸”事业单位清理工作。根据省、市的要求，兰陵县组织开展了全县“僵尸”事业单位集中清理工作。在工作中，坚持问题导向，努力解决全县部分事业单位机构设置不规范、编制管理不严格等问题，通过调整职责、撤销、整合等方式，集中对主要职责消失、工作任务不饱满或没有工作人员的“僵尸”事业单位进行清理。

【全面落实统一社会信用代码赋码】 2016年6月，全面开展了机关事业单位统一社会信用代码赋码工作。在工作中，积极采取有效措施，抓好重点环节落实，确保了工作有序推进，全县221个事业单位和71个党政群机关已全部完成了社会统一代码证的换证工作。

【中文域名注册工作】 根据《党政机关、事业单位网上名称管理暂行办法》有关规定，认真做好中文域名注册工作。截至2016年底，兰陵县机关事业单位中文域名注册率达到100%，并已完成了中文域名缴费工作。

撰稿：杨　坤

县直机关党建工作

【概述】 2016年，在县委的坚强领导下，县直机关工委指导带领县直各级基层党组织紧紧围绕“服务中心、建设队伍”两大核心任务，按照“抓开局、促改革、补短板”要求，在聚焦主业中把握职责定位，重点工作有序有力推进，各项工作取得新进步。获评2016年度全县经济社会发展先进单位。

【思想政治建设】 把学习宣传贯彻党的十八届六中全会精神作为首要政治任务，通过及时组织学、专题研讨学、问题牵引学、领导带头学等多种形式，在县直机关迅速兴起学习贯彻全会精神的热潮。举办“学习六中全会精神、推动全面从严治党”主题培训班，培训机关党务干部（党务工作者）108人、入党积极分子365人。把“两学一做”学习教育作为机关党建工作的龙头任务，制定学习教育方案、举办专题研讨会，建立报告、提示、督查等制度，下发学习资料10167册、工作提示12期，把基础在学、关键在做的要求落实到支部和党员，保证了学习教育在基层的有效落实。组织党员收看习近平总书记在庆祝中国共产党成立95周年大会上的重要讲话，开展纪念红军长征胜利80周年系列活动，组织党员到“苍山暴动”纪念馆重温入党誓词，强化党员本色意识，引导党员在履行工作职责中不忘初心、继续前进。“七·一”期间，县直机关22名优秀党员、19名优秀党务工作者、18个先进基层党组织被市县表彰。

【基层组织建设】 完成226个基层党支部换届选举和届中调整，充实党支部班子成员148名、党支部书记65名。严格规范党费收缴管理，制定《关于认真做好党费收缴工作的意见》，对2008年4月份以来每个党员缴纳党费的基数重新进行核算，按规定标准做好党费补缴工作。建立党员党费缴纳日（每月5日）制度，全年共收缴党费530余万元，其中补缴党费220余万元。认真开展机关党组织设置、运行和党员基本信息调查摸底工作，为县直机关490多个党支部、10100余名党员建立了电子档案信息。做好发展党员工作，规范推荐、票决、公示、记实、考核、审查、备案、责任追究等制度，全年共发展党员53名，研究预备党员转正160名，新备案入党积极分子229名。

【机关党建主题活动】 积极探索党建工作新路子，做好“自选动作”，力争多出亮点，多出特色。开展“我诺我行、党员做先锋、机关大家庭、文明伴我行”活动、开展“党员之星”评比暨“给党员过政治生日”活动，开展“亮身份、亮承诺，争做敬业标兵，争创群众满意窗口”活动。鼓

县直机关入党积极分子培训班

励基层党组织借助互联网＋教育，开创党员学习线上线下一体化模式，组建党员学习微信群，着力打造“指尖上的党建”，推动机关党建工作的创新发展。

撰稿：戴建华　审稿：马建铭

党校工作

【教学培训】 抓主课主业，教学培训工作有了新提升。适应党校事业发展新形势，高举党校姓党旗帜，突出主课主业，加强党的理论教育和党性教育培训，在教学菜单中党的理论教育和党性教育课程达到80%以上。主体班次培训数量多质量高，全年共举办农村支部书记培训班、科级干部轮训班、第十五期青干班、第一书记培训班、新录用事业人员培训班、政法干部培训班等共12个班次18期，培训3500余人。开展联合办学培训14期，培训人数1800余人。到基层宣讲60余场次，受教育党员干部1万余人。在教学中，积极探索教学模式创新提高。实行集体备课试讲、评课说课，教学中大幅增加研讨式、案例式、体验式、情景式等新的教学模式，每个班次结业后都对培训效果进行评估，以提高教学针对性。实行县级领导上讲台，并作为制度在县委常委会上研究通过，县委领导班子成员和副县级以上领导干部根据联系的工作分片区到党校或农村教学点授课，县委郑书记先后2次到党校讲课、6次到党校教学点调研。在培训方式上实行灵活多样，今年的青干班、党务干部班、政法干部班分别到上海市委党校第二分校、浙江大学和北京市政法委党校异地培训一周，实现了培训办学上的新突破。

【科研工作】 实施课题带动，科研工作取得新成绩。充分发挥党校科研思想库的作用，实施课题带动，为教学和党委政府决策服务。为保障高质量完成科研课题，加大调研力度，主要领导和分管领导都挂任课题项目负责人，带队深入基层调研。科研工作不断取得新成绩，2016年共完成省委党校立项课题5项，市社科联和市委党校立项课题6项，在国家和省、市级刊物发表论文6篇，有4篇科研文章分别被县委书记、副书记和组织部长签批，在当年的市委党校科研工作会议上兰陵县作了科研工作典型发言。

【对外培训】 发挥“红、绿”特色，对外培训规模不断扩大。充分做好我县绿色现代农业和红色教育资源优势与党校教育培训的结合文章，不断提升现场教学和服务水平，使“绿色农业”和“红色教育”两个特色教学品牌影响不断扩大，外来培训班次和学员连年扩大，今年共接待中央党校、北京、上海、浙江、安徽等省内外培训班次共77期5000余人。安徽临泉、济南商河等地还与党校建立了长期的农业特色培训联系，连续三年每年都组织一定规模农业方面人员和乡镇干部到兰陵县开展教学参观。

为了充分发掘兰陵县红色和绿色教学资源，县委党校不断加强教学基地建设，牵头建设完善了苍山暴动纪念馆，成为新的党性教育基地。先后开辟了文峰山红色党性教育基地、荀子德政纪念馆、会宝山和小郭西村绿色农业教学基地、代村新农村建设教学基地等10余处教学基地，2016年3月省委党校常务副校长徐闻到兰陵调研教学基地建设情况，4月代村被省委党校确定为全省农村发展教研基地并揭牌，兰陵县党校还与中国极地研究中心建立了党性教育合作机制。这些基地在对学员进行党性教育培训中发挥着重要作用。

【队伍建设】 坚持从严治校，党校自身建设不断加强。落实党委办党校、管党校、建党校主体责任，强化从严治校、从严管理，树立党校新形象。一是基层党校建设不断加强。全县18个乡镇（街道办事处）、部分县直部门、3个驻外流动党员党委建立了43个县委党校分校，全面开展农村基层党员干部培训。进一步向农村社区延伸，在全县60个条件好的农村社区设立了教学点，实现了办学渠道和办学空间的新突破，这些基层党校和教学点在农村党员干部培训和“两学一做”学习教育中发挥了很大作用，该项工作在2016年全市党校工作会议上做了经验介绍。二是加强教师队伍建设。通过组织部引进重点高校高层次人才充实教师队伍，目前11名一线教师有9名第一学历为研究生，师资水平显著提高。平时注重加强理论学习和业务练兵，坚持公开课、教学竞赛等，定期选派骨干教师到上级党校进行学习培训，2名职工挂职第一书记进行锻炼提高，通过以上措施，党校教师队伍的理论素养和教学能力不断提高。

撰稿：张秀亮　潘云翔

对台工作

【概况】 2016年，兰陵县台办在市台办、兰陵县委、县政府的正确领导下，坚持以邓小平理论和“三个代表”重要思想为指导，学习贯彻党的一系列对台方针政策，用科学发展观统领对台工作，以“两学一做”学习教育为契机，积极发挥台办的职能作用，不断强抓机遇，开拓进取，创造性地开展工作，取得了较好的工作成绩。坚持“全方位、全过程、全天候”和“零距离”服务，台办设立了24小时台商台企服务电话，及时为台商解答疑难问题。

县台办被评为全市台办系统先进集体，全市对台宣传工作先进单位；一人被评为全省台办系统先进个人并记三等功一次；一人被评为全市对台宣传工作先进个人。经省台办批准，兰陵萧氏文化园设立山东省海峡两岸交流基地，兰陵国家农业公园设立山东省海峡两岸交流示范点并授牌，取得了好成绩。

2016年3月，由县委主要负责同志率团赴台参访，拜访了台湾萧氏宗亲会、旺旺集团、威晶国际等一些知名企业、单位，对台交流取得了实实在在的成效。

【提升服务水平】 县台办开展“台资企业走访季”活动，及时了解、帮助台胞台属解决在生产、生活等方面遇到的困难，做到事无巨细，积极指导。搭建与台胞台属交流的网络平台，为台胞台属办实事、解难题。坚持经常性走访台胞台商制度，与台资企业和台胞台属保持联系，在台资台属企业运营中竭诚提供服务，主动为台商台属服务，安排人员帮助台商提供服务。第四届中国兰陵蔬菜博览会在我县成功举办，参展涉台企业20多家，反响热烈。对现有台资企业进行帮扶，平时密切关注台资企业运营情况，及时掌握信息、了解实情，听取台胞台商的意见和建议，对台资企业遇到的困难尽力协调解决。对台商好的建议，认真进行梳理落实，为县委、县政府对台工作决策提供第一手资料。6月23日-25日，由县政府分管副县长带队，县台办牵头，组织有关部门、企业赴上海参加两岸城市投资与商机洽谈会，事前为他们精心策划、细心准备，提供优质服务，活动取得了圆满成功。

【宣传教育】 牢牢把握两岸关系和平发展的主题，注重抓好对台宣传和涉台教育工作。采取召开专题座谈会及利用新闻媒体、网络等形式深入开展对台宣传教育工作，在省、市、县等各大新闻媒体上发表文章、信息120多篇（条），充分发挥了宣传教育的作用，把和平统一、遏制“台独”、维护两岸稳定放在更加突出的位置，让广大干部群众对党的对台方针政策和对台工作知识有深入的了解，为对台工作的开展打下坚实基础。积极做好宣传教育工作。每逢重大节假日，利用走访、座谈等形式，本着加深感情、增加了解、扩大宣传的指导思想，今年6月20日，台湾新同盟会彰化分会一行42人来我县参访，及时向他们介绍兰陵县各项事业取得的新成就，通报两岸关系发展现状，引导、鼓励他们把党的对台方针政策、兰陵的建设情况和兰陵县对台有关优惠政策介绍到台湾，进一步增进台湾同胞对祖国大陆、对兰陵的深入了解。

党史研究

【概况】 2016年，兰陵县委党史研究室认真贯彻落实省、市委党史研究室的要求和部署，紧紧围绕服务全县经济社会发展和加强党史部门建设，坚持以资政育人为根本任务，努力推进党史研究、资料征编、党史宣传和党史队伍建设工作，为实现全县经济社会平稳较快发展提供智力支持。

【党史研究与编纂】 一是完成《沂蒙南下干部》兰陵部分征编工作。《沂蒙南下干部》的征编范围以解放战争时期鲁中南区为主，涵盖沂蒙地委（二地委）、滨海地委（六地委）、尼山地委（四地委）、台枣地委（五地委）的原临沂地区范围内的南下干部。通过积极与浙江、福建等地南下干部子女进行联系，多方搜集南下干部的回忆性资料，主要包括记述南下过程及南下后工作情况的回忆性文章、个人日记等，及时将全县南下干部名录及部分简介上报市委党史研究室。

二是完成部分《改革开放实录》编纂任务。去年，《改革开放实录》课题研究编写工作全面启动，进入课题研究和编写的实施阶段。按照《改革开放实录（临沂卷）》征编工作方案要求，制定了兰陵县具体实施方案，报请县委审核。经县委研究决定，最终确定了兰陵县改革开放实录编研专题3个，分别是：1、兰陵县改革开放的探索、发展与成就。2、兰陵（苍山）蔬菜产业化及物流业的发展历程、成就与经验。3、兰陵县代村新农村建设的发展、成就与经验。这3个专题既涉及宏观全局性工作的选题，也包含了兰陵县具有标志性、典型性的重大事件、重要探索、重大成就的选题。目前，初稿已编写完成。

三是启动《中共兰陵（苍山）党史大事记（1998.4—2015.12）》的编纂工作。党史研究室人员少，编纂任务十分繁重，将该书的编纂作为全年的重点工作，全力以赴，坚持时间服从质量，确保按时完成任务。

四是着手编纂《中共苍山地方史（第二卷）1949.10—1978.12》。县地方史第二卷，主要记述新中国成立后至党的十一届三中全会前，全县党组织带领人民进行社会主义革命和建设的实践活动。已于2016年完成县地方史第二卷编写资料征集的准备工作。期间学习了《中国共产党中央委员会关于建国以来党的若干历史问题的决议》和新时期关于重大党史问题结论的精神，组织编写编纂工作方案，成立编纂领导小组，分解具体工作任务。

【廉政建设】 一是加强警示教育。领导班子定期学习中央和省市县委关于党风廉政相关会议精神，统一认识，增强贯彻落实党风廉政建设责任制自觉性，教育引导党员干部算好政治、经济、名誉、家庭、亲情、自由、健康“七笔账”，牢固树立正确的世界观、人生观、价值观，筑牢思想道德防线；强化节前反腐倡廉教育，不断增强干部的政治意识、大局意识、纪律意识、廉洁意识。二是加强领导干部作风教育。签订了《党风廉政建设责任书》，要求领导干部做到认真贯彻落实党风廉政建设责任制，按照“一岗双责”的要求，做好“五个带头”，带头贯彻落实党风廉政建设责任制，坚持做好“一岗双责”；带头参加反腐倡廉教育，筑牢思想道德的防线、坚守廉洁从政的底线、远离党纪国法的红线；带头抓好各项工作制度的落实，以程序化和公开透明确保正确行使权力；带头遵守《中国共产党党员领导干部廉洁从政若干准则》，在学习落实上作表率、在接受监督上作表率；带头提高履职水平，进一步提高调查研究的能力、创新的能力。

老干部工作

【概述】 2016年，县委老干部工作认真贯彻中组部、人力资源和社会保障部联合下发的《关于进一步加强新形势下离退休干部工作的意见》（中组发〔2008〕10号）文件和省、市委组织工作、老干局长会议精神，紧紧围绕全县中心工作，进一步落实老干部政治、生活待遇，加快县老年体协、老干部活动中心、老年大学、干休所、关心下一代工作的建设，强化服务理念，创新工作方法，注重调查研究，积极听取群众的意见和建议，充分发挥离退休干部的优势和作用，不断开创离退休干部工作的新局面。

2016年底兰陵县223名离休干部基本情况统计表

分类标准	人数			
年龄	80—100岁		90岁及以上	
	135		88	
单位性质	机关	事业	企业	
	88	78	57	
健康状况	良好	一般或较弱	生活不能自理	
	46	172	5	
享受待遇	副地级	县（副）处级	乡科级	一般干部
	3	55	26	139
政治面貌	中共党员		群众	
	177		46	

【落实老干部政治待遇】 加强理论学习、党性教育和思想引领，利用每月固定学习日制度，组织老干部认真学习党的十八大和十八届三中、四中、五中、六中全会和习近平总书记系列重要讲话精神，引导老同志严守政治纪律和政治规矩。重点组织学习中办发〔2016〕3号、鲁办发〔2016〕37号文件精神，继续坚持阅读文件、参观考察、走访慰问、通报情况等制度，从政治上关心尊重老干部。认真组织开展离退休党员干部参加“两学一做”学习教育，召开驻城

老干部半年、全年工作情况通报会，由县委县政府主要负责同志向离退休老干部通报情况，征求意见建议。主动邀请老干部参加全县重大活动，先后组织老干部参观了第四届菜博会和部分乡镇、开发区的重点建设项目。

【落实老干部生活待遇】 不断巩固和完善离休干部离休费发放、医药费保障和财政支持机制，确保离休费按时发放、医药费按规定报销。加大了向困难企业、困难单位的支持力度，妥善解决好困难企业和单位离休干部医疗统筹金缴纳、大额医药费报销等问题。认真做好了对离退休干部的走访慰问工作，先后协调卫生部门开展了糖尿病知识讲座、免费眼科疾病筛查和应急救护知识讲座，10月份组织全县离休干部进行了免费健康查体。对有特殊困难的离退休干部及遗属开展救助帮扶。坚持对老干部来信来访高度重视，按照文件、政策、规定和惯例千方百计帮助解决，做到有调查、有督促、有落实、有回音。

【离退休干部党组织建设】 建立健全县离退休干部党工委工作体制机制，对全县离退休干部党建工作进行宏观指导，引导离退休干部党组织规范化建设。离退休干部党工委优化职能，履职尽责，审批各支部的新建、调整等事宜，引导各单位合理设置党支部、选优配强党支部书记，建设了一批“五好”离退休干部党支部。严格按照规定完成了2016年离退休干部党支部党费收缴、补缴以及党费返还工作，监督各单位做好返还党费的使用和管理，为老干部订阅党报党刊。扎实推进网上离退休干部党组织平台建设及平台使用，发挥其引导作用，明确了离退休干部网上党建平台建设负责人和联络员，鼓励离退休干部党员在网上积极发声。

【老年文体工作】 建立了老干部社团“集约化管理、组团式发展”工作模式。依托老干部活动中心，集中为10家老干部社团免费提供办公和活动场所，实现了资源共享。持续加强对老年大学的基础设施建设，更新了一批教学电脑，新上投影仪、教学一体机等新设备。通过充实师资力量，创新教学方法，优化办学环境，加强规范管理，推动了教学工作的顺利开展，老年大学在推进全县广大老同志培养兴趣、丰富生活、陶冶情操、发挥余热方面发挥了重要作用。老年体育工作实现了新发展。成功举办了第21届老年人运动会和重阳节文体展演活动，参赛参演人数达2000余人。举办庆元旦、庆“七一”、庆国庆等文艺演出、比赛活动、书画摄影展等。积极发挥老年人文体活动骨干的示范、带头作用，通过举办培训班、外出学习参观、以会代训等多种形式，加大对老年人文体活动的培训力度。夕阳红艺术团先后赴乡镇社区和厂矿企业进行了演出，成功举办了庆祝建党95周年和庆祝重阳节等文艺汇演。2016年10月，夕阳红艺术团被省委老干部局评为山东省优秀老干部文艺团队。老干部文化养老示范点创建工作有了新突破。出台了《关于开展全县老干部文化养老示范点创建活动的实施方案》，使创建活动有章可循。

【关心下一代工作】 围绕党委政府中心工作，组织离退休干部发挥优势，贡献余热，组织了展示阳光心态、畅谈发展变化交流会，组织实施了“银龄关爱春风行动”。调整充实了兰陵县关心下一代工作委员会组成人员，进一步建立健全了各乡镇、县直各单位关心下一代工作委员会和“五老人员”。积极倡导老有所为，推进志愿服务行动，为和谐社会建设发挥老干部余热。坚持用社会主义核心价值体系引领青少年，弘扬主旋律，传播正能量。帮助青少年树立正确的世界观、人生观、价值观。2016年，县关工委经过仔细审核，认真筛选，资助贫困、特困青少年442名，帮助41名贫困大学新生圆了大学梦，资助金额达到200万余元，在社会上形成了帮助弱势群体的良好氛围。

【老干部工作部门自身建设】 围绕打造“忠诚敬业、真情服务、团结和谐、务实清廉”的老干部工作队伍的要求，建立每周一固定学习制度，端正工作态度，坚持用“六心”（爱心、热心、贴心、诚心、细心、耐心）开展工作，提高老干部工作者自身素质。积极开展“两学一做”学习教育，认真组织“结亲连心”、三问三清等活动。加强党风廉洁建设，认真学习《关于新形势下党内政治生活的若干准则》和《中国共产党党内监督条例》，加强廉洁自律意识，严守政治纪律和政治规矩。

撰　稿：刘宗清

信访工作

【机构设置】 兰陵县信访局（2014年1月前为苍山县信访局），全称为中共兰陵县委员会兰陵县人民政府信访局，至2016年底，有行政编制12个，事业编制5个，实有人员12人。内设机构：办公室、接访科、办信科、督查科、复查复核办公室。

【概述】 2016年，在县委、县政府的坚强领导下，县信访局坚持标本兼治、重在治本、面向基层、落实责任，进一步畅通信访渠道，规范信访行为，强化信访责任，推动法制信访，全县信访工作继续保持了健康可控的良好态势，没有发生有影响的信访突出问题，有力促进了社会和谐稳定。2016年5月，县委书记郑连胜被省信访局推荐参加中国政府网、新华网、国家信访局主办的“县委书记谈信访”专题访谈节目。2016年8月被市推荐为“全省信访工作先进集体”。2016年2月被市委、市政府授予“全市信访工作先进县区”。

【“县委书记谈信访”专题访谈】 2016年中国政府网、新华网、国家信访局网站联合推出“县委书记谈信访专题访谈”节目，5月13日，兰陵县委书记、县人大常委会主任郑连胜应邀参加访谈节目，就兰陵县信访工作的主要成效和经验做法与网友进行了面对面交流。

【县级领导公开接访】 坚持县级领导公开轮流接访、重点案件主动约访、包案督办制度。认真落实即时交办、领导包案、跟踪督办等工作环节，做到每案一档，案件化解情况十天一调度，一月一汇总，办理情况及时向县领导反馈，推动重点信访案件有效化解。

【深入开展基层基础建设年活动】 县级设立了信访事项听证员库，县人大代表、政协委员、律师参与信访听证工作；乡镇、街道全部建立了固定接待场所联合接访、领导班子成员轮流

2016年3月1日，县委书记郑连胜在县群众诉求接待中心接访

公开接访得到不断加强；乡镇、部门全部配齐了系统操作员，受理、办理、答复、送达、信息录入、督查督办等环节逐步规范，基本实现了信访事项在网上流转；国家、省、市信访局转交我县的纳入满意度评价的信访事项，全部落实了“五个面对面”工作法；加强了教育培训、业务培训工作，信访干部的业务能力和工作水平不断提升。

【强化信访积案化解】 国家信访局把信访积案化解作为“两学一做”学习教育的重要内容，深入开展了“信访积案集中攻坚突破化解活动”，我县按照国家、省、市信访局要求建立了信访积案定期排查、集中交办、重点督办、结案销号制度。对上级交办的信访积案，全部落实了县级领导包案进行督办，县级领导亲自约谈信访人、定期调度、指导制定化解方案，有效推进了案件化解。

督查考核

【概况】 县委县政府督查考核委员会及办公室于2012年4月份成立。2015年6月，县委按照市委、市政府关于构建大督查工作格局的部署，进一步整合督查力量，在县委县政府督查考核委员会基础上，成立县委督查落实委员会，县委督查落实委员会下设办公室，内设综合室、督查一室、督查二室、督查三室，三个督查室分工负责重要决策、重点工作督查及科学发展考核等工作，进一步建立健全了督查工作体制机制，为大督查工作的深入开展打下了坚实基础。

2016年，县督委办在县委、县政府的正确领导下，认真履行督查考核职责，紧紧围绕全县年度重点工作和目标任务、阶段性中心工作及县领导交办事项，不断完善工作机制，强化工作措施，创新工作手段，始终坚持真督查、实考评、严落实，以督促考、督考合一，扎实有效地推进了全县重点工作的落实，取得了较好的成绩。

【决策部署督查】 将市委市政府和县委县政府重要决策部署列为重要督查内容。2016年开展的重要决策部署督查主要包括大气污染防治、城乡水域环境综合整治、安全生产“大快严”整治行动、土地增减挂工作、沙场整治工作、违法占地信访件办理工作、县级领导对乡镇环保突出问题治理工作指导情况、中央八项规定贯彻落实情况、部分重点项目、扶贫攻坚、惠民水站建设、重点民生事项进展情况、道路硬化及改厕工作、大吴宅汉墓群保护开发项目、县域经济对标赶超情况和县里确定的“三引一促”、总部经济、农业转移人口市民化、在外成功人士回乡创业四项重点工作等内容。督查过程中，及时将工作开展情况以《督查专报》形式向县委县政府汇报，为领导决策部署提供有力参考。

【重点工作督查】 将市委下达的督查任务和县委县政府安排的具体工作纳入重点工作督查。2016年开展主要开展了企业“二次创业”、综治“雪亮工程”、县定24个交通城建项目、国家卫生县城创建、“两学一做”学习教育、秸秆禁烧、农村产权制度改革、征兵工作、水污染治理、“12345”市民服务热线办理、违法占地、市县转方式调结构交流拟观摩项目等重点工作项目。按照领导指示，定期以《督查通报》的形式对工作推进情况进行排名通报，传导工作压力，推广典型经验。

【科学发展考核】 全市科学发展考核提升指标的提报、考核指标责任分解、预警调度推进和结果分析工作；同时，承担全市科学发展转方式调结构现场交流拟观摩项目及路线初选、项目简介整理报送、项目点及路域环境的推进督查。全县科学发展考核方面，负责全县科学发展考核办法的起草制定、组织实施以及表彰奖项的评定；承担全县科学发展转方式调结构现场交流拟观摩点和路线的选定以及相关筹备工作。2016年，根据《2016年全市科学发展考核办法》，下发通知要求相关部门、单位提报全市科学发展考核提升指标，并对考核指标进行责任分解，完成了预警调度推进和结果分析工作，并按照立足实际、删繁就简的原则，起草制定了制定出台了《兰陵县2016年度县直部门单位考核办法》和《兰陵县2016年度乡镇科学发展综合考核办法》。

【督查件办理】 督委办成立后，县委督查件办理工作已转交县督委办。主要包括市委市政府领导批办件和县委、县政府主要领导的批示批办件。在前几年工作基础上，进一步完善机制，明确责任，从办理程序、办理要求、落实责任三个方面进行了提升，坚持第一时间接收、转办、催办、反馈、上报，确保了领导批办工作按期落实。对承接的县委领导批示批办文件、群众来信等进行整理归档、按时按程序规范转办，确保县委领导批示批办件及时转接落实。

【汇报通报】 督查过程中，及时将工作开展情况以《督查专报》形式向县委县政府汇报，为领导决策部署提供有力参考；按照领导指示，定期以《督查通报》的形式对工作推进情况进行排名通报，传导工作压力，推广典型经验。2016年针对“三引一促”、总部经济、在外成功人士回乡创业、农业转移人口市民化、大气污染防治、安全生产、23个城建交通项目等工作，上报《督查专报》201期、印发《督查通报》24期，有效推动了工作的落实。

【乡镇月工作报告】 每年初，根据县委县政府决策部署，确定需报告的重点工作事项，并进行动态调整，每月5日前调度汇总各乡镇重点工作开展情况，报县委、县政府主要领导批阅，待领导就各乡镇工作情况作出批示后，于10日前将《各乡镇月工作报告》印发各乡镇，报县各大班子全体领导，并对领导批示指示进行跟踪督办。2016年全年印发《全县各乡镇（街道、开发区）月工作报告》12期。

【“两学一做”学习教育】 根据县委要求，结合实际，组织全体干部党员开展系列学习教育活动，进一步引导干部党员为党和人民的事业继续增添正能量，为督查考核工作继续作出新贡献。扎实开展“学党章党规、学系列讲话，做合格党员”学习教育将每月第2、第4个周五确定为固定学习日。在学习过程中动员号召党员干部学党章，争做理想信念坚定的表率；学党规党纪，争做遵规守纪的表率；学系列讲话，争做拥护改革发展的表率；学先进楷模，争做增添正能量的表率。学习教育与做好督查工作讨论相结合，进一步提高了思想境界和业务能力。按照市、县统一部署，完成了贫困户走访和“结亲连心”入户走访工作，并实事求是完善了相关信息平台内容，进一步增强了与群众的联系。

兰陵县人民代表大会常务委员会

【县人民代表大会】 十六届五次会议　兰陵县第十六届人民代表大会第五次会议，于2016年3月12日至14日（农历二月初四至初六）在县城召开，会期三天，出席会议代表327名。会议听取审议了县长薛峰作的《政府工作报告》、县人大常委会副主任刘茜堂作的《兰陵县人大常委会工作报告》、县人民法院院长陈思贤作的《县人民法院工作报告》、县人民检察院检察长孙德茜作的《县人民检察院工作报告》；审议县发展和改革局提交的《关于兰陵县2015年国民经济和社会发展计划执行情况与2016年计划草案的报告》、县财政局提交的《关于兰陵县2015年预算执行情况和2016年预算草案的报告》，并分别作出决议。会议同意杨位臣、赵仁乐辞去县十六届人大常委会委员职务。

【县人大常委会会议】 十六届人大常委会第二十五次会议　2016年1月11日，县十六届人大常委会第二十五次会议在县行政办公中心召开。县人大常委会党组书记、第一副主任刘茜堂，副主任李玲、李玉廷、杨振广、张林及委员共23人出席了会议。李玉廷主持会议。会议听取了县政府关于申请调整2015年财政收入预算及追加财政支出预算的报告，审议通过了县人大常委会关于实施宪法宣誓制度暂行办法；投票补选王精华、柴鸥林、贾华为临沂市第十八届人民代表大会代表；接受王纪起辞去临沂市第十八届人民代表大会代表职务。县政府副县长高思圣，县法院院长陈思贤，县政府办公室、县财政局、县人大常委会各委室负责人列席了会议。

十六届人大常委会第二十六次会议　2016年3月4日，县十六届人大常委会第二十六次会议在县行政办公中心召开。县人大常委会党组书记、第一副主任刘茜堂，副主任李玲、李玉廷、杨振广及委员共21人出席了会议。杨振广主持会议。会议审议通过了兰陵县“多规合一”规划（2015—2030）、听取了县人民代表大会常委会委员会工作报告草稿；研究确定了县十六届人民代表大会第五次会议召开时间；通过了县十六届人民代表大会第五次会议建议议程，主席团成员及秘书长建议名单，列席人员范围，议案及预算审查委员会组成人员建议名单；表决通过了部分代表的辞职报告以及代表资格审查委员会关于补选代表和出席县十六届人大五次会议代表资格的审查报告；依法对县人大常委会、县人民政府、县人民法院部分工作人员进行了任免；被任命人员向宪法进行了宣誓。县政府副县长杨金童，县法院院长陈思贤，县检察院检察长孙德茜，县政府办公室、县规划局和县人大常委会各委室负责人，卞庄街道、金岭镇、大仲村镇人大负责同志，部分提请任命人员及人大代表列席会议。

十六届人大常委会第二十七次会议　2016年5月31日，县十六届人大常委会第二十七次会议在县行政办公中心召开。县人大常委会副主任李玲、李玉廷、杨振广、张林及委员共29人出席了会议。张林主持会议。会议审查批准了兰陵县2016年县级财政预算编制情况、兰陵县城市总体规划（2015—2030）；听取了县政府关于全县社区矫正工作情况的报告；审议通过了县人大常委会关于行政审判工作、全县财源建设工作情况的调研报告以及我县贯彻《中华人民共和国消费者权益保护法》情况的执法检查报告；接受了个别代表的辞职请求；依法对县检察院部分工作人员进行了任免。被任命人员向宪法进行了宣誓。县政府副县长高思圣，县法院院长陈思贤，县检察院、县政府办公室、县财政局、县规划局、县司法局和县人大常委会各委室负责人，矿坑镇、车辋镇、下村乡人大主席，部分提请任命人员及人大代表列席会议。

十六届人大常委会第二十八次会议 2016年6月8日，县十六届人大常委会第二十八次会议在县行政办公中心召开。县人大常委会党组书记、第一副主任刘茜堂，副主任李玲、李玉廷、杨振广、张林及委员共25人出席了会议。刘茜堂主持会议。会议通过投票表决，决定免去刘斐、米兴法的县人民政府副县长职务；任命李剑为县人民政府副县长，并进行了宪法宣誓。县政府副县长杨金童，县法院院长陈思贤，县检察院、县政府办公室、县人大常委会各委室负责人列席会议。

十六届人大常委会第二十九次会议 2016年6月30日，县十六届人大常委会第二十九次会议在县行政办公中心召开。县人大常委会党组书记、第一副主任刘茜堂，副主任李玲、李玉廷、杨振广、张林及委员共24人出席了会议。刘茜堂主持会议。会议审查批准了县政府关于将会宝岭水库家属院片区改造等六个项目列入兰陵县2016年国民经济和社会发展计划的报告；听取了全县食品安全监管、交通道路基础设施建设和管理两个工作报告；审议通过了县人大常委会关于全县生态文明乡村建设工作情况的调研报告；同意王剑峰辞去兰陵县人民政府副县长职务，任命周东峰、刘志军为兰陵县人民政府副县长、宋思伟为兰陵县人民法院副院长、代院长。县政府副县长杨金童，县法院、县检察院、县政府办公室、县住建局、县食药监局、县交通运输局、县人大常委会各委室负责人列席会议。

十六届人大常委会第三十次会议 2016年8月15日，县十六届人大常委会第三十次会议在县行政办公中心召开。县人大常委会党组书记、第一副主任刘茜堂，副主任李玲、李玉廷、张林及委员共27人出席了会议。刘茜堂主持会议。会议听取审议了县政府关于2015年财政决算和2016年上半年财政预算执行情况、国民经济和社会发展计划执行情况、2015年度县级财政预算执行和其他财政收支审计情况等三个报告；同意彭家余提出辞去兰陵县第十六届人大代表职务；依法对县人大常委会、县政府、县法院部分工作人员及人民陪审员进行了任免。县政府副县长杨金童，县法院、县检察院、县政府办公室、县发改局、县财政局、县审计局、县人大常委会各委室负责人及鲁城镇、尚岩镇、向城镇人大主席、部分人大代表及提请拟任命人员列席会议。

十六届人大常委会第三十一次会议 2016年9月12日，县十六届人大常委会第三十一次会议在县行政办公中心召开。县人大常委会党组书记、第一副主任刘茜堂，副主任李玲、李玉廷、杨振广、张林及委员共26人出席会议。刘茜堂主持会议。会议许可县检察院依法对县十六届人大代表王某采取强制措施。县法院、县检察院、县政府办公室、县人大常委会各委室负责人列席会议。

十六届人大常委会第三十二次会议 2016年11月5日上午，县十六届人大常委会第三十二次会议在县行政大楼九楼人大会议室召开。县委书记、县人大常委会主任郑连胜，县人大常委会第一副主任、党组书记刘茜堂，副主任李玲、李玉廷、张林，县人大常委会委员共29人出席会议。刘茜堂主持会议。会议传达了全市人大换届选举工作会议精神；通过了县人大常委会关于2016年县、乡（镇）人民代表大会换届选举实施方案；任命了县、乡（镇）选举委员会及乡镇、街道、开发区、县直机关换届选举指导组成员，对县第十七届人大代表、乡镇代表名额进行了分配，确定了县、乡（镇）人大换届选举时间；听取了县政府关于县十六届人大五次会议代表所提议案建议办理情况的报告；同意孙宝华辞去兰陵县第十六届人大代表职务；依法对县人大常委会、县检察院部分工作人员进行了任命。副县长周东峰，县检察院检察长孙德茜，县法院、县政府办公室、县人大常委会各委室负责人及各乡镇人大主席列席了会议。

十六届人大常委会第三十三次会议 2016年12月13日上午，兰陵县十六届人大常委会第三十三次会议在县行政中心九楼人大会议室召开。县委书记、县人大常委会主任郑连胜，县人大常委会党组书记、第一副主任刘茜堂，副主任李玉廷、杨振广及县人大常委会委员出席会议。郑连胜主持会议。会议听取审议了县政府关于2016年兰陵县地方政府债务限额及县级预算调整方案、全县重点项目建设及扶贫工作情况三个报告，并分别作出决定和审议意见；会议同意薛峰同志辞去兰陵县人民政府县长职务；表决任命孙伟为兰陵县人民政府副县长、代理县长。郑连胜为孙伟颁发任命书。副县长刘志军，县法院院长宋思伟，县检察院检察长孙德茜，县政府办公室、财政局、发改局、扶贫办及县人大常委会各委室负责人列席了会议。

兰陵县人民政府

兰陵县人民政府办公室

【概况】 2016年，县政府办公室在县委、县政府的正确领导下，主动顺应经济发展新常态，按照“细快严实”要求，围绕中心，服务大局，履职尽职，奋勇争先，较好地完成了各项工作任务，有效保障了县政府各项工作的高效运转以及各项决策部署的贯彻落实。

【综合协调】 坚持高标准、高质量，周密安排、认真协调，规范高效完成办文办会等各项工作。一是会务组织严谨周密。进一步规范会务工作流程，切实改进会风，提高会议质量和效率。坚持细致办会，做到会前缜密筹备、会中注重细节、会后认真总结。认真按照精文减会的要求，进一步规范政府性工作会议审批程序，对部门提请召开的会议严格把关，对没有实质内容的会议、可开可不开的会果断提出意见建议，坚决不开；能合并开的会，当即与相关方面加强协调，争取一并召开。全年承办县政府重要会议19次，县政府常务会12次，圆满完成郭树清省长等领导视察调研、全市县域经济科学发展观摩考核等重要活动的筹办任务。二是公文运转规范高效。严格按公文处理有关规定，公文统一签收登记、及时交办，认真做好公文起草、审核、签发等工作，严把公文政策关、格式关、法律关和文字关，并做到急文急办、急件急送，确保公文高效运转，力求做到“办文零差错”。全年共办理各级来文1596件，以县政府和县政府办公室名义印发的各类公文286件。三是政务公开不断加强。投资60余万元，对政府门户网站及机房进行改建升级，重新设计县政府网站，将具备条件的单位全部纳入临沂协同办公系统专网发文范围，充分发挥门户网站主渠道作用，将县委、县政府的重大决策、重点工作、重要事项及时向社会各界公开，促进行政权力公开透明运行，全年县政府信息公开网站主动公开政府信息12561条。

【信息工作】 一是综合文稿精益求精。对领导讲话、会后报道等各种材料都做到严谨细致，特别是在综合文稿起草上，努力吃透上级精神，体现领导意图，反复琢磨观点，精心锤炼文字，反映基层实际。全年共拟写政府工作报告、全县“三引一促”动员会议讲话、关于“学滕州赶邳州”实施对标赶超促进县域经济科学跨越发展的意见等领导讲话、工作汇报、典型发言、政府文件等综合材料300多篇，得到了领导和乡镇部门的肯定和好评。二是信息工作得到提升。成功承办全省政务信息联系县第26届网络年会，邀请专家对全县信息人员进行了业务培训，提高了信息报送水平；及时对我县发展社会经济的新做法、新亮点进行总结、提升和宣传，做好信息整理上报工作；全年共编发《政务信息》37期；上报信息1023篇，被市级以上采用127篇，获国务院、省、市领导批示7篇。

【调研工作】 围绕全县总体工作部署和重点工作，确立调研课题，成立调研组深入乡镇、企业、群众开展专题调研，积极提出一些建设性的意见建议，为县政府领导提供决策依据。全年共在市级以上主流刊物发表典型文章22篇，居全市前列。其中国家级1篇、省级3篇；1篇调研成果荣获全省政府系统优秀调研成果三等奖。2篇调研成果分获全市政府系统优秀调研成果一等奖、三等奖，获奖数量、等级均居全市第1位。

【督查工作】 围绕县委、县政府重点工作和重大决策部署，围绕群众关注的热点难点问题，加大督查力度，努力形成办公室“围绕中心、整体联动、政令畅通”的良好局面。一是政务督查求实效。将《政府工作报告》目标任务完成情况、县政府为民办实事项目实施情况及全县重大决策部署、重点工作、重点项目以及领导交办等重点督办事项，进行专项督查，特别是提高督查的执行力和约束力，力求让被督查对象没面子、不舒服、不自在，力求在督查中发现问题、分析问题、反馈问题和解决问题，全年编发《兰陵政务督查》5期。二是两案办理高标准。今年共组织办理人大代表建议74件，政协提案132件，全部按时办结，满意和基本满意率达100%。同时，认真做好县政府领导批示件的转办督办工作，处理领导批示件1124件，办理结果均及时反馈县领导。

（县政府办公室供稿）

行政审批

兰陵县政务服务中心管理办公室为正科级行政机构，行政编制8名，内部设立综合科、考核督查科（审批与公共服务科与其合署）。主要负责制定和实施政务服务中心各项管理制度并进行监督检查；对纳入政务服务中心管理的行政审批和公共服务事项的办理进行组织协调、监督管理和指导服务；对公共资源交易、农村产权活动进行指导、协调、监督和管理等工作。县公共资源交易中心挂县政务服务中心、县农村产权交易中心牌子，为副科级事业单位，隶属县政务服务中心管理办公室管理，内部设立协调督办科、工程交易科（政府采购科与其合署）、产权交易科、信息科技科。

2016年度，兰陵县政务服务中心深入贯彻各级关于深化行政审批改革、优化政务服务的决策部署，努力推进行政审批改革、政府职能转变，将简政放权、放管结合、优化服务落到实处，推动政务服务工作取得新的进步。2016年度，县政务服务中心累计办理各类行政审批、非税收入事项16.49万件次，累计规范完成各种费（税）12.56亿元，接受群众咨询10.42万余次；各乡镇便民服务中心累计办理便民服务事项63.98万件；完成党政机关公车改革取消车辆拍卖、政府办公用房租赁权拍卖等产权交易项目11项，总成交金额1134.7万元；完成公共资源交易项目454项，总预算金额17.75亿元，总成交金额16.95亿元，节支率4.5%；建成并运行兰陵县网上政务服务平台，共办结网上审批服务事项521件。

撰　稿：张　涛

（县政务大厅供稿）

招商引资

【概况】 2016年，兰陵县招商局紧紧围绕县委、县政府的总体部署，继续突出招商引资的经济工作生命线地位，不断加大工作力度，全县招商引资工作保持了良好发展态势，成功引进实施了一大批重点项目，为实现兰陵县域经济跨越发展奠定了坚实基础。

【招商引资情况】 新上项目多，到位资金增幅大。全年全县招商引资实际到位市外资金 101.6 亿元，按照可比口径，同比增长 88.9%。全年全县共实施固定资产投资过三千万的实体经济项目 60 个，其中新开工项目 48 个，实体经济项目本年累计实际到位资金 71.2 亿元，占引资金总额的 70.8%；向上争取无偿资金和政策性资金 15.2 亿元，占 17.9%；各类融资认定招商引资到位资金 11.9 亿元，占 11.3%。

招大引强成效好，重点项目进展快。2016 年全县新上过 5 亿元项目 5 个，全县在建的固定资产投资 5 亿元以上的项目共 15 个。其中总投资 60 亿元的济钢集团球墨铸管项目、总投资 10 亿元的盈熙食品药品产业园项目、总投资 10 亿元的诺干现代牧业项目、总投资 5.2 亿元的天勤物流综合调度中心及加工车间建设项目、总投资 5 亿元的兰亭石保温装饰一体化板项目等重点项目项目进展迅速，效果良好，部分项目已基本建成并投入试运营，成为兰陵县域经济的新增长点。

后续项目储备多，发展后劲足。总投资 60 亿元的碧湖乐育小镇建设项目、总投资 23 亿元的山东庄恽再生资源产业园项目、总投资 9.2 亿元的兰陵县人民医院东医疗区建设项目、总投资 5 亿元的济钢物流园项目、投资 2.8 亿元的泷泽山水国防教育培训基地项目、投资 2 亿元的青佳尼服装加工项目等 20 多个过亿元重点项目与我县签定了合作协议，呈现出重点项目数量多、投资潜力大、发展后劲足的良好态势。

【重要招商活动】 2016 年 4 月 12 日，举办了第四届中国兰陵蔬菜博览会三引一促推介会，会上共邀请了美国、韩国、新加坡、马来西亚等国家和国内长三角、珠三角、京津冀、胶东半岛等国家和地区的 316 名嘉宾和客商，会上与会嘉宾共同观看了《兰香东方圆梦兰陵》招商引资宣传片、见证和参与了项目签约活动。推介会共签约项目 40 个，计划总投资 101.2 亿元，项目涉及矿产资源深加工、新型建材、农副产品加工、医药化工、文化旅游、新能源开发等多个领域，充分体现了兰陵的资源优势、产业重点和发展方向。

在第四届中国兰陵蔬菜博览会三引一促推介会上，与会部分嘉宾现场签约

4 月 13 日，举办了看变化、叙乡情、谋发展 100 名兰陵籍在外成功人士家乡行活动，活动共邀请了 127 名兰陵籍在外成功人士杰出代表。活动中，老乡们先后参观考察了千人计划创业园、城市建设以及实施的重点项目、总部企业等。座谈会上县委书记郑连胜详细介绍兰陵经济社会发展情况，对兰陵籍在外成功人士取得的成就表示祝贺，同时期望他们回乡投资回报家乡。与会的兰陵籍在外成功人士纷纷感叹家乡近年来发展变化之巨大，表示要积极回乡投资兴业回报家乡。

5 月 27 日，山钢集团济钢铸管公司搬迁项目开工暨山东国铭球墨铸管科技有限公司揭牌仪式在临沂市兰陵县矿业循环经济产业园隆重举行，标志着山钢集团济钢铸管搬迁项目转入

山钢集团济钢铸管公司搬迁项目开工暨山东国铭球墨铸管科技有限公司揭牌仪式

全面施工阶段，工程建设进入快车道。中国铸造协会执行副会长兼秘书长温平，山钢集团董事长、党委书记侯军，市委书记、市人大常委会主任林峰海，济钢集团董事长、党委书记、总经理张俊芳，市委常委、副市长高波，县领导郑连胜、薛峰等出席仪式。

7月份至9月份，组织参加了山东临沂（北京）招商引资洽谈会、山东临沂（上海）招商引资洽谈会、商博会招商引资洽谈会等展会活动，县委书记郑连胜、县长薛峰先后带队参会，会上共邀请重要嘉宾客商31人，上台签约项目6个。

促成了兰陵县与美国克利尔菲尔德郡建立友好城市关系，2016年4月12日，兰陵县与美国克利尔菲尔德郡缔结友好城市签约仪式在兰陵大酒店隆重举行，美国宾夕法尼亚州克利尔费尔德郡议会主席、行政长官约翰索贝尔先生、克利尔费尔德郡行政长官安东尼奥斯科特先生以及能源与商业发展部主席大卫舒尔茨先生、能源与商业发展部首席执行官罗伯特斯韦尔斯先生等一行出席了签约仪式。薛峰县长与索贝尔主席签订合作框架协议，索贝尔主席在致辞中对兰陵经济社会发展成就给予了高度评价，并对与兰陵的更深层次的合作充满信心。

积极走出去，重点做好亲情招商、网上招商，推进委托招商、代理招商，继续聘请有实力、有人脉、有影响的知名人士担任兰陵县招商引资顾问，将兰陵对外推介项目通过互联网优势及时对外发布，通过与网上招商平台的合作，着力扩大兰陵对外招商的渠道，切实提高招商工作的实效性。2016年9月启动实施了兰陵籍在外成功人士集中拜访活动，县级领导亲自带队，各有关单位主要负责同志主动靠上，带项目、有目的上门拜访，洽谈项目，取得了显著成效，拜访人数达到200余人次，活动中44个项目正式签约或达成合作意向。

史志工作

2016年，兰陵县史志办领导班子在县委、县政府的正确领导和省、市史志部门的业务指导下，进一步统一思想、集中精力、凝聚智慧，以服务兰陵县发展为宗旨，以正史编纂为抓手，紧扣史志“存史、资政、育人”功能，志书编修、年鉴编纂、方志馆建设、宣传资政、队伍建设等各项工作发展态势良好。2016年度出版的《兰陵年鉴》在山东省优秀年鉴评比中获“特等奖”。

【《苍山县志》编修】《苍山县志》自2011年启动以来，历经5年多的时间，已经完成编修工作。2016年上半年，在县志稿多次修改的基础上，再次进行精修细改，仔细打磨，对资料不完善的部分作进一步补充，纠正了部分不准确甚至是错讹之处，补充了部分欠缺的资料。4月份，形成评审稿，并被省史志办确定为年度两部省级重点志书之一。

6月13—14日，召开了有省级专家委员会成员参加的《苍山县志》评审会。会上，与会领导和专家对《苍山县志》给予了高度的评价，他们认为，《苍山县志》总体质量好，观点正确，体例严谨，内容全面，是一部基础较好的志稿。省史志系统修志业务专家组成员在肯定《苍山县志》编纂成绩的同时，对篇目调整、资料补充、内容修改等方面提出修改意见和建议。下半年，史志办总结整理专家组成员的意见建议，又一次对县志稿进行了精修。经市史志办审查同意后，于2016年10月志书已经出版。

【年鉴编纂】 2016年4月21日，中共兰陵县委办公室、兰陵县人民政府办公室联合下发了关于印发《〈兰陵年鉴2016〉组稿方案》的通知，新一期兰陵年鉴正式启动。经过稿件征集、编纂、修改完善之后，2016年11月，《兰陵年鉴2016》已经出版发行。

《兰陵年鉴2016》的编纂工作在上一年度的基础上，认真总结经验，在版面设计、内容上进行改革创新，突出及时服务于经济发展需要和地方特色的特点，努力向精品年鉴迈进，取得了一定的成绩。该年鉴在全省优秀年鉴评比中被省地方史志编纂委员会评为“特等奖”。

【基层志指导】 2016年5月，利用市史志办组织培训的机会，组织神山镇东南村村志编修人员参加培训，提升编修人员的业务素质，为该村村志的编修提供帮助；继续做好下村乡埠阳村志、长城镇二庙小学校志编写的指导工作。

【组稿供稿】 在做好县志修编工作的同时，高度重视省市史志办下发的志书年鉴组稿方案，积极为《山东年鉴》和《临沂年鉴》供稿，全面系统地反映兰陵经济社会各项事业发展变化。

机关事务

【机构设置】 兰陵县机关事务管理局，为正科级事业单位，2006年2月成立，由县委办公室、县政府办公室管理，以县政府办公室管理为主。2015年4月经兰陵县机构编制委员会批准更名为兰陵县机关事务管理局，执行机关制度规定，经费实行全额预算管理。2016年10月经兰陵县机构编制委员会批准增加人员编制至16名，下设办公室、保卫科、物业管理科、公共机构节能管理科、资产管理科、公务用车管理科等6个科室。

【安全保卫工作】 机关事务管理局上下牢固树立安全意识，杜绝麻痹思想，始终贯彻以防为主、防治结合的工作原则，确保行政办公中心安全有序的工作环境。制定了行政办公中心反恐应急预案，进一步规范通报程序，加强反恐应变能力；为保安队员统一配备了警棍、抓捕器、对讲机、强光手电等警用器械，并组织人员开展技能训练，增强队员安全防范能力；坚持夜间值班制度和查岗制度，认真排查不安全因素，在巡逻中发现问题及时上报，果断处置，把一切不安全因素控制在萌芽状态；积极配合信访部门疏导来访群众，确保接待有序，12月份，及时制止了一起因上访引起的跳楼事件，避免了安全事故的发生。

【水、电、暖保障工作】 机关事务管理局充分发挥后勤服务保障部门的职能，进一步规范行政办公大楼及配套设施的管理和保养维护。定期对空调、电梯及消防设施设备进行保养和维护，确保正常平稳运行；对行政办公中心水、电、暖线路加强巡查力度，并组织物业公司进行集中排查，发现问题及时修复；严格执行水、电、工24小时值班制度，对各单位反应的维修事项，做到随报随修，从不推拖，确保维修效果。

【会议服务工作】 机关事务管理局不断加强管理，积极提升会议服务水平。就“会前准备、会中服务、会场卫生、音控服务”等制定统一的流程和标准，要求每位服务人员必须熟练掌握，并将会议流程的每个步骤都落实到位，高标准，严要求，不断提高会议服务的效果和质量；对会议服务人员进行了系统的培训，提升会议服务工作水平；对音响及配套设备进行了检修维护和更换，以保持良好的会议效果和避免突发故障的发生。

【绿化美化工作】 机关事务管理局对机关大院园林绿化工作进行了提升，完善了绿化管理制度，提高绿化管理水平。组织职工对部分海棠等绿化苗木进行了移栽，优化布局；对楼前广场部分草坪进行了更换，并重新更换节水型灌溉设备，既节约水资源又达到更好的浇灌效果；对东侧池塘供水管道进行改造，安装喷水设备，改善水质；对东西两侧假山进行整理，铺设台阶，为干部职工休闲提供方便；同时不断加强机关大院和办公大楼的环境保洁工作，并在每个楼层安装了擦手纸盒、皂液器；对办公楼走道及楼梯间进行粉刷，对六、七楼楼顶进行更换，并安装LED照明灯具，达到节能高效的目的。

【餐厅管理工作】 机关事务管理局集中人力、物力、精力进一步规范县政府机关餐厅的管理工作。一是完善就餐制度，严格管理，提升机关餐厅的服务水平，切实保障机关大院广大干部职工的就餐要求。二是实行轮流值班制度，全局干部职工轮流到餐厅值班，靠上管理，发现问题，及时处理。三是根据餐厅岗位职责和检查考核方案，加强对餐厅从业人员的管理。我局组织人员定期不定期对餐厅工作进行检查考核，月底汇总，汇总结果与工资挂钩，确保餐厅工作规范、有序。四是严把食品安全关，规范食品进货、制作、出售各个环节，确保食品质量和安全。五是加强市场调研，成立市场调研小组，随时掌握市场动向，在保证菜品质量的前提下，尽量降低成本，避免浪费。

【公共机构节能工作】 机关事务管理局认真做好公共机构节能宣传工作，利用电子屏、电视、宣传栏、标语等多种形式搞好宣传，在节能宣传周活动期间，在行政办公中心和塔山广场设立宣传站，发放宣传材料3000余份，接受群众咨询500余人次；开展能源紧缺体验日活动，行政办公中心空调停开1天、电梯停开1部；与行政办公中心设立了公共自行车站点，投放公共自行车20余辆，呼吁广大干部职工带头践行“135”出行方式；建立健全节能联络员制度，不断完善人员和机构，抓好公共机构能源资源消耗统计数据网上上报工作，积极做好新系统的启用和培训工作；积极推进节能技术改造项目落实和新能源产品推广利用工作， 2016年10月协同县公安局建成了兰陵县反恐大楼公共建筑节能监测系统项目；在行政办公中心院内更换节能灯具，调整大院内路灯开关时间，办公大楼亮化灯具改为仅亮轮廓灯，每天减少空调开放时间，节约用电3万余度，为行政办公大楼更换感应水嘴，绿化灌溉喷头更换为节水型喷头，每年节约用水近5000方。

【办公用房管理工作】 建立办公用房管理使用台账，安排专人管理，根据各单位机构、人员变动情况，及时更新台账；调剂使用腾退办公用房面积4555.94平方米，确保了腾退办公用房切实发挥作用；加强对县直各部门单位办公用房的监督检查，确保我县办公用房使用符合标准。通过跟踪督查、现场指导等多种方式，加强对县直各部门单位办公用房的监督检查，确保我县办公用房使用符合标准。2016 年 8 月份，两办组织牵头，抽调财政、审计、事管等部门共 14 名业务骨干，分 3 个督查组，对全县 18 个乡镇、开发区和 103 个县直部门单位贯彻落实中央八项规定精神情况开展实地督查，随机抽查测量 363 间办公室，查看各单位办公用房台帐，确保领导干部办公用房及单位办公用房面积不超标准，使严格办公用房使用管理成为常态。

【公务用车管理工作】 机关事务管理局积极做好公务用车制度改革工作，认真履行领导小组成员单位职责，参与制定了《兰陵县公务用车制度改革实施方案》。严格履行程序，顺利完成全县公车封存及车辆评估、处置、租赁公司的招标；将全县保留的 104 辆机要通信和应急用车进行统一分配；创新公务出行保障方式，临时开通兰陵县政府至临沂市政府公务班车，保障和方便公务出行；对取消车辆实施公开拍卖，先后组织网络公开拍卖会 6 场，385 辆车已经全部拍卖，总成交额为 933.69 万元。

爱国卫生工作

【概况】 县爱国卫生运动委员会办公室（下称县爱卫办）成立于 1995 年 6 月，系县政府直属正科级事业单位。主要负责全县环境卫生综合治理、卫生创建、农村改厕、健康教育、病媒生物防治等工作。编制 7 人，实有 9 人，其中大学学历 3 人。内设综合科、业务科两个职能科室，负责协调、组织和督导全县爱国卫生工作。

【国家卫生县城创建】 2016 年，在县委、县政府正确领导下，继续深入推进国家卫生县城创建工作，集中开展了环境卫生整治、野广告整治、旱厕整治、农贸市场整治、居民小区整治、五小场所整治、城中村（城乡结合部）整治、城区秩序整治、水体整治、建筑工地整治和城区道路、环卫设施等硬件建设各项工作，取得了显著成效。2016 年 3 月 25 日，通过省级“灭鼠灭蝇灭蟑控蚊”先进县考核；6 月 20—21 日，通过省级暗访检查；8 月 31 日 -9 月 1 日，通过省级技术评估工作；10 月 10 日—23 日，在山东省卫计委网站和兰陵县主流媒体进行社会公示；10 月 31 日，省爱卫会上报全国爱卫会，等待命名。

【创卫宣传和健康教育】 新建健康步道 3 条、健康一条街 3 条、健康主体公园 1 处；创建创卫信息网，并通过报纸、电视、网络、微信、手机客户端、电子显示屏等宣传媒介，积极搭建宣传平台，对全县群众开展了密集宣传，确保创卫和健康知识家家知晓，全县群众健康知识知晓率和健康行为形成率大幅提升，形成人人知晓、人人参与的社会氛围。

【卫生先进单位、村居创建和复审】 2016 年，全县上报 1 个省级卫生先进单位，2013 年创建的 4 个省级卫生先进单位、2 个市级卫生村，13 个市级卫生先进单位需要复审。县爱卫会组织专家深入现场逐一进行指导和督促，2016 年 12 月，上述各单位全部通过验收。

撰稿：赵辉　审稿：马会东

中国人民政治协商会议兰陵县委员会

【提案工作】 兰陵县政协九届五次会议以来，共征集提案154件，其中平时提案27件，占总提案量的17.5%，提案征集进一步实现了常态化。为进一步提高提案办理实效，兰陵县政协下发了《关于报送重点提案办理情况的通知》，要求各承办单位结合自身实际，研究确定1～2件经过努力切实能够办好的提案，作为本单位2016年度重点提案进行重点办理，确保办理情况达到委员认可、群众满意的效果。为了提高委员撰写提案的能力，采取印发学习资料、集中培训和界别委员小组学习等方式，对委员进行教育培训，提案质量得到明显提高。

【协商议政工作】 围绕县委重大决策部署，协商议政抓主业。各级政协组织和广大政协委员发挥专门协商机构的优势，紧紧围绕“十三五”规划实施和县委的重大决策部署，深入开展协商议政、咨政建言活动。一是精准选题，明确协商议政的重点。坚持“有所为有所不为”，选准着力点、找准切入点，围绕事关民生大计、群众关心关注、政协力所能及的课题，组织开展协商。重点围绕弘扬优秀传统文化、环境保护和资源节约、城市建设、“精准扶贫”、农田水利基本建设、中小学教育、医疗体制改革、总部经济、文旅结合融合、群众精神文化生活等，深入群众、深入调查、深入研究，力求总结成绩、发现问题、提出务实管用的意见和建议。二是多管齐下，丰富协商议政的形式。要综合运用提案、调研、视察、民主监督等多种协商议政形式，组织开展协商民主实践。提案办理协商，继续坚持“365工作法”，引导组织委员多写提案、多写精品提案，特别是要发挥界别的专业优势，多提专业性提案，说专业话，参政参到点子上。持续组织开展提案督办，让委员看到实实在在的参政议政成果。调研协商，主要针对具有一定政策前沿性、探求性的问题，由县政协专委会组织力量，开展专题调研，多建睿智之言、多献务实之策，加强协商论证。视察协商，主要针对重点工作、重要部署开展视察，宣传褒扬先进、督促鞭策后进，多出推动之力。三是完善制度，推动协商结果的运用。要建立完善协商成果的报送、转化、跟踪制度，通过“回头看”、新闻报道、民主监督等形式，组织委员对协商成果的运用情况进行督查，落实政协组织和委员的“话语权”。

【自身建设】 以习近平总书记系列重要讲话精神为指导，统一思想凝聚共识。统一思想、凝聚共识，需要科学理论的旗帜引领。党的十八大以来，以习近平同志为总书记的党中央形成一系列治国理政新理念新思想新战略，为在新的历史条件下深化改革开放、加快推进社会主义现代化建设提供了科学理论指导和行动指南。习近平总书记对人民政协工作高度重视，多次发表重要讲话、作出重要指示，为人民政协事业发展指明了前进方向、提供了根本遵循。要利用以会促学、集中学习、日常自学、线上学习等多种形式、多种载体，学习习近平总书记系列重要讲话精神，深刻领会“四个全面”战略布局和“五大发展理念”；学习《中国共产党廉洁自律准则》《中国共产党纪律处分条例》，做到明《准则》、知《条例》；加强爱国主义、科技文化、法律经济和政协业务等内容的学习，持续学、深入学。通过学习，保持清醒地政治头脑、坚定正确的政治立场，以利于更好地知情明政、参政议政。

中共兰陵县纪律检查委员会　监察局

【概况】 2016 年 4 月，整合办公室、监察综合室，设立办公室；整合党风政风监督室、执法和效能监督室，设立党风政风监督室，挂县纠正行业不正之风办公室牌子；撤销干部室，设立组织部；撤销宣传教育室，设立宣传部；设立案件监督管理室；设立纪检监察干部监督室。

【“两个责任”落实】 一是压紧压实“两个责任”。年初，组织对 18 个乡镇街道和 15 个县直部门落实党风廉政建设责任制情况进行了重点考核，对 90 个县直部门落实党风廉政建设责任制情况进行了民主评议。协助县委制定《2016 年度落实党风廉政建设主体责任工作方案》，进一步明确主责部门任务分工，督促各乡镇、部门上报 2016 年度重点工作任务；下发《2016 年度纪检监察工作要点》。协调召开落实主体责任工作调度会议，组织开展县党政领导班子成员同分管领域党组织主要负责人履责谈话，县党政领导班子成员向县纪委全委会述廉述责，县纪委常委同下级党政主要负责人廉政谈话，乡镇（街道、开发区）领导班子成员向“两代表两委员”述廉述责，进一步压实了县乡两级党委主体责任。二是积极推进巡察工作。按照“积极探索、稳步推进，先行试点、逐步铺开”的工作思路，去年对全县 12 个乡镇（街道、开发区）开展了 2 轮巡察，发现问题 258 个，其中违纪违法问题线索 78 个，组织开展了问题反馈和督促整改工作。协助县委制定了《中共兰陵县委巡察工作实施办法》，设立县委巡察办和四个县委巡察组，配备巡察办主任、副主任和 4 名巡察组副组长，为推动巡察工作制度化、规范化奠定了基础，走在了全市前列。三是强化责任追究。坚持有权必有责、失责要追究，2016 年对落实“两个责任”不到位和执行县委县政府决策部署不力的 3 名单位负责人进行诫勉谈话，责令向县委写出检查 3 人，下发监察建议书 1 份，“一案双查”给予党政纪处分 2 人，进一步强化了主体责任意识，推动管党治党逐步从宽松软走向严紧硬。

【正风肃纪】 一是开展专项检查。坚持问题导向，突出整治重点，上半年组织开展了基层干部“不作为、乱作为”问题专题调研活动，协调有关部门组织开展了落实中央八项规定精神、严肃财经纪律专项检查，及时查摆了一批突出问题，通过当面约谈、书面督办、限期整改等形式督促相关部门单位整改落实。二是强化日常监督。严明纪律要求，每逢节假日，提前下发通知，早打招呼、早提醒，引导各级党组织和党员干部扛起责任、把握底线。加强领导干部日常监督，接收婚丧喜庆事宜报告 54 人次。把公车私用、公款吃喝、大操大办、违规发放或变相发放津补贴等作为监督检查重点，坚持明察暗访常态化，抽调专门力量，组成 3 个检查组，每周至少开展 2 次明察暗访，持续释放密集监督、从严查处的信号。三是加大曝光力度。加大对典型问题的通报曝光力度，持续形成有力震慑。去年，县纪委共组织明察暗访活动 82 次，查处违反中央八项规定精神及“四风”问题 11 起，编发通报 4 期，给予党纪政纪处分 10 人，辞退临时工作人员 3 人。

【纪律审查】 一是把握执纪审查新要求。牢固树立纪律思维，把“纪在法前、纪严于法”贯穿于信访受理、线索处置、执纪审查、案件审理等各个环节。把握运用好“四种形态”，严格分类处置问题线索，扩大谈话函询覆盖面，实现问题线索“零暂存”。严明执纪审查纪律，加强问题线索管理、案件监督管理、涉案款物管理，确保执纪审查安全。及时召开县委反腐败协调小组会议，加强协作配合，提高案件移送效率，强化反腐合力。二是做好交办线索处置。把查处上级交办问题线索作为纪律审查工作的重中之重，中央巡视组、省委巡视组“回头看”交办的 151 件，省纪委分三批交办的 21 件，市纪委各室交办的 31 件问题线索，均已全部查结上报。2016 年全县纪检监察机关共立查案件 181 起，已给予党纪政纪处分 176 人，其中党纪轻处分 67 人，撤职、留察处分 35 人，开除党籍 67 人；函询谈话 20 人。三是着力解决侵害群众利益突出问题。召开专题会议部署安排，督促乡镇、部门制定上报具体工作方案，层层落实责任。制定《兰陵县整治和查处侵害群众利益不正之风和腐败问题实施意见》，

全县整治和查处侵害群众利益不正之风和腐败问题工作动员会议

建立工作机构和联席会议制度。定期召开调度会议，进一步强化责任、明确要求。2016 年立案查处侵害群众利益不正之风和腐败问题案件 58 起，给予党纪政纪处分 58 人。梳理查处的典型问题，编发通报 4 期，通报 14 人。

【宣传教育】 一是深化“学党章、守党纪”主题教育活动。联合县委党校相继举办了农村党组织书记和县直部门中层干部等 7 个党规党纪教育培训班。县纪委成立宣讲团到县直部门、乡镇、学校、村居、驻外流动党委开展宣讲报告 65 场次，发放《纪律处分条例》《廉洁自律准则》《问责条例》及《党内监督条例》等各类宣传教育资料 6000 余册。组织了党纪党规闭卷考试、知识竞赛和领导干部德廉知识测试，合格率达 99%。二是强化宣传阵地建设。充分发挥报纸、电视、网络、短信等媒介的作用，扩大宣传教育覆盖面。去年，共制作“兰陵清风”电视专题片 6 期，向科级领导干部发送廉政短信 50 期、5.1 万条，更换电梯漫画 40 幅。向市级以上新闻媒体推送稿件 420 余篇，采用 212 篇，在县报刊发党风廉政建设工作报道 51 篇。结合公益电影入村活动，广泛播出廉洁公益广告，扩大受众范围。三是加强廉政文化建设。与县教体局联合开展“廉政文化进校园”活动，组织“廉洁从教、为人师表”践行承诺和演讲比赛，在中小学生中开展观廉洁动漫、讲廉洁故事、画廉洁墙报等活动，不断强化师生的纪律规矩意识。开展了廉政春联征集、春节送“春廉”下乡、播放廉政微电影等党员群众喜闻乐见的宣教活动，丰富了廉政文化建设内容。

【自身建设】 深化“三转”要求，完成县纪委监察局内设机构调整和直属事业单位规范工作。调整后，机关行政编制增加到 40 个，设 11 个职能部室和 1 个直属事业单位。认真落实“两

个为主”要求，制定下发《乡镇纪委书记、副书记提名考察办法（试行）》等规定。着力加强乡镇纪委规范化建设，督促建设标准化谈话室，规范档案资料，配齐办案设备。扎实开展“两学一做”学习教育，县纪委常委会带头学习习近平总书记系列重要讲话精神及党章党规党纪，加强和改进党内政治生活，严格执行民主集中制，自觉维护班子团结。坚持周五固定学习日制度，及时传达学习上级会议、文件精神，通过上级轮训、专题培训、以干代训等形式加强业务学习，不断提升履职能力和执纪水平。

群众团体

兰陵县总工会

【劳模管理服务工作】 县总工会通过对兰陵县各级劳模的摸底调查，全面掌握了县劳模情况，补充完善劳模档案信息，进一步深入了解县劳模的生活、身体状况。2016年1月份组织了全县来自各条战线上的100多名劳模到县人民医院进行免费健康体检。开展了“劳模集中宣传月”活动，在兰陵电视台开辟专栏宣传劳模的先进事迹，营造了全县弘扬学习劳模精神的浓厚氛围。认真落实劳模的各项待遇，年底山东省拨付专项慰问金13万元，分别发放到13位困难劳模手中，让困难劳模们能够度过一个欢乐祥和的春节。为更好服务劳模，为4名全国劳模订阅了2017年度全年的《山东工人报》《职工天地》等报刊杂志。

【职工维权工作】 县总工会以《山东省工资支付条例》《山东省集体合同条例》等法规文件为依据，在各类企业全力推行工资集体协商。组建了律师顾问团队，聘请了11位专业律师常年担任法律顾问，为职工群众维护自身合法权益提供平台和保障。深入十余家企业，通过召开座谈会的形式，对150多名在岗职工工资状况进行调查，帮助企业培训工资协商代表及协商指导员，充分发挥三方协商机制的作用。指导非公企业依法主动开展“要约”行动，努力提高集体合同的建制率和覆盖面，扩大了工资集体协商范围，推动集体合同广泛签订。

【工会常规工作】 春天送岗位的“春风行动”，“夏送清凉”活动，“金秋助学”和冬天“送温暖”系列活动。自2016年以来，为211名困难职工、下岗失业人员、困难农民工、困难劳模发放慰问金49.35万元；在7月份为10家企业工作在高温一线的682名职工发放价值10.3万元的茶叶、白糖、矿泉水、毛巾、冰糖等防暑降温用品；冬天“送温暖”系列活动为下岗职工送上冬日“一把火”。对全县因安全生产关停的矿产企业及因环保停业整顿的37家企业进行专项帮扶，帮扶人次共计1058人次，帮扶金额达166.1万元。通过“送温暖”切实解决好困难职工生产、生活中遇到的难题，使广大困难职工共享改革发展成果。

【工会宣教工作】 开展丰富多彩的职工娱乐活动。上半年，对各乡镇和县直机关单位职工开办了三期职工瑜伽骨干培训班，每期培训班都聘请专业瑜伽教练进行期一个月的培训；与兰陵县广场舞协会联合在代村广场举办了“千人瑜伽”活动，在社会上获得良好反响。“五一”期间，联合县体育中心、老干部局等单位举办了庆“五一启蒙杯”乒乓球比赛；“十一”期间，联合县机关工委、广电文体局等单位举办了兰陵县庆“十一”职工运动会竞赛；为纪念中国工农红军胜利八十周年，联合兰陵县政协、文广新局编写了“红色信念”书画展册，讴歌了长征的革命精神，这一系列活动加强了各单位之间联系，极大丰富了职工的精神文化生活，进一步提高了职工的精神面貌。

2016年3月，积极开展了第三个工会“维权月”活动，联合了法院、广电网络公司、金陵镇和尚岩镇进行维权宣传，采取悬挂宣传横幅、标语、发放宣传资料、设置专题展板、义务法律咨询等形式，走上街头，深入社区，加大工会“维权月”活动的宣传声势。面向各行职工和务工人员，重点加强对《工会法》《职工代表大会条例》《劳动合同法》《劳动法》《集体合同条例》等维权法规政策的宣传。先后发放各种宣传手册1000多本。通过“维权月”活动的开展，进一步增强了全县各行职工的法律意识和法律观念，学会运用法律武器依法维护自身合法权益。为进一步维护女职工权益，开展女职工在家庭中发挥作用的调研，深入企事业单位一线，发放问卷，召开座谈会，收回有效调查问卷60余份。了解当前女职工的权益诉求。

【服务职工群众工作】 加强企事业单位文化阵地的硬件设施建设。2016年年初，兰陵县总工会为成立的职工服务中心，购买了图书10000余册，书架32个，书法用品、电脑及各种棋牌文体设施若干，先后共投入资金9万多元。加强对企事业的职工书屋建设投入，先后共帮助史贝美化工、下村乡农联社、东钢集团、荣庆机动车检测线、审计局等多家企事业单位购买图书4万册，共计投资20余万元，极大方便了企事业单位职工群众读书学习。

【乡镇工会建设工作】 依据基层工会建设“三个着力”的要求，切实抓好基层工会建设，联合乡镇（街道）工会、产业工会对数据库中非公企业的相关情况进行摸底调查，做到了“四个摸清”：即摸清企业所在地，摸清企业数量和职工人数，摸清企业建会情况，摸清企业开展活动情况。依据调查摸底的情况，建立辖区非公企业数据库台帐，实施动态管理，对未建会的企业进行了上门宣传，督促其尽快建会。截至2016年年底，全县共建基层工会组织490个，其中5个乡镇（街道）成立了总工会，其余13个乡镇全部成立了工会联合会，发展会员14568人。不断推进工会工作规范化建设，全县共有5个基层工会获“市级模范职工之家”称号。

撰稿：代涵澄

共青团兰陵县委员会

【机构设置】 共青团兰陵县委下设办公室、组织宣传部、工农青年部、学校少年部、社区和维护青少年权益部等5个职能部室，兰陵县希望工程领导小组办公室、中国少年先锋队兰陵县工作委员会（简称县少工委）也设在团县委。其中，县少工委为副科级单位，主任由团县委副书记兼任，其他部室均为股级。团县委现有工作人员6人，其中1人为硕士研究生学历，4人为大学学历，1人为中专学历。

【概述】 2016年，兰陵团县委积极贯彻落实党的十八大及历次全会精神，全面贯彻习近平总书记系列重要讲话特别是关于青少年和共青团工作的重要指示精神，充分发挥职能作用，依托多种载体，强化青少年理想信念教育，大力开展青春导航行动；整合社会资源，努力帮促青年创业致富，全力开展青春创业行动；拓宽服务渠道，关心青少年健康成长，扎实开展青春同行活动；紧贴工作大局，激励团员青年干事创业，有效开展青春建功和青春绿色活动，努力深化“五项行动”，突出重点，打造品牌，团的各项工作有了新的发展和进步。

【组织宣传工作】 团县委机关选取卞庄街道朝阳社区打造“青年之家”，配备电脑、投影仪、乒乓球台和休闲沙发等设备，并先后举办了集中学习、志愿服务和“8分钟约会”青年联谊等活动12场次。按照基础硬件提升和团的活动嵌入的双轮驱动建设思路，在17个乡镇（街道）完成“青年之家”选址建设工作的基础上，不断提升硬件设施建设和服务功能，开展青年志愿服务进社区活动、“牵手关爱行动”“七彩课堂”“希望小书包”发放仪式等系列活动26次，初步形成了青年之家“既建成，又用活”的良好工作局面。

围绕团干部直接联系青年工作到各乡镇开展调研，走访团干部和青年，全面了解其思想、工作和生活所需。先后3次召开专题培训会议，就平台登录、服务内容、线下活动和上级最新会议精神进行培训，充分调动广大团干部参与这项工作的主动性。各乡镇、县直单位团干部、团县委机关人员积极开展线上活动，及时更新信息、照片、心得感悟、精华分享，定期更新分享团的工作，与青年分享本人在基层一线的工作经历，起到微信“朋友圈”的作用。2016年全年参与这项工作的30名基层专职团干部共联系青年3618名，完成上级团组织要求的目标任务。

成立共青团兰陵县金融机构工作委员会。进一步整合县内金融系统青年工作资源，提升团组织服务经济社会发展的能力和水平。新成立的团工委负责指导13个金融机构团组织开展团的工作和活动，共覆盖团员青年400余名。自去年8月份成立以来，团工委先后组织开展了志愿扶贫、业务技能比赛及各类文体活动20余次，在更好的服务青年方面发挥了重要作用，填补了金融机构团建的“空白”。

“青年之声”平台应用和推广工作扎实推进。先后4次召开 “青年之声”工作推进会议，进行具体部署，发动团干部进行广泛宣传。多次组织团干部、青年志愿者进行专题培训，就平台功能和使用维护等给予精心指导。9月份，与40名团员青年代表进行座谈，了解掌握“青年之声”平台运行情况，征集意见建议，进一步改进工作。“青年之声·兰陵”工作平台全年累计浏览量为13176997次，问题总数10448个，回答数11794个，更新率基本维持在100%，点赞数5416个，专家数2529名，根据团市委每周的数据反馈，兰陵县的成绩一直位居前列。

通过“青年之声”平台“线上”活动，将“线下”的志愿家庭助力精准扶贫、青年志愿者参与菜博会和创卫等志愿活动、义工联盟组织参与的爱心活动、8分钟约会等团的各类活动进行展现，推动工作、活动与平台的有效融合。注重开展青年之声线下活动，今年以来，县人民医院、会宝岭铁矿、职教中心、实验中学、泉山实验和县医院等团委积极开展各类线下活动30余次，真正做到了线上活跃，线下充实。

4月，联合县委组织部在全县党员、团员青年中组织开展了“我为兰陵点赞”微杂志创作大赛活动。全县广大党员、团员青年积极参与，共征集微杂志作品531幅。经过审核初选、网上投票、专家评定等环节，共有14幅作品脱颖而出，活动得到团省委、团市委的高度评价。同时，继续发动广大网络宣传员在各类新媒体平台上发声，积极弘扬社会正能量，起到了良好的舆论引导作用。

【工农青年工作】 打造全国农村青年致富带头人志愿扶贫示范点——向城镇鸿强蔬菜产业合作社，通过提供育苗养护、就业安置、技术培训等方式帮扶贫困户30户。打造南桥镇远义广的红花防水建材和大仲村镇李涛的伊达牧业两处“十大杰出青年”志愿扶贫示范点，通过提供工作岗位、技术资金支持、入股年终分红等方式，志愿帮扶100个贫困户。通过志愿帮扶，130户贫困户人均收入均已超过省定贫困线，成功脱贫。

11月18日，临沂市农村青年致富带头人协会第一次全体会议在兰陵县召开

11月18日，全市农村青年致富带头人现场观摩交流会在兰陵县召开，市领导、团市委主要负责同志、市直部门相关单位分管领导和各县区农村青年致富典型代表150余人参加会议，对发挥农村青年致富典型的作用助力精准扶贫的创新模式给予高度评价。

【学校少先队建设】 通过下发《关于在全县少先队员中深入开展“小手拉大手　共筑碧水蓝天”行动的通知》，引导全县广大少先队员积极参与“生态临沂”建设，争做“大气污染防治攻坚战”的小小宣传员。去年以来，共发放《关于全县中小学生积极参与“小手拉大手　共筑碧水蓝天”行动倡议书》8000余份，组织全县各小学认真观看“小手拉大手　共筑碧水蓝天”公益宣传片6000人次。先后7次召开“我为环保代言”分享会，由少先队员交流展示参与环保的做法和感受，努力营造“节能低碳我做主　人人环保我先行”的良好氛围。制定《兰陵县“开学第一课”活动方案》，以“开学第一课”为载体，加强对少年儿童生态文明和绿色发展理念的宣传教育，鼓励少年儿童争当“保护环境　远离雾霾”的“环保小达人”，力所能及地参与环保行动。利用少先队主题队日活动时间，把握植树节、世界节能日、世界环境日、世界爱粮日等重要时间节点，深入开展少年儿童喜闻乐见的教育实践活动40余场次。植树节期间，组织300余名来自县直小学的少先队员开展“青春绿色行动·扮靓兰陵城乡”义务植树活动，以实际行动宣扬环境保护意识、践行绿色发展理念。鼓励少先队员在家庭成员中开展环保宣传，带动家长一起学习环保知识，增强环保意识，初步形成了“少年先行、家庭参与、社会联动”共建生态文明的良好局面。

【青少年权益维护】 围绕青年需求，广泛开展青少年维权和服务青年活动。将实施青少年关爱工程作为年度基层团建书记项目，积极帮扶弱势青少年群体，维护青少年的合法权益。深入推进重点青少年群体服务管理和预防犯罪工作。针对农村留守未成年人，开展“关爱行动”。成功举办多期“八分钟约会”青年联谊等活动，广受青年喜爱、广为青年参与。针对困难青少年，开展“救助行动”。通过开展“希望工程”“沂蒙关爱行动”“希望小书包”等活动，及时对生活陷于困境的青少年进行救助，努力保障和实现青少年的合法权益。持续深化“安全文明校园”创建活动，各级预防工作领导小组把大中小学校预防工作纳入“安全文明校园”创建考核，把预防和减少在校学生违法犯罪、加强法制教育作为创建活动的基础工作来抓，落实具体措施，并积极支持中小学聘请优秀干警担任兼职法制副校长。

【志愿者工作】 4月，组织300多名青年志愿者服务第四届中国兰陵国际蔬菜产业菜博会，为全国各地的游客提供热情周到的志愿服务，集中展现了新时期兰陵青年的风采。自2012年起，团县委已连续四年承担了菜博会的志愿服务工作，菜博会志愿服务项目被山东省委组织部、省委宣传部、省民政厅、团省委等9部门联合评选为“山东省最佳志愿服务项目” 同时被市委宣传部、市委组织部、市民政局、团市委评为“临沂市最佳志愿服务项目”。6月，动员2000余名志愿者助力“国家卫生县城”创建工作，为兰陵县“创卫”成功贡献了重要力量，县委县政府给予高度评价。

团县委立足兰陵县是全省20个脱贫攻坚重点县的实际，深入基层调研，在实地走访贫困户、召集各行业青年代表座谈听取意见的基础上，研究出台了《兰陵县F(N+1)“千家志愿家庭帮户”志愿扶贫计划》，其中F代表英文“家庭”，N+1包括一对一帮扶、多对一帮扶、一对多帮扶等多种形式，计划到2017年底招募不少于1000户志愿家庭。今年以来，先后组织青年志愿者到学校、广场等人员密集场所发放倡议

团县委开展兰陵县F(N+1)志愿扶贫计划集中入户结对行动

书5000余份，通过电视台、报纸等媒体广泛动员，并制作志愿扶贫H5页面在青春兰陵微信平台集中展示。在“10·17”世界扶贫日当天，举办志愿扶贫工作图片展活动，3000多人现场观看了展览，进一步扩大了志愿扶贫的影响力。

建设志愿家庭为精准扶贫阵地。选取精准识别户较多的尚岩、车辋等6个乡镇为志愿扶贫示范乡镇，选择400个贫困户作为首批帮扶对象，先后面向社会招募志愿家庭470个并完成结对。充分发掘基层团组织、驻城少先队等资源，先后组织检察院、公安局、移动公司等单位团组织、青年文明号开展专题帮扶活动12场次，覆盖贫困青少年300余人。深入推进“沂蒙红领巾集结号”——少先队志愿家庭扶贫助困手拉手主题实践活动，发动130个志愿家庭与贫困户结对，尚岩、向城等14所中心小学的50多户志愿家庭及少先队员先后开展入户走访慰问活动70余次。“六一”期间，卞庄街道中心小学及县实验小学共邀请90位志愿帮扶贫困家庭学生参加了学校的文艺表演。

【希望工程】 2016年，兰陵“圆梦行动”资助20名成绩优异的寒门学子圆梦大学，资助金额共计86000元，其中市希望工程资助12人，资助金额48000元，兰陵县自行资助8人，资助金额38000元。兰陵县爱心企业兰陵新农村养殖合作社圆梦资助8000元，帮助2名贫困家庭学生步入大学，并将继续提供帮助，鼓励他们毕业后回乡养殖创业。创新方式方法，将小药箱善行行动计划、希望小书包、捐赠电热毯发放活动与精准扶贫学生工作相结合，助力全县扶贫脱贫攻坚战。全年共计发放善行小药箱279个，惠及279个贫困家庭，其中包括40余个贫困中小学生。在尚岩镇中心小学发放希望小书包110个，共计金额11000元，惠及110个贫

2016年11月，团县委组织开展了希望工程“农村孩子看城市”公益活动

困学生。开展捐赠电热毯活动，在新兴镇双山屯、刘西庄村、朱屯村等村发放电热毯210个，共计金额21000元，惠及210个贫困家庭，其中包括30个贫困中小学生。8月，兰陵举办首届云峰奖学金发放仪式，为兰陵县考入高等院校的优秀学生发放奖学金，其中6名家庭贫困学生每人获得奖学金5000元。11月，组织开展了希望工程“农村孩子看城市”公益活动。活动以“同看城市新变化，携手希望共成长”为主题，广泛组织兰陵县苍山希望小学、车辋镇希望小学等7所兰陵县希望小学的共40名贫困家庭的学生参观了兰陵一中校史馆、兰陵国家农业公园，体验了德克士用餐文化。

撰　稿：李运祥

兰陵县妇女联合会

【概况】 2016年，县妇联全面贯彻党的群团工作会议和习近平总书记系列重要讲话精神，紧紧围绕县委、县政府工作中心，打好巾帼脱贫这一硬仗，做好三项重点工作，肩负起自身改革创新重任，团结带领全县妇女为全面建成小康社会做出新的贡献。

【巾帼脱贫行动】 开展技能培训，举办家政月嫂技能培训班10期，培训妇女1600名；抓好居家灵活就业项目扶持，为6家小微企业申请巾帼创业专项帮扶资金30万元，成功申报6家省级“大姐工坊”，共计吸纳200名贫困妇女实现就业；实施爱心帮扶，今年争取救助资金5万元，救助100名贫困妇女，争取全国、省、市妇联专项救助资金28万，救助“两癌”贫困妇女40名，争取社会各界救助资金11万元，惠及困境儿童1000名。

【家庭文明创建】 “美在农家”活动常抓常新，县乡村妇联上下联动，开展“新农村新生活”培训，农村妇女思想观念不断解放，生活方式明显转变，全县涌现出市级“美在农家”示范村6个，市级“美在农家”示范户90户；广泛开展寻找“最美家庭”活动，我县4户家庭被评选为市级“最美家庭”，其中1户被评为“临沂市十大最美家庭”；开展“文明家庭”评选推荐活动，我县推送了7户文明家庭，其中2户被评为第一届省级文明家庭，5户被评为第一届市级文明家庭；在“杰出女性”推选活动中，检察院宋炎炎同志被评为第七届“临沂市十大杰出女性”；活动载体的不断丰富深化，有效促进了良好家风的传承，促进了家庭文明和社会和谐。

【妇女合法权益】 与县卫计局、县财政局等七家单位联合出台《兰陵县农村适龄妇女第二轮“两癌”检查工作实施方案》，利用三年左右的时间，为全县13.3万名35～64岁的农村户籍妇女进行“两癌”筛查；2016年对全县3.99万名农村适龄妇女进行免费检查，圆满完成年度普查任务；推动出台兰陵县妇女儿童发展“十三五”规划，进一步优化妇女儿童发展环境；坚持社会化维权，形成了集信访接待、法律援助、心理咨询于一体的维权工作模式，2016 年度“12338”妇女维权热线接待来电来访 156 件次。

【妇女儿童发展“十三五”规划】 12 月 28 日，县政府以兰陵政字〔2016〕44 号文正式颁布实施《兰陵县妇女发展“十三五”规划》和《兰陵县儿童发展“十三五”规划》（以下简称“两个规划”）。“两个规划”强调贯彻落实男女平等基本国策和儿童优先原则，保障妇女儿童共享改革发展成果，推动兰陵县妇女儿童事业努力在与全市同步全面建成小康社会进程中走在前列。“两个规划”充分体现了“共享”发展理念，突出妇女儿童权益保障，注重扩大社会参与，解决突出问题，具有很强的前瞻性、科学性和可行性，共提出 113 项主要目标和 141 项策略措施，是“十三五”时期指导兰陵县妇女儿童发展的纲领性文件。

兰陵县工商业联合会

【概述】 2016 年，全县各级工商联和商会组织深入学习贯彻党的十八大和十八届四中、五中、六中全会精神，以邓小平理论和“三个代表”重要思想为指导，贯彻落实科学发展观，在县委、县政府的正确领导下，围绕创建“五好”县级工商联，开拓创新，扎实工作，充分发挥自身职能作用，团结凝聚广大非公有制经济人士，积极为非公有制经济企业服务，在助推非公有制经济科学发展、快速发展、和谐发展发挥了积极作用。全县有 18 个乡、镇、街道和开发区基层商会，10 个直属行业商会，5 个异地商会，会员总数 2730 家。

2016 年度县工商联被评为“山东省工商联系统五好县级工商联”。

【思想政治工作】 深入践行非公经济人士理想信念教育实践活动，利用各级媒体平台加大宣传力度，有效树立非公经济的良好形象。同县委统战部联合表彰“兰陵县工商联系统 2015 年度五好商会”和“兰陵县工商联系统 2015 年度优秀会长”，对获省、市表彰的先进单位和先进个人进行通报。积极推荐“山东民营企业实力百强、新民百家、公益百星”评选工作，推荐上报 1 个非公有制经济组织先进基层党组织和 2 名优秀共产党员。在全国工商联《中华工商时报》、省工商联《齐鲁工商》分别刊登宣传稿件 2 篇，在市工商联《临沂工商界》刊登宣传稿件信息 30 篇（条）。联合县电台、县报社举办“民企风采”和“民企扶贫风采”栏目，收到良好效果。

【组织建设】 一是加强商会建设。制定《兰陵县工商联直属行业（异地）商会管理办法》，今年审批成立上海山东兰陵农副产品商会和兰陵县茗茶商会，全县现有异地商会 5 个、行业商会 10 个、乡镇基层商会 18 个，会员总数达 2730 名，其中企业会员 1460 个、团体会员 10 个、个人会员 1260 个，结构更加合理。二是强化组织管理。制定《兰陵县工商联关于进一步加强商会规范化建设的指导意见》，加强规章制度建设，做好行业商会会长述职报告和基层商会的年度考核工作。三是加大教育培训。依托市企业家协会、沂蒙大讲堂等平台及省市组织的有关培训，共培训近 200 人次。今年 10 月举行的“上海交通大学—兰陵县企业家现代企业制度创新发展高级研修班”，有县内纳税前 50 强、全县“双 20”企业主要负责人以及经济部门主要负责人等 58 人参加。

【经济服务工作】 （一）发挥服务职能，助推经济发展。一是搭建银企合作平台。引导各金融机构以及地方金融组织加大对重点领域和小微企业等薄弱领域的信贷支持。今年以来，为非公经济企业提供资金10.3亿元。二是严格落实优惠政策。引导达到企业税收优惠政策条件的企业主动向税务部门申请税收优惠，共办理出口退税1404万元，福利企业退税707万元；减免增值税12021万元，减免所得税1652万元。三是大力实施人才战略。全县共建立各类人才平台53家，其中博士后科研工作站1家，院士工作站4家，省市级企业技术中心等创新平台23家。规划建设国家“千人计划”专家创业园暨归国留学人员创业园，共引进创新创业院士4人、国家“千人计划”专家11人、泰山学者和“海聚工程”等专家13人，张中标博士等3人成功入选泰山产业领军人才。（二）拓宽联络交流，促进合作发展。积极组织30多家商会会员企业参加第四届中国兰陵（苍山）国际蔬菜产业博会推介活动。其中，县有机食品商会会长企业在菜博会主展馆投资10多万元设置特装展区，收到良好效果。县工商联餐饮酒店业商会先后举办会员企业联谊会暨湖南新聪厨食品有限公司新发食品推介会、首届“新天地杯”最美厨师烹饪大赛等活动，推动了我县餐饮酒店业饮食的绿色、健康、安全、有序的发展。今年3月份，全国工商联《中华工商时报》报社副秘书长赵民望同志在市工商联选调科科长李俊青同志的陪同下，来兰陵县先后到代村国家农业公园和兰陵三农物资城及兰陵县工商联电子商务商会调研工作，县政协副分管领导，县工商联主要负责同志等陪同调研。

【光彩事业活动】（一）搭建工作平台，发展光彩事业兰陵县光彩事业促进会2011年3月成立，2014年12月召开了第一届二次理事会议。县委、县政府将光彩事业活动纳入全县统战工作和全县工作大局、纳入对乡镇（街道、开发区）的科学化目标考核，将光彩事业精神纳入企业思想政治工作。几年来，县工商联以组织开展“民企帮村”和“民营企业助学寒门学子”活动为业务重点，鼓励、引导、组织全体会员和广大非公有制经济代表人士经济参与光彩事业活动。全县民营企业参与光彩事业投资类项目138个，到位资金4.95亿元；捐款1300万元救助孤寡老人、困难群众，筹集资金300余万元救助贫困中小学生2200人。今年已筹集我县第四次发放“民企助学寒门学子”助学金10余万元。今年7月份，省工商联开展的“一生一本、同心助学”进行了第一期3.5万元助学金发放。市工商联组织有关会员企业捐款10多万元，到我县进行捐赠救助。（二）发扬优良传统，助力精准扶贫。一是广泛动员。成立兰陵县“百企帮百村”精准扶贫工作领导小组，制定出台实施方案，召开了动员会议，对开展“百企帮百村”工程、积极参与“精准扶贫”行动作了全面部署和统一要求。二是搞好对接。成立“兰陵县百企精准扶贫联盟”，采取一对一、二对一等多种方式，动员130家企业与124个村实现扶贫对接，覆盖了44个省定贫困村、24个新识别库区村和56个集体经济薄弱村。把开展九大“同德共愿爱心行动”作为“精准扶贫”工作的重要内容，目前，已为帮扶村投资项目、捐款捐物近2亿元。其中，兰陵开元集团投资1.2亿元在金岭镇压油沟村进行扶贫旅游开发，山东君发集团捐资400万元帮扶长城镇芦塘村。三是拓宽载体。发挥行业商会、基层商会作用，深入开展寒冬送温暖、扶贫献爱心等活动，拓宽帮扶覆盖面，捐资60多万元购买生活用品，走访慰问3000余户贫困户、7所敬老院五保老人，为环卫工人、五保老人义务理发600余人次。

【非公党建工作】 县委批准成立了中共兰陵县工商联非公经济组织委员会，设党委书记1人、副书记5人、委员5人。县工商联非公经济党委下辖7个党支部，其中今年新建立支部2个。工作中，围绕“创新、协调、绿色、开放、共享”五大发展理念，切实在理念、思路、方式上积极适应、主动跟进，把党的政治优势、组织优势、群众优势转化为企业的创新优势、发展优势、竞争优势，为企业创新发展、转型追赶提供坚强组织保障。

【机关自身建设】 一是学习六中全会精神。把学习贯彻六中全会精神，与县委确定的总部经济、三引一促、兰陵籍在外成功人士回乡创业等中心工作相结合，为实现“十三五”规划顺利开局贡献力量。二是深化“两学一做”。制定具体实施方案，细化学习安排，建立固定学习日制度，上党课2次，开展集中学习11次，召开3次专题研讨会。三是加强班子建设。县委调整充实县工商联领导班子为县工商联配强配齐了驻会领导干部4人、企业家副主席（副会长）10名。修订完善《主席轮值制度》《执常委例会制度》和《主席办公会议制度》等，做到人员有保证、制度有遵循，保障工作的常态化、规范化开展。

兰陵县科学技术协会

【概述】 2016年，县科协紧紧围绕县委、县政府决策部署和市科协工作安排，坚持“四服务一加强”的工作定位，结合兰陵科协的实际，认真把握工作大局，切实履行工作职责，圆满完成全年各项工作任务。

【创新科普工作】 组织编制《兰陵县全民科学素质行动计划纲要实施方案（2016—2020）》，突出“四大”重点人群，实施四项科学素质行动。累计开展各类宣传活动120余场次，各类技术培训800余期，发放明白纸等科普资料4万余份，受益群众达60万人次，全民科学素质明显提高。一是围绕“菜博会”，开展科普展。围绕第四届中国兰陵（苍山）国际蔬菜产业博览会，在市科协、市科技馆的精心指导下，组织开展了“助力菜博会、科普在行动”大型主题科普展活动及科普游园行动。活动期间，展示了“如影随形的辐射”、科普大篷车、机器人表演和各类科普仪器60多件展品，共有10000余名学生参观了科普展，60万人参加了科普游园活动。二是打造科普新亮点。借助兰陵县创建“国家卫生县城”这一契机，积极开展了“树立科学生活理念，提高全民健康水平”科学宣传活动，打造了“创城科普一条街”，开辟了“科学健康常识”电视专栏，制作40余处大型广告宣传栏和26个社区、住宅小区、村庄宣传栏，为创城营造了深厚的科普舆论氛围。三是立足“百校行”，助推校园科普行动。配齐配强全县各中小学校科普辅导员，邀请省科普专家对全县200余员中小学科普辅导员进行了集中培训学习，积极开展青少年科技创新大赛，提升了青少年科学素质。建设中小学校园数字科技馆2处，联合县教体局在全县40所中小学完成了光盘安装、试验播放工作；开展“科普百校行”活动，邀请省市专家来我县开展科普报告活动，开拓了学生的科学视野和创新思维。

【强化科普服务】 2016年，新成立各类农业技术协会5家，培育示范基地3家，培树省以上协会2家，优秀农村科普带头人1名。积极开展科技下乡活动，以“夜间农民科普大讲堂”为抓手，组织开展科普培训活动。举办266期，26800人次参加培训，推广新技术66次，引进拓展新品种12个。联合农业局、邀请山东大学、山东农业工程学院教授就食用菌栽培管理及产业化转型升级等方面的知识作科普报告与辅导，全县300多人参加培训，提高了菇农的科学素质，有力促进兰陵科普事业的发展。兰陵国家农业公园被评为四星级科普示范基地。兰陵瑞泽育苗技术协会标准智能化种苗示范基地在全市优质农产品基地品牌评比中获得第一名。

【构建科普平台】 一是加强科普队伍建设，打造科普网络。全县拥有各类学会、研究会29家，农技协62家。乡镇、社区、村庄配有专兼职科协主任，各中小学配备科普辅导员，打造全县科普网络。加强同类协会资源整合，以小促大，组建“联合会”，由15家菌类协会成立华珍菌业科技协会；以大带小，共享资源，建立合作分会，兰陵润泽育苗科技协会投资1100万元，建成占地200亩的高标准育苗基地，在全县12个蔬菜生产乡镇成立了分会，提供全程技术服务，赢得了种植户的好评。二是强化阵地建设，推进科普信息化。在加强全县公共场所50台科普数字终端管理和服务的同时，完成了省定扶贫村63套科普数字终端安装、宣传教育工作。在县电台开设了“科普之窗”栏目，每周定期播放；设立了“科普微信”平台，促进了科普宣传教育工作的开展；新配备科普大篷车一辆；新增校园流动科技馆1处，设备20套。推进以县科协为龙头，科普大篷车，校园科技馆，数字科技馆为延伸科普阵地建设，构建科普信息平台。

【老年科技工作】 在抓好老科协工作者队伍建设服务的同时，围绕做大做强食用菌产业，以食用菌生产基地建设和加工企业规范为抓手，引进新品种、推广新技术，不断提升种植规模、档次。牵头组织农业局、科技局等部门和部分食用菌生产大户及企业人员，赴寿光、冠县、莘县等地学习考察，进一步拓宽了食用菌产业发展的路子，推进了产业转型升级。结合我县蔬菜大棚种植面广量大且6—8月份闲置的实际，推广草菇种植新技术，通过试点种植每亩大约增加收入3万元。解决了我县蔬菜大棚种植的闲置问题，增加了农户效益，改良土地结构，提高了蔬菜种植产量和质量。积极扶持大学生回乡创业，协调资金60万元帮助兰陵籍大学生邢利伟兄弟创办的兰陵政合菌业有限公司试种虫草菇成功，年创利润200万元。

【学会学术交流】 按照市科协关于开展第十四届自然科学优秀学术成果奖评审活动的通知要求，积极围绕决策咨询和自然科学优秀学术成果评审，组织有关学会进行论文撰写学术交流，共推报7位会员的作品，有3位会员作品评为二、三等奖。县科协与农业局撰写了《兰陵县第四届菜博会的农业效应》等课题。

撰稿：曹海鹏　审稿：王志永

兰陵县社会科学界联合会

【概述】 县社会科学界联合会围绕县委、县政府的中心工作，积极组织全县的社科理论工作者搞好调查研究和理论创新，推动兰陵县社会科学工作开拓创新，在全面建成小康社会的伟大实践中充分发挥积极作用。

【社科活动】 配合市社科联搞好“大美临沂”百集电视纪录片的拍摄活动，包括卞庄街道、兰陵镇、尚岩镇及鲁城镇被列入拍摄。加强社会科学普及宣传工作，尚岩镇、芦柞镇任河湾村、经济开发区朱村被评为市级优秀科普教育基地。5月21日，兰陵县东方荀子研究院院长、高级教师焦子栋走进临沂市民大讲堂，做了题为《荀子与兰陵》的讲座。10月8日—10日，在兰陵县举办中国兰陵“荀子思想与教育创新”学术研讨会，来自中国内地、台湾、香港和美国、法国、韩国、越南等地区和国家的专家学者出席了会议，并参加荀子祭祀大典。

【社科阵地】 加强社科队伍建设，提高理论创新人才的能力，按照政治强、业务精、作风正的要求，广泛开展社科人才的培训与选拔，建立起了一整套专家型学者人才库，2016年兰陵县又有5位同志被调整充实进入临沂市社会科学专家库成员。4月22日，中共山东省委党校兰陵县代村社区农村发展教研基地在兰陵县代村社区服务中心挂牌成立，并成立代村发展决策智库，为代村发展建设提供智力支持，通过加强校村联系，指导开展代村社区居民培训工作。七一前夕，兰陵县驻外流动党员党委成立仪式在江苏省苏州市举行，市、县两级党校将定期组织优质师资开展送教服务活动，有效解决流动党员集中学习难等问题。

【社科成果】 全年共组织社科界的人员调研4次，撰写调研文章25篇，出版专著3部。组织兰陵县出版的优秀科普读物参加全市第二届优秀科普读物评选，报送的3部作品分别获得一、二、三等奖，位列全市第一。开展社科成果的申报、调研课题的立项结项，2016年向上级社科部门争取3项研究课题。兰陵文化研究会着手编辑出版《兰陵方言志》（即《苍山方言志》的修编），退休教师乔宪科出版《新论语》，社科爱好者石传俊整理的《兰陵乡村风土记》以及高级讲师何士成整理的《汉语古今四声对照统一辞典》均已完稿。

撰稿：徐开成

兰陵县文学艺术界联合会

【概况】 县文联围绕全县思想文化宣传工作大局，进一步加强内部管理，推进效能建设，深入挖掘兰陵文化，大力弘扬兰陵文化，加大文艺创作力度，打造文艺精品，加强协会组织建设，壮大文艺人才队伍，积极参与全县重大社会文化活动，组织好文化下乡活动，更好地满足农民群众不断增长的精神文化需求。

【搭建文化平台】 加强文化平台建设，扩大兰陵文艺影响力。在我县第四届菜博会期间，组织开展了中国著名作家看兰陵活动，邀请省内外著名作家来我县体验采风，创作大量优秀文学作品，在人民日报海外版、中国旅游报等国内主要媒体杂志刊登；与山东省作协合作建立了山东作家兰陵创作基地，为兰陵文学事业迈上新的台阶打下坚实基础；组织参与山东省现代诗书画院临沂分院授牌仪式，有效推进了我县诗书画创作水平。

【组织文化活动】 丰富文化活动，激发文艺发展活力。组织开展文化下乡活动，响应省文联号召组织书协开展“万名书法家送万福下乡”活动；借助县里举办第四届菜博会的时机，组织县内文艺爱好者开展了文学采风、摄影采风等活动，组织了“醉美花海”美文征集活动，有效提升了文艺爱好者的创作水平。

【助力创卫工作】 参与创卫活动，凝聚群众向心力。围绕今年我县创建国家卫生县城工作，先后组织举办“兰陵风情”暨“同创卫生县城·共建美好家园”摄影大赛、“同创卫生县城·共建美好家园”书画作品展、文学采风等活动，并刊印“创国卫·秀兰陵”书画摄影集、文学采风集和创建国家卫生县城工作纪实三本画册，有效凝聚了全县创卫力量，推进了创卫工作开展。

【打造文艺精品】 积极推荐作品，展示文艺发展魅力。组织采写第二批、第三批齐鲁文化之星宣传文稿，并组织第二批、第三批齐鲁文化人才资助的申请工作。组织申报作品参加第十四届临沂书圣文化节、首届“沂蒙墨香”全市青少年书法周优秀书法作品展、山东省农民书法作品展；与中央新影集团合拍电影《青葱岁月》正在积极推进上映播出，微电影《妈妈的爱情》获得第四届亚洲微电影艺术节金海棠奖，在第五届沂蒙文艺奖评选中获得二等奖1项、三等奖3项。

撰稿：徐开成

兰陵县残疾人联合会

【概况】 兰陵县残疾人联合会成立于1990年10月，位于兰陵县文峰路中段，现有在职人员14人，内设机构“五部一室”，一个直属单位，即：组织联络部、教育就业部、宣传文体部、康复部、维权部和办公室，直属单位残疾人劳动就业服务中心，是集代表、服务、管理三种职能于一体的综合性机关事业团体。

县残联主要职能：代表残疾人的共同利益，维护残疾人的合法权益，为残疾人服务；开展残疾人康复、扶贫、教育、劳动就业、职业培训、文化体育、无障碍设施和维权工作，创造良好的社会环境和条件，扶助残疾人平等参与社会生活；履行法律赋予的职责，承担政府委托的任务，管理和发展残疾人事业。

【康复工作】 2016年，县残联围绕残疾人康复服务需求，以完善康复站室建设和组织实施康复项目为重点，全面提升服务水平。一是为乡镇、村级康复指导站、康复站配齐了康复器具，分批次培训了乡镇、村、社区康复协调员、康复员。二是以0～6周岁残疾儿童抢救性康复为重点，精心组织实施各类康复救助项目，康复机构在训儿童达到167名，为13名听障儿童实施人工耳蜗手术，每例补助20余万，为400多名残疾人免费配发轮椅等辅助用品用具，为800名贫困残疾人免费实施白内障复明手术，为200名贫困精神病患者提供免费服药、25名贫困精神病患者免费住院治疗。三是扎实推进了县残联康复中心建设，与兰陵县中医院共同建设一处残疾人康复中心。

【教育就业工作】 2016年，县残联围绕残疾人精准脱贫工作，综合实施了“百千万残疾人就业创业扶贫项目”“助残致富奔康”工程、基地扶持实用技术拉动工程。创新残疾人精准扶贫工作方法，探索残疾人脱贫工作的新路子。与县扶贫办、农商银行协作，依托磨山镇德友、婴诺两家企业开展“红利富民贷”试点工作，为该镇建档立卡的521名贫困残疾人量身定制脱贫方案，政府监管、银行放贷、残疾人将贷款入股企业，残疾人户、镇政府、农商银行三方签订协议，其中295名符合放贷条件的残疾人享受入股分红，226名不符合放贷条件的由镇政府从两家企业统筹20万元救助。响应全民创业号召，全面开展残疾人电子商务培训和孵化基地建设工作。县残联年初即制定了《关于加强残疾人电子商务培训工作的实施意见》，县泳安网络科技有限公司、县华联技校共举办电商培训班五期，培训残疾人103名，一部分参训残疾人已网上开店并实现盈利。依托金淘网络科技有限公司建设残疾人电子商务孵化基地一处，目前该孵化基地设有培训室、产品展室、电商工作室及仓储包装大厅等，工作室已入驻残疾人10名。认真落实百千万残疾人就业创业扶贫项目，通过评选推荐市级以上基地4处，残疾人创业标兵和致富能手共4名。

【社会保障工作】 2016年，县残联认真落实残疾人基本养老保险、医疗保险和残疾人“两项补贴”等惠残政策，共为3.3万名持证残疾人代缴合作医疗费用，为3.2万名80岁以下残疾人购买人身意外伤害保险，为9050名困难残疾人发放生活补贴，为5205名重度残疾人发放护理补贴，为300余名残疾人提前五年发放了养老保险金。特别是在全县调整低保户的同时，协调县民政局将重度残疾人优先纳入低保户，将低保政策倾斜于残疾人，领取残疾人“两项补贴”人数大幅度提升。开展残疾人“阳光家园”计划，集中托养残疾人25名，为89名居家重度残疾人购买了居家护理服务。为120户残疾人家庭实施了无障碍改造，为326名肢体残疾人发放机动轮椅车燃油补贴。

【组织联络工作】 2016年，县残联健全基层残联组织，为600个行政村配齐残疾人专职委员，举行残疾人专职干事和专职委员培训班23班次，组织200名残疾人专职委员参加在线学习，有效提高了残疾人工作者的业务素质。优化办证程序，提高办证效率。结合市残联审批权限下放，优化和规范了办证程序，增加办证时间，缩短发证期限，为申请办证的残疾人提供“一站式”服务，继续与县检察院技术科联合实施“阳光鉴定”工程，邀请有关技术人员协助审核办证；用好残疾人流动服务车，组织开展了对生活不能自理的残疾人提供上门办证服务活动，共上门服务120余人次。2016年，共办理残疾人证3829件。认真开展残疾人基本服务状况与需求信息数据动态更新工作，掌握了3.3万名残疾人基本情况和需求。

【宣传文体工作】 2016年，县残联围绕丰富残疾人文体生活，坚持组织文体活动和体育赛事。精心策划残疾人文化周、助残日以及爱耳日等系列活动，组织助残志愿者队伍和县义工联盟人员经常性开展扶残助残活动，在残疾人较为集中的场所开展帮扶救助活动，拉近了与残疾人之间的距离，营造了良好的扶残助残氛围。继续完善残疾人运动员数据库。按照以住工作情况，结合在平时办理残疾人证时发现的适合参加体育运动的残疾人情况，进一步补充完善残疾人运动员数据库，今年以来，共补充优秀体育运动员7名，并保持联系，确保遇到体育赛事时能够拿的出用的上。积极发掘残疾人文艺人才，建立残疾人文艺人才库，先后推荐9名残疾人文艺人才参加上级残联举办的文艺汇演和书画展览比赛。

【维权工作】 2016年，县残联及时解决残疾人合理诉求，共办理“12345”热线诉求103件。做好残疾人信访维稳工作，认真处理残疾人来信来访及时答复解决。按无障碍改造标准为120户残疾人家庭实施无障碍改造，并为部分无障碍改造户发放电子门铃、盲杖、助视器、护理床等残疾人无障碍用品，为326名肢体残疾人发放机动轮椅车燃油补贴。

兰陵县红十字会

【机构设置】 红十字会下设办公室、业务科2个科室，配会长1名、常务副会长1名、副会长1名。

【应急救援】 现建有6支医疗救援队，1支户外救援队，配有必须的设备和专业技术人员，规范工作制度，定期培训演练，为对突发事件提供医疗救援服务。

【人道救助】 利用上级划拨和自筹两个渠道筹集救助资金，为弱势群体提供救助。开展“博爱沂蒙”募捐活动，提高救助资金储备；开展“春节送温暖”活动，救助贫困家庭；依托红基会，开展对少儿先天性心脏病、白血病的大病救助，共救助18名白血病和先心病患儿，救助额达52万元。

【救护培训】 开展应急救护培训进农村、进社区、进学校、进厂矿、进机关、进军营的“六进”培训活动，提高人群在突发事件中的自救互救能力。

【无偿献血】 县无偿献血委员会办公室设在红十字会，开展无偿献血的宣传、发动、组织工作。开展县应急血库的组织、调配；开展乡镇街道无偿献血。保障临床用血100%来自无偿捐献。2016年推动全县乡镇无偿献血一次。

【造血干细胞捐献】 招募造血干细胞捐献志愿者，充实中华骨髓库储备，为白血病、再障患者提供干细胞移植供体，2016年造血干细胞采样100例。

【遗体器官捐献】 根据自然人生前自愿表示在死亡后将遗体的全部或者部分捐献给医学科学事业的意愿，依法给予登记，并最终有其执行人执行；基于个人生前的意愿或家属的同意，依法将脑死亡患者的的器官，以无偿捐赠的方式，赠给濒临死亡、等待移植的病人，让他们的生命得以延续。2016年遗体捐献登记1例；造血干细胞高分辨配型3例。

军　事

地方军事

【概况】 2016年，兰陵县人武部认真贯彻上级关于加强民兵预备役建设的一系列指示精神，围绕建设全面过硬的一流人武部工作目标，深化学习强素质，着眼长远打基础，聚焦目标创品牌，改进作风抓落实，各项工作呈现了协调发展、稳步上升的良好势头。

【思想政治建设】 围绕学习贯彻习主席系列讲话精神，思想政治建设不断加强。坚持党委中心组带机关理论学习制度，落实周五政治教育日制度雷打不动；扎实开展"两学一做"学习教育和"改革强军"主题教育活动，深入抓好军队改革中思想政治建设，着力培育党员干部"四铁"精神，切实打牢理解、支持改革的思想基础；注重新闻报道工作，年度在省级以上媒体上稿30余篇；坚持国防教育常态化，扎实开展国防教育日和征兵宣传赶大集、入社区、进校园、上广场等活动，较好地达到了扩大影响、增强意识、营造氛围的目的，为完成征兵任务奠定了社会舆论基础。

2016年6月，兰陵县组织民兵应急分队进行防汛演练

【战备训练】 按照"能打仗、打胜仗的"要求，军事训练质效不断提升。突出抓好了首长机关训练，狠抓基层专武干部训练考核工作，坚持每月召开一次专武干部例会，坚持定期组织封闭式集中训练。采取训考结合、集训分训结合等方式，迅速提高军事素质，人武部被临沂军分区表彰为军事训练先进单位。4月份，分两期组织了县民兵应急连进行了为期一周的维稳课目集训，取得良好效果。6月份，联合县水利局，组织应急分队防汛演练，受到了省水利厅、军分区的一致好评。

【国防动员工作】 坚持按照"一季征兵、全年准备"的要求，围绕"完成任务无退兵"这个目标，广泛开展征兵宣传发动，积极营造浓厚氛围。年内分别在2个乡镇召开了全县"兵役登记工作现场会"，组织基层武装部长和机关人员现场观摩，规范程序、提高标准，县兵已登记率始终保持全市第一。征兵过程中，各部门按照职责分工抓落实，认真把好政考、体检和役前教育等各个关口，坚持廉洁征兵，顺利完成了年度新兵征集任务。

【后勤保障工作】 积极开展创建节约型军营活动，坚持把有限的经费重点保障军事训练、国防教育、兵员征集、民兵应分队建设等中心工作。严格落实财务管理规定，坚持党委理财，一支笔审签、主管双签、联审会签等制度。进一步完善征兵体检站配套设施，保障了征兵工作顺利完成。新建县民兵训练基地已装修完毕，待完善配套设施，准备投入使用。

【安全管理工作】 坚持依法治军、从严治军，坚持从抓学习教育、抓建章立制、抓安全管理、抓点滴养成入手，不断加强机关正规化建设。严格落实安全管理制度，扎实开展“百日安全竞赛”“五项整治”等活动，坚持每月召开一次安全形势分析会，开展一次安全预防教育，坚持定期组织安全隐患大排查，制定措施，限期整改。不断强化重要岗位人员的管理教育，确保重点岗位和重要工作安全无事故。

【拥政爱民工作】 认真贯彻落实习主席关于“老区部队要为老区建设作贡献”的指示精神，派驻两名专武干部任职“第一书记”驻村帮扶，拨付3万元用于整修村居基础设施。组织机关干部职工重点帮扶了庄乌镇78户贫困群众，年内组织两次入户走访帮扶。积极开展献爱心活动，连续第8年组织干部职工进行“慈心一日捐”活动，累计捐款3万余元。广泛开展群众性精神文明创建活动，发动民兵积极参与菜博会安保、主动承担创建卫生城市等工作，努力争当服务大局的排头兵。扎实开展“接亲连心”干部直接联系服务群众、军人军属维权等活动，进一步强化了干部职工宗旨意识，密切了军政军民关系。

【《兰陵县军事地理志》初稿编纂完成】 军事地理是一定地区与军事活动关系密切的地理环境，是军队指挥作战、行军的地理依据。为了夺取战争的胜利和保障军事行动的顺利进行，用兵者都需要竭尽全力进行相关的军事行动区地理环境的勘测、调查、研究、分析，力图认识、改造和运用地理条件，从而在战事中趋其利避其害，扬长避短，克敌制胜。

《兰陵县军事地理志》的编纂，根据全军统一部署和山东省军区、临沂军分区具体领导下编纂而成。每一个市、县、区各编纂一部军事地理志，其主要目的为国防与军队建设，为新时期军事斗争作准备和实现强军目标服务。

《兰陵县军事地理志》共分6篇、24章、67节，另收录军事地理人物，前有概述、大事记，后有附录，计40多万字。

《兰陵县军事地理志》的编纂，涉及面广、量大、时间紧，编写人员广泛征集资料，先后征集80多个部门、单位资料、图表、照片，经精心梳理，悉心编写，先后五修篇目，三易其稿，历时7个月，于2016年12月完成初稿。

人民防空

【概述】 兰陵县人民防空办公室在县委、县政府的坚强领导下，认真贯彻落实党的十八大和十八届三中、四中、五中、六中全会精神，积极深入开展“两学一做”学习教育，坚持“长期准备、重点建设、平战结合”的人防工作方针，认真履行职责，扎实干事创业，人防工程建设总量大幅提升，应急指挥体系建设全面推进，人防宣传教育更加深入，人防依法行政更加规范，机关准军事化建设成效明显，人防各项重点工作得到全面发展。

【人防工程建设和管理】 按照上级关于加强人

防工程建设的工作要求，兰陵县人民防空办公室抢抓机遇，积极作为，严把设计关、审批关和质监关，全力抓好社会结建防空地下室的建设和管理工作。防空地下室建设面积稳步上升，全年共审批报建社会结建防空地下室10万多平方米，竣工验收备案2万多平方米；建成了县级人防指挥中心，对优化城市地下空间开发利用起到了积极作用。

兰陵县人防工程总量和建设质量近两年在全市各县中均处于领先地位，得到省、市人防部门的高度认可。1月22日，全市人防工程建设观摩交流会在兰陵县召开；在6月23日召开的全省人防工程建设管理工作现场会上，兰陵县做了典型发言。

【指挥体系建设】 人防应急指挥体系建设全面推进。一是积极推进县级人防指挥平台建设。兰陵县人防地面指挥中心已投入使用，指挥系统建设完备，各项功能齐全，视频会议系统与上级实现了互联互通；二是加强电台管理和防空警报网建设。年内更新电声防空警报器2台，注重加强警报器维护检修工作，保证防空警报系统随时待命，顺利完成第14次防空警报试鸣工作；三是认真抓好疏散体系的规划和建设。按

2016年1月22日，全市人防工程建设观摩交流会在兰陵县召开

照国家和省、市有关要求，规划在金岭镇建设人防疏散基地1处，已签定土地流转合同，完成初步规划，下一步将积极争取各方支持尽快投入建设。

【人防宣传教育】 人防宣传教育更加深入。征订《中国人民防空》杂志向县委、县政府、县人武部有关领导赠阅，争取领导的工作支持；积极向有关报刊杂志投稿，大力开展人防通讯报道工作；10月份联合县教体局在全县29所初级中学初二年级开展人防知识教育，发放教材12000余份，开课率达到100%；编印《兰陵县防空防灾知识读本》（第3版）1万余本，向机关、企事业单位、学校和广场等人员密集场所广泛发放，采取广播、电视、宣传橱窗、散发宣传资料和手册等形式，不断扩大人防宣传面，形成全社会关心支持人防事业的良好局面。

【人防依法行政】 兰陵县人民防空办公室认真贯彻“以建为主，以收促建”的人防建设方针，切实加强人防工程建设管理。对确实不宜修建防空地下室的项目严格按照标准足额征收防空地下室易地建设费，全年共有4个项目缴纳易地建设费210余万元。易地建设费纳入县政务大厅集中收费范围，作为城市建设配套费前置审批条件，由财政部门统一征收管控，保证应收尽收，极大提高了行政效能。定期组织人防行政执法，对全县建筑项目进行拉网式大排查，与规划局、房管局等部门加强沟通联系，详细掌握城区建筑项目情况，做到底子清、数据明。

【“准军事化”机关建设】 按照人防部门“政治坚定、业务精湛、纪律严明、作风过硬、廉洁高效”的准军事化建设标准，大力加强人防队伍的思想、组织、业务和作风建设。按照上级部署认

真组织开展“两学一做”专题教育，大力加强人防干部队伍的政治理论和业务知识学习培训，不断提升干部队伍的整体素质和能力水平。坚持开展勤政廉政教育，组织全体干部职工签订廉政勤政承诺书，通过开展反腐败负面典型教育、现场教育等方式筑牢干部职工廉政建设思想防线。认真开展干部作风纪律整顿，不断强化人防干部队伍的政治责任感和爱岗敬业精神，树立起人防队伍的良好形象。

【“第一书记”选派任职工作】 兰陵县人民防空办公室第二批“第一书记”驻村帮扶工作取得优异成绩，被县委县政府表彰为“全县第二批选派第一书记工作先进单位”，第一书记郭昌华被临沂市委市政府表彰为“表现突出的第一书记”，副书记房亮亮被县委县政府表彰为先进个人。工作组进驻金岭镇夏庄村后，牢记使命重托，围绕选派机关干部到村任职“四个好”的总体目标，扎实开展帮扶工作。紧紧依靠全村群众，团结带领党员干部，建立健全村级两委班子，先后实施了道路硬化、户户通自来水、村民休闲广场建设、金针菇种植基地改造提升、引进光伏发电项目等帮扶工作，使该村实现了后进变先进，村容村貌有了明显改善，使群众真正得到了实惠。

撰稿：郭昌华　房亮亮

法　治

法治综述

【概况】 2016年，兰陵县政法工作在县委、县政府的正确领导下，以提升人民群众安全感满意度为目标，全面落实社会治安综合治理和维护社会稳定的各项措施，扎实推进平安兰陵建设、综治“雪亮工程”建设、矛盾纠纷排查化解、政法队伍建设等各项重点工作，为全县经济平稳较快发展，群众安居乐业提供了坚强保障。

【服务和保障社会经济发展】 2016年是“十三五”规划的开局之年，也是决胜全面小康的开局之年，全县政法机关始终按照围绕中心、服务大局的要求，自觉增强“四个意识”，切实提升服务和保障社会经济发展能力。不断深化平安兰陵和法治兰陵建设，创新社会管理，优化发展环境，全县治安防控体系更加巩固，群众安全感不断提升，有效维护了社会大局稳定，为经济社会发展创造了良好环境。

【平安建设工作】 围绕提升群众安全感这一工作中心，坚持把打击各类违法犯罪作为提升群众安全感满意度的首要任务，深入开展了“打击防范入户盗窃等突出违法犯罪集中行动”“打侵财扫毒害”攻坚行动等专项行动，有力震慑了违法犯罪行为。2016年，全年立查刑事案件2296起，破获刑事案件1924起，抓获违法犯罪嫌疑人4166人，其中刑事拘留1287人，逮捕616人。坚持人防、物防、技防、信息防“四防合一”，进一步压缩违法犯罪时间和空间，城区各类案件同比下降45%。继续组织开展“镇干部带班、相邻村干部参与、联村联防”治安巡防和夜间查岗活动，督促基层治安防范措施落到实处，有效压减了可防性案件的发生，人民群众社会治安安全感大幅提升。2016年，在省公安厅组织的县区公安机关安全感调查中，兰陵县排名全省第73名、全市第7名，创造了历史最好成绩。

【综治“雪亮工程”】 兰陵县坚持把全面实施综治“雪亮工程”作为提升综治信息化水平的重要载体和平安建设的重点工作，大力推进综治“雪亮工程”建设，推进各级综治中心实体化、规范化运行。2016年新设县级综治中心一处，综治信息平台308个，18个乡镇（街道、开发区）按照“四室一厅一平台”的标准完成了综治中心规范化建设提升。同时，坚持边建设边联网，将已经建成的视频监控接入各级信息平台，确保工程建设早日为社会治安管理和社会稳定提供服务。

【矛盾纠纷排查化解】 进一步完善人民调解、行政调解、司法调解、社会调解工作格局，县公安局、县法院、县检察院分别在县人民调解中心设立公调、诉调、检调对接工作室，派驻专门工作人员值班，实现司法调解和人民调解的直通对接。探索创新了邀请县人大代表、政协委员、人民陪审员等参与矛盾纠纷调解的“公开调处评议现场会”做法，我县矛盾纠纷多元化解做法在全市推广。2016年，县人民调解中心共接待来信来访群众2868人次，法律咨询1578件，立案调解1290件，调处成功1045件，有效预防了“民转刑”案件的发生。

【队伍建设】 坚持以“两学一做”教育活动为抓手，不断加强政法队伍党的政治思想教育、组织纪律教育、社会主义法治理念教育，坚持“请进来”和“走出去”相结合的方式大力加强政法队伍教育培训，全面提升政法队伍整体素质。扎实推进司法责任制改革首批法官、检察官入额考试考核工作，成功遴选入额法官54名，检察官38名。

政府法制

【依法行政工作】 为进一步深化我县依法行政工作、加快法治政府建设，县政府办公室于2016年4月份印发《2016年全县依法行政工作要点》（兰陵政办发〔2016〕12号），在强化依法行政工作统筹规划和组织推动，落实依法行政保障措施等方面作出部署要求；县委、县政府于2016年8月份将“法治建设”纳入本年度全县科学发展综合考核，我局负责具体实施“依法全面履行职能”“严格规范公正文明执法”两事项的考核，考核结果纳入科学发展综合考核成绩。坚持领导干部集体学法制度，组织开展3次全县领导干部集体学法报告会，提升了领导干部运用法治思维和法治方式开展工作的能力和水平。认真落实县政府重大行政决策规定，严格执行公众参与、专家论证、风险评估、合法性审查和集体讨论决定的法定程序，2016年，法制局全程参与县政府重大行政决策事项2件。续聘3名县政府法律顾问，完善政府法律顾问工作机制，由其代理县政府参加一般行政复议、行政诉讼和民事诉讼，维护县政府的合法权益，并为县政府的重大决策等提供法律意见。积极推进县政府部门和乡镇政府法律顾问制度建设。

【规范性文件管理】 一年来，审查规范性文件3件、各类合同7件、其他文件10件，切实做到有件必审、有审必备。一是提高规范性文件制定水平。严格执行规范性文件合法性审查、“三统一”和有效期等制度。加强对规范性文件制定工作的指导，积极参与起草重要的政府规范性文件草案。要求县直部门（单位）在制定重要的部门规范性文件之前，开展公开征求意见、调研论证、听证等活动，提高社会公众参与程度，增强该文件的可行性和可操作性。二是强化规范性文件监管。严格落实规范性文件备案登记、公布、情况通报和监督检查等制度，及时公布已出台的政府及部门规范性文件。加大规范性文件备案审查力度，对政府及部门的规范性文件进行严格管理。三是完善规范性文件清理机制。建立文件有效期预警机制，根据全面深化改革、经济社会发展需要，以及上位法制定、修改、废止情况，及时清理规范性文件。

【行政执法监管】 深入贯彻落实《山东省行政执法监督条例》和《山东省人民政府办公厅关于改进和加强行政执法工作的意见》，建立健全全县的行政执法监督体制机制，严格执行行政执法听证主持人资格认证制度，加大行政执法监督力度，切实维护群众合法权益。各行政执法部门严格执行重大行政执法决定法制审核制度和行政执法裁量基准制度。严抓行政执法案卷评查工作，10月14日印发全县2016年度行政执法案卷评查通知，10月24—26日集中力量对相关执法部门报送的行政处罚案卷进行评查，共评查出四大类问题30项。评查结果报县政府主要领导、分管领导和单位主要负责人，在全县进行通报，并纳入本年度依法行政考核成绩。二是规范行政执法行为。强化科技防腐行政处罚系统应用，逐步实现对行政处罚行为的全过程监督。严格行政执法程序，细化执法流程，明确执法步骤、环节和时限，增强行政执法透明度。改进行政执法方式，坚持教育与处罚并重原则，通过建议、提示、解释、告诫或制发执法建议书等方式，引导行政管理相对人自觉守法。三是严把行政执法主体和行政执法人员资格关。严格行政执法主体资格管理，完成行政执法主体资格清理和审核公告。6月份对全县行政执法人员进行一次严格清理，共清理注销行政执法证件169个。严格执行行政执法人员资格认证和证件管理制度，全面推行网上考试和网上资格管理，今年新办证127人、通过年审403人。落实行政执法人员培训和考核机制，未经行政执法资格认证并培训考试合格的，不予办理行政执法证件，不得从事执法活动。

【行政复议应诉】 今年共收到39起行政复议申请，行政纠纷主要涉及行政处罚和政府信息公开等方面。办结的案件均有效化解了行政争议。一是创新行政复议工作机制。从组织机构、案件受理、审理（调查、取证、听证）、复议决定、档案管理、监督指导、保障措施、制度建设等方面进行全面规范，创新案件审理机制，不断提高行政复议案件质量，深入推进我县行政复议规范化建设。6月16日，我局组织举行了全市依法行政工作创新项目观摩座谈会。市法制办领导、各县区法制办负责人等与会人员到法制局对全县依法行政工作创新项目进行了现场观摩，对全县开展的行政复议创新项目取得的成效给予充分肯定。二是加强行政复议听证工作。为了增强行政复议的透明度和公信力，促使行政机关及其执法人员在公开的状态下接受监督，严格依法办事，我们注重公开办案，按照听证程序对今年15个复杂案件全部进行了听证，扩大了公众的知情权，也有利于相关执法部门行政执法行为的改进和行政执法水平的提高。三是有效推进行政调解。通过行政复议立案时的审前调解、和解和办案过程中的听证调解等多种方式，提高行政调解效率。加强行政复议与信访、行政诉讼、民商事仲裁等纠纷解决机制有效衔接配合，推动行政调解与人民调解、司法调解有序对接。今年有效调解了3起案件，成功化解了行政纠纷。四是着力提高行政应诉能力。一方面，抓“关键少数”。行政机关负责人是法治政府建设的“关键少数”，承担着推进依法行政、建设法治政府的重要职责。今年以来，法制局深入学习贯彻落实《全市行政应诉工作规定》，按照“谁主管、谁出庭；谁负责、谁应诉”的原则，不断推进行政机关负责人积极依法履行出庭应诉职责。9月22日省政府组织的“百名厅（局）长庭审观摩”体验活动，省高级人民法院将我县卞庄街道的12名上诉人诉县政府房屋征收行政诉讼案作为典型案例，举行了一次特别庭审。全省17市分管副市长、33个省直部门负责人、125名县区分管副县区长等共200余人参加了本次庭审观摩培训。兰陵县副县长积极履行出庭应诉职责，出庭应诉且“出庭发声”，面对面倾听群众呼声，面对面宣传法律法规和国家政策，对有效化解行政争议起到重要作用。兰陵县行政机关负责人出庭应诉工作，获得省、市法制办的充分肯定，认为兰陵县基层依法行政工作规范、合法，经得起考验，应诉行政负责人法律意识强，应诉水平高。省电视台、报纸、网站以及相关官方微信平台等新闻媒体对本次庭审进行了报道，在社会上引起良好反响，达到了预期的社会效果和法律效益。另一方面，抓“应诉队伍”。建设一支与行政应诉工作任务相匹配的人才队伍，加强经费、装备、车辆和其他必要工作条件的保障力度；组织行政复议人员参加业务能力培训，增强行政应诉能力；强化责任意识和担当意识，对经行政复议又起诉的案子，办案人员勇于出庭应诉；经常性旁听法庭庭审活动，进一步了解庭审流程和规则，全面提升应诉能力。

撰稿：钱庆云

公　安

【综述】 2016 年，全县公安机关和全体公安民警在县委、县政府和市公安局党委的正确领导下，紧紧围绕年初确定的整体工作思路，深化公安改革，抓实“四项建设”，创新发展，务实奋进，圆满完成了各项公安保卫工作任务，大幅提升了群众安全感满意度，为全县经济社会平稳健康发展创造了平安稳定的治安环境。省委常委、省委政法委书记张江汀，市委副书记、市长张述平，市公安局党委副书记、政委侯献合等领导先后到县公安局调研指导工作，对兰陵公安工作给予了高度评价。县局先后被市委、市政府授予“人民满意政法单位”称号，以综合考核第四名的成绩被市公安局评为“2016 年度优秀公安局”。群众安全感调查结果在全省 140 个分县局中排在第 73 名，同比 2015 年的第 111 名提高了 38 个位次，在全市也首次排在各分县局第 7 名，创造了兰陵群众安全感调查成绩历史新高。

【政治维稳】 始终保持对敌斗争高压态势，全面加强特殊群体、重点人员稳控工作，谈话训诫涉军人员 3 人、训诫教育发布不良网贴人员 15 人，预防制止各类非法活动及不安定苗头 34 起，全县没有发生危害国家安全和社会稳定的问题。

【公安信访】 坚持局领导公开接访、中层单位负责人参与接访，定期参加“行风热线”直播节目，及时约谈重点信访人员，畅通了信访渠道；坚持攻坚克难，综合运用各种工作措施，化解信访矛盾和信访积案 59 起，其中上级交办的重点案件 8 起；依法维护正常信访秩序，抓获非访人员 34 人，其中刑事拘留 11 人、行政拘留 23 人。县局信访科被公安部命名为“全国公安信访窗口示范单位”。

【网络安全监察】 大力加强网络安全监管工作，先后召开了网吧管理工作会议、网络信息员评论员座谈会，制发《网安信息快报》417 期，处置有害舆情信息 800 余条，提升了网络舆情管控和引导能力。进一步加强网上舆情监测，做到处理、引导、管控“三同步”，先后处置涉兰涉警重大舆情 62 起、妥善处理了张某网上约架等 7 起网络群体性事件。着力构建打击整治网络违法犯罪长效机制，共主侦和协侦网络传播淫秽物品、网络赌博、侵犯公民个人信息等案件 21 起。兰陵网安工作经验在全省网安工作会议上作书面交流。

【严打整治】 始终把打击违法犯罪工作放在首要位置，相继开展了“打击防范入户盗窃等突出违法犯罪集中行动”“打侵财、扫毒害”攻坚行动、打击“盗抢骗”专项行动、“反骗扫毒追逃”专项行动和平安兰陵建设“百日集中整治”行动，取得了显著战果。全年共立查刑事案件 2296 起，破获各类刑事案件 1924 起，抓获违法犯罪嫌疑人4166人，其中刑事拘留1287人，逮捕616人；查处行政案件1046起，行政拘留1315人；打掉犯罪集团82个，抓获团伙成员316名。坚持"六长"靠案和"四侦"同步上案制度，发生的7起现行命案，均在短时间内侦破。侦破了北部乡镇入室盗窃、抢劫、强奸案件，东南部乡镇系列盗窃农户大蒜案，破获了"3·24"向城镇苏圈村过失放火案、"4·5"兰陵镇南王庄村恶性伤害案等案件。

加强专业化打击体系建设，在全市率先建成了食品药品与环境快检技术室，快速侦办了矿坑镇南坡村使用废旧电瓶炼铅、磨山镇政府驻地王某某熟食店生产销售不符合安全标准食品等57起食药环领域违法犯罪案件，有效保护了群众身心健康。

【禁毒工作】 扎实开展扫毒攻坚行动，突出抓好"逢嫌必检"、易制毒化学品管控、查封毒源等工作，集中踏查非法种植罂粟，开展"无毒青春、健康生活"主题宣传，先后打掉宋某远等人贩卖毒品团伙、张某华等人吸贩毒团伙，刑事拘留涉毒犯罪嫌疑人55人，新发现吸毒违法人员133人，强制隔离戒毒46人，收缴毒品及吸毒工具一宗，禁毒工作总成绩排名全市第三。

【侦防电信网络诈骗】 针对各类电信诈骗案件持续高发的实际，召开治理电信网络诈骗犯罪工作联席会议，成立反电信网络诈骗犯罪中心，集中培训侦办联络员，应用上级快速止付平台，帮助群众挽回重大经济损失；开展打击电信网络诈骗违法犯罪集中攻坚行动，先后破获河南省武陟县籍犯罪嫌疑人贾某实施网络诈骗等多起信息诈骗案件。牵头成立了兰陵县反信息诈骗联盟，制发了《致全体中小学生和学生家长的一封信》，广泛宣传防骗知识，有效提升了群众防骗意识。

【治安防控】 坚持人防、物防、技防、信息防"四防合一"，努力构建城区车组化、农村区域化、"雪亮工程"无缝隙化、防范信息传播即时化的"四化"立体治安防控体系，进一步压缩了违法犯罪时间和空间，群众安全感满意度全面提升。通过各种形式的巡防共抓获违法犯罪嫌疑人316名，全县刑事案件同比下降10.32%。

【交通安全管理】 深入开展"对生命安全负责、向交通事故宣战"、交通安全五项集中整治、打击危险驾驶犯罪专项行动，共查处交通违法行为289995起，受理各类交通事故10883起，刑事拘留156人，逮捕81人，行政拘留285人，机动车注册21161台，增设电子卡口34套、信号灯12处、施划道路标线152.1公里，全县没有发生重特大交通安全事故。

【监所安全管理】 高度重视监所安全管理工作，局主要领导每月"当一天看守所所长"，改造升级了提审室、视频监控系统、燃气取暖设施，县中医专业医护人员进驻值班，共收押犯罪嫌疑人、被告人1200余人，月均在押量450人，实现了连续27年安全无事故；拘留所继续抓实"三项重点工作"，共收拘1458人，开展集体教育160次、个人谈话302人次，确保了"双安全"。监管工作经验被《临沂公安简报》刊发推广。

【民生警务】 全面贯彻落实公安部出台的简化优化服务流程方便群众办事创业的28项措施，扎实做好"放、管、服"等各项工作。大力推进户籍制度改革，全年共办理出生登记35386人，办理户口迁移14100余项、居住证653张，恢复补录户口1467人，清理纠正户口登记项目差错2796项，注销疑似问题户口964人。严格出入境管理，建成了制证室，认真做好“窗口”服务、“三非”外国人清理、“双报备”等工作，共受理审核公民出国（境）申请11700人次，同比增长13%，其中因私护照6386人次、港澳游4300人次、赴台931人次；办理外国人居留许可8人次、普通签证3人次、住宿登记871条；更新录入特殊身份人员备案信息1123名，法定不准出境人员信息1581名；查办涉外案件7起，处理8人，遣送非法入境1人。

【创满意工作】 把创满意工作作为贯穿全年的重点工作来抓，多次召开局党委会、督导推进会研究部署，每周一次视频调度、会商研判、督办检查民生警务重点案件，做实110接处警、“窗口”服务和案件回访等工作，突出抓好警务评议、12345政府热线和9600110民生诉求件受理，共受理群众诉求17885件，办结率达到98.62%、满意率达85.74%。

【过硬队伍建设】 扎实开展“两学一做”学习教育，全体党员民警认真学习党章、党规和习近平总书记系列重要讲话及十八届六中全会精神，组织民警赴“苍山暴动”纪念馆、费县大青山胜利突围纪念馆开展党性教育，夯实了全体民警的党性修养和纪律观念，筑牢了政治意识、大局意识、核心意识、看齐意识。建成了县局党建工作室，拓展了教育阵地。扎实开展“结亲连心”入户走访和“三问三清”扶贫攻坚、“慈心一日捐”“青年文明号助千家”结对帮扶脱贫、“第一书记挂职”等爱民助民活动，结对走访群众13241户，精准扶贫1092户，捐款捐物折款8万余元，帮助群众解决实际困难2100余件，进一步和谐了警民关系。

撰稿：李　发

检　察

【概况】 2016年，兰陵县人民检察院在县委和上级检察机关的正确领导下，在县人大、县政府、县政协及社会各界的监督支持下，认真贯彻党的十八大和十八届历次全会精神，深入学习习近平总书记系列重要讲话精神，紧紧围绕“强化法律监督、维护公平正义”的检察工作主题，不断强化法律监督职能，努力提高法律监督能力，各项检察工作都取得了新的进展，为维护兰陵社会的和谐稳定，促进县域经济社会快速健康发展做出了积极的贡献。

【查办职务犯罪】 共立查职务犯罪案件21件29人，涉及科级干部7人，办案人数、级别、窝串案数量等指标均居于全市前列。比较典型的是：反渎部门在县扶贫开发办立查原开发办主任陈某等贪污渎职窝案4人，在农业综合开发办立查张某、王某、张某3名班子成员渎职贪贿窝串案；反贪部门在地税局查办原稽查分局局长王某等贪贿窝案5人，在巩坑镇查办原财政所所长朱某等挪用财政专款和税收款项窝案6人，在车辋镇查办侵吞社会抚养费窝案5人。这些案件的查办，群众关注度高，社会反响强烈，有效震慑了违法犯罪，教育了党员干部。此外，还根据市院指定，成功起诉了莒南县原政协副主席庄某某受贿、贪污、挪用公款案；协助市院办理了淄博市原政协副主席王某某贪污受贿案，为侦破案件发挥了重要作用，受到市院和省院领导高度评价。

【打击刑事犯罪】 共批准逮捕各类犯罪嫌疑人529人，提起公诉802人。依法从严打击严重暴力犯罪、多发性侵财犯罪、毒品犯罪、黑恶势力犯罪等严重刑事犯罪，共批准逮捕故意杀人、重伤害、强奸等严重暴力犯罪案件22件27人，批捕“两抢一盗”、寻衅滋事犯罪案件98件127人，批准逮捕贩毒制毒犯罪案件22件26人，社会治安状况连续多年好转。积极参与全县非煤矿山、交通秩序、治安突出区域等多个专项整治活动。如针对涉众型经济犯罪和证券期货领域犯罪多发问题，抽调业务骨干研究法律适用问题，提前介入引导侦查办案，从快批捕了向城镇非法吸收426户村民2440余万元存款的高某案等非法吸收公众存款案件5件5人，有效震慑了犯罪，挽回了群众损失，防范了金融风险，维护了市场经济秩序和社会稳定。

【诉讼监督】 着力强化刑事诉讼监督，共监督立案11件20人、撤案4件4人，追捕漏犯6件8人，追诉漏犯20件24人，纠正侦查活动违法案件13件14人，提出刑事抗诉2件6人，2名生产、销售不符合安全标准食品的犯罪嫌疑人因被追捕受到刑事责任追究；扎实开展羁押必要性审查，共开展捕后羁押必要性审查42件47人，全部建议侦查机关变更强制措施，有力增强了监督实效；加强民事行政诉讼监督，共办理执行监督、审判程序监督、行政执法监督、支持起诉等案件71件，增强了群众对公正司法的信心；巩固驻看守所检察室“全国一级规范化检察室”创建成效，共办理刑罚执行、监管活动监督案件7件，社区矫正监督案件7件，发现并纠正发生在羁押、减刑假释、监外执行过程中的违法行为4件，促进了监管教育改造和监管场所安全；加强控告申诉检察监督，妥善办理刑事申诉案件6件、举报初核案件4件，群众诉求服务中心顺利通过“全国文明接待室”的检查验收。

【检察官入额工作】 严格贯彻中央、省市县委和上级院的决策部署，扎实对改革涉及的检察人员分类管理、构建公正高效的检察权运行机制、完善司法办案监督考核机制、统筹推进人财物统一管理等四项内容进行广泛动员部署，让干警了解改革内容，明确改革的重要目的意义，积极参与并支持改革，并以遴选出员额检察官作为全面推开司法责任制改革的基本标志。今年10月首批检察官入额工作全面启动，县检查院根据工作实际迅速制定《全面推开司法责任制改革首批检察官入额考试考核考察工作方案》并报市院审核通过。工作中周密部署，稳妥推进，截至目前，圆满完成了入额检察官的考试、考核、考察工作，共遴选出入额检察官候选人45名。遴选过程中干警队伍思想稳定、工作秩序井然，切实做到了“改革任务要完成，队伍思想要稳定，检察工作要上去”。

【机关作风建设】 坚持从严治检不动摇，严格落实“两个责任”，充实完善党风廉洁建设主体责任和监督责任的具体措施，以铁的决心打造铁的队伍。组织开展纪律作风提升月活动，3次组织干警去蒙阴孟良崮、费县大青山等红色教育基地开展教育，锤炼干警党性，坚定理想信念。制定《兰陵县人民检察院检务督察工作实施细则》，充实检务督察委员会力量，采取明查、暗访等方式，对干警八小时内外行为进行不定时抽查监督；建立周督察制度，每周由一名班子成员带队，从检察长开始，对全院干警在岗履职情况进行督察，并当天发布督察通报，月底进行汇总，督察结果纳入干警所在部门和个人年底绩效考核成绩。深化外部监督向内部监督转化，利用走访调查、问卷调查等多种形式，了解、收集检察人员违纪违法信息和对检察工作的相关意见、建议；建立微信“365社会监督圈”，将3名驻地人民监督员、6人大代表、5政协委员和部分特约检察员加入微信群，及时听取意见建议，引导广大干警在自觉接受社会监督中转变作风、树立良好形象。一年来，4次专题向县人大、县政协汇报工作，3次向人民监督员和特约检察员通报专项工作，检察工作赢得了社会各界的广泛支持和赞誉。

【优化队伍素能】 牢固树立“抓好党建工作就是最大政绩”的思想观念，坚持党建引领队伍建设，制定《关于加强新形势下机关党建工作实施意见》，扎实开展“两学一做”主题教育活动，采取邀请全国优秀共产党员王传喜作报告、学习讨论交流和个人自学等方式，使党员干警在理论学习中增强思维能力、在对照检查中增强辨别能力、在整改落实中增强执行能力，为各项检察工作持续走在全市前列提供了坚强组织保障。完善《“周末课堂”实施方案》，对学习目标、学习内容、学习形式予以细化，每季度对学习情况进行专项考核，既注重学习过程推动，更注重学习效果运用，在全院切实形成了随时学、广泛学、快乐学的浓厚氛围，共组织集体学习36期。分两批组织干警赴北京大学和浙江大学开展素能培训，开拓了干警视野、增长了干警才识，干警普遍反映收获多、受益深。林超、王慧两名同志成功入选全市检察机关人才库，宋炎炎同志被表彰为“第一届全国未成年人检察业务标兵”，李树德、宋炎炎两名同志当选首届“沂蒙人民最喜爱的检察官”。在全省首批检察官入额考试中，我院干警取得了个人最高分全省第一和平均分全省第一的优异成绩。

【创新服务】 *一是在服务大局上务求精确。*制定并实施了《关于充分发挥检察职能服务全县精准扶贫开发工作的实施办法》，提出为精准扶贫开发工作提供有力司法保障的10项措施，综合运用打击、预防、监督、教育、保护等职能，依法保障县委精准扶贫决策部署的全面实施、顺利推进，先后在扶贫开发领域查办职务犯罪窝串案7人，切实体现办案考虑发展，履职贯穿服务。注重从妨碍发展的部门和行业查找案源，在影响稳定的领域和单位查办案件，先后在群众关心的社会抚养费征收、小麦直补等领域查办窝案11人；针对社会关注度高的食品药品安全问题，与卫生、药监等6个行政执法部门共同探讨执法机制问题，进一步完善《关于办理危害食品、药品安全刑事案件若干问题的意见》，统一执法思想，强化打击和预防工作；围绕换届选举工作，强化对党员干部的监督教育，开展法制宣传11次，发放宣传材料6700余份，营造了风清气正的换届环境。

*二是在服务群众上务求实效。*坚持一体化解决群众诉求，对受理的297件群众来信来访、106件民生检察服务热线反映事项全部高质量办结。注意理性办案，引导故意伤害、交通肇事案件当事人予以刑事、民事和解24件，最大限度地增进社会和谐。加大对刑事被害人救助力度，积极为被害人提供释法析理、维权咨询、心理疏导、救助救济等多种形式的帮助，先后为19人发放司法救助金10万元，让他们尽快恢复了正常的学习和生活。注重从源头上预防和减少青少年学生犯罪、受侵害案件的发生，保障青少年学生健康成长，与县教体局会签《“检校共建”活动实施意见》，创建了全省首家流动式青少年法制教育基地，实现了法制教育基地由“定点”到“流动”的转变，并主动邀请县人大、县政协视察指导工作，积极听取意见意见，不断丰富教育形式、充实基地内容。在兰陵二中、三中、实验中学、泉山实验中学等初级中学开展教学实践6次，2万余名学生受到教育，受到

家长和在校师生的一致好评。未检科被高检院表彰为“对未检工作作出突出贡献的集体”。

审　判

【刑事审判】 兰陵县人民法院针对刑事审判的特点，坚持宽严相济的刑事政策，与公安、检察机关密切配合，有效打击各类犯罪。依法打击涉枪涉爆涉毒、拐卖妇女儿童、性侵儿童、两抢一盗犯罪，危害食品药品安全、环境污染等案件；严厉打击职务犯罪，依法从严惩处腐败犯罪，加大对行贿犯罪的惩治力度，营造崇廉尚洁的良好社会风气。2016 年度，刑事案件旧存 179 件，新收 787 件，结案 788 件，未结 178 件，结案率为 81.6%，共判处被告人 951 人。着重审理了被告人李某某贩卖毒品罪案件，判处有期徒刑十五年，起到了良好的社会震慑效果。被告人常树志作为村委会主任，组织、策划、实施了抢占山东省国营兰陵农场土地的犯罪行为，造成了山东省国营兰陵农场的巨大损失和恶劣的社会影响。经过审判，被告人常树志被依法判处有期徒刑三年。从而加大打击、惩治力度，严厉打击了扰乱社会秩序罪，营造了良好的社会风气，强力维护了社会稳定。同时，刑事审判在积案清理、量化工作目标的完成等方面，起到了主流压轴的作用。

【民商事审判】 民商事审判加强了对涉民生案件、金融商事案件、合同案件的审理，妥善审理了涉及农村土地产权改革、农业人口转移等方面的民事案件。强化了对人身权、财产权的保护，依法处理与人民群众生产生活密切相关的案件，切实保障了群众权益。坚持制裁非法集资、高利贷与保护合法债权并重的原则，加大对借款事实及证据的审查力度，化解了大量的矛盾纠纷，促进了人民内部安定和谐。为县域经济社会又好又快发展营造良好的法治环境。2016 年度，民商事一审案件旧存 1901 件，新收 6288 件，审结 6875 件，结案率为 95.6%，结案标的额 8.57 亿元。针对李玉芳、兰陵建设投资有限责任公司等 15 人诉山东兰陵文化景区建设管理有限公司商品房预售合同纠纷、民间借贷纠纷案件，涉案标的 3000 余万元，兰陵县人民法院通过诉讼程序及时介入，稳定了群众情绪，收到良好效果。积极引导山东天马农业发展有限公司的债权人进入诉讼程序，共受理诉讼案件 168 件，标的额 3.5 亿元，前后历时三年，已全部审结，目前执行分配工作已基本完成。同时积极参与惠方农信种植专业合作社及北方物流集团资产处置，“乡村丰”、兰陵龙湾蔬菜产销服务有限公司债权、债务清理等工作。

【行政审判】 在行政审判中，秉承支持与监督并重的原则，尽量促使行政机关与管理相对人和解结案，促进“官民和谐”。积极应对《行政诉讼法》的修改及司法解释的正式施行，加强与行政机关的沟通与协调，与相关行政执法单位联合召开行政执法座谈会，分析行政执法中存在的问题，并提出司法建议。全年行政案件旧存 30 件，新收 1232 件，审结 1179 件，结案率为 93.4%。行政庭庭长左耀新带领全庭，在警力不足的情况下，踏实苦干，不但做好了本职的行政审判工作，还积极审理了一批民商事案件，较好地完成了全年的各项工作。

【执行工作】 执行工作方面，兰陵县人民法院积极探索建立繁简分流的执行模式，对拒不履行生效法律文书、规避执行、转移财产、逃避执行的被执行人，通过向社会公布“黑名单”将其列为被失信人等方式，促使被执行人自觉履行生效法律文书确定的义务，全年共公示失信人2438人，积极推动了全社会的诚信体系建设。全年执行案件旧存34件，新收3213件，执结3031件，未结216件，结案率为93.3%。全局在分管院长、执行局长的直接带领下，积极开展积案清理工作，以重点案件勤调度、集中大兵团突击执行等方式，执结了大批涉民生、上访等老大难案件，特别是妥善拍卖了天马公司的资产，并进行了合理地分配，有力地维护了全县的稳定大局，以金宝国、宋战友、郭庆、王利华为代表的广大执行干警表现突出，令人赞赏。

【审判模式创新】 为保证法院干警优质高效地完成当前繁重的各项审判执行工作，有效化解当前案多人少的矛盾。今年下半年，兰陵县人民法院积极为全国的司法责任制改革热身，全力推进审判执行团队建设，为司法责任制改革打好坚实基础，于2016年8月份，通过公开、公正、民主、严格的竞争机制，选拔优秀的人才，设立45个审判执行团队。在司法责任制改革中，法院54名干警也成功入额，有力助推了我院审判执行效率的提高。

【诉调对接】 创新诉调对接机制，实现双向对接和多元化解的有效统一。在落实上级人民法院提出的“诉调对接”工作中，不断提升法院在诉调对接中的服务理念和质量，在县人民调解中心设置诉调对接机构，成立了诉讼服务站和诉调对接站，委派四名法官常驻值班。兰陵县人民法院采取“走出去、请进来”的双向对接措施，互派调解人员，实现了场所对接、人员对接、管理对接。2016年6月14日，省委常委、政法委书记张江汀到兰陵县人民法院驻县人民调解中心诉调对接站进行视察指导，对法院与县人民调解中心“双向对接，多元化化解”的诉调对接模式予以充分肯定。

【信访化解】 创新信访工作机制、建立健全律师参与涉法、涉诉信访及代理申诉工作。今年上半年，兰陵县人民法院与县司法局联合召开座谈会，出台了《兰陵县律师参与涉法涉诉信访及代理申诉工作的若干实施意见》和《兰陵县人民法院、兰陵县司法局关于实施法律援助制度的若干规定》，组织律师加大对初信、初访矛盾的评估和化解力度；畅通律师接待渠道，及时推进律师即时会见机制；维护群众合法权益、化解矛盾纠纷、促进社会的和谐稳定。

撰稿：杜勇

司法行政

【普法依法治理】 规范法制宣传工作，建设县级法制宣传教育中心。组织开展了“七五”普法工作，领导干部、公务员和农民等重点普法对象的工作，开展了“送法下乡”活动，现场解答群众咨询、免费发放法律资料。继续做好青少年的法制教育工作，在全县各中小学校开展“关爱青少年，校园法律知识讲座”，举办法制教育课156次，真正做到了校内教育与校外教育相结合；开展“3·8”“3·15”“12·4”法律宣传咨询。2016年，司法行政系统共举办各种形式的普法讲座113场次，累计发放普法材料1.6万余份，解答群众法律咨询1800余人次。

【人民调解工作】 建立健全全县矛盾纠纷调处化解三级网络，全县共有各级人民调解组织975个，专职人民调解员108人，兼职人民调解员3167人。县委、县政府出台了《关于进一步加强新时期人民调解工作的实施意见》，制定了调解案件类别的确认标准和案件补贴标准，明确了县、乡、村人民调解经费保障措施，并确保落实到位。2016年，全县三级调解组织共排查各类矛盾纠纷2640件，调处成功2588件，挽回各类经济损失310万余元，充分发挥了三级人民调解组织网络作用。

县委、县政府以司法局为主，从公、检、法等17个部门抽调42名工作人员担任专职调解员，人民调解中心内设1个公共法律服务中心、1个法律援助中心和16个调解室，并建立了县调解中心和乡镇以及部分社区建立人民调解远程视频对接系统，对复杂、疑难、重大矛盾纠纷调解现场实时调度指挥。为了巩固调处成果，还建立了回访制度，对生活困难的当事人进行走访慰问。6月14日省委常委、省委政法委书记张江汀在调解中心视察工作时给以充分的肯定。6月30日全市妇联维护妇女儿童权益工作现场会在调解中心召开。县委郑书记对调解中心主动化解矛盾纠纷做出的积极贡献做了重要批示，县委、县政府专门下发文件对调解中心给与通报表扬。2016年以来，县人民调解中心共接待来信来访群众2868人次，法律咨询1578件，立案调解1290件，调处成功1045件，全县信访量大幅度减少，促进了“平安兰陵”建设工作。

【社区矫正和安置帮教】 2016年以来，继续做好矫正人员日常监管工作，全面开展摸底排查活动，规范宣誓入矫制度，规范矫正方式，严抓日常监管。对社区服刑人员实行量化考核制度，确保矫正人员无脱管漏管现象。建立了兰陵县社区矫正中心，加强了矫正工作经费和物质保障。进一步加强社区矫正工作衔接配合和监督管理工作。落实有关安置帮教措施，切实增强帮教力量，完善部分乡镇的安置帮教基地和公益劳动基地，帮助社区矫正人员消除心理障碍，提高监管和教育效果。2016年，共接收法院拟缓刑委托调查函135份，监狱拟假释评估函42份。截至到目前，全县在册管理社区矫正人员1078人。接收刑释解教人员累计2138人，帮教率、安置率达到100%。

【公证】 公证工作进一步强化，通过狠抓内部管理，健全运行机制，对历年来的公证卷宗进行整理归档，积极参与县委、县政府重大项目及各项大型活动的公益公证工作。公证处严格按照网上办公要求开展业务，2016年以来通过网上办公系统办证1600余件，网上办证率100%，实现了办证信息网上录入、办证程序网上规范、办证质量网上监控的预期目标。

【律师】 加强了对律师事务所的业务指导，逐步推行律师和企业双向沟通互动机制，选派律师参与矛盾纠纷调处、信访接待和行政事务风险评估等活动。积极选派律师参与公、检、法信访接待和行政事务风险评估等活动，选派全县23名律师担任第一书记任职村的法律顾问。2016年，共为机关企事业单位、个体工商户担任常年法律顾问22家，办理刑事辩护案件315件，行政诉讼案件21件，民事代理432件，非诉讼法律事务203件，解答法律咨询5000人次，代书法律文书1200件。

完善司法鉴定管理制度，2016年进行鉴定663例，无一例假鉴、错鉴和群众投诉。

【法律援助】 依托公共法律服务平台，推进法律便民服务，确保做到应援尽援。我局对2010年以来办理的所有法律援助卷宗进行了全面落实清查。2016年，共受理各类法律援助申请361件，解答来电咨询900人次，为受援人挽回或获得经济利益289万余元。

撰稿：戚振华　迟海音

消防工作

【概况】 2016年，全县消防工作在县委、县政府和临沂市公安消防支队的正确领导下，围绕“平安兰陵”建设总体目标，以全面加强和改进消防工作为主线，不断健全完善消防安全责任体系，逐步强化社会消防安全管理，着力加强公共消防基础设施建设，圆满完成了以防火、灭火和应急救援为中心的各项工作任务，始终保持了全县消防安全形势的持续稳定。

2016年，消防大队党委被省公安消防总队评为“全省公安消防部队先进基层党组织”，被市政府评为“全市安全生产工作先进单位”，被县委县政府记平安兰陵建设集体三等功一次；所属中队被评为“全省公安消防部队五四红旗团支部”，被市公安消防支队评为“全市公安消防部队先进中队”。

【灭火救援】 2016年，消防大队共接处警872起，其中火灾722起，应急救援150起，出动消防车2100余辆次，出动消防官兵12600余人次，抢救被困人员174人，抢救财产价值9000余万元，圆满完成各项安全保卫和抢险救灾任务。

2016年9月1日14时许，兰陵县会宝路中段的宝庆商城三楼楼顶仓库发生火灾，消防大队接到报警后，迅速出动6辆消防车、35名消防官兵前往扑救，经过奋战，火灾于17时00分被扑灭，火灾未造成人员伤亡，受到了群众的一致好评。

【防火监督】 2016年，消防大队以开展消防安全大排查快整治严执法、夏季消防检查、G20峰会安保、商（市）场、“三项重点”整治回头看、消防控制室标准化创建和冬春火灾防控等专项治理为主导方向，抓执法、促规范，抓服务、保平安，有效改善了社会消防安全环境。全年，共检查单位、场所2050余家次，督促整改火灾隐患和消防违法行为3341处，下发责令改正通知书807份、行政处罚决定书151份，临时查封14家，责令“三停”单位24家，办理消防刑事案件2起，依法以失火罪分别判处苏某和田某有期徒刑各1年、缓刑2年，确保了全县消防安全形势持续稳定。

【基础建设】 县政府投资2100余万元高标准建成的新消防站，于2016年10月份正式揭牌投入执勤。该站位于迎宾路与育才路交汇处路北，占地10028平方米，主楼9层，附属建设了餐厅楼、多功能训练塔等建筑，总建筑面积7758平方米，是集消防部队执勤、办案、办公、生活及训练等功能为一体的现代化消防站。

经济管理

发展与改革

【概况】 兰陵县发展和改革局为正科级行政单位。主要负责全县国民经济和社会事业发展计划的综合平衡，组织指导全县经济和社会事业发展计划的编制及计划的综合平衡，组织指导全县经济和社会事业发展计划的编制及计划的管理等。机关内设办公室、综合科（挂国民经济动员办公室牌子）、投资科、体改科、工业科、农村科、社会科、财金科等8个股级科室，下设服务业发展办公室和重点项目办公室两个正科级事业单位，设深化医药卫生体制改革办公室、两型社会建设办公室等2个临时机构，核定编制26人。

【资金争取】 把争取项目和资金摆在工作的首位，深入各乡镇（街道、开发区）及重点行业、企业进行调研，对产业政策及时、深入解读，围绕中央、省、市重点投资领域，选准突破口，找准对接点，全力做好对上争取工作。今年来，发改局已上报资金争取项目14个，总投资100355万元，拟争取资金11052万元。其中，政府投资社会事业类项目6个，分别是县食品检验检测中心、残疾人康复中心、向城敬老院、新兴卫生院、二庙中学、神山中学项目，总投资6580万元，申请扶持资金3492万元；农村民生工程和农村基础设施类项目4个，分别是新增千亿斤粮食2016年田间工程建设项目、临沂诺干牧业有限公司奶牛标准化规模养殖场建设项目、山东新天地现代农业开发有限公司大型沼气项目和会宝岭灌区续建配套与节水改造项目，总投资7775万元，争取上级扶持资金5060万元；棚户区改造项目3个，分别是拖拉机站片区、前埝头片区和尚岩惠东社区建设项目，总投资8亿元，争取资金2000万元；环境保护和资源节约类项目1个，是金玺泰尾矿利用项目，总投资6000万元，争取500万元。

【重大项目建设】 2016年，全县共19个项目被列入市级重点建设项目，计划总投资303.3亿元，年度计划投资94亿元，同比分别增长79%和101.7%。其中，投资6.2亿元的兰陵三农物资城项目被列入省重点建设项目，正按时间节点如期进行建设，现部分已经实现营业；球墨铸管环保搬迁、点豆农业链电商服务平台、华能兰陵风电场一期工程、兰陵三农物资城、盈熙大蒜医药保健品5个项目被市政府列入“重大项目建设效率提升年”重大项目。前三季度，19个市级重点项目全部开工，完成投资92.6亿元，占年度计划的98.48%。2016年我县县级重点建设项目60个，计划总投资485亿元，年度计划投资160亿元，前三季度完成投资125亿元，占年度计划的78%。三引一促工作实现新突破。局里调整充实了招商引资工作领导小组，组建了三引一促办公室，优化了招引队伍，配备了专用电脑、电话等办公设施，切实做到了时间、人员、资金“三到位”，形成“一把手”集中精力抓，分管领导靠上抓，相关负责人具体抓的工作机制。2016年，全局共实施招引资金和技术项目3个，其中引资金项目1个，引技术项目2个，引资金项目为中国华能集团投资建设的风力发电项目，已完成前期投资12000万元。山东农业大学王勇博士的氮素利用技术已与山东史贝美公司实现对接，并达成协议。山东农科所郭玉秋博士的甜玉米、糯玉米、水果玉米、高淀粉土豆种植技术也已与兰陵县大唐农业发展有限公司实现对接，并达成合作意向，近期将签订合作协议。

【促进服务业转型升级】 紧紧围绕“建立区域性的现代服务业示范县”的目标，强化引导服务，全面推进服务业重点城区、园区、企业和项目建设。预计全年全县实现服务业增加值170亿元，增长8 %。社会消费品零售额230亿元，增长9%。服务业固定资产投资完成79亿元，增长9.5%。新增就业人员11000人，同比增长10%。物流商贸业蓬勃发展。成功举办第四届中国兰陵（苍山）蔬菜产业博览会。三农物资城二期，鄫国故城保护性开发、压油沟旅游度假村建设等项目进展顺利。

物价管理

【概况】 2016年，兰陵县物价局紧紧围绕县委、县政府中心工作，着力聚焦民生，充分发挥职能作用，积极探索新形势下物价工作的新思路，为促进全县经济发展创造了良好的价格环境。

【蒜苔目标价格保险】 2016年度，全县累计完成蒜苔参保面积19.14万亩，蒜农累计缴纳保费459.45万元，整体参保率超过了70%。发放理赔金1300余万元，有效弥补了蒜农收入，保障了蒜苔销售市场价格秩序，促进了蒜农的种植积极性。东营、滕州、禹城等市县也先后来兰陵交流学习价格保险的工作经验。目前，2017年度蒜苔目标价格保险工作也已进入保险投保阶段，计划承保面积30万亩，目标价格2.75元/斤。

【价格监测预警】 一是更加注重监测网络体系建设。新建2个农调户和3处监测点，全年上报副食品和生产资料监测报表53期，《市场价格运行情况分析》月分析12次、季度分析4次、半年分析2次。二是维护好兰陵蔬菜价格指数发布平台。全年发布月分析12期，周分析53期。自11月份起开通的微信公众号，也发布指数走势和每日价格48期。在兰陵电视台开办的“关注民生、聚焦物价”专题栏目，2016年又进行了全新改版，发布民生物价信息360多期。三是指数平台与南方蔬菜价格采集点对接成效显著。目前已经实现对上海、广州、苏州、武汉、杭州等外销市场的价格查询。

【价格监管】 严格落实工商业及农业用电价格下调政策，规范社区居民（村）民委员会服务设施电价、居民住宅小区公用附属设施和监狱监房生活用电价格。继续落实城乡低保和农村五保户用电优惠，并严格执行社会福利场所用电、用水、用气、用暖价格优惠政策。监督落实小麦最低收购价格，维护好粮食收购市场价格秩序。

【提升公共服务水平】 一是扎实做好常规工作。着力做好公安刑事、法院诉讼、事故车辆核损等涉案物品的价格鉴证工作，全年共办理各类鉴证认证委托业务804余件，标的额1000余万元。二是严格工作纪律，完善工作流程。以新颁布的《价格认定行为规范》和《价格认定文书格式规范》为契机，印发认定协助告知书，规范委托受理、认定办理、发放结论书等环节，有效的规避了认定流程中的风险。三是做好价格争议行政调解与人民调解衔接配合工作。2016年，兰陵县物价局派驻县调解中心的价格调解室办理案件20多起，其中涉及价格方面的调解案件10余起。

【规范价格收费】 1. 强化价费管理。一是建立行政事业性收费和经营服务性、涉企收费目录，并实行动态管理。还为兰陵县800人以上的行政村制作了行政事业性和涉农收费公示牌。二是着力抓好公立医院医药价格改革政策的落实。在做好对县人民医院、县中医医院医药价格执行情况督促落实的基础上，于年中对两家医院进行了专项检查，并根据检查情况，分别进行了没收违法所得及罚款合计301314.61元和21818.69元的处理。三是对兰陵县215家民办幼儿园收费备案，规范了民办幼儿园的收费管理。四是积极落实《企业交费登记卡》制度，组织人员对兰陵县近百家中小企业的《企业交费登记卡》进行了查验。

2. 健全投诉办理机制。紧贴群众呼声，着力构建“12358”“12345”和行风热线“三位一体”的价格举报办理平台，不断规范举报受理和办理的程序。全年共派出车辆137车次、人员411人次，协调处理各类价格投诉举报502件，均在规定的时间内全部办结，办结率100%，群众满意率97.5%，有效维护了广大群众的合法价格权益。

3. 加大监督检查力度。一是着力做好元旦、春节、中秋、国庆等节日期间的生活必需品、重要商品、客运票价和旅游景点等的价格监督检查工作。二是积极开展价格诚信创建工作，组织执法人员对全县大型商场、超市和主要商业街道的明码标价情况进行了检查。还在3.15期间组织人员开展价格咨询宣传活动，发放价格法律法规宣传资料2000余份。三是对兰陵县7家公立医院和20所乡镇卫生院进行了专项检查，目前没收违法所得并罚款合计100余万元。同时，还根据市物价局部署，组织执法人员开展旅游景点价格巡查检查工作，对各旅游景点价格收费行为进行了提醒告诫。

4. 加强价格信息宣传。在信息宣传方面，兰陵县物价局全年在国家、省、市、县各级刊物、网站和政务平台刊登刊发信息稿件200余篇，较好地宣传了兰陵县物价工作的亮点、重点和创新点，被中国经济导报社评为“2016年度价格宣传报道工作表现突出单位”。同时，向县政府报送调研分析90余篇，其中上报市办22篇，省办9篇，国办3篇。兰陵县物价局撰写的《兰陵县关于2016年“蒜你狠”现象的调查》，还被省监测中心评为2016年全省优秀价格监测分析报告三等奖。应省物价局的邀请，兰陵县物价局又执编了《山东价格信息—兰陵专页》一期、《山东物价—兰陵专刊》一期。

【树立为民务实形象】 一是抓学习教育，转变工作作风。以开展“两学一做”学习教育为契机，将每月的第一、三周周五确定为固定学习日，综合运用党组书记讲党课、理论学习、专题研讨等方式，不断加强干部职工的思想、作风建设。同时，进一步加强对干部职工业务能力的培训，不断增强业务骨干的工作能力。先后派出参加各类专业培训的业务骨干14人次，累计培训时长27天。此外，还向县委宣传部、团县委和脱贫攻坚督导办公室输送了业务素质高、工作能力强的业务骨干3名。

二是抓党员带头，树立工作标杆。把发挥党员干部的带头作用、树立党员干部的模范形象，作为履行党风廉政建设主体责任、提高机关党建工作水平的重要内容。在“结亲连心”入户走访、“三问三清”扶贫攻坚和创建国家卫生县城等重点工作中，党员干部带头联系群众、带头结对帮扶、带头参加志愿服务，引领全体干部职工较好地完成了各项工作任务。同时，兰陵县物价局累计投入4万余元，为第一书记挂职的向城镇尹村架设了路灯、整修了办公场所，还以慈善扶贫的方式为新兴镇曹庄、云铺、双山屯村的57户贫困户发放了价值10000余元的扶贫物资，并帮助其中37户贫困户顺利实现了脱贫目标。

三是抓责任落实，提高工作效率。针对党风廉政、量化考核、作风建设等方面的工作，正式行文8份，通过不断加强制度建设，进一步强化岗位职责和工作目标落实。还根据市局的《综合考核方案》，把各项工作任务逐项细化，并分解落实到具体的科室、岗位和人员，将完成时限具体到月、周，做到各项工作任务明确、目标具体，形成了岗位明确、工作标准、流程规范的工作模式。

工商行政管理

【机构设置】 2016年，工商局内设职能科室8个，直属单位2个，派出机构2个，基层工商所19个。共有正科级干部2人，副科级干部15人，新录用公务员2人。截至2016年底，全局共有干部职工384人，其中公务员132人，事业编制人员120人，离退休人员132人。全局干部职工具有研究生学历3人，本科学历85人，专科学历206人，大专以上学历人员占全局总人数的77%以上。

【概述】 2016年，全局在县委、县政府的正确领导和市工商局的精心指导下，始终贯彻落实党的十八届四中、五中、六中全会精神和习总书记系列重要讲话精神，围绕“改革、发展、创新、突破”的工作方针，以“服务、监管、维权”为主题，坚持“稳中求变、变中求好”的工作思路，积极推进工商体制改革，全面提升工作效能，打造高素质工商队伍，为县域经济健康持续和谐发展做出应有的贡献。

创新服务方式，推动登记注册改革。严格按照国家工商总局《工商登记前置审批事项目录》，规范工商登记行政审批行为，做好后置审批“双告知”工作，保障了市场准入制度的规范统一，为企业顺利设立、开展经营消除了障碍。积极落实“一照一码”政策。采用“一证一窗一网”方式，变“群众跑腿”为“信息跑路”，巩固“三证合一”政策成果，着力推行“五证合一”改革，构建了高效、便捷的市场准入模式。深入实施“一合一放”登记审批。在全面实行“网上登记”的基础上，严格按照《注册登记受理审核合一制办法（试行）》要求，将受理、审核程序合二为一，优化审批流程，明确登记责任，一人负责，一办到底，企业登记时限由之前15天缩短至2个工作日以内，企业注册便利化水平大幅度提升。目前为止，全县新增各类市场主体6762户，同比增长85.14%，新增注册资本61.2亿元，同比增长48.71%。

执法守土尽责，加强市场监管执法。2016年，该局以查办大案要案为重点，加大违法行为打击力度，查处商业贿赂、商标侵权、违法广告、格式条款欺诈等不正当竞争案件21起；深化“红盾网剑”“红盾护农”专项行动，查处网络商品交易及农资案件86起；进行流通领域商品质量抽检专项行动，对日用百货、家用电器、家居建材、服装鞋帽等领域开展专项抽检，全年共抽检样品620件次，收缴各类质量不合格产品

469件；开展节假日旅游市场整治，查处不合格旅游必需品、工艺纪念品、农副土特产品54件；进行煤炭、地条钢、成品油市场、二手车市场专项整治，立案查处36起，责令停业整顿16家。全年共立案查处违法违规案件1450起，罚没金额490万元。

携手共治共管，强化消费维权责任。继续推进12315与12345联动对接机制，主动加强与有关监管部门和新闻宣传媒体在消费维权工作中的协调配合，与司法机关建立“诉转案”机制，积极利用该局“消费维权法庭”，支持消费者在行政调解无效的情况下，向人民法院提起民事诉讼，保护自身权益，降低了消费者的维权成本。该局不断开创消费维权新局面，全年共办结消费者投诉案件258起，办理12345市民热线620起，为消费者挽回经济损失约296万元。3·15期间兰陵县工商局、消费者协会围绕“新消费我做主”年主题，举办了3.15国际消费者权益日宣传咨询活动，组织人员现场讲解识假辨假知识，发放宣传页5690份，接受现场咨询980次。消费维权案例入选2016年全市消费投诉典型案例。

开展文明创建，加强政风行风建设。2016年度继续保持了“省级文明单位”“省级卫生先进单位”的荣誉称号，被县委、县政府评为“经济社会发展先进单位”“平安兰陵建设先进集体”“全县农业农村工作先进单位”“第四届中国兰陵（苍山）国际蔬菜产业博览会志愿服务先进单位”。工商部门始终保持打击无传销的高压态势，兰陵县9月被认定为“无传销县区”。11月被国家工商总局评为“商事制度改革以来成绩突出的企业登记窗口单位”。兰陵开元国际商城、山东九州商业集团有限公司兰陵店、北大市场、兰陵三农物资城、山东鲁南蔬菜批发市场磨山分场五家市（商）场荣获2016年度临沂市“文明诚信平安市（商）场”称号，营造和树立了文明诚信经营的市场秩序和社会风气，进一步推进了我县文明县城的创建。全局加强政风行风建设，树立了良好的工商形象。

【市场主体登记管理】 优化注册服务，市场主体实现新增长。去年以来，该局严格按照“简政放权、放管结合、优化服务”的要求，深入实施“一合一放”登记审批，企业注册便利化水平大幅度提升。推行“互联网+政务服务”的做法，采用“一号一窗一网”方式，巩固“三证合一”政策成果，着力推行“五证合一”改革。截至2016年底，全县共有各类市场主体34272户，新增7001户，同比增长88.15%，新增注册资本62.1亿元，同比增长48.89%，市场主体增长率排在全市前三名，群众创业热情得到进一步激发。

宣传多措并举，企业年报又上新台阶。利用明白纸、微博、微信、《行风热线》节目，向广大经营者介绍信息公示的具体流程，推进企业年报工作的开展。截至2016年6月底，全县企业已公示4305户，完成了公示总数的92.88%，个体户已公示20247户，完成了公示总数的98.59%，专业合作社已公示1652户，完成了公示总数的92.08%，三类市场主体平均公示率为97.17%，企业信用公示率稳居全市第一。

【商标广告管理】 进行梯次培育，以品牌战略促进经济发展。该局始终坚持走“商标兴企、商标助农”之路，围绕主导产业、优势产业和特色产业，指导企业积极注册商标，对全县商标进行动态管理，梯次培育，积极申报驰、著商标。同时开展银企合作，助推企业发展，办理动产抵押登记16件，其中主债权金额38065万元，抵押物价值54610万元。截至2016年年底，全县共注册商标2844件，新增注册商标326件，山东省著名商标14件，驰名商标1家，地理标志证明商标1件，商标集聚效应不断凸显。

【合同管理】 强化合同管理，引导企业增强诚信意识。截至2016年年底，全县共有“守信用重合同”企业国家级1个，省级12个，市级23个。全县发展农村经纪人1869名，促进了农业增效、农民增收。积极推广农产品订单格式文本，帮助260多家企业、合作社和农户发展订单农业。开展格式合同“霸王条款”专项整治行动，查处经营者利用格式合同免除自己责任、加重消费者责任及侵犯消费者权利等一般程序案件106起。针对小微企业在市场主体中比重大、融资难的实际，运用“三押一推”帮助企业解决融资难题。2016年，共办理股权质押登记2件，出质股权数额8496万元，被担保债权5900万元。

【网络商品交易监管】 把握“三个重点”，监管效能进一步提升。该局按照“依法管网、以网管网、信用管网和协同管网”的工作思路，立足“三个到位”，把握“三个重点”，实现对商品及经营者的线上线下一体化监管。以政策法规为重点，开展学习培训。由网络市场监管科牵头，以网络市场监管政策法规为主要内容，加强对专兼职网管员的培训力度，重点学习网络市场监管法规文件切实提高执法人员的法律素养及办案能力。以完善设备为重点，加大投入力度。结合“行政执法年”的主题，加大对网络监管工作的投入力度，一次性投资15万元，为网络监管科等执法科室和各工商所共配备了20台高配置电脑，48台执法记录仪和打印机等设备，方便调查取证。以经营主体为重点，加强宣传教育。梳理法律法规规章对网络平台经营者、网络商品经营者和网络服务经营者开展网络经营的行为规范、责任义务，装订成册，在登记窗口进行发放。同时，坚持“谁执法，谁普法”的原则，在日常执法工作中，向网络市场经营者宣传国家在发展网络经济方面出台的大政方针，规范其网络交易行为。2016年共开展“红盾网剑”专项行动2次，巡查网络市场主体8690户次，查处各类网络违法案件16起，涉案金额18.5万元。

【行政执法工作】 开展“红盾护农”，保障农民合法权益。以“打假、护农、增效、保安全”为工作目标，以复混（复合）肥料、水溶肥料、掺混肥料、有机肥料、生物肥料、尿素及农膜、农机具为重点抽检范围，以春季、秋季为集中抽检时间，严格按照规范标准抽检，着力净化农资市场秩序。2016年，共抽取肥料质量样品536个，立案查处各类农资违法违规案件69起，涉案农资产品货值55万元，处以罚款42.16万元，为农民群众挽回经济损失128万元。

县工商局开展秋季“红盾护农”行动

强化成品油市场监管，助力大气污染治理。加大成品油抽检及加油站标识侵权检查力度，实现成品油抽检的全覆盖。2016年，共拆除假冒仿冒他人商标标识的加油站12家，取缔黑加油站2家，对全县102家加油站进行质量抽检，抽检频次和处罚力度居全市之首。全年共抽检样品733批次，复检不合格的16批次，罚没金额 65 万元，目前油品合格率达 97%。

“红盾质量抽检”常态化，有效净化消费市场环境。该局立足职权，夯实责任，根据年初制定的“红盾质量抽检”计划，成立抽检工作领导小组，在分管局长统筹调度下，按照季度细化抽检任务，形成常态化抽检机制。依托商场超市、农贸市场以及专卖店等重点区域，开展了 8 次流通领域商品专项抽检活动，抽检行业涉及日用百货、服装鞋帽、家用电器、建材家居、二手车市场、旅游市场等消费者热切关注的消费领域。2016 年，共抽调执法人员 765 人次，立案查处违法违规案件 1450 起，罚没金额 490 万元，有效净化了流通领域市场经营秩序和消费环境。

进行公用企业专项整治，限制竞争和垄断行为。此类专项行动以广大群众反映强烈的行业和领域为突破口，将供水、供电、供气等行业作为集中整治的重点，着重整治限制交易、滥收费用、搭售、附加不合理条件等违法行为。2016 年，共查处供水企业 3 家，土地勘探公司 1 家，保险公司 2 家，气象局下属企业 1 家，通过整治公用企业限制竞争和垄断行为突出问题，努力营造公平竞争的市场环境，维护社会和谐稳定。

查处传销执法有力，维护社会和谐稳定。在全县范围内集中开展了流动人口和出租屋的清查行动，在车站、广场、社区、城乡结合部发放、张贴《致社区居民的一封信》《致房屋出租业主的一封信》8000 余份。各工商所在所辖社区商业网点和居民楼中定期开展巡查，工商公安相互配合开展打击传销和变相传销专项整治，做到对传销行为的早发现、快处理，有的放矢，露头就打，始终保持高压态势。全年共组织开展线上线下专项整治执法行动 6 次，工商、公安共出动人员 120 余人次，实施线人卧底 2 人次，检查个体企业 50 余户次，检查酒店、农家乐等易聚会场所 27 处，查阅分析网上经营动态 126 条，排查处出涉嫌传销线索 2 件。2016 年 9 月，兰陵县顺利通过创建“无传销县区”验收工作。

【服务商城建设】 整顿“五小”场所，助力国家级卫生县城创建。对县城及其周边的“五小场所”进行多次地毯式排查，及时对未办理的商户进行督导，对逾期不办理者，依法立案查处。全年共出动执法人员 608 人次，共排查“五小场所”1024 户，查处无照经营 450 户，下达《营业执照督办通知书》420 份，2016 全年共为五小场所办理营业执照 2670 份。

助力创建国家级卫生县城，县工商局组织执法人员对泉山农贸市场进行检查

健全监管机制，推进农贸市场规范化建设。结合全县农村集贸市场实际状况，实行公司化管理运作，建立健全农贸市场长效管理制度，对市场重新划行归市，督促“马路市场”入市经营。对 4 处农贸市场进行了升级改造，新建规范化农贸市场 3 处，共改造宰杀区 3 处，垒砌柜台、铺设地砖、吊顶及封装铝合金经营区 1800 平方米，制作安装分区图、制度牌、残留农药公示牌、卫生健康宣传栏 128 个。

【服务新农村建设】 全方位多举措，致力服务新农村建设。围绕县政府提出的服务新农村建设总要求，努力优化服务，运用经纪活农、合同帮农、商标富农等手段，积极帮助符合条件的农村企业扩大规模，重点项目尽快落地投产，支持蔬菜产业化、规模化经营。努力推动现代农业组织、机制创新，指导“苍山大蒜”地理标志商标使用，组织商标持有单位参加专业论坛活动。菜博会期间，选派优秀志愿者5名参加志愿服务活动，抽调110名执法人员参与开幕式的现场秩序维持。五一期间全局出动执法人员160人次，加强蒜苔收购市场管理和服务。

夯实主体责任，认真开展第一书记到村任职工作。认真贯彻落实县委根据兰陵发〔2016〕2号文《中共兰陵县委关于选派第三批机关干部到村（社区）任职第一书记的实施意见》的要求，选派2名同志到庄坞镇山西村分别任第一书记、副书记。2016年，共慰问低保贫困户、老党员39户，发放米、面、油等慰问品价值5000余元，党委班子成员结对帮扶贫困学生5人；出资3万元，对河西生产路面进行硬化，长1000米，宽3米，共计4000平方米，石子铺路，石屑灌缝；向上级积极协调资金5万元，出资3万元，共投资8万元推进“户户通”工程，平均巷子宽3米，大街宽4米，全长6000米，共计21万平方米；与村民主动沟通，推进农村改厕工作，2016年底完成群村户数的70%。

【消费维权】 发挥“双线”优势，及时调解矛盾纠纷。深入整合12315投诉热线与12345市民热线资源，优化“接收－分流－承办－反馈”体系，确保第一时间回应消费者投诉诉求，2016年，共办结消费者投诉案件158起，受理12345市民热线620起，为消费者挽回经济损失约296万元。

立足宣传引导，强化群众维权意识。围绕“新消费我做主”年主题，举办3.15国际消费者权益日宣传咨询活动，现场展示查处的商标侵权、傍名牌、假冒伪劣等商品，组织人员现场讲解识假辨假知识，发放宣传页5690份，接受现场咨询980次，极大提高了群众维权意识。

树立典型案例，发布消费维权警示。综合分析历年消费者投诉的热点难点，重点梳理农资产品、手机家电、汽车消费、网购等领域投诉案件，运用短信群发、微博转发、微信公众号推送的方式定期发布消费预警92条，获得消费者一致赞评。

兰陵县已获得中国驰名商标和山东省著名商标一览表

商标持有人	商标名称或图案	商标获得称号	认定时间
山东兰陵企业（集团）总公司	兰陵	中国驰名商标著名商标	2006
山东荣庆物流有限公司	荣庆	山东省著名商标	2007
苍山县兰陵酒厂	鲁兰	山东省著名商标	2011
山东兰陵企业（集团）总公司	陈香	山东省著名商标	2012
兰陵县农垦实业有限公司	垦星	山东省著名商标	2012
临沂凤林农机制造有限公司	凤拖	山东省著名商标	2012
兰陵县蔬菜局转让至兰陵县蔬菜产业（农业）科技信息服务协会	苍山大蒜	地理标志证明商标	2006

续表

商标持有人	商标名称或图案	商标获得称号	认定时间
山东省史贝美肥料开发有限公司	史贝美	山东省著名商标	2013
山东普金肥料有限公司	普金	山东省著名商标	2013
山东邦尼新建材有限公司	邦尼	山东省著名商标	2013
兰陵县冯超食品有限公司	冯超	山东省著名商标	2013
兰陵县九和韭菜种植专业合作社	九合	山东省著名商标	2014

撰稿：贺　杨　审稿：柏艳君

质量技术监督

【标准化战略】 加强对企业产品标准自我声明监督管理工作。严格按照《山东省实施<中华人民共和国标准化法>办法》及《山东省产品标准自我声明管理办法》的各项要求，为企业提供标准检索、咨询等服务工作，认真核对登记企业营业执照、身份证等信息，确保做到所有信息全部准确无误，产品执行标准信息及时更新有效。

【名牌战略】 大力实施品牌战略，培育了山东邦尼新建材有限公司、山东东方佳园物业服务有限公司2家企业获得“山东名牌”；山东史贝美肥料开发有限公司刘佃平获得“临沂市市长质量贡献奖”；山东新天地现代农业开发有限公司成功申报国家级农业标准化示范区。

【质量安全监管】 一是认真组织学习、宣传、贯彻执行《中华人民共和国产品质量法》《质量发展纲要》等法律法规。二是严抓产品质量监管工作，制定和实施了《2016年度全县工业产品监督计划》，对1家省级监督抽查不合格企业进行了后处理工作，对10家生产许可证获证企业的相关信息进行完善。三是积极开展“3·15”保护消费者权益日和“质量月”活动，通过设立宣传站，发放宣传材料，受理消费者咨询、投诉，开展送法下乡等活动对国家有关质量法律、法规进行了广泛宣传。

【特种设备安全监察】 重点开展“特种设备安全生产大快严行动”，排查了隐患，并加大了培训力度。全年共检查冷库434家，落实企业主体责任228家，检查特种设备2000余台，压力管道11319米，下达安全监察指令书81份，现场记录1400余份，培训各类人员623人。

【计量管理】 一是认真组织学习、宣传、贯彻执行《中华人民共和国计量法》《山东省计量条例》等法律法规。做好计量器具检定工作，对社会公用计量标准器具，部门和企业、事业单位使用的最高计量标准器具，以及用于贸易结算、安全防护、医疗卫生、环境检测方面的列入强制检定目录的工作计量器具，实行强制检定。二是开展计量监督检查。主要对燃油加油机、医用三源以及城区主要集贸市场、超市在用衡器进行计量监督检查，并全面开展其检定工作。全年共检定加油机600台次，检定市场、矿厂、企事业单位及个体工商户台秤、电子计价秤1450台、电子汽车衡260台、压力表3800块、电子天平254台，玻璃量器660支，医用三源320台次，环境温湿度实验室设备80台，出具检定证书、原始记录共6000余份。

【认证认可】 以科学监管为目标，维护认证检测市场良好秩序，先后对全县92家企业开展自愿性认证监管作，对2家机动车安全技术检验机构、7家检验检测机构开展监督检查，对1家检验检测机构能力验证进行核实、处理。为我县经济社会发展提供了有力的技术保障。

【行政许可】 一是对行政权力事项进行梳理和清理，梳理行政审批2项、行政处罚327项、行政强制6项，法律、法规和规章共78部。二是严格规范行政许可，提升许可效率。全年共办理特种设备注册登记416台次，石油气充装站到期换证5家，液化石油气充装站新办证1家，对兰陵县自来水公司进行了专项计量授权，并对全县工业产品生产许可证获证企业进行了年审。

【行政执法】 开展了特种设备违法案件严执法快整治行动、芦柞镇驻地电子汽车衡集中整治行动、春秋季农资执法检查行动、打击侵权假冒行动、建材产品执法检查行动等若干执法活动，回应了民生和焦点，全年共查办132起案件，其中立案54起。有效消除了产品质量和安全隐患，打击了制假售假违法行为，确保了人民身心健康和社会大局的稳定。

撰　稿：卢晓东

检验检测

【概况】 中心内设办公室、质量保证科、业务科、食品药品检验科、农产品检验科、化工建材检验科。中心编制41人，现有在编职工30人，其中研究生学历5人，本科学历21人，专科学历6人。中级职称6人，初级职称11人。

【检测工作】 中心现有实验室面积1100余平方米，配有美国AB公司液相色谱－质谱联用仪、美国安捷伦公司气相色谱－质谱联用仪和顶空进样气相色谱仪、美国PE公司电感耦合－等离子体发射光谱仪和原子吸收仪、日本岛津公司气相色谱仪、液相色谱仪、原子吸收仪等，同时还拥有离子色谱仪、原子荧光分析仪、紫外分光光度计等一批先进仪器设备。中心已具备食品、农产品、化工、建材、饲料、土壤、污水等共68个产品、593个产品中20094个参数及534种检测方法的检测能力，可满足理化、农残、重金属、污染物、食品添加剂、微量元素、非添加物质、微生物等检验需求。中心秉持“加强质量检测，服务社会大众”的工作理念，承接有关部门、企业及个人的委托检测。2016年中心共完成3150批次样品的检测，其中农产品846批次，食品1665批次，化工产品等639批次。中心保质保量、及时负责地完成了各项检验检测工作，并为政府决策和监管部门相关工作的开展提供了必要依据。

安全生产监督管理

【机构设置】 安监局共有5个职能科室，办公室、政策法规科、综合监督管理科（挂工商贸安全监督管理科牌子）、矿山安全监督管理科（挂职业安全健康监督管理科牌子）、危险化学品安全监督管理科。下设安全生产监察大队、应急救援中心。2016年底，共有人员37人，其中行政12人，工勤1人，参照公务员管理16人，事业

8 人。

苍山县安全技术培训咨询中心成立，属中介服务机构，是我县唯一一家经省安监局批准成立的特种作业人员安全培训机构和四级安全培训机构，具体负责对全县企事业单位进行安全技术培训、提供安全技术咨询服务。中心注册资金 50 万元，拥有专、兼职教师及管理人员 16 人，其中高级职称 2 人，中级职称 8 人、拥有先进教学设备 1 套。

【安全生产责任】 一是进一步落实“党政同责、一岗双责、齐抓共管”和“管行业必须管安全、管业务必须管安全、管生产经营必须管安全”。制定《兰陵县网格化监管工作行政问责暂行办法》《兰陵县企业安全生产主体责任落实情况专项执法检查实施方案》等，对 18 个乡镇、街道、开发区的安全属地管理和安监、公安、经信等 44 个部门的安全监管职责，以及乡镇党委、政府和部门负责人“一岗双责”责任，进行了明确。二是进一步落实安全生产网格化实名制。截至目前共录入网格化实名制系统企业、个体工商户 9600 余家，完成了“一镇一册、一行业一台账”的统计备案工作。网格化信息系统建立以来，乡镇录入隐患 16718 条、整改 13255 条。其中全县非煤矿山、危险化学品、建筑施工等重点安全领域实现了全上报无遗漏，在高危行业企业推行曝光实名公示制度。

【工商贸安全监管】 全县工商贸企业数量众多，尤其是冷库数量占全市冷库数量将近一半，安全生产压力非常大。2016 年聘请中国地质大学专家对全县冷库进行逐一隐患排查。参照排查结果以及冷库实际情况，对全县首批 188 家冷库列入改氟利昂或者关停计划。同时，严格落实企业的主体责任，真正将压力传导到企业。在日常检查中，对发现的隐患及时下达隐患整改指令书，并组织人员对隐患整改情况进行复查，确保兰陵县工商贸行业的生产经营安全有序。

【矿山安全监管】 一是加大整顿关闭力度。召开了分片区座谈会和示范现场会，制定了资源整合方案和加强矿山整合意见，非煤矿山数量由原来的 69 家，经过整合后现在全县非煤矿山 36 家。二是提高机械化水平。对国家总局禁用的设备及工艺责令企业全部更换。选取有条件的企业作为机械化开采示范矿山，督促企业购置先进开采设备，提高机械化作业水平。三是加快信息化建设。通过公开招标，兰陵县安全生产监管网格化系统已于 7 月份投入使用，进一步强化了安全生产隐患的监管。四是组织开展“大快严”检查。安监局局对全县非煤矿山进行停产整顿，严把复工关。对地下矿山实行井口上锁，企业整改申请爆破物品和下井作业，必须向属地乡镇、监管部门报备，经批准在监督下才能实施作业，有效制止了非法违法开采行为。同时，聘请专家组成检查组，对全县的非煤矿山逐一摸底排查，实现安全培训、安全隐患排查治理、治理检查 3 个全覆盖。取缔关闭一批不具备安全生产基本条件的非法违法企业，治理整改一批存在安全隐患的企业，提升一批安全管理基础较好的企业，有效遏制事故发生，全面提升企业安全管理水平。

【危险化学品安全监管】 继续积极贯彻落实外聘专家查隐患制度，全县 3 家生产企业、1 家在建企业均与市安监局公布专家名单中的专家签订了服务协议。

扎实开展安全检查，积极推进一般化工企业开展安全现状评价。针对山东普金肥料有限公司、远东国际生物化工有限公司、金麦源肥料有限公司3家一般化工企业存在的安全问题，扎实开展执法检查工作，多次邀请专家一起到企业开展检查活动，充分发挥专家力量，同时积极联系临沂市安科院对3家企业开展安全现状评价，目前正在推进当中。

同时，成立县危化品专家队伍。针对全县危险化学品企业管理力量薄弱，专业技术人才缺失的现状，认真选取县内危化企业中文化程度较高，安全知识比较全面的管理人员，经县安监局研究，公布了兰陵县危化品安全专家名单。

【烟花爆竹安全生产监管】 2016年，继续大规模缩减零售经营业户的数量，由以往的500余户缩减至400户，通过整合资源，烟花爆竹行业安全生产本质水平有了极大的提高。同时，加大了对重点区域的抽查与巡查，严厉打击非法运输、储存、销售等违法行为。2016年年初，县安监、公安、工商等部门抽调了60余人，成立了4个联合执法督导组，每个小组配备烟花爆竹探测仪1台、车辆2台，对全县各乡镇进行拉网式反复检查，共检查烟花网点400家次查出隐患572条，累计收缴非法烟花爆竹100万余响，刑事拘留6人，治安处罚17人。

【职业安全健康监管】 积极参加并组织全县重点行业的12家企业负责人参加市局举办的职业病防治知识法律、法规培训班。市局邀请省疾控中心专家进行了授课。与会人员通过学习，职业病防治工作的法律、法规意识进一步加强和提高。其次在全县非煤矿山安全会议上向企业负责人项目部负责人发放职业病防治法90余本。同时结合我县现阶段职业卫生存在的问题，对相关法律条文进行了对照解读。使相关负责人法律意识近一步提高。

根据市局活动方案内容制定下发了全县开展工作场所职业卫生监督执法年活动实施方案的通知（兰陵安监发〔2014〕17号文）。根据全县实际重点把非煤矿山、危化、建材、轻工、建筑施工、等职业病危害严重的行业领域的用人单位进行重点检查。

【应急救援】 制定了行业安全生产事故应急救援预案。组织协调开展了应急预案演练周活动，各行业、企业严格按照要求，制定了实用、管用、易于操作的应急救援预案。中钢山东矿业、临矿会宝岭铁矿、华荣矿业土山铁矿开展防汛应急演练；交通运输局开展了公交车火灾应急演练；质监局开展了电梯坠落应急救援演练；消防大队组织开展了固定消防设施测试演练；家家乐烟花爆竹有限公司开展消防演练。通过各种领域演练，检验和完善了行业应急救援预案，大大提高了警戒保卫、现场抢险、技术保证、物质供应、通讯联络、后勤保障等多方面的应急应对能力。

【执法监督】 在突出抓好非煤矿山、危险化学品、烟花爆竹、职业健康等四个重点领域安全生产专项治理的基础上，充分发挥县安全生产委员会办公室的职能作用，监督、协调有关部门开展了公众聚集场所消防安全、道路交通、特种设备、建筑施工、校舍危房、民用爆破器材、商贸物流等领域的专项治理活动。为更好的开展日常执法监督，安监局开通了两部有奖举报电话，充分调动了广大群众参与的积极性。

【“大快严”集中行动】 按照省、市、县各级部署要求，发挥县安委会办公室综合、协调、指导作用，从2015年11月开始，在全县部署开展安全生产隐患大排查快整治严执法集中行动。为促进企业安全生产主体责任的落实，又部署开展了企业主体责任落实专项执法检查。2016年1—10月份，升级改造企业57家，停产整顿81家，关闭取缔11家，实施行政处罚191万元，有力保障了全县安全生产形势稳定。

【宣传教育和培训】 2016年，继续大力开展了“安全技能全覆盖”培训。一是加大对企业安全培训的力度。确保企业“三岗人员”必须培训后上岗，今年以来共举办非煤矿山、工商贸企业、危化品经营企业、恒低温库等各类培训班17期，培训1100人次。二是加强安全宣传力度。在安全生产月期间，印发宣传单1万余份、制作和汇集各单位安全事故案例展板120余块，开展安全文化“进企业、进社区、进学校、进乡村、进家庭”活动，大力普及安全生产法律法规、安全知识，对广大群众进行安全警示教育。县安监局在11月16日召开全县安全生产企业主体责任大会召开期间，将新《安全生产法》1000余份发放到参会人员和安监工作人员手中。

【“双基”工作】 目前安监局配备执法车辆3辆，防毒全面罩4个，相机8个，防毒半面罩10个，防护眼镜（防冲击、防酸碱各10个），便携式数字粉尘仪1个，便携式多功能气体检测报警仪1个，激光测距仪4个，GPS定位仪4个。将县安全生产监察大队升格为正科级单位，扩编20个；每个乡镇安监办至少配备4名人员，今年又配备1名专职副科级副主任，县乡两级安全生产监管机构、执法队伍均得到加强。同时，对全县18个乡镇、街道、开发区全部配备了执法车辆，极大的方便了工作人员工作的开展，提高了工作效率。

食品药品监督管理

【概况】 兰陵县食品药品监督管理局位于兰陵县会宝路8号，为县政府工作部门。局机关现有行政编制21名，实有人员21名，配备局长（主任）1名，副局长（副主任）4名。设立办公室、政策法规科、食品安全协调督查科（挂宣传和应急管理科牌子）、食品生产监管科（挂食品流通监管科牌子）、餐饮服务食品监管科、保健食品化妆品监管科、药品监管科、医疗器械监管科、规划财务科9个职能科室。

下设17个乡镇（街道）食品药品监督管理所和1个城区食品药品监管所，共核定行政编制90名，实有人员68名。直属事业单位食品药品稽查大队，为副科级事业单位，配备大队长1名（党组成员），副大队长3名，核定事业编制36名。药品不良反应监测中心，挂县药物滥用监测中心牌子，为股级事业单位，配备主任1名，核定编制5名。

【日常监管】 食品监管环节。根据年初工作计划对全县范围内食品生产经营单位开展全面集中摸底排查，建立监管档案，进行分类监管。以18个基层监管所为依托，细化网格，加强日常检查，规范食品生产经营行为，严厉查处食品违法行为。密切关注舆情信息，掌握监管动态，加大对重点品种、重点区域、重点环节日常监督检查力度和频次。重视源头治理，对所辖区域部分生产企业特别是纯净水生产企业、酱腌菜生产企业以及部分食品流通经营单位进行重点检查，重点防范食品安全风险，严厉查处食品违法违规行为。强化企业责任主体意识。通过教育培训、监督检查、同被监管单位签订《责任书》等形式，切实增强企业“第一责任人”意识，引导企业守法经营，强化自律意识，完善内部管理制度，切实承担起食品质量安全主体责任。

以创建国家卫生县城为契机，进一步规范整治食品生产经营企业、食品加工小作坊、小食品店、小餐饮店，城区的食品行业经营状况得到升级。对所有餐饮店进行了分级管理，引导“寻找笑脸就餐”。目前城区范围内食品经营业户的证照持有率、量化分级管理率均达到100%。

药品医疗器械监管环节。以规范经营为重点，加大对药品流通和使用环节监管力度，对乡镇医疗机构、农村卫生室、药品经营企业、民营医院进行拉网式检查，主要规范医疗机构用药行为，突出检查药品购货渠道、购进验收记录、药房或药库设备是否符合药品储存要求、药品养护及各项保证药品质量制度是否健全等。消除安全隐患，规范全县药械经营使用秩序。

全年检查“四品一械”生产经营单位5226家次，食品抽检524批次，样品快检300批次；药品抽检80批次。其中食品8批次不合格、药品12批次不合格，对不合格产品的涉案单位依法进行立案查处。全年新办《食品经营许可证》698个，延续《食品经营许可证》362个；新办《食品生产许可证》15个，延续《食品生产许可证》19个。新开办药店33家，更换药品经营许可证6家、注销4家，GSP认证28家，收回GSP证书1家，撤销GSP证书2家。与医疗器械经营使用单位签订《医疗器械质量安全责任书》42份。共上报药品不良反应1155例，医疗器械525例。

结合3.15消费者权益日、食品安全进校园、“食品安全宣传周”“安全用药月”等活动举办食品药品安全宣传及咨询活动，展出板报28块，接待咨询群众1000余人次，发放食品安全知识资料10万余份。

【综合治理和专项整治】 2016年大力开展“四品一械”安全综合治理和专项整治工作。全年立案58起，罚款41.89万元。受理各类投诉举报506起，全部进行了调查处理，处理率100%。在食品环节，以食用油、肉及肉制品、酒类、豆制品、婴幼儿配方乳粉、奶及奶制品、熟肉制品为重点品种开展综合治理，相继组织开展了“春节期间食品安全专项检查”“学校及学校周边食品安全专项检查”“纯净水生产企业专项检查”“餐饮具消毒”“双节期间食品安全专项检查”“肉及肉制品专项整治”“餐饮服务环节海鲜专项整治”“毛皮动物胴体”等40余项整治行动。在药械监管方面，按照“全覆盖、零容忍、严执法、重实效”的总要求，集中开展了疫苗、空心胶囊、注射用A型肉毒毒素、醒脑再造胶囊、滴眼剂等各类专项整治行动。

【产业状况】 突出打、建、创并举，放、管、服结合，推进产业做大做强。截至2016年年底，全县食品生产企业98家，食品流通商户3422家，餐饮经营单位2037家，单位食堂354家，医疗机构698家，药品经营单位191 家，药品生产单位1家，医疗器械生产企业1家，医疗器械经营单位110家，保健食品经营企业262家，保健品生产企业1家，化妆品零售企业458家，化妆品生产企业1家。

【亮点工作】 开展学校校园及周边食品安全专项整治。成立了由主要领导为组长，分管领导为副组长，各科室、中队、监管所负责人为成员的学校校园及周边食品安全专项整治工作领导小组，制定了《兰陵县学校校园及周边食品安全专项整治方案》，构建协调联动、信息通报机制，加强与公安、城管、乡镇党委、教育部门的协作配合，开展联合执法，整治范围包括学校、幼儿园、学生小饭桌食堂以及校园周边食品安全。共出动执法人员560人次，检查学校幼儿园食堂及校园周边食品经营户1670户，下达责令整改通知书86份，当场整改98处，查扣不符合食品安全标准的食品 100 余公斤。

撰稿：赵春林　审稿：曹青

统　计

【统计队伍建设】 截至 2016 年底，有在职干部职工 37 人，其中：专业技术人员 23 人（引进高学历专业技术人才 1 人）。在专业技术人员中：高级职称 4 人，中级职称 12 人。大专以上学历 35 人，党员 33 人。

【精神文明建设】 2016 年省级文明单位复查顺利通过验收。按照县委、县政府的工作部署，统计局广大党员干部职工深入开展“两学一做”专题教育活动，制定学习方案，坚持每周五固定学习制度，认真学习党的十八大三中、四中、五中、六中全会会议精神和习近平同志重要系列讲话、学习党章、党纪、党规，争做合格党员，牢固树立党的宗旨，切实改进工作作风，开展了唱好歌、学模范、诵经典、发善心、送吉祥等道德讲堂活动，提升职工的道德素养。大力开展“四德工程”建设等活动，机关精神文明建设取得新成效。积极开展“结亲连心”和“脱贫攻坚”帮扶活动，组织全局干部职工对 1100 余户进行了走访慰问，开展了爱心一日捐，全体干部职工捐款 3600 元、捐赠衣物 182 件，全局帮扶的 74 户精准扶贫户已有 56 户脱贫，出资 3 万元帮助“第一书记”挂职村新兴镇岳楼村硬化了村内道路、解决了村民出行难问题。2016 年获“临沂市统计系统“两学一做”活动优秀组织奖、临沂市统计系统“两学一做”活动主题演讲优秀稿件奖、全县科学发展先进单位。

【统计信息化】 随着科技的快速发展，全县统计信息化建设不断取得新的进步。2016 年新添彩色打印机 1 台、台式电脑 1 台、投影仪 1 部、手持采集终端 2 台、三农普 PDA253 台。1 台计算机连接政府网，1 台连接外网，其余全部连接统计内网，实现了国家、省、市、县、乡（镇）五级联网。目前全局每人拥有一台专用计算机、一台打印机。另配高清视频会议室，建成了统计信息内网和兰陵统计外网，极大提高了统计服务的时效性，为统计及农业普查工作的顺利开展打下了坚实的基础。

【农业普查】 根据《全国农业普查条例》有关规定，国务院决定于 2016 年开展第三次农业普查。为贯彻落实《国务院关于开展第三次农业普查的通知》（国发〔2015〕34 号）、《山东省人民政府关于开展第三次农业普查的通知》（鲁政字〔2015〕171 号）和《临沂市人民政府关于开展第三次农业普查的通知》（临政发〔2015〕161 号）文件精神，切实做好全县农业普查工作，兰陵县人民政府于 2015 年 12 月 11 日下发了《兰陵县人民政府关于开展第三次农业普查的通知》（兰陵政字〔2015〕89 号），成立了由县委常委、县政府常务副县长刘斐、县政府副县长杨秀秀为组长、有关单位领导为副组长、相关单位领导为成员的兰陵县第三次农业普查领导小组，领导小组下设办公室，办公室设在县统计局，县统计局党组书记、局长陈怡红同志兼任办公室主任。明确了成员单位分工，编制普查预算，选调普查指导员、普查员 4471 名，划分普查区、普查小区，绘制普查区、普查小区图，进行了入户摸底等工作，为全县农业普查工作顺利开展打下了坚实的基础。

【抽样调查】 关于全国 1‰人口抽样调查和全省 1% 人口抽样调查工作：全县共抽中国家样本 8 个，省级样本 70 个；关于众创、众包、众扶、众筹“四众企业”调查:共调查四众企业148家,从业人员14514人;关于非公有制人才资源调查:全县共抽中样本52家,其中四上企业40家,四下企业12家,已全部完成联网直报;关于外来人口统计调查:以县政府办公室名义下发了《关于报送2016年上半年人口数据的通知》,对全县所有行政村户籍人口、外来人口、外出人口进行了调查统计。

【统计法制建设】 一是加大行政执法力度。深入开展“数据造假、以数谋私”专项治理,严厉打击数据造假违法行为。制定了《数据质量执法检查实施方案》,按照不低于“四上”企业总数10%的比例,对36家“四上”企业开展了数据质量执法检查,下达检查通知书36份。二是继续抓好企业联网直报。加强对单位名录库的动态管理维护,严格入库程序,切实做好入库和核销工作。对联网直报企业上报数据进行认真审核把关,确保数据真实有效。三是继续抓好城乡一体化住户调查记账户管理。4月份对全县15个调查点、150户记账户记账情况进行了全面检查,对发现问题逐一落实整改。四是继续抓好部门统计工作。建立了统计联席会议制度,健全完善部门统计人员定期沟通机制,加强与发改、财税、工商、科技等部门的沟通交流,实现信息共享,确保各部门统计数据互联互通,相互对应。五是切实做好各类统计常规报表。分专业、分层次召开各专业培训会议,安排布置报表任务,确保了各类统计报表顺利完成。

【四大工程】 继续深化以“四大工程”建设为重点的统计方法制度改革。“四大工程”包括:一建设一个真实及时更新的统一单位名录库。建立统一规范方便企业填报的企业统计报表制度。三建设功能完善、统一兼容的统一数据采集、处理软件系统。建立统一高效的统计联网直报系统。着力巩固拓展提升“四大工程”建设,推动名录库管理向乡镇级延伸、名录库维护由季度转向月度,确保入库单位信息真实准确。强化对企业的服务意识,进一步加强对企业填报工作的指导,准确、快速、有效解决企业在联网直报中遇到的问题。拓展四大工程的应用范围,以农业普查为契机,将服务业、文化产农业单位整理和企业“成长库”建设作为工作重点,确保及时把符合条件的大个体户转为企业,符合条件的规下企业转为规上,增加规模企业数量。

【统计服务】 围绕全省统计质量效益年活动,全县统计系统牢固树立服务意识,以高度的政治责任感,真抓实干,扎实开展对居民收支、人口、劳动、文化、科技、能源、重点服务业、民生等领域的统计监测,不断加强对经济社会总量、结构、效益、速度的监测反映和综合评价。从本地主导产业、特色产业、新兴产业发展现状及存在问题等方面深入企业开展调查研究,撰写反映经济发展的统计分析和统计快报,做到每月有调度、季度有分析。提高统计服务的针对性、及时性和有效性,把反映县域经济发展的月度统计数据第一时间以手机短信报送县委、县政府领导,主要指标数据以快报形式送达相关部门参阅。及时编纂《统计年鉴》,定期撰写《统计信息》和《统计数据》,每年及时编印“两会服务”专刊统计资料,为县委县政府科学决策提供坚实的统计数据保障。

撰稿:毕于恩

审 计

【概况】 2016年,在县委、县政府和市审计局的正确领导下,县审计局牢固树立“四个意识”,

深入落实全面从严治党要求，主动适应新常态、践行新理念，严格依法审计，主动尽责担当，着力推动审计监督全覆盖，业务工作和机关效能建设实现了新的突破和发展。全年共完成96个审计项目，查出问题资金10.67亿元，审减工程决算节约政府投资953.34万元，促进企业补缴税款1299.06万元。在维护群众切身利益，促进党风廉政建设和社会和谐稳定，推动全县经济持续健康发展等方面有效发挥了审计的职能作用。

【跟踪审计】 根据《国务院办公厅关于印发稳增长促改革调结构惠民生政策措施落实情况跟踪审计工作方案的通知》要求，按照上级审计机关部署安排，对保障性安居工程建设政策措施，精准扶贫政策措施，加快重大水利工程建设政策措施及解决农村人口饮水安全问题政策措施，以创新支撑引领经济结构优化升级政策措施，高标准农田建设政策措施等5个政策措施落实情况进行了跟踪审计，审计查出精准扶贫计划未完成、贫困户家庭为财政供养人员、项目未出具结算报告等10个问题，督促被审计单位积极进行了整改，有效地促进了政策措施落到实处。

审计人员实地查看精准扶贫项目现场

【预算执行审计】 对2015年度本级财政预算执行审计工作进行了精心部署安排，科学调配审计力量，有效整合审计资源，对县财政局具体组织县级预算执行情况，对全口径预算管理、非税收入收缴管理、专项资金管理及使用等进行了重点审计，按照要求开展了数字化专题审计，审计发现在决算编制、全口径预算管理、非税收入收缴管理、国库管理制度改革等方面存在的突出问题。对县财政局、县水利局、县国土局、县规划局、县林业局局和县农机局等6个部门单位2015年度县级预算执行和其他财政收支情况进行了审计，重点对部门单位预算执行、决算（草案）、预决算公开和中央八项规定执行情况等进行了审计，查出问题金额18283万元。同时，向县人大、县政府分别都提交了审计工作报告和审计结果报告，审计工作报告受到县委常委们的充分肯定。对地税系统税收征管情况进行了审计，加强了与市局的沟通协调，加大数据分析力度，延伸审计了6个中心税务所和16家企业单位，重点审计了贯彻执行税收政策情况、税收征收管理情况和发票管理及使用情况，审计发现在执行税收优惠政策不到位，应减免未减免小微企业营业税及附加，少征多征税款等问题金额155.61万元。

【重点建设项目审计】 加大项目直审力度，从财政局抽审10个项目进行直审，同时，进一步强化对社会审计中介机构开展审计工作的指导和监督，规范社会中介机构审计执业行为，提高中介机构的审计业务质量。共完成兰陵县公安局反恐指挥中心水电安装工程结算等33个政府投资审计项目，审减投资额953.34万元。

【领导干部经济责任审计】 共对36位乡镇和部门单位主要负责人进行经济责任审计，审计中，重点关注领导重大经济事项决策及其执行情况，落实中央“八项规定”、厉行节约和“约法三章”，履行党风廉政建设责任情况等，审计查出资金管理不规范、支出不规范、资产管理不规范等问题金额22152.28万元，促进了领导干部履职尽责，同时，也为组织部门合理利用干部提供了参考依据。根据审计结果，对被审人员进行了责任界定，领导干部应付主管责任金额15206.73万元，领导干部应付领导责任金额6945.55万元。

【村居干部经济责任审计】 按照市审计局三年轮审一遍的工作目标及审计信访村、资金量大的村、换届难点村三个审计重点，于2016年8月底全部完成了年初制定的461个村居干部经济责任审计工作。审计资金总额87202.28万元，查出问题资金18780.81万元。移送案件线索14条，处理干部14人（包括以前年度移送2016年度处理），其中：诫勉谈话1人，批评教育3人，通报批评3人，党内严重警告1人，党内警告1人，撤销党内职务4人，开除党籍1人，通过审计消除信访案件2起。全市村级督查工作会议后，于2016年11月初全面开始了村级督查审计工作。截至12月底，累计完成兰陵、尚岩、车辋、大仲村四个乡镇88个村居干部经济责任审计项目，审计资金总额2.2亿元，查出问题资金6104.14万元，移交问题线索18条。

【民生资金项目审计】 以促进资金筹集、分配、管理、使用的规范性和有效性为切入点，突出关注关系人民群众切身利益的实际问题，促进了各项惠民政策落到实处。对保障性安居工程进行了跟踪审计，延伸及审计了13个村的20户农村危房改造家庭和6个安居工程项目，审计查出未完成农村危房改造任务，部分项目建设单位建设手续不全，保障性安居工程配套基础设施建设不到位，不符合条件家庭领取住房补贴等问题；对45个贫困村村民互助协会资金进行了审计，审计查出互助协会组织管理不健全，资金管理混乱，风险控制不够等方面存在的问题；对全县解决城镇普通中小学大班额问题情况进行了专项审计调查，审计查出规划缺乏有效论证、部分规划建设的学校规模过大等问题。

【金融审计】 按照市审计局要求，对兰陵农村商业银行股份有限公司2014至2015年信贷风险管控情况进行了专项审计调查，延伸审计调查了15家基层支行（分理处），抽查了306个贷款项目，审计发现在执行国家宏观信贷政策、

审计人员对扶贫贷款的发放情况进行延伸审计

信贷风险管控等方面存在的问题金额3.73亿元，1人因骗取贷款60万元被移送公安机关处理。

【专项审计调查】 为促进财政收入持续稳定增长，堵塞税收征管漏洞，对县本级截至2016年9月底的财政收入状况进行了审计调查，省厅下发全县疑点企业136户，疑点金额8289.15万元。通过审计核实发现，有4户企业少缴土地增值税1701.14万元，有3户企业少缴城镇土地使用税62.8万元，1户企业少缴增值税2.78万元。审计期间积极督促整改，截至2016年底，全县

已补缴税款 1299.06 万元。

【领导交办事项】 切实跟进社会热点、难点问题，围绕全县工作大局，认真完成了县委、县政府安排的兰陵县公共交通客运有限公司 2015 年度公司运营和财务状况审计等 10 余项临时性审计工作任务。审计工作为县委县政府决策提供了依据，取得了良好的社会效应。

撰稿：姜良华

农　业

综　述

【机构设置】 兰陵县农业局是县政府农业行政主管部门，为正科级行政事业性单位。主要负责全县农业与农村经济发展工作，研究拟定实施全县农业农村经济发展战略、中长期发展规划和年度计划、农业产业政策、农业现代化建设、农产品市场体系建设与发展规划，指导农业信息体系建设，承办农业涉外事务，组织实施农业重大科研项目攻关和国内外高新技术、先进实用技术的引进、示范、推广工作。农业局内设办公室、人事科、财务科、市场信息与发展计划科、种植业管理科、产业化科、法规科、工会、老干科、保卫科等9个行政科室以及农业技术推广中心、农村集体经济管理中心、农业光爆电视学校、农业综合执法大队4个副科级单位，担负着全县农业技术推广、农村政策落实、农村经营管理、农村能源推广普及农业综合执法等重要职责。全局现有在职职工136人，其中，专业技术人员107人。专业技术人员中，有农业推广研究员2人，高级农艺师19人，农艺师、农经师等中级职称人员62人，初级技术职称人员24人。

【全县农业农村经济发展概况】 2016年，兰陵县农业局在县委、县政府的正确领导下，紧紧围绕中央1号文件的决策部署，严格按照县委、县政府《关于做好2016　年全县农业农村工作的意见》要求，认真开展了各项工作，全县农业和农村经济保持了持续、稳定、健康发展。县农业局按照上级关于种植业结构调整的意见，结合兰陵县自然条件，大力推进全县种植业区域布局调整，最终实现“一减一稳三增”，即：逐渐减少玉米播种面积15万亩；稳定现有小麦面积65万亩，确保粮食安全；增加麦茬花生5万亩，增加谷子、地瓜等杂粮5万亩，探索增加青贮玉米和苜蓿等饲用牧草面积，逐步形成粮油、粮菜、粮薯兼做套种，提高种植收益，着力打造“东蒜西菜南米麦、北部山区杂粮油”的农业经济整体布局。全县粮食收获面积155.8万亩，总产87.6万吨。其中，收获小麦66.8万亩，平均单产506公斤，总产33.8万吨；玉米83万亩，平均单产514公斤，总产42.6万吨；土豆4万亩，单产2050公斤，总产8.2万吨，其他粮食作物6万亩，总产3万吨。全县蔬菜收获面积112万亩，总产量420万吨，总产值85亿元。工作中，完成了2015年度申请实施的山东省现代农业生产发展资金蔬菜产业项目，实施2016年高效特色农业扶贫项目。2016年全市优质农产品基地品牌建设现场观摩交流会召开，经过与会人员实名投票，兰陵县的2016年优质农产品基地品牌建设评比总体得分95.119分，排名全市第一；3个观摩点单项评比得分均获第一。新增优质农产品基地4万亩，共建设各类优质农产品基地69万亩；“三品一标” 认证农产品达到276个，其中无公害产品14个，绿色食品248个，有机食品11个，中国地理标志产品3个（“苍山大蒜”“苍山牛蒡”“苍山辣椒”)。成功举办第四届菜博会。全县的农村土地承包经营权确权登记颁证工作已通过省、市验收,正在进行档案规整工作。全县秸秆焚烧现象得到全面遏制,没有发生一起焚烧现象,禁烧效果为历年最好,综合利用工作也取得显著成效。积极培育各类新型农业经营主体。新增合作社 51 家,全县合作社注册总数达到 1853 家;新增家庭农场 108 家,全县家庭农场注册总数达到 368 家。规模以上农业产业化龙头企业 150 家,专业批发市场 1 家,新增下村乡“一村一品”示范乡镇,专业乡镇达到 4 个、专业村 60 个。认真开展了新型职业农民培训、创业培训和扶贫培训,累计培训 2000 余人,6000 余人次,其中新型职业农民培训 210 人,3000 人次;创业培训 100 人;扶贫培训 70 人,420 人次;农村实用人才培训 2000 余人次。同时,根据市里要求,全县共建设农民田间课堂 10 个。

【强农惠农政策落实】 2016 年,兰陵县农业局严格按照项目实施方案的要求,认真组织项目分步骤、按阶段、有计划地向前推进,全力抓好大项目,不忽视怠慢任何小项目。认真组织实施好现有农业项目,同时确保管好、用好国家支农、惠农资金,确保国家的支农惠农强农政策落到实处。共实施千亿斤粮食工程规划、基层农技推广体系建设、全国基层农技推广资金补助项目、测土配方施肥等农业项目 10 余个,举办各类技术培训和技术指导 260 多场次,发放技术明白纸 26000 多份,大力推广了花生良种栽培、蔬菜无公害栽培等技术。

【优质农产品基地品牌建设】 今年以来,县农业局按照《苍山县蔬菜产业 2012—2020 发展规划》,狠抓了辖区内以设施蔬菜为主的蔬菜生产基地的提升。重点针对向城镇佰盟蔬菜产业园和鸿强蔬菜产销专业合作社标准化生产基地,开展了标准化提升。10 月 17 日—20 日,2016 年全市优质农产品基地品牌建设现场观摩交流会召开。市委副书记张宏伟,市委常委、副市长尹长友带领市直有关部门主要负责人、各县区委副书记、政府分管农业的副县区长及优质农产品基地品牌创建工作领导小组办公室主任(农业局局长),各开发区党工委副书记、管委会分管副主任和农业工作部门主要负责人,对全市 12 个县区、3 个开发区的 39 个观摩点进行了观摩评比。经过与会人员实名投票,兰陵县的 2016 年优质农产品基地品牌建设评比总体得分 95.119 分,排名全市第一;3 个观摩点单项评比得分均获第一。其中,向城镇佰盟现代蔬菜产业园得分 95.457 分,向城镇鸿强蔬菜合作社标准智能化种苗示范基地得分 95.586 分,开发区兰陵县众利为农服务中心得分 94.314 分。新增优质农产品基地 4 万亩,共建设各类优质农产品基地 69 万亩;“三品一标” 认证农产品达到 276 个,其中无公害产品 14 个,绿色食品 248 个,有机食品 11 个,中国地理标志产品 3 个(“苍山大蒜”“苍山牛蒡”“苍山辣椒”)。

【新型农业经营主体培育及农业产业化】 上报、填写、汇总、录入农业产业化系统和一村一品系统两个系统,其中规模以上农业产业化龙头企业 150 家,专业批发市场 1 家,新增下村乡“一村一品”示范乡镇,专业乡镇达到 4 个、专业村 60 个。同时,加快新型经营主体培育,新增合作社 51 家,全县合作社注册总数达到 1853 家;新增家庭农场 108 家,全县家庭农场注册总数达到 368 家。

【科技兴农】 2016 年认真开展了新型职业农民

培训、创业培训和扶贫培训，培育新型职业农民1200人。其中，重点做好200人的职业农民培训、100人的创业农民和300人的扶贫培训工作。同时，根据市里要求，全县共建设农民田间课堂8个，培训基地5个，创业基地3个。

农村工作

【美丽乡村建设】 一是美丽乡村建设步伐加快。按照市委、市政府要求，在县委、县政府的指导下，结合实际制定了《兰陵县〈生态文明乡村（美丽乡村）建设规范〉重点评价指标责任分工表》等文件，以“五化提升”为抓手，在全县开展了美丽乡村建设活动，集中进行美丽乡村覆盖率测评、美丽村庄连片整治、优美线路连线、路域环境综合整治、农村汪塘治理、沂蒙美丽乡村创建、村庄道路硬化“户户通”及村内改厕等8项工程建设。全县238个美丽乡村覆盖率测评村庄顺利通过省委农工办的考核验收，在市委农工办考核中取得满分成绩；新兴镇市级“硬化＋改厕”示范片区完成硬化道路面积22.7万平方米，改厕1100户，顺利通过市委农工办验收；7个村居获得沂蒙美丽乡村荣誉称号；8个农村汪塘获得市级示范汪塘称号，争取市奖励补助资金260万元。二是农村环境长效管护持续推进。坚持对全县18个乡镇（街道、开发区），213个社区、600个行政村，进行了村庄环境长效管理，实行“一日一检查一通报”制度，加大了对康洁环卫保洁、玉禾田保洁有限公司、北京桑德新环卫有限公司三家保洁公司的督导考核力度，进一步完善县、镇、村三级城乡环卫一体化共管机制，其中生活垃圾焚烧发电项目已投资3.7亿元，预计2017年5月可投入使用，生物质发电项目已经投产。三是农村生产标准化、生态化持续推进。通过推广优良品种、装备先进设施、规范生产规程、完善防疫制度、强化粪污综合治理五项重点，规模养殖标准化生产水平不断提高，彻底解决了农村养殖污染面源问题。坚持“从严治烧、以用促禁”，农作物秸秆焚烧现象得到全面遏制，秸秆综合利用率达到90.4%。积极开展乡镇、村庄的绿化管理，加强对省直第一书记村的村庄绿化指导和扶持力度，保证了每个村的绿化资金支持，全县雨季造林栽植9015亩。

【培育高产、高效、安全、生态农业】 一是农畜产品保持高产。积极落实各项农业生产措施，粮食生产实现了十三连增。全县粮食收获面积155.8万亩，总产87.6万吨。今年以来，全县新创建国家级标准化养殖场1家，省级标准化养殖场10家，市级标准化养殖场7家，当前全县国家级、省级、市级标准化养殖场分别达到1家，10家和99家；新建饲料生产加工企业1家，现代化畜禽屠宰加工企业1家。二是高效农业稳步发展，农业标准化、农机化、产业化水平不断提升。农业标准化水平不断提升。今年以来，按照《苍山县蔬菜产业2012—2020发展规划》，狠抓了辖区内以设施蔬菜为主的蔬菜生产基地的提升。重点针对向城镇佰盟蔬菜产业园和鸿强蔬菜产销专业合作社标准化生产基地，开展了标准化提升。投资200万元建成了农业有害生物预警与控制区域站项目，提高了全县对重大农业有害生物突发性灾害的应变能力。投资3040万元对南桥镇33个村、3.07万亩农田实施了高标准农田水利建设，现已全部完工并顺利通过市级验收。农机现代化水平不断提升。全县共有农机合作组织合作社54家，新增各类农业机械1168台，落实农机购置补贴资金2000万元，全县农机总动力达到140万千瓦，居全市第一。加快农业产业化发展。加大对全县的农产品加工龙头企业的培植力度，到目前，全县省级龙头企业达到10家，市级龙头企业达到29家，农产品加工企业达到450家，专业批发市场24家，观光农业示范村12个。同时，加快新型经营主体培育，新增合作社51家，全县合作社注册总数达到1853家；新增家庭农场108家，全县家庭农场注册总数达到368家。在2016年全市优质农产品基地品牌建设现场观摩交流会中，我县评比总体得分95.119分，排名全市第一。“三品一标” 认证农产品达到267个，其中无公害产品14个，绿色食品239个，有机食品11个，中国地理标志产品3个（“苍山大蒜”“苍山牛蒡”“苍山辣椒”）。苍山大蒜” 排名2015年度“中国农产品区域公用品牌价值百强”第17位，品牌价值48.37亿元。“苍山大蒜”在2016年第14届全国优质农产品交易会上获地标产品金奖，“长城辣椒”获参展产品金奖。三是监管力度不断加大，农产品质量安全有保障。以确保农产品质量安全为核心，积极完善县、乡镇、村三级监管网络体系，在全市率先探索推行“联户担保、菜农自治”监管模式，农产品质量安全监管实现全覆盖。坚持农药生产经营备案制度，全县范围内禁止使用国家禁限用高毒农药，农产品检测合格率高于全省平均水平，确保了全县农产品质量安全。县域内农产品质量安全检测合格率达到98%以上，禁用药物和违法添加剂检测合格率达到100%；群众对县域内农产品质量安全监管工作、质量安全保障能力和水平等方面的满意度达到70%以上。加强水产品质量安全工作。按照行业标准，强化水产品质量安全监测，促进按标养殖、达标上市。今年以来，顺利通过了农业部、省海洋与渔业厅、临沂市渔业局对兰陵县进行的五批次抽查，合格率为100%。创新畜产品监管方式。积极做好无公害畜产品企业认证的宣传发动、培训和认证工作。2016年，有2家企业通过省专家组的现场验收，全县无公害认证畜牧企业达到10家。目前畜产品监控监管、检验检测、质量追溯和综合管理等设备平台已基本安装完毕。畜产品生产基地、兽药饲料生产经营、畜产品加工等领域实现了全面监控信息化。

【深化农村改革，增加农民收入】 一是深化农村改革与创新。加快推进农村土地承包经营权确权登记颁证工作进度。全县967个确权村庄，除34个村因社区搬迁、园区建设、无班子等原因暂缓确权外，其它村庄已全部完成农村土地确权，确权面积123.73万亩。目前已经通过省、市验收，正在进行档案规整工作。构建新型农业经营体系，推进适度规模经营发展。2016年，全县各类农民专业合作经济组织发展到1853家，成员11.3万人，吸引和带动农户13.3万户，年销售农产品45万吨，实现销售收入6.3亿元，利润1.2亿元，全县涌现出了家瑞种植、金瑞种植、鸿强育苗等一批优秀的农民专业合作社，200余家农民专业合作组织受到市委、市政府表彰。加大为农服务中心建设力度。着重对众利为农服务中心进行了完善提升，新建了测土配方实验室、智能液体配肥站、智能气象站和小麦麦种精选生产线，服务功能更加完善，黑小麦等特色作物线上销售逐步推开，增收效益更加明显；年初规划建设的向城、南桥、新兴、下村4处为农服务中心，高标准建成了涵盖智能配肥、农机服务、统防统治、工厂化育苗、粮食烘干仓储、农民培训、综合服务等侧重点不同的、服务高效的为农服务中心。二是努力增加农民收入。扎实开展农业特色产业扶贫工作。认真制定扶贫计划，重点扶持发展蔬菜、食用菌、水果等优势特色产业，强化新型农业经营主体的扶贫带动作用。有效组织实施富民工程，锁定帮扶对象，监测脱贫进展，重点抓好金融小额信贷扶贫、贫困（库区）村易地搬迁扶贫、乡村旅游开发扶贫、电商扶贫、光伏发电项目扶贫，扶持贫困群众利用扶贫小额信贷从事蔬菜生产、畜禽养殖和农产品加工等项目，2016年，实现精准脱贫3.2万人。积极开展各类农民培训。认真开展了新型职业农民培训、创业培训和扶贫培训，累计培训2000余人，6000余人次，其中新型职业农民培训210人，3000人次；创业培训100人；扶贫培训70人，420人次；农村实用人才培训2000余人次。全县共建设农民田间课堂10个。稳定农户农业经营收入。发展稳定烤烟面积1.2万亩，年收购烟叶3.6万担，年实现税收7370万元。加大现有政策性农业保险险种的推广力度，做好了小麦等主要种植作物的政策性农业保险工作，为全县农业增产、农民增收提供坚强保障。2016年全县小麦参保面积38万亩，挽回损失176.3万元。

撰稿：高志胜

扶贫开发

【精准识别】 根据贫困户识别退出和贫困村退出的要求，对贫困户进行信息更新核实，完成公示公告程序，并进行村、镇、县、市评估验收；对贫困村退出完成镇级自验、县级第三方验收。通过贫困户信息采集录入和建档立卡信息动态管理工作，全县2016年完成脱贫任务33989人，新识别贫困人口109人；退出省定贫困村22个，市定贫困村10个。

【“三问三清”活动】 开展“三问三清”活动，联系乡镇县级领导、第一书记、“结亲连心”干部到镇进村入户调查研究、了解实情，精准发力、精准施策，问联系乡镇经济为什么落后、扶贫工作重点村为什么贫困、贫困户为什么贫穷，做到责任清、措施清、时效清。组织填写了《“三问三清”联系乡镇手册》《“三问三清”贫困村手册》《“三问三清”贫困户手册》，为每户贫困户建立了“精准扶贫包”。

【产业扶贫项目】 2016年投入扶贫专项资金4885万元，用于支持全县121个重点贫困村、16个库区贫困村、23个插花村发展产业项目，其中实物建设类项目125个、入股企业类项目35个。

【整合涉农财政资金】 制定《兰陵县2016年关于统筹整合使用财政涉农资金支持脱贫攻坚的实施方案》，《方案》整合财政涉农资金中央9项、省级13项、市级5项、县级1项，资金总额18641.43万元，其中中央资金6200.4万元、省级资金9062.03万元、市级资金1879万元、县级资金1500万元；整合项目534个，涉及18个乡镇、534个村；项目带动贫困人口22521户、43200人，增收效益3086.998万元。

【金融扶贫】 扶贫小额信贷承贷银行为县农商银行、县农业银行、县村镇银行、县临商银行，担保公司为华瑞信恒融资担保有限公司、国诚融资担保有限公司。扶贫小额信贷投入各级财政资金1935万元，其中省级资金414万元，市级资金331万元，县级资金1190万元；风险补偿金1321万元，贴息资金524万元，担保费90万元。扶贫小额信贷贷款1.4902亿元，帮扶贫困人口4475户、7735人，其中“富民农户贷”开展391户1552万元，“富民生产贷”开展37家1.335亿元。

【易地扶贫搬迁项目】 尚岩镇惠东社区含省定贫困村2个，市定贫困村1个，为市政府办公室派驻第一书记村，共有贫困人口1583人，该易地扶贫搬迁项目具备规划标准高、单体规模大、项目进度快、配套设施全、扶贫效果好5个特点，通过推进“一区”建设，解决贫困户住得好的

2016年11月2日，副省长赵润田（前左三）现场查看异地扶贫搬迁

同时，推进1200亩的现代农业示范园和3000亩优质冬桃基地“两园”建设，实现“强村富民”精准扶贫，有劳动能力贫困户年增收6000元，无劳动能力贫困户年增收1000～3000元，村集体年收入60万元。2016年11月2日全省易地扶贫搬迁推进会议上，赵润田副省长对我县在未列入全省易地搬迁项目县、未享受国家补助的情况下，能够主动作为，攻坚克难，大规模、高标准地推进易地扶贫搬迁的做法给予了充分肯定。

【孝心养老】 2016年6月13日，在大仲村镇河西村举行贫困老年人签订家庭赡养协议仪式，7月底前，全县签订协议31391人，签协率100%。制定《兰陵县孝心养老补贴资金操作办法》，对人均赡养资金每年超过1000元的60岁以上贫困老年人，县财政每人补贴100元，2016年募集孝慈善资金926.35万元，其中县财政补贴资金83.78万元，惠及贫困老年人8378人。

【慈善超市】 慈善扶贫超市于2016年6月初筹备建立， 7月10日投入使用，位于兰陵经济开发区，一期库房面积2200平方米，县财政投资150万元。瑞泰集团无偿提供场地、厂房，捐赠价值10万余元的设备，宝庆超市捐款10万元，捐赠价值20万余元的衣物5万余件、各类生活用品4万余件(套)。19个捐赠接收站每天有捐赠，最多的平均每天接收捐赠物品100多件。慈善扶贫超市已累计接收各类衣物30余万件、生活

2016年11月2日，省委副秘书长、扶贫办主任时培伟（前左一）到慈善总会调研

用品2万余件（套），物品达141个品类、37万件（套）。在省内享有较高的知名度，省内外多家单位前来学习参观，都给予较高的评价。

【惠民水站】 与海尔集团合作，在全国范围内开启惠民水站“免费运营模式”，由日日顺健康平台针对各村的水质、水源情况，定制智能化的健康饮水解决方案，并免费提供水站设备及对设备进行维护和服务。已安装净水设备1194套，覆盖全县所有村，惠民水站不但收益用于精准帮扶贫困户，而且解决了全县农村饮水安全问题。

【雨露计划】 对有子女在校接受中、高等职业教育的建档立卡贫困家庭给予直接补助。2016

年雨露计划经过学员申报、贫困资格审核、学籍审核、公示等程序，对42名受扶持对象发放补助资金12.6万元。

撰稿：张钰川　审稿：张贵彬

农业综合开发

【农业综合开发项目】 车辋镇0.5万亩高标准农田建设项目总投资560万元，扶持张桃峪、宝山前、唐家庄、段家庄等13个贫困村，改造大口井1座，新打机井90眼，硬化生产路11020米，铺设管道4955米，新建蓄水池10座，新建桥涵11座。鲁城镇太平村0.12万亩高标准农田建设项目总投资147万元，新建泵房1处，新建蓄水池2座，新建大口井1眼，规划整修道路1.9千米，架设10KV高压线路0.9千米，低压线路0.42千米，配备80KVA变压器1台等。磨山镇西疃村0.3万亩高标准农田建设项目总投资413万元，新打机井35眼，疏浚排水沟渠5.0千米，修建水工建筑物62座，架设高压线路2.2千米，埋设低压电缆7.13千米，规划整修道路6.4千米等。神山镇西北村0.09万亩标准农田建设项目总投资56万元，新打机井1眼，硬化生产路面510米，PE管 φ110mm，阀井12个等。鲁城镇庄岭村0.15万亩小流域治理工程项目总投资224万元，新建蓄水池4座，新建水泥混凝土路面2960米，打机井5眼，建设泵站1座，管理房2间、给水栓50个等。

【项目建设管理】 兰陵县于1988年被列入国家农业综合开发县范围以后，围绕提高农业综合生产能力，提升农业综合效益，增加农民收入这一主线，坚持“高起点规划、高标准建设、高质量实施、高效益开发”的原则，统筹兼顾，综合开发，形成了夯实基础、改善生态、培育产业、兴办龙头、推广科技5位一体、整体联动、互促互动的农业综合开发新格局，为促进农村经济快速发展发挥了十分明显的示范带动作用。

【创新工作】 兰陵县农发办广泛推行企业“黑名单”制度。对借用资质，工程转包分包、串标等企业纳入“黑名单”管理，实行失信惩戒制度。

2016年兰陵县共有5个农业综合开发项目，兰陵县农发办通过政府购买服务的方式，大胆引入中介组织，对项目的实施进行全过程的管理和服务，极大的提升了农业综合开发项目的建设效果。

兰陵县农发办2016—2017年先后投入财政资金1617万元集中连片开发鲁城镇片区，共实施土地治理项目3个，产业化项目2个，扶持区域涵盖6个贫困村，309户贫困户，475人。到2017年末将完成管道铺设38040米，机井新打48眼，生产桥兴建3座，生产路修筑12800平方米，高效节能日光温室建造4座，疏菜高温大棚10个，并引进适宜项目区种植及市场销售的高产优质蔬菜新品种10个以上等。

撰稿：袁格格　审稿：李建华

种植业

【概况】 2016年，兰陵县委、县政府和县农业局引导上下积极探索，在创新经营机制，推进农业投入多元化，实现农村劳动力有序转移，拓宽农民增收渠道方面取得了新的突破。目前，一些农村能人大户纷纷开始投资农业开发，他们依靠雄厚的资金、先进的技术和灵通的信息优势，整合各种生产要素，实现规模化开发、标准化生产、产业化经营，发展高标准现代农业，为农村富余劳动力转移趟出了一条新路子，拓宽了农民增收渠道。

【粮食生产】 粮食生产实现丰产丰收。2016年，以小麦直补、高产创建、测土配方施肥、小麦“一喷三防”等项目实施为抓手，积极落实各项农业生产措施，粮食生产实现丰产丰收。全县粮食收获面积155.8万亩，总产87.6万吨。其中，收获小麦66.8万亩，平均单产506公斤，总产33.8万吨；玉米83万亩，平均单产514公斤，总产42.6万吨；土豆4万亩，单产2050公斤，总产8.2万吨，其他粮食作物6万亩，总产3万吨。2016年全县小麦参保面积38万亩，挽回损失176.3万元，玉米、花生保险工作正在进行中。

【蔬菜生产】 蔬菜产业快速发展。2016年，全县蔬菜收获面积112万亩，总产量420万吨，总产值85亿元。工作中，完成了2015年度申请实施的山东省现代农业生产发展资金蔬菜产业项目，实施2016年高效特色农业扶贫项目。通过集约化育苗设施的提升改造、新技术新品种新设备推广应用，努力打造特色品牌，提升综合效益，推动蔬菜种植规模化、生产标准化、销售品牌化和经营产业化提档升级。

林　业

【概况】 2016年底，全县防护林面积达到15278公顷、用材林面积达到 15903公顷、经济林达到12735公顷，全县山区防护林、平原防护林、干线公路、铁路、水系防护林体系及城区绿化美化景观区等已基本形成，生态环境得到了明显改善，经济效益增长快速，社会效益明显提高。2016年12月山东兰陵会宝湖国家湿地公园顺利通过国家林业局列入试点建设名单。

【造林绿化】 2016年度完成防护林造林13155亩，用材林造林1050亩，经济林造林4350亩。新建农田林网32000亩，完成育苗5790亩。

2016年3月12日，慈善义工在兰陵县东二环路参加义务植树

【资源保护】 在资源保护方面，加强机制创新，强化管护，巩固造林绿化成果。采取造林绿化同农业产业结构调整、增加农民收入、改善生态环境相结合。积极推进集体林权制度改革，实行山定权、树定根、人定心。

*建立了保护发展森林资源目标责任制。*层层签订绿化目标责任状，把各项绿化指标按年度分解落实到乡镇、部门。进一步加强对县级人民政府保护发展森林资源目标责任制落实情况的监督检查，完善责任制考核机制和办法，督促落实奖惩兑现，逐步增强政府保护发展森林资源的责任意识。

*积极开展县级林地保护变更修编工作。*该项工作自2016年9月份开始，已经基本完成相关工作，并通过县政府审批通过。。

*不断加强城乡绿地和古树名木管护。*将绿化养护责任落实到部门、乡镇，具体到人，广泛开展了“认建、认养”活动。专门制定了《兰陵县古树名木保护管理办法》，定期开展古树名木普查，对全县150余株古树建立了档案，实

行挂牌保护，划定保护范围，全面落实养护管理措施，古树长势良好。

建立健全了森林生态效益补偿制度。制定了《兰陵县生态公益林管护办法》，成立了503人的护林员队伍，将生态公益林管护任务落实到山头小班，实行划片包干，合同管护，动态管理。

做好林权配套改革工作。做好主体改革的“回头看”和查缺补漏工作，不断完善林权配套改革政策措施。重点搞好林权评估、林权流转、林权交易平台、抵押贷款和森林保险等工作。

【森林防火】 坚持“以人为本、预防为主、积极消灭”的方针，扎实抓好各项防范措施落实，保障了森林防火工作安全稳定的态势，有效维护了全县森林资源安全。

在元旦、春节、清明节、“五一”节和双休日等高风险时段，对进山路口、重点地段、旅游景点等区域，认真开展“清剿火患”和“森林火险隐患大排查”专项行动，坚持全面检查和重点整治、常规化排查和集中行动相结合，严厉整治火灾隐患和查处违法行为。根据“规范购置，质量第一，按需储备，专业管理”的原则，加大防火经费投入，购买风力灭火机、灭火炮、高压灭火水枪、灭火弹、油锯、三号工具和防火服等防火物资，确保一旦发生火情，能及时有效应对。全县成立了30人的县森林消防队，根据靠前驻防的要求，防火队营房设在文峰山，森林消防队集中统一食宿，并按照森林防火应急预案的要求，开展防火业务知识培训，搞好实战演练，增强实际操作技能。

兰陵县森林消防专业队伍参加防扑火演习

【森林植物检疫和有害生物防控】 严格执行森林植物检疫制度。严格实行林木种苗产地检疫，带病虫的苗木坚决不允许出圃，将疫情控制在萌芽状态。严格规范森林植物调运检疫程序，先报检后调运。对于需要调出森林植物的企业和个人，检疫员到现场检疫后再签发《植物检疫证书》。规范了产地和调运检疫制度，2016年苗木产地检疫率100%。

加强森林有害生物防治。兰陵县作为国家级林业有害生物中心测报点， 建立了森林病虫害预测预报网络，重点监测杨树舟蛾发生危害。全县布设森林病虫害监测点23个，林业有害生物无公害防治率达100%，检疫率达100%。2016年5月27日至6月20日，兰陵县开展美国白蛾飞防，飞防面积近50万亩，达到了省、市防治要求。

做好野生动植物资源保护工作。加强对野生动植物经营许可证、驯养繁殖许可证的规范管理，严格按规定申报办理，发放和年检，对不符合资格的企业以及单位，经核实后一律吊销许可证。认真规范行政审批制度，凡需上报省厅或国家林业局审批的经营、采集等事项，均要认真审核，到实地调查核实，按规定程序上报审批，获得批准后按规定办理。严格按照国家、省、市、县有关野生植物保护管理的法律和政策规定，加强对野生植物采集的监管。

【林政执法】 严格执行林木采伐管理制度，强化伐区监管，提高伐区质量。以森林采伐限额年度核查为重点，组织力量开展多层次、多形式的监督检查，加大监管辐射面和威慑力，逐步扭转源头管理不利局面，减少森林资源隐形消耗。加强木材运输和经营加工管理，严格执行木材凭证运输规定，做到山上管严，山下管好，维护了良好的林业生产经营秩序。

严格林地红线管理。切实落实林地保护利用规范，严格林地用途管制；全面抓好林地定额管理和林地占用征收审核审批工作；强化使用林地监督检查，加大对违法用地行为查处打击力度，重点遏制政府性违法行为，严防林地流失。

加大木材运输检查执法力度。进一步强化木材运输检查执法，加强办案监督指导，落实案件呈报和追溯制度。切实加强木材检查站“五统一”建设，进一步健全“固定检查为主，流动巡查为辅”的木材运输检查机制，集中力量抓好源头管理。

打击涉林违法犯罪行为。加大林政执法力度，出重拳打击乱砍滥伐及侵占、破坏林地等现象，严格执行林木采伐管理制度，强化伐区监管；继续规范全县林地使用，做到征、占用林地要依法、按程序审批。2016 年共发生各类林业行政案件 56 起，其中滥伐林木案 54 起，违法征、占用林地 1 起，毁坏林木、苗木 1 起，给予林业行政处罚 54 人，挽回经济损失 100 余万元。

【林业产业】 一是木业产业发展迅速。木材加工业现已形成以原材料、镟皮、压板、板材、制胶、家具等较为齐全的产业体系。截至目前，全县已有木材加工企业 220 家，其中外资企业 2 家，高档家具生产厂家 2 家，木塑加工企业 1　家，规模以上企业 12 家。其中鲁林木业和临沂拓扑之鑫木业有限公司先后被评为市级龙头企业。二是林下经济逐步扩大。近年来林业生产发展迅速，有林地面积逐年扩大。林下经济的发展面积达到 5.2 万亩；探索出了诸如林菜模式、林菌模式、林禽模式、林畜模式和林下经济联合体等行之有效的林下经济模式类型，增加了农民收入。三是特色经济林发展迅猛。2016 年来，着力培植以核桃、板栗、花椒、大棚油桃为主的特色经济林产业，全县特色经济林产业发展势头强劲。截至 2016 年底全县经济林面积达到 22 万亩。四是种苗花卉产业逐步壮大。加大扶持以银杏大苗培育、绿化苗木培育、鲜切花、盆景为主的种苗花卉产业，积极引进、推广、培育新品种，积极推进省林业厅杨树超高产栽培技术推广试验工作，推进全县绿化美化进程。全县苗木花卉产业发展取得新突破，实现总产值 3.3 亿元。五是林业合作社运营逐步规范化。随着集体林权制度改革的进一步深化，林业专业合作社也如雨后春笋般的逐渐发展起来。目前，兰陵县涉林合作社 81 个，其中国家级林业示范合作社 2 个，省级林业示范合作社 12 个，市级林业专业合作社示范社 7 个，涉林家庭农场市级示范 1 个。

撰稿：马万里　孟庆波

水　利

【概况】 兰陵县境内主要河道有沂河、武河、小涑河、邳苍分洪道、燕子河、吴坦河、东泇河、白家沟、汶河、西泇河、运女河及陶沟河等 12 条。流域面积在 50 平方公里以上的支流有阳明河、五里河、武成河、良田河、西燕子河、金桥河、下村河、长新桥沟及花园沟。一条横向（东西向）河网，连通东泇河、白家沟、汶河及西泇河 4 条河道，起到灌溉水源互补的作用。境内河流除沂河外，其余河流均属中运河水系。全县共建有大、中、小型水库 46 座，总库容 3.09 亿立方米，兴利库容 1.68 亿立方米。其中大型水库1座，总库容2.09亿立方米，兴利库容1.21亿立方米；中型水库4座，总库容0.88亿立方米，兴利库容0.41亿立方米；小（一）型水库3座，总库容0.06亿立方米，兴利库容0.03亿立方米；小（二）型水库38座，总库容0.062亿立方米，兴利库容0.03亿立方米。建成塘坝101座，兴利库容0.01亿立方米，拦水闸坝32座。建有大型水库灌区1处、中型引河自流灌区6处，小型引河自流灌区322处，有效灌溉面积21.85万亩；全县共打机电井180631眼。2016年末全县总控制灌溉面积77.6万亩。节水灌溉面积20.19万亩。

【重点工程建设】 一是完成了2016年度农田水利项目县工程，对南桥镇33个村、3.07万亩农田实施高标准农田水利建设。共钻井450眼，总进尺15591米，混凝土管15884米，井池垒砌450个，输水管道安装220204米，给水栓保护罩安装4764个，完成土方开挖363774.49立方米，土方回填236383.31立方米，浆砌石1887.28立方米，钢筋砼46.24立方米，涵管安装962米，射频装置购安450套，电缆线铺设44个变压器井群80007米，管理房267.4平方米，路面硬化347.46平方米。安装50千伏安箱式变压器3台，80千伏安箱式变压器17台，100千伏安箱式变压器24台，架设配电线路22.682千米，其中高压线路19.102千米，低压线路3.58千米。砌筑箱式变压器基础44座。累计完成总投资2754万元；二是完成水土流失治理面积34平方公里，其中：国家水土保持重点建设工程抱犊崮项目区明山小流域综合治理水土流失面积15.7平方公里，完成总投资786.14万元；2013年结余资金和民营大户共完成水土流失综合治理面积18.3平方公里，完成总投资915万元。三是完成了青龙河山洪沟治理工程。按照重点山洪沟防洪治理项目“护、通、导”的原则，新建防洪墙4.72千米；河道疏挖清障4.37千米；新建防汛路3.76千米；新建排水涵洞6座；新建溢流堰一座；改建生产桥一座。完成工程投资1087万元。四是实施会宝岭灌区大桥闸东干渠、大桥东干一分干、大桥闸西干渠渠道防渗衬砌9.89公里，新建改建加固各类渠系建筑物56座。完成工程总投资3000万元；五是加大移民后期扶持工程建设力度。2016年移民工程建设任务之重、投资之多、困难之大，超过其他任何时期，全年实施完成各类移民工程139处，共完成投资4556万元。六是完成了2015年度饮水扶贫扫尾工程。项目涉及庄坞、长城等9个乡镇33个扶贫村。供水工程涉及29处：其中管网延伸11处，单村供水18处，均以地下水为水源，工程总投资990万元。七是通过与山东水务发展集团有限公司签署合作框架协议，实施会宝岭水库城乡供水工程，该项目工程计划总投资3.13亿元，2016年度完成投资1.3亿元。八是总投资3684.5万元的吴坦河治理工程世行贷款项目通过技术验收。该项目利用世行贷款160万美元。九是积极启动了惠民水站项目。该项目是县政府与海尔集团合作的扶贫项目。从7月15日启动至年底，实现水站收益206万元，水站APP电商销售183万元，既增加了贫困人口收入，又补充了饮水工程缺口，成为全县精准扶贫和农村饮水的一张名片。十是结合全县美丽乡村建设，在完善汪塘数据库、实施等级保护的基础上，对12座汪塘进行了整治，并顺利通过市级验收，完成投资150万元。

【水行政执法】 根据《临沂市全面推进水政执法网络体系建设实施方案》和《临沂市全面推进水政执法联动工作机制建设实施方案》的通知，制定了实施方案，明确了目标任务、时间和进度，认真组织实施，强化措施、抓好落实。一是水利局局大队挂牌成立了“水利公安执法联动办公室”，4座中型水库成立了水政监察中队并设警务室，乡镇水利服务中心挂牌改为水政监察站；二是根据省水政专职执法队伍装备配备标准，逐级查缺补漏；三是通过“四位一体、三级联动”执法网络的建设，明确各级水政监察机构执法职责，加强了信息沟通、联合调查、案件移送等工作；四是通过和公安局、检察院的联动执法，查处了庄坞镇非法采沙案、向城镇私挖鱼塘案等；五是完成水土保持监督检查项目28个，监督检查生产建设项目“三同时”制度60余个次，全县共审批生产建设项目水土保持方案8份，依法征收水土保持补偿费150万元；六是进一步规范了取水行为，做到从源头上杜绝违章取水现象。加强了建设项目水资源论证工作，按照最严格水资源管理制度的要求，对新、改、扩建建设项目严把取水许可审批关，全年共办理5份水资源论证报告书，共征收到位水资源费900余万元；七是落实最严格的水资源管理制度，全方位、多层次推进水资源管理规范化建设，2016年兰陵县被命名为全省第四批水资源管理规范化建设示范县，取得了良好成效。

【农村水利】 全县农田水利基本建设领导力度不断加大，重点项目不断加强，建设质量不断改进，工作职责不断落实，呈现出领导靠前指挥、部门协调配合、县乡整体联动、干群热情参与的良好局面，农田水利基本建设成效显著。全县累计完成各类水利工程170项，完成总投资14071万元，土石方160.66万立方米，混凝土1.7万方，投入工日61.74万个；完成渠道防渗衬砌13.355公里，加高加固堤防3.76公里，疏浚河道4.37公里，清淤沟道101.1公里，新打灌溉机井809眼；新增灌溉面积4.32万亩，改善灌溉面积7.17万亩，新增改善除涝面积3.1万亩，综合治理水土流失面积21平方公里，建设村镇供水工程24处，解决农村饮水安全人口3.7万人。通过大规模的农田水利建设，有力地改善了农业生产生活和农村生态条件，促进了农业结构调整和农民增收，为提高农业综合生产能力，促进社会主义新农村建设提供了强有力的水利支撑。

【水利改革】 一是水利风景区创建。8月完成了兰陵南湖水利风景区省级水利风景区的资格申报，同时东泇河水利风景区顺利通过了省级复核，为全县水利风景区品牌创建打下了坚实基础。二是中型水库达标创建。全年完成三座中型水库的达标创建工作，其中：小马庄水库在复核省二级规范化管理单位验收时因成绩优秀，被直接晋升为省一级规范化管理单位；考村水库、双河水库顺利通过省二级规范化管理单位验收。

【防汛抗旱】 一是汛情的基本情况和特点。(1)雨情，汛期降雨量与历年同期基本持平，截至9月18日全县平均降雨总量595.3毫米，与历年同期基本持平。其中1—5月份全年平均降雨109.11毫米，比历年同期偏少26%，6～9月份降雨484.19毫米，比历年同期基本持平，降雨主要集中在7月至9月。(2)水情，截至10月1日，全县大中型水库蓄水量1.6123亿立方米，比历年同期偏多19%，其中会宝岭水库蓄水12916万方，小马庄水库蓄水1504万方，长新桥水库蓄水739万方，双河水库蓄水439万方，考村水库蓄水525万方。小型水库蓄水230万方；塘坝蓄水27万方，拦河闸蓄水43万方。(3)工情，由于本年度汛期区域内未发生特大暴雨，全县五座大中型水库，41座小（一）（二）型水库，124座塘坝、12条骨干河道，16条边界排水沟均已安全度汛，未有大的水毁工程发生。(4) 灾情，汛期全县平均降雨量与历年基本持平，由于降雨时程和地区分布比较均匀，集中性强降雨少，全县未遭受大的洪灾损失，保证了群众零伤亡。

二是旱情的基本情况和特点。旱情主要集中在春季和夏季。一月份降水量为5.26毫米，二月份降水量为18.73毫米，三月份降水量为1.14毫米四月份降水量为24.64毫米，五月份降水量为59.34毫米，六月份降水量为168.79毫米，七月份降水量为187.9毫米，八月份降水量为84.5毫米，全县平均累计降水量与历年同期基本持平。受旱时段主要为春旱4月-5月，旱情的主特点是受旱持续时间短，面积大，程度深。全县最大受旱面积21万亩。

三是积极组织实战演练，提高应急处置能力。县政府防汛抗旱指挥部于6月24日举行了“全过程、多部门、立体式”的防汛抢险救灾演习，本次演习针对全县山丘区，局地短历时强降雨和流域性山洪多发的特点，科学拟定演习内容，涉及八个科目：防汛会商及启动防汛应急响应、山洪预警及群众转移、抢险队伍集结、抢筑子堰、管涌抢护、临水截渗、水上救生、医疗救护，基本涵盖了我县山区防汛抢险的各个程序。参演人员涉及武警、人武部、公安、水利、电力、卫计、林业、交警等多部门，共400余人参加。市水利局、市防办领导与县各大班子领导参加观摩。本次实战演练，具有很强的时效性、针对性，符合兰陵县山区抢险救灾的实际，进一步提高了全县防汛应急处置能力。

【水土保持】 一是完成了2015年国家水土保持重点建设工程抱犊崮项目区辉泉、孟渊小流域综合治理工程，完成治理水土流失面积20.7平方公里，完成投资857.49万元。二是完成2014年度神山镇西北村市级水土保持补偿费返还治理工程1处，完成投资5万元，已通过竣工验收。三是完成2016年国家水土保持重点建设工程抱犊崮项目区明山小流域综合治理工程的规划设计、招投标及工程治理工作，治理水土流失面积15.7平方公里，总投资786.14万元。四是完成水利部对中央投资重点建设项目信息化建设的培训、填报工作。五是完成3月1日水土保持法颁布实施纪念日活动和3·22世界水日、中国水周水行政法律法规的宣传工作及水土保持进党校活动，主要以水土保持法律法规、水土流失危害为主要内容，共培训党员400余人。六是完成水土保持监督执法检查项目28个，监督检查60次，全县共审批生产建设项目水土保持方案11份，征收水土保持补偿费150万元。

【水生态文明建设】 在水资源管理工作中，本着结合实际，注重实效，广泛宣传，扩大影响，提升水利形象的原则，紧紧围绕我国纪念2016年“中国水周”活动的宣传主题“落实五大发展理念，推进最严格水资源管理”，有计划、有步骤地开展了形式多样、内容丰富的宣传活动。一是3月22日当天，结合自身业务特点在县城设立了宣传点，局班子成员亲自在宣传点散发宣传资料，并对群众开展水法律知识咨询；二是县人大副主任李玉廷、县政府副县长杨秀秀、县政协副主席朱茂成等县领导亲临现场参加宣传活动；三是邀请县广播电视台进行报导宣传；四是在县城及辖区各乡镇张贴宣传画，让群众了解到节约保护水资源的重要性。

通过开展 “世界水日”“中国水周”的宣传活动，在全县水利系统形成了浓厚的学习、宣传氛围，进一步增强全县水利系统干部职工的水行政管理能力和水平，提高了社会各界和广大群众的水安全意识和节约用水、保护水资源的意识。提升了公众的水法律法规意识，为加快水利改革发展营造了良好的氛围。

【水利经济】 依托水建集团总公司，2016 年主要完成了以下工程。一是农田水利工程 2016 年度工程。共涉及长城镇长城片、南桥镇两个乡镇。二是会宝岭灌区续建配套与节水改造 2014 年度、2016 年度工程。三是农村饮水安全工程。共实施 6 处工程，新建小马庄水库水厂 1 处，向城镇水厂 1 处，兰陵镇古兰水厂 1 处，南桥镇北桥水厂 1 处，前屯水厂。四是抱犊崮项目明山小流域治理工程。工程位于兰陵县西北部的下村乡境内，综合治理水土流失面积 15.70 平方千米。五是移民工程。移民工程共完成 11 个乡镇、一个开发区、42 个项目的建设，主要建设内容是：文化广场建设、节水灌溉、绿化亮化、排水沟、拦河坝、道路硬化、及饮水工程。六是小水库除险加固及中型水库维修养护工程。小水库除险加固工程涉及董后院、刘山前、砂河子、下寺等水库。其次是中央财政补助中型水库维修养护工程，涉及长新桥、小马庄、双河、考村、会宝岭水库的维修养护。七是会宝岭水库水电站增效扩容改造工程。工程位于会宝岭水库水电站。本次工程主要是对一级水电站 1 号水轮机组大修，二级水电站发电机组、调速器更新；一、二级水电站厂房维修；水电站引水、泄水等建筑物加固维修；新建检修间；新增电源应急系统；水电站引水、泄水等建筑物中的金属结构部分加固维修；南放水洞加固维修，增设钢结构检修桥一座。八是会宝岭城乡供水工程分支工程。兰陵县会宝岭水库城乡供水项目分支工程，此工程主要为兰陵城区及部分乡镇提供饮用水及工业用水，远期供水范围为兰陵镇、向城镇、尚岩镇、新兴镇、鲁城镇南部。九是完成了兰陵县国土局 2015 年度市级土地整治项目，打机井 80 眼，配套机井井台 80 处；2016 年度安全饮水工程打深井 9 眼；2016 年度农田水利项目县工程南桥项目区打机井 450 眼。实现上缴利税 350 万元。

【防汛抗旱】 坚持“安全第一，常备不懈，以防为主，全力抢险”的方针，积极做好“抗大洪，抢大险”准备工作，做到思想不麻痹，措施抓到位。为了确保各项工程的安全和运行，5 月初组织工程技术人员对水库工程和灌渠工程进行细致的安全排查，对发现的 32 处问题，列出整改措施，进行限时整改。同时，严格落实防汛岗位责任和值班值守制度，编制大坝调度规程，落实好防汛预案、三防队伍、防汛物料，满足水库的防洪抢险需要。由于上半年降雨量比往年偏少，管理处放水 2000 立方米，补充下游地下水位，有效解决了下游灌区的旱情，妥善解决了人民群众生产生活用水，保证农村经济发展和社会稳定。

【工程管理】 一是加强水库周边的日常巡查。在巡查中发现问题及时处理，把问题消除在萌芽状态，杜绝了向库内排污、淤积库容等事件的发生；二是坚持工程的日常监测管理，对大坝等水库工程坚持每周检查、设备每月调试，确保工程的安全运行；三是加强灌区管理，做好养护员的管理和考核工作，落实职责，做到灌渠工程的专人专段养护，确保灌渠工程的使用；四是坚规范企业取水用水秩序，对生产中的用水企业安装了远程自动化监测水表，实现了用水计量、按量收费。

【水电站增效扩容改造】 临沂市水利局、临沂市财政局批复工程总投资395万元对水电站的一级水电站水轮机、变压器、逆变屏、高压开关柜、大屏幕混合视频系统和二级水电站水轮机、发电机、调速器等进行改造。工程于2014年9月开工，2016年5月20日对改造后的发电机组进行试机运行。电站试运行以来，各种设备运转非常正常和平稳，达到了预期效果，综合效益提高20%以上，实现了高效、经济、安全、节能、少损、低耗的目的。5月26日顺利通过了市水利局组织的工程竣工验收。

【渔业管理】 在渔业管理中，管理处始终坚持水面的日常巡查和管理，最大限度的减少渔业资源损失。同时，对会宝岭水库的渔业资源进行公开拍卖，拍卖中分花白鲢鱼、野杂鱼两期进行。2016年1月6日第一期拍卖了水库中的花、白鲢鱼，拍卖价款541万，除去养殖成本，养鱼纯收益全部上交县财政；2016年4月27日进行了第二期拍卖，拍卖了水库中的野杂鱼，拍卖价款148.5万元，拍卖价款全部上交县财政，由县财政按比例、按程序拨付给尚岩、鲁城两个乡镇，用于库区濒水村的精准扶贫工程，促进了库区的经济发展和社会稳定，解决了渔业生产中的难题。

撰稿：杨振宇

畜牧业

【概况】 兰陵县畜牧局在县委县政府和市畜牧局的正确领导指导下，以党的十八届三中、四中、五中、六中全会精神为指导，不断创新工作思路，勇于拼搏，全县畜牧工作不断取得新佳绩。兰陵县连续五年获得全市重大动物疫病防控工作先进县荣誉称号，兰陵县畜牧局连续四年获得全市畜牧工作先进集体荣誉称号。尚岩畜牧兽医站站长张路获得山东省第九批优秀乡镇畜牧兽医技术人员荣誉称号。截至目前，全县畜牧经济稳定增长，全县牛存栏2.75万头，其中奶牛存栏1.2万头；生猪存栏43.4万头，其中能繁母猪存栏5.3万头，年出栏75万头；羊存栏33万只，年出栏55万只；家禽存栏590万只，年出栏2420万只；其中蛋鸡存栏205万只，肉鸡存栏250万只，肉蛋奶总产量达到19.4万吨，畜牧业总产值达到36亿元，畜牧养殖业得到长足发展、畜产品市场供应充足。

【畜禽标准化创建】 新建饲料生产加工企业1家，新建现代化畜禽屠宰加工企业1家。全县新创建国家级标准化养殖场1家，填补了兰陵县没有国家级标准化畜禽养殖场的空白，创建省级标准化养殖场2家，市级标准化养殖场7家，全县国家、省、市标准化养殖场分别达到1家，10家和88家。饲料生产企业6家，种禽生产企业3家，现代化畜禽屠宰加工企业3家，城乡食品加工企业26家，各类畜牧专业合作社660余家。

【项目建设】 2016年，兰陵县获得各级政策性扶持项目9个，项目资金达1387.77万元，分别是诺干牧业改扩建项目170万元，程祥牧业良种推广项目40万元，大友肉鸡健康养殖项目资金20万元，扶持畜牧业发展财政贴息资金119.55万元，秸秆青贮池补贴项目116万元，农技推广项目20万元，奶牛冻精补贴2.22万元，现代畜牧业示范县项目资金800万元，高效特色畜牧业扶贫项目100万元。

【重大动物疫病防控】 全县全年共免疫各类新城疫疫苗842.4万羽份、高致病性禽流感疫苗1638万羽份、猪蓝耳病疫苗200万头份、猪瘟疫苗200万头份，牲畜口蹄疫疫苗338.32万头份。对全县农村防疫员开展培训指导讲座34场次，邀请市局、中牧股份有限公司、临沂大学教授等专家集中培训2次，培训防疫员2000余人次。全年共采集鸡血清样品940份，样本合格率98%；采集猪血清样本270份，监测猪瘟、猪O型口蹄疫、高致病蓝耳病抗体效价合格率分别达到96%、97%、93%；采集牛羊血清样本500份，监测口蹄疫、小反刍兽疫抗体效价样品合格率分别达到96%和94%，所有抗体均达到防控工作要求。

【畜产品质量安全监管】 全年县级自检瘦肉精样品2720批次，猪肉25批次，禽蛋10批次，禽肉4批次，冷鲜乳3批次；省市级抽检猪牛羊禽鲜肉、蛋以及尿样等样本共计185批次，样本全部合格，抽检合格率100%。2016年，有2家企业通过省专家组的现场验收，全县无公害认证畜牧企业达到10家。农产品质量安全县创建项目，投资100万元，新上产品质量安全监控平台体系一处，高速监控光缆已经投入使用，实现了畜产品质量安全监管实时监控全覆盖。新建乡镇检疫申报大厅6处，累计完成建设8处。

【畜禽养殖污染整治】 市、县环保突出问题治理攻坚开展以来，县畜牧局以12条出境河流两侧非法养殖清理及管控为重点，对县域内养殖场分区、分阶段进行整治。作为牵头部门，兰陵县畜牧局分5个工作组，节假日不休息，每日赴乡镇督导工作进展情况。开展整治活动以来，共下发专项行动通报12期，对环保及各乡镇发函45件次、清理整治禁养区养殖场274家，提升改造适养区、限养区养殖场户242家。

【“三引一促”工作】 兰陵县畜牧局2016年引进转化小尾寒羊原种保存及杂交改良技术、混合型饲料添加剂肉桂醛大蒜素技术、奶牛场管理信息系统应用共四项科技成果，引进新开展产学研企业数量1个。

渔　业

【概况】 全县水产养殖面积53800余亩，其中水库养殖面积32000余亩，池塘养殖面积13500余亩，河道塘坝养殖面积7300余亩，水产品年均产量24300余吨。

水产局在2016年各项业务工作考核与评比中，获得“全市渔业工作先进集体”，并在6个先进集体中名列第一；同时还获得了“全市渔业 技术推广工作先进集体”“全市水产品质量监管工作先进集体”“全省海洋与渔业文明执法窗口单位”等荣誉。

【现代渔业园区规划建设】 2016年，全县现代渔业园区建设的总体目标是：从现在开始将在县境内打造四个现代渔业园区，核心区面积1万亩以上。总体措施是：集聚资源、集约项目、集中力量，整合渔业产业相关政策要素，重点投入、重点建设。总体要求是：按照“经营规模化、设施完备化、生产标准化、营销品牌化、产品安全化和产业一体化”的“六化”标准，以标准化的渔业园区，推进全县渔业产业转型升级。二是逐步形成了园区创建工作体系。一年多来，县政府和县水产局等部门都加强了对园区创建工作的组织领导，成立了领导小组形成了一个比较完整的工作体系。目前，在各自分工的基础上，已完成了四个园区的规划工作。

【基地品牌建设】 2016年全县渔业生产经营单位已达22家，分别为养殖场15家，1个饲料加工厂，4座冷库，2个水产品批发市场。截至2016年全县已完成无公害产地认定33849亩，覆盖率达83%。认证无公害产品15个包括花鲢、白鲢、鲤鱼、鲫鱼、草鱼、鲳鱼、乌鳢等等，会宝岭水库、长新桥水库、小马庄水库、考村水库、双河水库等取得无公害产地认定证书。创建部级渔业标准化示范基地3处，省级渔业标准化示范基地1处，其中小马庄水库养殖场被授予国家出口备案养殖场。2016年，上海复旦大学科研团队在兰陵县考村水库建立中国四大名鱼、珍珠、青虾、银鱼等优质水产品的水库生物链，创建新型农村生态渔业综合经营模式，前期工作已完成，主体项目待实施。

2016年，出色完成了国家大宗淡水鱼类产业技术体系示范县“十二五”承担项目，经省海洋与渔业厅验收后，省海洋与渔业厅继续授予兰陵县为“十三五”期间承担国家大宗淡水鱼产业技术体系示范县，此类示范县，全省共5个。

【优质鱼产业项目】 一是巧借东风，打造市级休闲渔业园区。借助国家发展农业园区的契机，在会宝湖休闲渔业园，建造了宾馆、餐厅、垂钓台、凉亭、浮桥等设施，并和青岛莱西的有关单位达成意向，共同在全县开发大水体休闲水上游乐项目。二是抓好“三引一促”，提升开发力度。成功引进高层次人才，由上海复旦大学17名博士、教授组成的科研团队，并以兰陵县考村水库为基地建立中国四大名鱼、珍珠、青虾、银鱼等优质水产品水库生物链，创建新型农村生态渔业综合经营模式。三是集中集约用废地，开展渔业助扶贫。在尚岩镇的杜村、张村、会宝湖村三个库区的贫困村创建一处千亩水产养殖园区，集中开发杜村一带的千亩池塘养殖，进行大型池塘养殖精准扶贫。四是突出特色，推进庭院休闲渔业。为满足村镇居民休闲渔业娱乐的需要，全县办起休闲渔业庭院3家。五是巧用废水，开发冷藏库废水养殖。兰陵是全市冷藏库最多的县，全县有冷藏库400多座，在积极引导、强力扶持下，全县已有10多家冷藏业利用废水养殖，有3家的冷藏业主利用冷库排出的废水养殖锦鲤等特色鱼类养殖。

【休闲观光渔业】 1. 提升会宝湖休闲渔业园规格，充分发挥其龙头带动作用。会宝湖休闲渔业园区于2013年开始开发，现已建有宾馆、餐厅、观光亭、喷泉等设施，规划于2018年前建造10个垂钓台，增置5艘观光艇，在延伸到湖中的两座小岛上，建一处阳光大沙滩，建造一处一座匡衡观湖厅；到2020年前，在环湖山地开发绿色生态采摘园500亩，在中心场馆区建造一处大型游乐园及购物广场，集休闲、娱乐、采摘、垂钓、餐饮、购物于一体，满足人们到此一游的各种需求。该园区预计总投资1200万元，投资主体是兰陵县凯华蔬菜有限公司渔业分社。园区建成后年产值可望达到260万元。

2. 充分利用天然造化，打造山水一色的双河。双河水库位于兰陵县西北部下村乡双河村西，地处鲁南第一崮——抱犊崮山下，山清水秀，风景宜人。不仅为秀丽的山色所环绕，而且在水库当中还有自然小岛，当地人称“钓鱼岛”，面积近50亩，岛上绿树成荫，是水库中一大景观。双河水库可以称得上“好山好水好去处”。依托抱犊崮游览胜地，规划在双河水库建造一处特色休闲观光渔业园区，2016年，岛上已建成三星级宾馆一座，争取在2018年前，在水库中的小岛上建起垂钓台3处，山果采摘园一处；在2020年前，建造购物广场一处，登崮观光大道一条。本处休闲观光渔业园区预计总投资900万元，投资主体是兰陵县明辉矿业有限公司。园区建成后年产值可望达到190万元。

3. 以“国家农民馆”为依托，将馆内的现代休闲渔区进一步升华，将其打造成市级旅游景点的一个亮点。

【水产品质量安全】 2016年，水产局通过加大水产品安全监管力度，规范水产品生产经营行为，进一步完善水产品质量安全监管体系，有效遏制了各种违法违规行为，为全县人民创造了一个良好水产品消费环境，为水产业的持续健康发展打下了一个坚实的基础。

一年来，通过强化目标管理，明确各自职责，确保落实《农产品质量安全法》和《实施办法》不走过场，兰陵县完善出台了《兰陵县水产品质量安全监管实施方案》，明确工作目标、任务、重点和主要措施。建立了水产品质量安全可追溯制度和产地准出、市场准入制度、水产投入品备案准入制度。并狠抓了四个“到位”：一是源头管理到位。二是养殖全程管理到位。三是鱼病与水质检测到位。四是市场管理到位。严格按照我局制定的《水产品质量安全市场准入和产地准出制度》进行执法，从而增加了“从池塘到餐桌”的安全系数。严防不合格水产品上市销售。2016年，共检查无公害水产品生产基地、规模养殖场、养殖大户89家（次），出动执法人员121人次。由于在水产品质量安全监管中，始终坚持“三查三严格”和“不漏一处、不留死角”的原则，2016年，在农业部、省海洋与渔业厅、市渔业局对全县水产品质量安全检测抽查中，均未检测出水产品质量安全问题，合格率达100%。在市渔业局2016年度水产品质量考评中获得全市第一名的最佳成绩，获得“全市水产品质量监管荼先进集体”荣誉。

【渔政管理执法】 为加强渔业管理，搞好资源环境保护，制定了一套严格的渔政管理规章，不定期对库区、塘坝、河道等养殖区域进行突然巡逻。2016年共出动执法人员160多人（次），出动执法车辆38多辆（次），检查渔业企业16家（次），查处一般违法行为30多起，没收、销毁违法捕鱼渔具100多套（件），对全县渔船检查2次，对所有渔船实行淘汰制，淘汰劣、旧渔船，对每条渔船的情况均记录在档。并且每条渔船上都配备了救生圈、电子仪。通过渔政执法人员的努力，在省、市统一检测渔船中，合格率达100%。2016年，荣获全市唯一“全省海洋与渔业文明执法窗口单位”。

【科技推广与服务】 为了加强渔业科技下基层服务，健全渔业科技指导制度，采用1+10的模式，即一名科技指导员指导10户养殖示范户，每户示范户带动10户周边养殖户。同时，年终严格按照《渔业技术指导员考核办法》对指导员进行综合考核。在对渔民进行科技培训方面，采取了入户指导、现场指导、电话咨询和集中培训等多种形式，2016年共举办2期新型渔民培训班，共培训人员600多人（次），各种形式的下基层科技服务1000多户（次）。

为使全县广大渔民及时获得有关渔业的供求、鱼病防治等各类信息，为全县200多户养殖示范户下载了渔业通；免费为两家渔业养殖大户安装了渔业物联网客户终端，使他们可以足不出户或随时随地掌握了解有关渔业的所有信息和自己养殖场地的水质、投饵等所有情况。

为恢复水生生物资源量达到“以鱼养水”，2016年共投放花鲢、白鲢鱼苗500多万尾，投放价值30万元。举办了增殖放流活动，这对兰陵县渔业健康发展和可持续发展有着积极的重要意义。

【渔业合作社】 2016年，全县有4个改制成有限公司，1 个渔业合作社。新增 1 个渔业合作社，正在筹建中。

撰稿：李　燕

农业机械

【概况】 2016 年， 县农机局在县委、县政府的正确领导和上级业务主管部门的大力支持帮助下，按照“立足大农业、发展大农机、服务新农村”的整体工作思路，团结拼搏，真抓实干，以求实的精神，务实的作风，全面提升了农机化整体发展水平和社会化服务水平，农机技术推广、教育培训、牌证管理等各项重点工作稳步推进，农业机械化保持了全面快速健康发展的良好态势，为我县农村经济的快速发展做出了应有的贡献。2016 年，全县农机总动力达到 141 万千瓦，农业机械装备结构进一步优化，农机整体水平得到进一步提升。

【农机作业】 2016 年，共发放 1150 个跨区作业证，组织了 26 个农机跨区作业明星服务队，远赴云南、四川、安徽、河南、江苏等地进行参加跨区作业，并在长城、兰陵两个乡镇分别设置了跨区作业接机服务站，接待河南、安徽及本省青岛、潍坊等地的联合收割机 400 余台，保证了全县小麦、玉米及时收获，为机手创造了可观的经济收入。

【农机购置补贴】 2016 年，农机购置补贴实行“自主购机，县级结算、定额补贴、直补到户（卡）”的做法。共落实中央和省级农机购置补贴资金 1840 万元，受益农户和农业生产经营组织 820 户，重点补贴发展了小麦联合收获机、大中型拖拉机、秸秆综合利用机械等。全县新增各类农业机械 1399 台（其中：灭茬（还田）机 238 台、打捆机 110 台，深松机 16 台，小麦收割机 233 台，玉米联合收割机 44 台，拖拉机 695 台，其他配套机具 63 台）。农机装备总量的增长，农机装备结构得到进一步优化。

【科技推广与服务】 2016 年，县农机局精心组织，围绕项目推进农机化工作。一是全力推进农机化项目实施。组织实施了农机土地深松整地保护性耕作技术项目和小麦分层施肥精播机械化项目。工作中，我们紧紧围绕“项目落实、任务实施”等要点，将工作任务细化量化，全力推动项目顺利开展，确保项目按照时间节点圆满完成。二是做好小麦秸秆切碎还田项目实施。切实加大小麦秸秆切碎还田力度，积极开展机收、灭茬、免耕播种“一条龙”作业服务。科学调度机械，“三夏”作业高峰期间，日上阵各类农业机械达 3648 台（套），其中：大型联合收割机达 2000 余台，引进外地联合收割机 598 台，拖拉机 560 台，灭茬机 380 台，打捆机 110 台，机械收获面积 38.3 万亩，小麦机收率达到 89.8%，秸秆还田率 76%。全县夏播玉米 62.6 万亩，其中机播玉米 57 万亩，机播率 91%，完成小麦秸秆还田 51 万亩、灭茬 24 万亩。三是大力推广玉米机收保护性耕作。“三秋”期间，全县累计上阵各类机具 5900 台（套），其中玉米联合收获机 990 余台次，引进外地玉米联合收获机 200 余台。大力推行玉米联合收获、秸秆还田、土地深松、小麦免耕播种“一条龙作业”。强化作业技术指导和质量监督，依托农机合作社“抱团作业”实施玉米切碎还田项目，完成玉米秸秆切碎还田项目 7.2 万亩（任务为 9.3 万亩），完成土地深松项目 5.68 万亩（超额完成市局下达的 4 万亩任务），秸秆综合利用率达到 96.2%。同时，抓好秸秆捡拾打捆、青贮、小麦宽幅精良播种等农机化新技术的应用推广。通过依托项目，发挥农业机械优势，成为“三夏”“三秋”农业生产及大气污染防治和秸秆禁烧工作的主力军，为大气防治污染工作，作出了应有的贡献。

【农机市场监管】 2015年，县农机局认真贯彻农业部《农业机械维修管理规定》，加强《农机维修技术合格证》的管理，办理职业资格证件320个、维修技术合格证11个，新建3家三星级维修网点，1家四星级维修网点，促进了农业机械产品质量、作业质量、维修质量和售后服务水平的稳步提高。

【农机牌证管理】 2016年，县农机局加大了拖拉机、联合收割机的挂牌办证和年度检验工作力度，严格驾驶员考试制度，新挂发拖拉机、联合收割机牌照1443副，考试拖拉机驾驶员618人，与机手签订安全责任书2856份，核发拖拉机、联合收割机驾驶证621个，检验拖拉机、联合收获机2594台，注销变形拖拉机号牌41副。“安全宣传月”期间，共发放各类安全宣传材料8515份、科普资料2658本，提供咨询服务3219人。

【农机化教育培训】 2016年，县农机局统筹兼顾，规范提升农机教育培训水平。推进农机人才培训基地建设，对县农机化学校实行重点投入、规范管理，不断充实和完善教学设施，使农机化学校成为全省重点学校、社会化办学和新型农民培训基地。共举办拖拉机、联合收割机培训班11期，新训农机手865人；举办农机驾驶人员专业技术培训2期，考核培训技术人员281人。加快农机合作社带头人的人才培养，提高农业机械化队伍整体素质，实施了30人的农机合作社带头人培训任务。通过培训，提高了机手的实际操作水平，增强了法律和安全意识，为农机安全生产打下了良好的基础。

【农机合作组织】 2016年，全县经工商注册登记的农机合作社达到56家，2016年新增5家，新增3家市级示范社，1家省级示范社。注册资金7400余万元，社员1326个（户），从业人员1500余人，拥有各类农机具3162台（套），服务农户2万户。推进了全县农业规模化和专业化生产，促进了土地流转和劳动力转移，农机合作社的快速发展，已成为当前农机化发展的亮点和热点。具体工作中：一是大力推广、推动“带地入社”新型发展模式和土地适度规模化经营，积极帮助合作社加强内部管理，建立健全各项规章制度和基础设施建设。二是将土地深松征地作业、小麦秸秆切碎还田等新技术推广项目优先安排农机合作社承担，促进了合作社技术水平的提升，实现了更高的经济效益，推动了合作社进一步发展壮大。三是积极组织合作社理事长参加各类培训活动，进一步提高了他们的经营管理能力和技术服务水平。三是规范建设，提高硬件建设。众利农机合作社新上一套粮食筛选流水线；苍垦农机合作社新建场址，占地40亩，新建车库房1500余平方米，办公楼一栋；鸿源农机合作社新上烘干机2套，并扩大了合作社场地；禾丰农机合作社新建车库房1200平方米，办公楼一栋。11月29日在全市农机合作社建设现场观摩交流会上，兰陵县获得全市农机合作社评比第一名。

撰稿：任宏钧

兰陵农场

【概况】 2016年，在县委县政府的关心支持下，兰陵农场立足农场发展的实际，全面贯彻落实党的十八大、十八届三中、四中、五中和六中全会精神，以开展“三严三实”和“两学一做”

学习教育活动为契机，从严落实党风廉政建设主题责任，带头遵守中央“八项规定”精神，健全“一把手负总责，分管领导各负其责，班子成员齐抓共管”的领导体制和工作机制，较好地完成了农场各项任务。

【种植结构调整】 农场相继承担了农业部农垦局小麦、玉米高产创建项目，山东省种子站品种纯度鉴定任务。科研方面，农场科研人员共选育小麦杂交组合1000多个，表现良好的新品系22个，其中两个品种现已进入品比试验和区域试验。黑豆新品种“苍黑一号”获“临沂市科技进步二等奖”。由农场科研团队申报的“高产广适小麦新品种垦星一号成果转化和产业化示范项目”顺利通过省市专家验收，“黑豆新品种苍黑一号选育与推广应用”也通过专家鉴定。在确保良种繁育面积的前提下，农场部分地块实行订单种植，改种适应市场需求的青储作物，有效降低了种植风险。

【承办观摩现场会】 农业部农垦局在农场举办了2016年全国农垦夏粮生产和小麦绿色高效模式示范提升观摩会，来自农业部农垦局和江苏、上海、安徽、河南、河北、山东、湖北等小麦主产垦区主管部门负责人、技术人员以及专家组成员参加了观摩交流活动，对农场的小麦良种生产给予充分肯定。

【良种统供、销售】 今年农场承担了兰陵县、费县花生原种统供项目。为项目区提供优质花生原种88万公斤，销售小麦良种765万公斤，玉米种55000亩，实现销售收入3114万元，利润650万元。

【“中国知青园”项目搬迁】 农场按照县政府“中国知青园”项目建设的要求，筹集资金1000余万元，搬迁职工及租赁户100余户，为“中国知青园”的建设奠定了基础。

【整合农机合作社】 农场出资300多万元，成立农机合作社。集中了收割机、拖拉机、节水喷灌设备等200多台套，流转农村富余土地1500亩，推广配方施肥，采用高效、低毒、低残留药物防治方法，为周边群众起到良好的示范带动作用。

【农垦“三联”战略】 根据农业部农垦局要求，农场加快落实联合、联盟、联营的“三联”战略。在加入中国种业联盟的基础上，投资1500万元参与中垦冷链物流股份公司、中垦国际农产品流通股份公司和中垦融资租赁股份有限公司的组建，充分发挥垦区资源、人才等优势，提高自身在市场“话语权”，推进农场产业转型。

【社会事务】 按照县委统一安排，场党委选派两名优秀的机关干部挂职向城镇孙村“第一书记”，开展“精准扶贫”活动，建档困难群众37户，结亲连心走访群众401户，先后投入近23万元用于“第一书记”任职村庄绿化、路灯改造及文化广场建设；在创建卫生城市等方面投入大量人力物力，美化、绿化办公场所一处，优化职工的办公环境。

工　业

综　述

【概况】 2016年，兰陵县经信局坚持以党的十八大和十八届历次全会精神和习近平总书记系列讲话精神为指导，认真贯彻中央、省市县经济工作会议精神和县委、县政府经济工作总体部署，坚持以服务企业为着力点，积极适应经济发展新常态，以“转调创”为主线，以新型工业化为方向，大力推进实施“三引一促”和企业“二次创业”，明确方向，突出重点，狠抓落实，各项工作取得了新进展，连续四年被县委、县政府评为“全县经济社会发展先进单位”。

【经济运行】 通过《兰陵工作》《经信工作》等载体，每月定期发布重点工业品价格指数和工业经济运行情况、技改投资完成情况。经调度，2016年，兰陵县规模以上工业企业完成工业总产值580亿元，增长17.2%；完成工业增加值125亿元，增长13.6%；实现主营业务收入590亿元，增长16.8%；实现利税40亿元、利润24.3亿元，分别增长2%、0.5%；新增规模以上企业10家。累计工业用电量9.04亿千瓦时，同比下降11.8%。继续实施“双20”企业培植工程，对全县40家骨干企业集中政策资源重点培植，13家企业纳入全市“双百”企业。

【技术改造】 2016年，兰陵县新上及续建技术改造项目53个，项目总投资276.06亿元，全年完成投资106.20亿元，完工项目38个。其中骨干企业共实施项目22个，项目总投资214.1亿元，完成技改投资58.43亿元，占技改投资总额的55.01%。中联水泥废石综合利用等4个项目、杰森装饰年产9000万张环保三聚氰胺浸渍纸等10个项目分别列入省重点技改导向计划和市百项重点技改项目；临矿集团凤凰山400万吨铁矿石采、国铭球磨铸管搬迁改造等项目进展顺利，琦泉生物质发电、临沂华龙热电有限公司集中供热改造等一批项目投产运行；总投资5330万元的北京凯盛建材废石综合利用项目全面完工。

【科技创新】 2016年，兰陵县荣庆集团通过省级企业技术中心认定，中联水泥、点豆电商2家企业通过市级企业技术中心认定。共有“兰陵美酒作物营养平衡型生物肥料的研制与应用、今朝新型建材石英石制造自动化装备关键技术产业化”等6个项目列入省、市级重点技术创新计划；山东普金肥料有限公司、山东荣庆集团分别与浙江省“千人计划”专家赵红挺、西安交大物流专家冯耕中签订合作协议。

【企业管理】 积极组织开展企业家培训工作。坚持把企业家培训作为打造高素质企业家队伍的关键举措，会同中共兰陵县委组织部组织兰陵县40名骨干企业负责人赴上海交通大学进行了为期一周的培训，参训企业家反响良好；积极组织企业家参加山东省经济和信息化委员会、临沂市经济和信息化委员会组织的各类培训，全年合计参训近100人次。帮助临沂会宝岭铁矿有限公司、山东普金肥料有限公司2家企业引进高端管理咨询公司，对企业进行战略管理咨询。筹备召开了兰陵县深化企业改革工作动员会议，起草印发《关于在企业二次创业中进一步深化改革完善现代企业制度的意见》等政策文件，全力打好改制开局战。2016年，兰陵县81家企业完成改制，其中示范引领企业26家、非示范引领企业55家，超额完成改制工作任务。

【电力监管】 编制完成了《兰陵县2016年度有序用电方案》和《2016年兰陵县电力迎峰度夏预案》，确保电网运行稳定和供用电有序；进一步规范电力违法行为查处、电力行政执法后督察、电力设施和电能保护监督检查等流程；积极组织企业申报"电力直接交易试点用户"，中钢集团山东矿业有限公司、临沂会宝岭铁矿有限公司、临沂中联水泥有限公司、济钢集团石门铁矿有限公司、山东金玺泰矿业有限公司5家企业被山东省经济和信息化委员会批准为"电力直接交易试点用户"。

【成品油管理】 完成94家加油站年检；牵头开展加油站综合整治行动，整改违规广告灯箱、罩棚标识、加油机油品标号标识共260多条，抽检油品质量572批次，对16家油品抽检不合格加油站进行顶格处罚、停业整顿和公开曝光；完成了城区12家加油站三次油气回收改造治理；开展加油站购销台账备案工作，进一步规范了油品购售渠道。

【信息化管理】 积极按照山东省《信息化和工业化深度融合专项行动方案（2014—2018年）》有关要求，组织上报兰陵美酒股份有限公司等12家企业为整体性评估参评企业；组织中钢集团山东矿业有限公司等8家企业参加山东省两化融合深度行临沂站活动；推荐申报临沂中联水泥有限公司为山东省两化融合管理体系贯标企业。

【安全生产】 加强油气管道和民爆企业安全监管。牵头开展石油天然气长输管道安全生产大检查9次，督促完成占压隐患整改19处；开展民爆安全生产检查10次，整改安全隐患25处。

【精准扶贫】 将"结亲连心"与"精准扶贫"有机结合，组织全局工作人员主动对480户"结亲连心"群众和37户困难群众开展入户走访。扎实做好驻村帮扶和"第一书记"任职工作，为矿坑镇单庄村筹集资金18万元用于村级基础设施，安装高标准太阳能路灯57盏，受到群众的广泛欢迎。积极牵头抓好"百企帮百村"精准扶贫攻坚行动，动员130家企业与124个村实现扶贫对接，已有35家企业投入各类帮扶资金1.85亿元。

电力工业

【概况】 国网山东兰陵县供电公司属国有中（一）型企业。截至2016年底，县域内有500千伏变电站1座，220千伏变电站2座（主变容量66万千伏安）、110千伏变电站7座（主变容量40.8万千伏安）、35千伏变电站15座（主变容量32.52万千伏安），35千伏及以上线路254.53千米，10千伏配电线路2052.21千米。

2016年售电量完成15.85亿千瓦时，同比降低3.61%。变电站大部分实现双电源供电，城区及附近和部分农村地区10千伏配网实现了"手拉手”环网供电。形成了以220千伏为依托，110千伏为主网架，35千伏环网运行，中低压覆盖全县的坚强供电网络。2004年，公司顺利通过了山东电力集团公司一流县供电企业验收，2006年迈入国家电网公司一流县供电企业行列。公司先后荣获全国模范职工之家、山东省农电技术进步示范单位、山东省诚信企业、山东省劳动关系和谐企业、山东省依靠职工办事业先进单位、山东省省级企业实训基地、山东省企校合作先进单位、临沂市振兴沂蒙劳动奖状等荣誉称号。

【电网建设】 2015年12月，编制了《国网兰陵县供电公司“十三五”配电网规划报告》。2011年以来，兰陵电网先后新建110千伏变电站2座，新增变电容量8.15万千伏安。新扩建35千伏变电站2座，新增变电容量4万千伏安。改造35千伏变电站6座（包括退运35千伏变电站1座），新增变电容量1.7万千伏安。新建110千伏线路2条，全长25.8千米；新建35千伏线路5条，全长40.09千米。2011年11月，投运220千伏尚岩站变电站，主变2台，目前总容量为33万千伏安。2016年6月份，投运500千伏兰陵站，主变2台，总容量200万千伏安。2010年4月，因行政区域划转，35kV沂堂站和柳庄站划归临沂供电公司，减少35kV变电容量3.03万千伏安，35kV输电线路14.803千米。

至2016年底，全县境内建有1座500千伏变电站，主变2台，总容量为200万千伏安；2座220千伏变电站，主变4台，总容量为66万千伏安；7座110千伏变电站，主变11台，总容量40.8万千伏安；15座35千伏变电站，主变28台，总容量32.52万千伏安；110kV线路12条，线路总长度为190.98公里；35kV线路26条，线路总长度为243.71公里。

【安全监管】 始终坚持“安全第一，预防为主，综合治理”的方针，全面落实省、市公司《强化本质安全提升工作实施方案》，严格落实各级人员安全生产责任制，进一步完善企业安全生产保证、监督体系，逐级签订安全责任书、承诺书；突出预防为主、源头治理和过程管控，持续推进、深化本质安全管理；强化安全基础管理，深入开展安全管理提升活动；深化风险分级管控和隐患排查治理双重预防工作机制；加强计划停电管理，整合、归并各类停电需求，加强电网设备运行维护管理，确保全县电力客户安全可靠供电；注重应急管理工作，结合实际编制修订各类预案，适时组织预案演练；强化全面质量监督管理和可靠性过程管控，提升综合应急处置能力；加强消防、交通和电力设施保护监督管理，全面构建预防为主的安全管理体系，确保公司安全生产形势稳定。2013年至今连续被市、县政府评为安全生产先进企业、单位，截至2016年12月31日，实现安全生产6811天。

撰稿：李钟明

建材工业

全县有建材企业10余家，主要为水泥、玻纤天花板、页岩砖等企业，主要骨干企业有临沂中联水泥有限公司、山东邦尼新材料有限公司等企业。

【临沂中联水泥有限公司】 临沂中联水泥有限公司位于临沂市兰陵县，东邻京沪高速，西距京沪高铁和京福高速60公里；北邻日东高速40公里；南邻枣临高速、206国道。公司拥有日产5000吨的新型干法生产线一条，年产熟料、水泥200万吨；下属郯城中联水泥有限公司位于临沂市郯城县，年产水泥100万吨。郯城商混、兰陵商混分别拥有两条180型生产线，年产80万方混凝土。

公司主要产品有32.5、42.5、52.5、62.5等各种型号及性能的普通水泥、特种水泥和商品混凝土。生产的“中联”牌水泥具有较高的安定性，凝结时间适中，早期、后期强度高，和易性、耐磨性、可塑性、均匀性优良，色泽美观，碱含量低等特点，实物质量达到国际先进水平，适用于国防、交通、水利、工农业建设等复杂而质量要求较高的工程。

公司成立以来，始终坚持以专业化的制造技术、专家化的管理手段确保高品质产品的生产；坚持以完善的市场保障系统、专情化的服务理念对消费者负责；坚持推进低碳化生产经营方式，打造绿色环保产业，履行企业公民的社会责任。

【山东邦尼新材料有限公司】 山东邦尼新材料有限公司是一家主要从事玻纤天花板、涂层玻纤毡等玻纤吸声复合材料产品研发、生产、销售的高新技术企业；成立于2010年10月，占地面积240亩，注册资金5000万元。主要产品有涂层玻纤毡、玻璃纤维天花板。产品生产能力涂层玻纤毡600万m²、玻纤天花板400万m²；已建成国内最大的玻纤吸声材料产品产业园，拥有国际先进的涂层玻纤毡自动化生产线。企业技术（研发）中心建设有山东省一企一技术研发中心、临沂市新型建筑玻纤材料工程技术研究中心、临沂市企业技术中心等市级创新平台，近两年承担省市级科技项目15项，获省级奖励3项，市科技进步一等奖2项。制定标准1项，拥有18项自主知识产权，4项科技成果鉴定达到国际先进水平，“邦尼”玻璃纤维天花板获得山东省名牌产品称号。企业技术（研发）中心采取独立核算但不自负盈亏的运行方式，保障了研发费用的充裕和各类经费的专款专用。企业高度重视科技创新，每年以销售收入5%划拨研发经费，拥有专职研发人员30多人，具备丰富的研发和管理经验，为科技创新项目实施奠定了良好的基础。企业管理通过ISO9001、ISO14001、OHSAS18001体系认证，产品通过欧盟CE认证和美国CISCA认证，远销欧美、新加坡等多个国家和中国台湾、香港地区。

公司致力于玻璃纤维建筑材料吸声、隔热、阻燃、抗菌抑菌等功能性开发及产业化应用，先后实现了玻纤吸声天花板、玻纤包布墙板等3各系列20多个品种的产品开发与市场推广。公司开发的高端玻璃纤维吸音环保建筑装饰材料集吸音降噪、防火阻燃、抗菌抑菌、吸湿防潮、美观大方等诸多功能为一体，在诸多建材产品中脱颖而出，表现出优异的产品性能和巨大的市场前景，甚的国际客户的青睐。目前，公司该类产品70%以上出口，远销澳大利亚、新加坡、新西兰、叙利亚及台湾等国家和地区。

【山东铭盾新型材料有限公司】 山东铭盾新型材料有限公司位于兰陵经济开发区大宗山路北首东侧，成立于2007年，注册资本5000万元，于2014年2月整体搬迁至现址，是一家以生产铝合金建筑型材和工业型材为主的公司，是山东省铝合金建筑型材和工业型材重点生产企业之一。公司拥有职工300余人，其中工程技术人员27人，中级以上职称人员16人，目前有挤压车间、氧化车间、喷涂车间，可生产各种工业型材、建筑型材，能够广泛应用于动车组、汽车、轮船、飞机部件、太阳能、教育器材及高档住宅用材等，“鼎铭”牌铝型材产品供不应求，产品销售到全国20多个省、市、自治区，得到消费者的认可和好评。

化学工业

全县目前有规模以上化肥企业3家，主要产品为复混肥、复合肥等。

【山东普金肥料有限公司】 山东普金肥料有限公司成立于2006年，注册资金5000万元，是一家从事新型腐植酸类肥料——聚失肥及其它新型功能型肥料科研、生产、销售于一体的国家级高新技术企业。公司现有职工580余人，大专以上学历员工162人，其中技术研发人员65人，中级以上技术职称人员28人。公司占地面积460余亩，建有高塔、滚筒生产线6条，年设计产能100万吨。公司2016年公司销售收入达92943万元，利税9136万元。

自成立以来，公司始终坚持走科技创新和研发之路，2009年成立了独立自主的技术研发中心，拥有先进试验设备以及完善的中试车间，并在全国布有上百个试验示范基地，拥有良好的科学实验条件和工作基础。技术研发团队共65人，其中临沂市中青年专家1人，研究员5人，硕士研究生2人，本科学历16人。中心自成立以来申报并取得国家专利22项，其中发明专利11项，实用新型专利3项。2013年以来，公司先后组建了山东省院士工作站、博士后科研工作站、山东省企业技术中心、山东省一企一技术研发中心、临沂市重点企业实验室、临沂市腐植酸类肥料（聚失肥）工程技术研究中心、临沂市腐植酸生物肥料工程实验室，建立了南京农业大学产学研教学基地及研究生工作站等。公司近两年先后与中国科学院南京土壤研究所、南京农业大学、山东省农业科学院等科研院所签订了产学研合作协议，与千人计划专家钟诚博士、余海滨博士签订了合作协议，促进了公司科研能力的快速发展。公司每年都投入大量的资金用于技术研发活动，占企业当年度销售收入的3%以上。

公司2013年被认定为“国家高新技术企业”“普金”商标被认定为“山东省著名商标”；2015年“有机肥料”产品被认定为“山东省名牌产品”。近年来，先后获得“山东省第九届消费者满意单位”“临沂市守合同重信用企业”“山东省专利明星企业”“中国新型肥料竞争力企业50强”“中国磷复肥企业100强”等多项荣誉称号。

【山东史贝美肥料股份有限公司】 山东史贝美肥料股份有限公司成立于2008年1月17日，属国家高新技术企业、齐鲁股权上市企业。公司总部位于兰陵县经济开发区，占地500余亩，总资产4.5亿多元。拥有职工600余人，公司已通过ISO9001、14000、18000三项体系认证。

公司旗下拥有12家附属公司，经营涵盖肥料产销、生态农业、旅游、汽贸、物流、融资担保等六大产业。其中，山东史贝美肥料股份有限公司属集团主导品牌产业，拥有高科技氨化与脲甲醛缓控释肥产品生产线条4条，并配置了DCS全自动控制系统，年设计生产能力达到100万吨，产品全部通过中国化工部绿色环保肥料认证。销售网覆盖全国二十多个省、市、自治区。

史贝美先后与山东农业大学、临沂大学、清华大学等科研院校开展校企合作。企业科研中心现有科研人员62人，具有中、高级人员40人、其中有博士1人、硕士9人，拥有的技术带头人12人。其团队学历、职称、年龄等结构强劲合理，是一支理论过硬、实践水平和研发能力强、专兼结合、勇于开拓创新的科研团队。

公司先后被评为世界儒商协会副会长单位、国家高新技术企业、中国化工最具成长型企业、山东省企业技术中心、山东省消费者满意单位、山东省化肥行业诚信企业、山东省专精特新中小企业自主品牌、临沂市人才和科技创新工作十佳企业、临沂市守合同重信用企业、2016年度临沂市“双百”企业、兰陵县级农业产业化龙头企业等荣誉称号。并荣获临沂市科技进步奖2项、兰陵县科技进步奖5项、专利三等奖一项。

【山东远东国际生物化工股份有限公司】 山东远东国际生物化工股份有限公司成立于2006年1月6日，系股份有限责任公司，位于山东省临沂市兰陵县尚岩镇，法定代表人金保华，注册资本16000万元人民币，占地270.2亩（全部为国有出让土地）；经营范围：生产复混（合）肥、有机－无机肥料，销售自产产品，目前主导产品为“文峰山”“施天下”牌系列复合肥；公司先后被中国化工学会化肥专业委员会、中国化工情报信息协会授予2008年-2011年“中国化肥企业经济效益100强”，2011年被山东省质量技术监督局认定为“山东名牌产品”，被中国化工学会化肥专业委员会评为“2011中国农民最信赖的农资品牌”“2011年中国复合肥、复混肥支农排头兵企业”“2013中国化肥工业领军企业”，“2013中国化肥品牌金口碑企业”，2012年被北京中化联合认证有限公司“环保生态”产品，2013年3月山东科技信息报“3.15质量信誉消费者满意诚信承诺单位”；2016年2月5日在新三板成功挂牌交易。

纺织工业

全县有1家纺织企业，兰陵县棉纺织厂有限公司。

【兰陵县棉纺织厂有限公司】 兰陵县棉纺织厂有限公司位于山东省临沂市兰陵县县城新华路西段，地处山东省南部，东临全国第二大物流中心临沂，西临枣庄市，南临江苏省徐州市。境内有京沪、日东、临枣高速公路、206国道及临枣铁路，地理位置优越，交通便利。

公司年生产规模为5万枚环锭纺，是江北最大的色纱企业，生产各种颜色和支数的涤纶色纱、涤丙色纱、混纺色纱、纯白纱、特白纱，或根据客户的要求加工各种色纱，产品广泛用于纺织、服装、针织、装饰、军工等领域，为服装面料、装饰面料、针织内衣、运动衣、鞋袜、毛巾、毛巾被、枕巾、浴巾、沙滩巾、朝拜巾、床单巾、色织布、军用帆布、背包、背带及鞋带鞋面等产品的主要原料。品种齐全、质量稳定、价格合理、供货及时，产品销往国内26个省、市和自治区，并远销中东、南非、印度、印尼、俄罗斯、朝鲜等国家，受到广大客户的赞誉。

轻工业

【山东兰陵美酒股份有限公司】 山东兰陵美酒股份有限公司是兰陵企业（集团）总公司的核心企业，国有大型、二级企业，全国先进集体，系中国十大酿酒企业之一。

兰陵美酒迄今已有三千年的酿酒历史。企业现有员工4000余名，占地面积88万平方米。拥有兰陵陈香、兰陵特曲、兰陵美酒、兰陵喜临门、星级兰陵王、兰陵芝麻香酒等著名品牌，其中兰陵陈香、兰陵喜临门、兰陵特曲等系列产品始终保持了国家、省质量技术监督局免检产品称号。2001年，兰陵陈香荣获中国名优食品、中国白酒著名创新品牌称号。企业先后荣获了全国先进集体、全国先进基层党组织、省文明单位等荣誉称号。兰陵酒120多个产品品种，主要产品在国际、国家及省部级历次质量评比中取得较好名次，先后荣获世界最高金奖 19 枚，国家级金奖 29 枚，省级金银奖 38 枚，产品畅销全国 20 个省市。公司 2016 年公司销售收入达 50400 万元，缴纳税金 7480 万元。

采矿业

【临沂会宝岭铁矿有限公司】 临沂会宝岭铁矿有限公司成立于 2006 年 7 月 6 日，注册资本金 7 亿元，是一家集铁矿石采、选以及铁精粉销售等于一体的矿山企业。公司旗下拥有正常生产经营矿井一对和在建矿井一对，分别为会宝岭铁矿和凤凰山铁矿筹建处。会宝岭铁矿项目是经国家发改委核准、山东省国资委批准，由山东能源临矿集团在苍峄矿区投资建设的第一个铁矿采选项目。设计规模为年采选铁矿石 300 万吨，年产铁精粉 75 万吨。矿区面积 2.1 平方千米，蕴含铁矿石资源储量 2.0 亿吨，矿石平均品位 TFe（全铁）31.34%，mFe（磁性铁）18.81%，设计服务年限 55 年。项目概算总投资 22.48 亿元，投入运转后的首年——2013 年，会宝岭铁矿在实现安全生产的同时，创造利润 6003 万元，实现利税 1.72 亿元。2014 年公司上缴税金 13926 万元，2015 年，会宝岭铁矿实现出矿量 337 万吨，铁精粉产量 100 万吨，实现营业收入 43945.67 万元，实现利税 -5347.66 万元。2015 年，会宝岭铁矿总上交税费 9008 万元。公司自 2012—2014 年连续三年纳税总额居兰陵县第一。凤凰山铁矿设计规模为年采选铁矿石 400 万吨，年产铁精粉 100 万吨。矿区面积 0.351 平方千米，蕴含铁矿石资源储量 1.72 亿吨，矿石平均品位 TFe（全铁）30.86%，mFe（磁性铁）18.96%，设计服务年限 36 年。凤凰山铁矿项目计划投资 27.17 亿元。

【中钢集团山东矿业有限公司】 中钢集团山东矿业有限公司是一家集铁矿石开采、加工、铁精矿销售为一体的大型生产企业，位于兰陵县鲁城镇境内，于 2006 年 2 月 16 日正式挂牌成立。公司保有矿石储量 7916 万吨，涉及规模为年生产铁矿石 200 万吨，年产铁精矿 60 万吨，服务年限 40 年。公司于 2006 年开工健设，2011 年底建成投产，2012 年通过国家安监总局组织的安全验收，取得了安全生产许可证。整个项目实际投资 11.9 亿元，公司近年来先后攻克 10 余项科技项目，通过采矿方法研究，推行中深孔爆破，井下机械化作业程度达 90% 以上；实施选矿、提升、充填自动化，对各项工艺流程进行优化控制、优化运行、优化管理，保证生产系统的连续、稳定、高效，实现了节支降耗、增产增效的目的。公司 2011 年向地方上缴税费达 10358.26 万元，成为兰陵县首家纳税过亿元企业。

【山东兰陵石膏集团有限公司】 成立于 2002 年 6 月，注册地址位于兰陵县兰陵镇，公司法定代表人刘美华，注册资本 3168 万元，民营企业。集团拥有自营出口权，产品远销俄罗斯、韩国等国家和地区。

集团拥有采矿权、探矿权面积 19.8083 平方公里，资源储量 82203.3 万吨；现已建成投产年产 30 万吨矿井 10 座、在建 3 座，设计待建矿井 1 座，年石膏产量 230 万吨，其中纤维膏 30 万吨、优质石膏 160 万吨；是亚洲最大的石膏开采企业，被国家统计局评为“中国 100 家最大非金属矿采选企业”。产品畅销苏、浙、沪、黑、吉、辽、冀、鲁、蒙等省市以及韩国等国家，系临沂市重点骨干企业。集团连年被评为兰陵县功勋企业、十佳企业、临沂市先进企业、百强企业、安全标准化示范企业、省级重合同守信用企业。

节约能源工作

【概况】 兰陵县政府节能办成立以来，全县节能工作以科学发展观为指导，坚持节约资源基本国策，以转方式、调结构为目的，以节能技术进步为手段，以调整产业结构为抓手，紧紧围绕节能目标任务和“十三五”节能规划，加强组织领导，严格责任考核，强化节能监管，狠抓执法监察，大力发展循环经济和清洁生产，节能工作取得显著成效。

各项节能指标均可完成年度进度目标。经过不懈努力，我县节能工作步入全市第一方阵。

【管理节能】 一是调整节能工作组织机构。加强节能领导机构建设，调整充实由县长任组长，分管县长任副组长，相关部门主要负责人为成员的县节能工作领导小组，完善节能工作联席会议制度。二是制定各项规章制度。修改完善了《兰陵县固定资产投资项目节能评估和审查办法》，实现节能工作的制度化、规范化。三是采取各项激励奖励措施。根据节能奖励办法，对节能先进单位进行表彰，落实奖惩制度。严格执行“一票否决” 和“四不一奖”制度，促进节能任务落实。

【结构节能】 一是优化产业机构，推进结构节能。严控新上“两高一资”项目，对全县固定资产投资项目进行节能评估审查；分解落实节能目标，加大督导考核力度，健全完善节能管理机构和制度，加快推进能源管理体系建设，引导企业开展“能效对标”活动。二是大力发展金融保险、现代物流和中介服务等高技术含量、高附加值的现代服务业，以及旅游、文化、传媒、信息等市场潜力大、能耗低的新兴服务业。组织实施开展光伏扶贫工程，对传统能源高效清洁利用、对能源节约投资方式进行优化，对于抑制不合理能源消费，促进建立多元能源供应体系，带动产业转型升级具有重要意义。三是严格落实固定资产投资项目节能评估和审查办法，2016 年完成节能评估审查项目 135 个。同时，严格开展能评项目后期监督管理，对钢铁、有色、建材、石油石化、化工等高耗能行业新增产能落实能耗等量或减量置换方案，节能审查实行区域能源（煤炭）消费总量控制。

【节能技术开发和推广】 一是全力推进节能工程建设，组织实施兰陵兰清环保能源有限公司兰陵县生活垃圾焚烧发电项目、山东金玺泰矿业有限公司铁矿尾矿综合开发与利用项目、兰陵琦泉生物质发电有限公司农林生物质发电工程 3 个县级重点节能项目，项目总投资额 94705 万元，比 2015 年增长 7.01%。二是督导各重点用能单位狠抓节能工作的组织领导，实施年度节能监测计划，落实能源利用状况报告制度，组织企业进行“能效对标”，切实加强能源审计，严格执行能耗限额标准，对单耗超标的企业实行超耗能加价措施。三是推广应用节能产品和太阳能集热系统。推广太阳能照明设备 180 套；为兰陵县卞庄街道第二初级中学等 6 个基础教育学校安装了国家财政补贴太阳能集热系统，惠及 4 万余人。

【循环经济】 一是组织临沂万盛德化工有限公司、史贝美肥料有限公司申报重点行业挥发性有机物清洁生产技术改造，提升制造业绿色化水平。二是加快资源综合利用产业发展，鼓励企业实行清洁生产，引导企业对照行业清洁生产评价指标体系和行业先进水平开展建设活动。三是积极推进园区循环化改造工作，按照方案要求，积极推进项目建设，完成园区循环化建设任务。

【节能执法及宣传培训】 加大节能宣传培训和执法力度。积极开展节能宣传周活动，举办“节能宣传周”和“低碳日”活动，共发放宣传资料5200余份。重点用能企业按照相关法律规定均设立了能源管理岗位，聘任能源管理负责人并报市节能办备案。截至目前，已有50人获得能源管理师资格。开展重点用能单位高耗能设备监察等各类执法活动4次，提升了企业节能管理水平。

撰稿：陈晓　审稿：李金龙

民营经济

【概况】 2016年，全县完成民营经济企业营业收入712.2亿元，实现增加值213.6亿元，实现利税53.4亿元。全县个体私营业户3万户，从业人员17.5万人，全县私营企业4607家，其中规模工业企业215家，完成18家“小升规”企业。民间投资主要集中在房地产、医疗健康卫生和蔬菜批发存储，已经成为推动全县经济发展的重要力量。一是2016年作为全省中小企业电商推进年，积极运用“互联网+”思维、大胆探索、统筹谋划，全力推进全县中小企业电子商务发展工作。通过开展县内电商企业调研，完成《兰陵县2016年中小企业电子商务发展现状、存在问题及对策》的调研，目前我县电子商务平台有点豆、时代三农、三农云海、地联网、沂蒙农场、麦乐商城6家，我局积极对接县内各电商平台，先后与之建立联络机制，实时发布国家、省市县关于电商发展的有关政策，组织2家企业参加2016海峡两岸（山东）创业创富项目博览会暨中小企业展洽会；组织5家企业参加第三届山东省互联网大会；组织6家企业申报山东省中小企业“互联网+”示范培育计划；与此同时拥有自主网站企业200多家，主要产品涉及牛蒡、大蒜、柳编、服饰等特色产品，据统计，2016年我县电子商务年销售收入约1800万元。二是完成市级公共服务平台申报。完成2家市级服务机构申报工作、确定长城辣椒、兰陵石膏为市级特色产业镇，并为向城镇申报省级特色产业镇，完成荣庆冷链物流申报市级公共服务平台的申报工作，完成全县企业生产产品目录和中小企业产业集群品牌建设认证认可。三是加强融资担保体系建设，建立健全了中小企业信用担保季报制度，加强对中小企业信用担保机构的督促、检查、指导，引导担保机构积极为中小微企业实施担保贷款，目前全县共有三家融资担保公司，注册资本金50061万元，截至2016年底新增中小微企业融资担保贷款15.51亿元，担保笔数1900笔，新增担保户数1720户，将惠及全县1000多家中小微企业。

【政策落实】 为了改善中小企业发展环境，维护中小企业合法权益，促进小企业健康发展，2016年在中小企业政策落实方面开展了扎实工作。按照省市安排，认真制定了全县民营经济（中小企业）工作安排意见，下达了任务目标，大力做好中国中小企业山东兰陵网升级工作，累计宣传各级扶持中小企业民营经济发展的政策80余次。联合县委组织部、县财政局、县人社局联合下发了《关于实施中小微企业“培训工程”的意见》，制定了2016年全县中小企业培训计划，共办理各种不同类型的培训班6期，共计培训人员400余人。组织参加省培训5期，2016年山东省中小企业巡回大讲堂、全省中小企业调研工作培训班、全省第三届互联网大会、全省中小企业创新服务高级研修班、全省平台网络业务培训班；参加市培训班3期，为我县中小微企业实现结构调整，自主创新，促进中小微企业健康、稳定发展提供坚强的人才保障和智力支持。

【服务体系建设】 兰陵县按照上级部门规划部署，重点加强中小企业服务体系建设，鼓励服务机构为中小企业提供优质服务，建立健全了较为完善的中小企业公共服务平台，让更多的中小企业获得支持和发展。一是信息服务体系。搭建信息服务平台，为中小企业提供信息化服务。建立了中国中小企业兰陵网，为全县中小企业提供多方面的信息服务。县网与省市及国家中国中小企业网（政府官方网站）保持链接，并和大部分有网站的企业进行了链接，同时为没有网站的企业提供建网服务，帮助中小企业全面提升信息化管理水平。平台主要提供经济动态、经济运行、企业优惠政策、企业管理等多个版块，通过对信息化培训和新产品的应用体验，推进广大中小企业广泛开展电子商务和信息化技术应用。二是信用与融资担保体系。搭建信用服务和融资担保服务平台。为中小企业拓宽融资渠道。建立起政府组织协调、金融部门支持，民营担保机构、互助性担保机构和再担保机构配套协作以及企业诚信的信用担保体系，为全县中小企业发展创造良好的融资环境。按照政府引导、社会参与、市场运作的原则，鼓励投资主体多元化，逐步建成了多种所有制形式协调发展的融资担保体系。建立适应市场机制的贷款担保体制，提高担保资金使用效果，按照市场经济的要求，在解决中小企业担保难的问题上取得新良好成效。2016年，兰陵县三家融资担保公司新增中小微企业融资担保贷款15.51亿元，担保笔数1900笔，新增担保户数1720户。三是培训体系。加强中小企业经营者培训。兰陵县中小企业服培训中心为全市中小微工业企业提供企业管理咨询、诊断及人才培训服务。连续组织全县企业家赴清华大学培训。解决企业管理、市场营销等方面的问题。为全县工业加快调整升级、推动技术创新，信息化与工业化的深度融合，制造业与服务业的深度融合指明了方向。

【培训教育】 按照省局《2014—2017年山东省中小微企业培训规划》和市局《关于实施中小微企业“百千万培训工程”的意见》及《2016年全市中小微企业培训计划》要求，结合我县实际，制定了《2016年兰陵县中小微企业培训工作计划》。共办理各种不同类型的培训班6期，蔬菜腌制行业管理培训班、辣椒栽培技能培训班，培训200余人，中小微企业法律知识专题培训班，培训60余人，中小微企业生产管理专题知识培训班，培训60余人，中小微企业人力资源管理知识培训班，培训60余人，中小微企业服务能力提升品牌营销沙龙论坛培训60余人，各期培训班共计培训人员400余人。组织参加省培训5期，2016年山东省中小企业巡回大讲堂、全省中小企业调研工作培训班、全省第三届互联网大会、全省中小企业创新服务高级研修班、全省平台网络业务培训班；参加市培训班3期，为我县中小微企业实现结构调整，自主创新，促进中小微企业健康、稳定发展提供坚强的人才保障和智力支持。

【产业集群】 产业集群已成为兰陵县工业经济的重要组成部分。全县已发展省级产业集群一处，即兰陵县蔬菜产业集群；市级产业集群2处；即兰陵县物流产业集群、兰陵县蔬菜产业集群；正在培育的市级产业集群1处，兰陵县铁矿产业集群。正在形成规模的大蒜、牛蒡、石膏、白酒等产业，规模效益正在逐步显现，且各产业链正在逐步拉长。至2016年底，完成全县企业生产产品目录和中小企业产业集群品牌建设认证认可。

【调查研究】 为准确把握分析我县产业发展状况，听取基层意见建议，进一步推动我县县域经济持续健康快速发展，结合兰陵县实际认真制定了《关于开展民营经济（中小企业）专题调研工作的实施方案》，完成调研课题18个。任务分工明确至科室和人员，目前已完成所有调研课题。通过调查研究兰陵县中小企业发展还有不少差距和问题：发展环境有待进一步优化，资金筹集难，产业结构不合理，产品档次低，投资结构不合理，企业管理水平不高，服务体系不够健全，全县中小企业量大面广，缺乏服务和协调能力。针对兰陵县中小企业发展中的问题，重点开展了以下工作，一是优化调整中小企业的结构，优化县域经济发展质量。重点扶植、组建一批以特色产品为龙头，加快城乡一体化发展进程。二是增强中小企业的产业规模和效益，提高县域经济总量和效益。制定了各种优惠政策，促进了人才、土地、资金、技术等生产要素流动向民营经济倾斜。三是切实改善中小企业的金融服务条件。出台的改善中小企业金融服务的各项政策，探索适应中小企业资金运行的信贷管理办法，加大对乡镇中小企业的支持力度。四是帮助中小企业提高素质。加强对中小企业的支持，制订有关规划和计划，鼓励中小企业增强技术创新能力，设立技术推广中心，通过各种渠道向中小企业推广成熟的适用技术，帮助中小企业提高技术水平。

撰　稿：孙培聪

贸易·旅游

贸易综述

【概况】 2016年，兰陵县商务局深入贯彻落实党的十八大，十八届四中、五中、六中全会精神，紧紧围绕县委、县政府的工作目标，立足兰陵县商务工作实际，强化措施，狠抓落实，商务工作取得一定的成效。

电子商务工作成效明显。2016年，兰陵县商务局把电子商务工作作为工作重点来抓，多次组织我县电子商务企业参加省、市的电子商务培训，大力提高企业的业务能力。全方位开展电子商务工作。加强电子商务的学习和培训，积极申报相关的电子商务项目。同时，积极做好电商扶贫、第一书记电商服务团等工作，全方位开展电子商务工作截至2016年底，兰陵县有电商企业300多家，已经形成了发展电子商务的良好氛围。

外经贸工作实现新突破。据海关统计，2016年全县实现进出口总额10547万美元，同比增长-60.6%，其中，出口10117万美元、进口430万美元，同比分别增长-60.0%、-70.8%；实际利用外资16960万美元，同比增长1324%。

蒜苔购销工作顺利完成。2016年，苍山蒜苔收获面积30万亩，其中早薹6万亩、晚薹24万亩。总产3.28亿公斤，其中县内入库2.56亿公斤、投放外地0.72亿公斤。亩产1093斤/亩，同比减产7.6%。蒜农销售收入10.90亿元，平均3.32元/斤、同比增加45.6%。蒜农每亩同比增收930元、累计增收2.79亿元。

【商贸流通】 继续推进各项内贸试点工作。做好兰陵县公益性农产品批发市场建设项目。项目总投资2.05亿元，建筑面积9.6万平方米，地上建筑物、附属物拆迁工作已基本完成，一期工程即将开工建设全力做好全国公益性农产品批发市场建设试点，该项目规划占地308亩，总投资超过2.05亿元。加强二手车整治工作。商务、工商、交警等部门组成联合执法工作组对全县34家二手车市场进行了拉网式入户执法检查。

全力开展电子商务工作。自县商务局批复成立了“兰陵电子商务协会”。在第四届菜博会开幕第四届菜博会我单位共邀请国内外客商400余人，并在菜博会期间成功举办了中国兰陵蔬菜产销对接会和中国蔬菜科技与产业化博士后学术论坛。电商企业上线运营，点豆农业链电商服务平台上线仪式暨新闻发布会在北京人民大会堂举行，点豆网正式上线运营；“淘宝网特色中国·兰陵馆”自正式开馆以来；“易商兰陵”电商平台入驻企业和商铺达到200余家。

【外经贸工作】 努力做好外贸工作。全力推进对外贸易工作。帮促企业调结构转方式、开拓国际市场，重点扩大农产品、工业制成品和工艺品出口。2016年，大蒜、牛蒡等农产品出口约5200万美元，同比增长45.9%；石英石板材、搪瓷洁具等工业制成品出口2500万美元，同比增长103.7%；草柳工艺品出口1200万美元，同比增长34.6%。全县47家有进出口实绩的企业中，出口增长企业32家，占68%。

大力开展利用外资工作。我县荣庆物流与世界知名企业韩国希杰集团合作，到账资金1.3亿美元，是全市自中韩自贸协定签署以来，与韩国著名跨国公司签订的首个投资过亿美元的外资项目。

有序开展对外经济技术合作工作。全县外派劳务人数1000余人，主要派往阿尔及利亚、沙特、安哥拉和阿联酋等国家和地区，主要从事建筑、食品加工、农业种植、电焊等工种。

【会展工作】 2016年4月12日，兰陵县举办第四届中国兰陵（苍山）国际蔬菜博览会（以下简称菜博会），县商务局按照县委、县政府的分工全力做好第四届菜博会的相关工作，共邀请国内外客商400余人，并在菜博会期间成功举办了中国兰陵蔬菜产销对接会，会上兰陵县人民政府与北京农林科学院签订框架合作协议，加快了农业科技成果的转化和应用，提升了我县种业的更新换代水平，更好地促进了兰陵县蔬菜产业的发展。菜博会期间共有来自商务部、中国食品商会、省商务厅、临沂市及全国大蒜主产区领导，世界大蒜主要行业组织、生产商、进出口商、加工企业、物流企业负责人，专家学者共400余人参加了本次年会。通过此次年会，大大提升了兰陵（苍山）大蒜在全球大蒜业界的影响力。

撰稿：李侦

粮油流通

【概况】 2016年以来，全县粮食工作紧紧依靠县委、县政府的正确领导，按照国家粮食安全新战略的要求，主动适应经济发展新常态，坚持以改革创新为动力，以保障全县粮食安全为主要任务，以推动产业发展为中心环节，以维护粮食流通秩序为基本职责，全面履行行政管理职能，全面落实粮食安全责任制，全面加强“粮安工程”建设，全面深化粮食流通改革，推动全县粮食事业实现新发展。积极为下岗职工缴纳养老保险、缴纳居民医疗保险、开展大病救助，维护了粮食系统稳定；粮食行政执法工作不断加强，有力维护了全县粮食流通市场秩序；关注民生发展，积极推进农户科学储粮工程、放心粮油工程和居民厨房工程等三大粮食民生工程建设，不断开拓为民服务新领域，提高了为民服务工作水平；加强地方储备粮管理，加强粮食调控储备和社会粮食调查统计工作，粮食宏观调控能力不断增强。

【地方粮油储备】 粮食储备是国家控制粮源、调节市场、保证军需民用的一项战略性措施，是保障国家粮食安全的基础。从全县实际出发，积极争取储备粮计划指标，扩大储备规模，保证紧急情况下，调得出，用得上。2016年，县地方粮食储备规模达到17500吨，地方食用油储备300吨。按照《中央储备粮管理条例》和《地方储备粮管理办法》规定，强化对地方储备粮油的管理和监督，集中由县瑞仓粮油购销有限公司承储，实现了集中存放、集中管理，新建仓房严格按照高大平房仓的标准设计、建设，并具备机械通风、环流熏蒸、电子测温三项储粮新技术。规范储备粮收购、储存、轮换、动用程序，健全制度，完善措施，加强督查，确保地方储备粮油储存安全、质量良好。

同时，县地方粮食储备库仍有部分危仓老库，存有安全隐患，且不利于新式储粮技术的推广应用。为扩大仓储规模，推广新式储粮技术，县粮食局争取了省级财政专项资金103万元，县级财政资金66万元，自筹资金47.8万元，总投资216.8万元，完成了瑞仓粮油购销有限公司危仓老库翻建工程，该项目建筑面积1000平方米，设计仓容量4500吨，增加仓容2500吨，该项目于2016年1月完成验收，2016年夏粮收购时投入使用。

【粮油预警应急】 为有效预防和及时应对因突发事件引起的县内粮食市场异常波动，确保粮食市场正常供应，保持粮食市场价格基本稳定，维护正常的社会秩序和社会稳定，2016年修订完善了《兰陵县粮食应急预案》，预案明确了分级标准、组织体系、预警预防、应急响应、应急处理、保障措施及奖惩等方面的内容及职责。近年来，兰陵县粮食局积极推动修仓建库，将县级储备粮规模扩充至17500吨，完善粮食应急供应体系，2016年重新确定了应急保障企业，其中应急供应网点45家，应急加工企业4家，应急配送中心1家，应急储运企业1家。同时，县粮食局积极做好各项协调工作，做好预案演练。

【粮食宏观调控】 按照《粮食流通管理条例》和《山东省粮食流通统计制度》要求，扎实开展各项粮食统计工作。县粮食局设有副科级事业单位兰陵县社会粮食统计中心，全面负责社会粮食统计工作。所有粮食经营企业和转化用粮企业都要根据有关原始记录和凭证建立粮食统计台账，对粮食购进、销售和库存等数据要如实加以记录。粮食经营企业和转化用粮企业要按要求填写粮食基础统计报表，并于每月25至28日报送县粮食局，汇总后报送市粮食局。积极开展社会粮食供需平衡调查工作，通过抽样调查和典型调查等方法，全面掌握社会粮食的供给、消费和库存等情况，扩大统计信息源和服务面。农户粮情调查每月一统计，每季度结束后10日内向市粮食局报送农户粮情调查统计数据及分析报告，每年末向市粮食局报送社会粮食供需平衡调查数据及分析报告。粮食价格监测每周一报，夏、秋粮收购进度每5日一报。建立和完善粮食信息监测预警系统，加大对粮食供求和价格的监测、预测和预警工作，增强统计工作的主动性，不断提高统计服务水平。通过社会粮食调查统计工作的开展，逐步建立完善了全县粮食综合信息数据库，保障了国家粮食安全，为各级政府制定宏观调控政策提供了及时、准确的数据信息。

【粮食民生工程】 *农户科学储粮工程。*实施农户科学储粮工程是保障国家粮食安全的重要举措，有利于改善农民储粮条件，减少粮食产后损失，促进农民增产增收，是一项实实在在的惠民工程。2009年，全县开始推广农户科学储粮工程，2016年将科学储粮示范仓发放作为精准扶贫项目，向贫困村和贫困户推广，共向金岭、矿坑、尚岩等3个乡镇贫困户免费发放科学储粮示范仓750个。目前，全县累计推广农户科学储粮示范仓21750个，大大增加了社会粮食储备规模，科学储粮观念逐渐深入人心。

*放心粮油工程。*2010年下半年，全县开始实施放心粮油工程，工作开展几年来，以放心粮油为主线，以品牌建设为核心，以质量监管为手段，以放心粮示范店为窗口，在不断的创新、深化与升华中，赢得了社会的肯定与民众的信任，成为深入人心的“民心工程”。2016年新发展放心粮油示范店4家。到2016年，全县放心粮油店已达到47家，网点布局趋向合理，保证了城乡居民就近消费、安全消费。目前，全县拥有省级放心粮油品牌1个，省级放

心粮油示范店1家。对现有放心粮油店加强质量监管，强化日常管理，确保粮油质量安全。县粮食局每季度组织一次检查，重点检查放心粮油店的环境卫生、索证索票、经营台账和粮油商品摆放等情况，并联合食药监、工商等部门，对全县放心粮油店进行2次专项联合检查，规范了经营行为，使放心粮油店依法经营，诚信经营。

*居民厨房工程。*积极拓展粮食民生工作新领域，2016年争取省级补助资金100万元，总投资302万元，扶持宝庆超市有限公司建成主食产业化加工项目，项目建设符合验收标准，依托遍布城区和全县各乡镇的宝庆超市连锁店销售产品，运营良好，较好地满足了市场需求。

【粮食行政执法】 *完善部门联动执法和区域联合执法。*规范粮食流通部门联动执法工作联席会议制度，健全完善粮食流通部门联动执法服务中心，加强粮食流通部门联动执法信息平台建设，联动执法逐步走上规范化、制度化。通过签订《区域联合执法合作意向书》，完善区域联席会议制度，与毗邻的郯城县、罗庄区、峄城区、邳州市等县市区，建立了立案协作、案件协办、标准协调的区域联合执法模式，共同打击跨区域涉粮违法行为，维护了毗邻地区的粮食流通市场秩序。

*扎实做好粮食库存检查工作。*县粮食局领导高度重视粮食库存检查工作，在企业自查基础上，按照“有仓必到，有粮必查，有账必核，查必彻底”的原则，对所有企业的储粮进行了检查。经检查，全县粮食库存实物与保管账、统计账、会计账账实相符，账账相符，账卡相符，数据真实准确，经营台账规范。库存粮食储存安全，无严重虫粮、高水分粮、霉变粮、发热粮等储粮安全隐患。经核查，全县从事粮食购销活动的企业均具备粮食收购资格。

*加强粮食收购市场监管。*严格粮食收购行政许可制度，坚持标准，规范办理，认真做好粮食收购许可的受理、审批和监督管理。落实监管措施，强化粮食收购许可证和夏秋粮收购市场监管。2016年夏、秋两季粮食收购期间，执法大队对全县粮食经营活动进行监督检查，重点检查国有企业执行国家收购政策情况，收购的粮食是否质价相符、帐实相符，储存是否安全，督促各收储库点严格执行国家的粮食收购政策，联合工商、物价等部门，坚决打击无证经营，严格控制扰乱粮食市场秩序行为，维护粮食市场秩序。

此外，还开展了粮食经营者最低库存量和异常情况下最高库存量检查、粮食流通统计制度检查、粮食质量监督检查、危仓老库、消防、防汛、粮食进出仓作业管理等专项检查，保障了全县粮食安全，巩固了全国粮食流通监督检查示范单位地位。

供销合作

【概况】 全县供销合作社系统与时俱进，积极探索社会主义市场经济条件下为农服务和自身发展的新路子，以把供销社办成农民的合作经济组织为目标，全面改造流通网络，创新经营业态，强化为农服务，打造供销社品牌，大力推进“组织、经营、服务”三个创新、努力成为农业社会化服务的骨干力量、农村现代流通的主导力量、农村专业合作社的带动力量。供销社由此由商业供销全面转向把为农服务放在首位，由流通服务向全程农业社会化服务延伸、向全方位城乡社区服务拓展，加快形成综合性、规模化、可持续的为农服务体系。截至目前，全县供销社系统发展“党建带社建村社共建”村48个，共发展各类合作经济组织155个，建设优质蔬菜基地9处18.5万亩，实现土地托管30.2万亩，其中，半托管服务面积27.7万亩（粮食作物托管面积24.5万亩，蔬菜种植托管面积3.2万亩），全托管服务面积2.5万亩；共有农产品直营店2个；共有日用品连锁配送龙头企业2个，共发展直营店8家，发展村级便民店340个；农资直供网点15个，共发展农资连锁配送网点305个；共有再生资源乡镇回收站45处，发展网点286处，拥有分拣中心2处；建设烟花爆竹销售直营店24个，连锁配送网点306个。今年1—12月份，全系统共实现商品销售收入37.52亿元，实现利润966万元，上交国家税金2980万元。

【农业服务规模化】 2016年，县供销社以大田作物托管服务为抓手，以农机作业、智能配肥、植保服务、工厂化育苗、农民培训等为主要服务手段，扎实推进农业服务规模化工作。一方面围绕大田作物耕种管收储加销等环节开展托管服务，组织机械开展粮食播种收获、土地深耕深松、秸秆粉碎还田等作业项目，通过为农服务中心和新汇丰供销公司，进行良种预拌，开展作物“一喷三防”等植保服务，2016年全年全县共实现托管面积25万亩，；另一方面，通过鸿强蔬菜种植合作社继续推广工厂化育苗托管服务，全年共实现育苗4000万株，众利为农服务中心新建的测土配方实验室、智能液体配肥站、智能气象站和小麦麦种精选生产线服务功能更加完善，黑小麦等特色作物线上销售逐步推开，增收效益更加明显，在2016年的全市农产品品牌基地观摩会中取得了第一名的好成绩。

【基层社和社有企业】 2016年，县供销社通过组织引导、政策引导，推进各类合作经济组织实体发展，着重加快了基层社和社有企业发展。基层社通过业务拓展，实现新的发展，下村供销社利用山区优势，建设了150亩的水果采摘园、120亩的蔬菜标准化种植基地和宝山生态园农家乐；神山供销社在开展好日用品配送业务的基础上，加快凤林汽贸公司运营，公司年销售车辆1000多台，服务车辆3000多台次。在社有企业方面，家家乐烟花公司进一步拓展销售市场，巩固销售网络，结合春节销售旺季，全年实现销售额1000余万元；新汇丰农业服务公司以植保服务、农资供应为主要内容，开展两种预拌配送和小麦、萝卜、大蒜、花生系列植保服务，累计实现服务面积1.5万亩。

【农产品经营服务体系建设】 2016年，围绕全县蔬菜产业转型升级，继续拓展优质蔬菜种植基地规模，新建农产品标准化生产基地3处；继续深化与上海蔬菜集团合作，强化产销对接，2016年共配送蔬菜2100吨，实现大宗农产品销售额1400多万元。扎实做好上海市首批外延蔬菜生产基地建设工作，促成兰陵利源、家瑞两处基地成为全国10个首批外延蔬菜生产基地之一。加快网上供销社建设，加强“兰陵供销”“兰陵农产品”等微信公众号平台建设；与供销e家、济宁云农场和京东商城等电商服务平台合作，大力开展在线农资、在线农业服务、农产品销售等电商业务，其中以新汇丰电子商务公司为依托，提供信息化服务，帮助基层社经营网点、专业合作社等对接电商渠道，进行信息化改造提升。在第四届菜博会和沂蒙优质农产品交易会期间，兰陵县社参与邀请并服务了省、市供销社领导及省驻沪办、上海、苏州、杭州、武汉、南京等地的参展嘉宾195位。

【党建带社建村社共建】 2016年，县社制订《关于在全县开展“村社共建”工作的实施方案》，按照共建社区服务中心、专业合作社、优质农产品基地、农村现代流通网络、农产品批发市场、为农服务中心、农业规模化服务体系和电子商务八种共建模式，积极推进共建工作，与尚岩镇惠东社区合作，流转社区土地600亩，领办大成果蔬产销专业合作社，与兰陵镇利源蔬菜种植专业合作社合作共建了优质蔬菜种植基地、蔬菜交易市场和合作社党支部。2016年，县社将社村共建作为推动贫困村整体脱贫的重要抓手，找准供销社经营服务与扶贫工作的结合点，对接包扶贫困户411户796人。

【信用合作和安全统筹】 2016年，县社加大系统内开展信用互助业务的专业合作社规范整顿力度，在5月1日前全部拆除了封闭式柜台，截至目前，互助金总额压缩到1.28亿元，下降了69%，有效化解了风险，保障了社会稳定；同时，积极做好了信用互助业务试点准备工作，由县金融办牵头，供销社配合，从系统的农民合作社中选择1到2家符合条件的合作社进行新型农村合作金融试点。在安全统筹方面，继续完善激励措施，进一步分解任务、加强调度，共完成各类统筹统保额近210万元。

【扶持资金争取】 2016年，县供销社努力优化外部发展环境，提升内在发展活力，切实做好了项目申报和扶持资金争取工作，截至目前，共争取各类扶持资金120万元，其中，省级综合改革发展资金70万元，用于向城为农服务中心建设，市级“党建带社建村社共建”新型农村社区服务中心建设资金40万元，用于磨山社区服务中心建设。省级优秀专业合作社发展资金10万元，用于润禾园蔬菜种植专业合作社建设。

盐业经营与管理

【概况】 现有干部职工60人，内设办公室、财务科、盐业科、仓储科、配送科、客服部、盐政稽查大队（下设：三个盐政稽查中队）。全县共有食盐零售网点1800个，遍及各个乡镇、村庄，辐射面广，为全县人民购买合格的碘盐提供了方便。

【食盐经营】 2016年共购进各类盐13004吨，销售各类盐15674吨（其中大包食盐10633吨）；完成销售收入1964万元，完成利税125万元，盐政执法共查处涉盐案件245起，查获私盐87吨，罚款14万余元，涉盐犯罪移送公安机关案件7起，刑政拘留2人，刑事拘留2人，取保2人判决1人。有力地维护了全区人民群众的用盐安全。非盐商品销售额306万元，同比增加41万元。

【食盐专营】 *一是加大食盐供应结构调整力度，提升食盐品质。*为满足群众生活水平逐步提高和消费升级的新形势，我们加大食盐结构调整力度，提升食盐品质。一是加强“少吃盐、吃好盐”的宣传力度，营造健康新理念，使其广泛传播，深入人心。二是重点在我县各大超市推介海藻碘盐、绿色海晶盐、弱碱盐和低钠盐，进一步丰富了食盐种类，实现了市场供应品种、价格多样化。

*二是加强协调，确保“两盐”市场稳定。*针对经济形势持续低迷、小工业盐价格放开的不利影响，公司注重苦练内功降耗、加强服务增效。首先努力保持工业盐市场平稳，坚持“保本微利”的销售原则，以服务企业发展为宗旨，让用盐企业得到实惠。执行好销售价格相应下降的做法，充分占领市场。其次更新营销理念，

加强服务企业。不分企业大小，用量多少，统一建立健全客户档案，了解企业动态，从点滴之中、细微之处为企业排忧解难，打好“情”字牌，密切与用盐企业联系。最后深入挖掘潜在用户，盯紧新建项目和新入驻企业进展动态，及时沟通联系，提前发现目标用户。以合理的价格、优质的服务，不断巩固和扩大终端客户，做到客户不丢，销量不减。全年共销售日晒盐9450吨，同比增加1100吨。

三是强化指导，引领腌制协会做实做强。自腌制协会成立以来，公司不但在技术指导、服务等方面下足了功夫，而且还在腌制企业发展后劲上给予帮助。今年5月份，为使腌制企业做实做强，增强发展后劲，采取走出去、请进来的方式，组织各腌制企业负责人去南方考察。通过学习，增添了各企业的发展活力。

四是做好无碘盐供应，满足特殊群体消费需求。在保证县域食盐供应的同进，无碘盐的供应工作也尤为重要，通过强化宣传和日常监督等措施，保障了特殊人群无碘食盐的供应，在全县设立了40个无碘食盐销售网点，以更好满足特殊群体消费需求。

【盐政执法】 一是加强宣传，营造食盐安全氛围。通过3.15、5.15食盐安全等活动进一步增强群众、食品用盐加工单位、食盐零售商，用盐、售盐安全意识，依法履行食盐安全责任，引导群众理性消费、参与监督，营造人人关心、支持、参与食盐安全工作的社会氛围。在城区广场等发放宣传材料，悬挂宣传横幅，设立投诉电话等，加大宣传，大力营造良好的食盐安全氛围，倡导群众树立健康科学用盐理念，增强用盐生产经营者守法经营、诚信自律意识，保障食盐安全。共发放宣传材料1500余份。

二是协调好职能部门，注重联合执法。为继续保持市场高压严打态势，主动向政府领导汇报工作，让地方政府对盐业工作给予重视和支持。主动与公安、质检、卫生、食药监等职能部门进行联络，让他们参与到盐业违法案件的处理中，形成合力治盐的良好环境。

三是把握市场动态，维护食盐专营。现阶段，盐政稽查工作对食盐市场的管理越来越重要，始终坚持标本兼治，查、访、打相结合的原则。一是加强信息交流，做好查稽计划，定期召开盐政、销售业务会，对可疑情况互通信息，对涉盐违法行为进行精准打击。二是是加大对重大案件的查处，有针对性地在部分私盐“重灾区”积极发展一些内线人员，拓展辖区内涉盐违法行为的举报线索，对涉盐违法活动进行调查搜集，全年共连续查处7起重大案件，对涉盐违法犯罪分子起到了强大地震慑作用。三是加强食盐市场的稽查，重点对食品加工用盐户、餐饮店、厂矿企业和学校食堂进行全面检查，不留死角，全力维护食盐专营。四是加大对用盐企业的监管，定期不定期地对辖区内的用盐企业进行回访，查看购盐及用盐记录，坚决杜绝工业盐流入食盐市场。

【创新拓展非盐业务工作】 一是借助厂家人员宣传优势进行市场铺货。分别与杀虫剂厂、灯具厂联合制定销售方案，实施让利政策，进行杀虫剂和灯具的铺货。二是为规避风险，适当调整营销方式，重点进行非盐商品的库存处理，加大资金回收力度。三是加大了味精的销售力度，利用腌制协会优势，与成品酱菜厂联系合作，销售成绩斐然，共购进228吨，目前已销售130余吨。

烟草专卖

【概况】 卷烟零售客户3792户，烟农414户。

2016年累计实现“两烟”经营收入7.99亿元，上缴税收6902万元。

【烟叶生产经营】 2016年种植烟叶12633亩，收购烟叶3.79万担，完成了市局（公司）下达的种植收购计划。烟叶收购均价、上等烟比例、中部上等烟比例、中部烟比例、上部烟比例均列全省、全市第一。其中，收购均价25.91元/公斤，高出全省均价4.6元/公斤，高出全市均价1.95元/公斤；上等烟比例49.8%，高出全省平均数20.65个百分点，高出全市平均数11.76个百分点；中部上等烟比例46.8%，高出全市平均数12.95个百分点；中部烟比例67.62%，高出全市平均数12.67个百分点；上部烟比例19.49%，低于全市平均数10.69个百分点。

【卷烟经营】 2016年累计销售卷烟30801.73箱，实现销售收入79006.07万元，单箱均价25650元，同比增长1.86%；鲁产烟销售比重同比提升4.04个百分点、百元鲁产烟销售比重同比提升0.23个百分点；中小户月均销量比重提升1.29个百分点，月均收入比重提升1.41个百分点。同时，大物流工作也取得了较好的成绩，全年直营店共销售238.47万元，实现毛利28.24万元；网络店销售304.91万元，实现毛利45.78万元；共实现毛利74.02万元。完成市公司下达74万元的任务目标。

【烟草专卖执法】 2016年，共查获涉烟案件292起，其中真烟案件213起，假烟案件7起，烟叶烟丝案件72起；共查获各类非法卷烟403.4万支，其中真品卷烟396.7万支、假烟6.7万支，烟叶烟丝17.6吨；移交公安9起；移交工商28起；刑事拘留20人，逮捕6人，判刑11人；破获市局一类网络6个、市局二类网络1个、国标网络1个。

【服务民生】 2016年投入行业补贴资金49.85万元，购买机械80台。其中，购买育苗直播机6台、覆膜机4台、剪叶器6台、拔杆机2台、农用喷灌机62台。

【专卖打假破网】 破获“3·14”销售非法生产烟草专卖品网络案件。案件于2015年3月14日查获，2016年7月18日顺利通过省局审核。是以犯罪嫌疑人付某某为主的集购进、销售等环节的销售非法生产烟草专卖品网络案件，现场查获中华（软）154.2条，案值9.4833万元。经过上追下查，该网络案件查实涉案卷烟33.90万支，涉案金额102.2175万元，涉案人员7人，刑事拘留犯罪嫌疑人4人，批捕4人，判刑4人，在逃1人。涉案区域包括山东、福建等省市。

撰稿：颜廷玉

旅　游

【机构设置】 兰陵县旅游局办公室、规划发展科、行业管理科、市场开发科、旅游发展促进中心、旅游质量监督管理所等科室。现有工作人员13人，大专学历1人，大学学历11人，硕士研究生学历1人。

【概述】 兰陵县历史文化悠久，自然风光秀美，有着光荣的革命传统，旅游资源底蕴丰厚，特色鲜明。全县有大小山峰611座，境内的抱犊崮海拔580米，为沂蒙七十二崮之首，系鲁南第一峰，为国家级森林公园；文峰山海拔234米，古松参天，巨石嶙峋，风景秀丽，素有“鲁南小泰山”美称，“文峰积雪”为古沂州八景之一；大宗山朗公寺九峰环拥，山静林幽；会宝湖碧波千顷，湖光山色，泛舟其上，目不暇接，心旷神怡；东西泇河宛如两条盘龙玉带，奔腾不息，涓涓入海；“大蒜塔”矗立在县城中部塔山之上，登高可观兰陵大地，尽收县城美景；兰陵国家农业公园花开四季，田园多姿，开启“农旅融合”新模式；压油沟依山傍水，成为乡村中的世外桃源。近年来，兰陵县依托历史文化和生态资源优势，围绕全域旅游发展，实施“文旅农”融合发展战略，创新体制机制，完善旅游规划，推进资源整合、部门联合、产业融合，提升全域旅游发展水平，提速发展旅游产业。连续成功举办了四届中国兰陵国际蔬菜产业博览会，率先打造了全国首家国家农业公园，并被省政府列为“全省重点支持建设项目”；成功创建了“全国休闲农业与乡村旅游示范县”；压油沟村被列为全国旅游扶贫试点村；萧氏文化园被批准为临沂市唯一的省级海峡两岸交流基地。全县共有A级景区8家，国家、省、市休闲农业与乡村旅游示范乡镇2个、示范点6个，省级工农业旅游示范点4个。

【旅游市场开发】

1. 兰陵国家农业公园

兰陵国家农业公园位于山东省兰陵县代村，规划占地面积2万亩，现已开发建设1万亩，是山东省目前唯一被命名为国家农业公园、规模最大的生态农业旅游庄园。园区将传统农业与现代农业相结合，同时融入人文历史、农耕文明，生动展示了兰陵作为“中国蔬菜之乡”“山东南菜园”的美丽画卷。

景区建有锦绣兰陵、兰香东方、华夏菜园、沂蒙山农耕博物馆、雨林王国、水上乐园、竹林水岸、湿地公园、花海田园、荷兰风情园、沂蒙百果园、中华兰花馆、蔬菜园艺馆、沂蒙老街、花海观光火车等休闲游乐项目。

“锦绣兰陵”浓缩了兰陵美丽的山水风光，浓厚的风土人情；兰陵因“兰”得名，兰花是兰陵的县花，“兰香东方”展现了兰花的清香高雅，诠释了兰陵与“兰”的历史渊源；“华夏菜园”是一处以高科技种植及新品种展示，集旅游观光、休闲体验为一体的多功能场馆；“沂蒙山农耕博物馆”穿越千年，展现了鲁南、苏北地区从远古钻木取火到我们儿时记忆的几千年的农耕文化，是人们最能“留得住乡愁的地方”；“雨林王国”跨越时空，是江北最大的热带植物主题场馆，是儿童四季的乐园；“竹林水岸”的竹林、小桥、流水、人家，向人们展现了一幅“梦里水乡”令人向往的意境；“湿地公园”的红荷、岸柳、月光、蛙鸣再现了“荷塘月色”的梦境；“花海田园”中春天里的万亩油菜花、秋天里的万亩葵花竞相开放；“荷兰风情园”打造原汁原味的荷兰田园风情小镇；“沂蒙百果园”汇集了北方18种果树以及50余个品种的栽培展示；“沂蒙老街”展现了代村明清时期百年市井。

自2013年以来，每年的4月12日至5月12日，围绕“农旅结合、文旅融合”的发展思路，积极完善景区旅游元素，连续承办了四届中国兰陵（苍山）国际蔬菜产业博览会，提升了景区的社会知名度和影响力。

兰陵国家农业公园作为一种新兴的旅游业态，在山东省率先试点并成功实施，成为全国休闲农业与乡村旅游的新样板。兰陵国家农业公园先后被评为国家4A级旅游景区、全国休闲农业与乡村旅游五星级园区、全国农业旅游示范点、全国十佳休闲农庄、中国美丽乡村、国家农业标准化示范区等荣誉称号。

2. 荀子文化园

荀子文化园景区系国家AAA级旅游景区，位于兰陵县兰陵镇驻地，总投资2.3亿元，于2011年开始动工建设，主要由北大寺、荀子文化园、兰陵古县衙、庙街庙市组成，分为佛教文化区、荀子文化园区、兰陵古县衙区。结合园区场地条件，通过多种空间类型和环境表现形式，体现文化园旅游、休闲、娱乐、观光、展览为一体的综合职能。景区主要包括荀子墓园区、祭祀精华区、石仪区、观水区、停车服务区五大部分。建有博雅坊、知明坊、长青坊三大牌坊和挡墓门、后圣殿、东西碑廊等古色古香建筑。

近年来，兰陵县进一步加强荀子思想的研究和利用，先后举办荀子与法治、荀子与教育、荀子与兵学、荀子思想与依法治国等系列研讨活动，每年重阳举行祭荀大典。兰陵荀子文化园，依托深厚的文化积淀，传统的历史风格，塑造了一方文化和人文。

3. 压油沟生态旅游风景区

压油沟生态旅游风景区位于兰陵县金岭镇压油沟村，占地面积 3000 余亩。域内种植板栗、核桃、山楂、花椒等各种果树苗木 1200 余亩，经济林带 10 多亩，荒山绿化率达 95%。景区紧靠兰陵县城，地理位置优越，交通十分便利。2015 年，压油沟村入选国家旅游扶贫试点村，压油沟生态旅游项目被列为市重点旅游开发项目。

景区三面环山，一面临水，山清水秀，人杰地灵，环境优美；民居依山傍水，错落有致，乡土气息浓郁；树木遮天蔽日，水流湍湍，万亩板栗硕果累累，山楂、柿子随意摇曳在枝头，古朴的石板房与天然的山水组成了一幅淡雅相宜的美丽画卷。

休闲美食街，集上百种特色小吃，展示出南北文化交融的餐饮文化及美食文化；百坊小镇，集天然作物与手工制作于一体，手工石磨煎饼坊有“山东第一坊”之美称；“南有酒坊，北有油坊”享誉内外；天然辣酱，就地取材，手工磨制，口齿留香；此外还有豆芽、豆腐坊等，满足游客和周边消费者的生活需求；“安得广厦千万间”，十余种不同民俗风格的精品民宿，整洁舒适，犹如侧卧深山。

压油沟有着得天独厚的自然美景。万亩栗园，沁人心扉；茂密的松林园，一所天然氧吧；两颗连理松梅树，见证了多少美满爱情故事；四季泉水涌动的旺泉，有“喝了旺泉水，孩子爬满腿”之神奇说法。跑马场上，一匹匹骏马奔驰而过；腊梅园中，一朵朵傲骨迎风绽放。十二生肖表演、农业种植采摘、原始生活体验，处处彰显压油沟别具风格的旅游文化。

压油沟挖掘人民公社时期遗迹，利用旧有房屋，建设红色文化浓厚的人民公社，人民公社期搭建的古戏台，将北宋“瓦子”文化展现的淋漓尽致，吃大锅饭、看文化演出，让游客们重温那段激情燃烧的岁月记忆。

景区相继建成人民公社园区、美好生活园、水岸人家园区、庄园牧场体验区等，一处处风景绝佳的宝地，承载着压油沟人民对美好生活的希冀，在岁月的精心雕琢下璀璨地绽放。

4. 文峰山景区

文峰山又名神峰山，亦称鲁卿山，素有“鲁南小泰山”之称。因春秋时期鲁国执政大臣季文子去世后葬于此山，得名为文峰山。文峰山位于临沂市苍山县城西北约 15 公里处，属尼山山系。总面积 7469 亩，主峰海拔 238 米，山体由石灰岩和变质岩构成。山上陡崖峭壁、怪石嶙峋、古柏参天、清泉潺潺、山青林静、曲径通幽、古迹遍布、景色宜人，佛道寺观、香烟缭绕。著名自然景观有被誉为文峰三奇的“晴开泉”“直钩圪针”“文峰神道”，还有彰显爱情之忠贞的“千年情侣银杏树”，有“江北第一古藤”之誉的千年藤缠树的“蛟龙探海、龙盘玉柱”昂首啸长空；“骑马松、偏马松”更是尽展奇特，

"仙人掌、二郎椅"也是旷世奇闻，"神峰积雪"为古沂州八景之一。

文峰山有深厚的文化底蕴和独特的文化内涵。古有绚烂多彩的宗教文化资源——千佛崖、泉源寺、文峰祠、泰山殿、东岳大帝殿、太虚玉清宫等遗迹遗址；更有千古廉相第一人的"季文子庙"和"季文子墓遗址"，及荀子讲学处、荀子书院、晒书台等遗迹，还有元代石刻龟驮碑。

文峰山东接鄫国古城，西连运河古道，处处透露着文峰山景区深远而绵长的历史文化积淀。山上有有银厂惨案纪念碑、赵鏄烈士墓、横山惨案纪念碑、苍山暴动纪念碑、苍山暴动司令郭云舫烈士墓、山东军区八师政治部主任曾明桃烈士墓等一大批红色旅游资源，与山下的鲁南革命历史纪念馆一起构成了体系完整的红色教育、党性教育基地。

文峰山景区以深厚的历史文化底蕴，优美的自然环境，奇特的地质地貌吸引了众多游客前来观光游览，成为全省著名的旅游胜地，先后被评为"省级廉政教育基地""山东省自驾游示范基地"等。

5. 抱犊崮

抱犊崮位于兰陵、枣庄交界处，又名抱犊山、君山、豹子崮，主峰海拔586米，为鲁南第一高峰，居沂蒙七十二崮之首，被誉为"天下第一崮"。相传东晋时道家葛洪曾在山下投簪弃官，抱一牛犊上山隐居，皇帝敕封葛洪为抱朴真人，又因山头四周陡峭，山顶平整，故名抱犊崮。伫立崮顶，东眺黄海，宛然在目，海天一色，蔚为人现，称"君山望海"。抱犊崮东麓灵峰寺，历史上号称佛刹丛林，相传为天下三十六福地之一。寺庙建于汉，为如来佛行宫，历代王朝"敕封榜渝"，几经修葺，现存遗址佛楼门匾上清雍正皇帝亲笔御书"释迦文佛"，被古今渴求功名的善男信女顶礼膜拜。抱犊崮以天险著称，清代鲁南幅军起义，长期与清军在此周旋。1939年罗荣桓率八路军115师，在此创建了抱犊崮山区革命根据地。

6. 大宗山

大宗山朗公寺九峰环拥，为琅琊四大古寺之首，大宗山朗公寺旅游景区位于大仲村镇东2公里处，主峰海拔257米，南北走向。山中奇石众多，泉水涌动，潺潺流水沿山涧蜿蜒直下。朗公寺就坐落于山中林密泉流，石怪径曲之处。朗公寺建寺历史悠久，始建于东晋，并以东晋沙门竺僧朗公卓锡住持修禅而得其名。历经南北朝，兴于隋唐。元朝鼎盛时期占地数百亩，殿阁20余处，禅房300余间，僧侣500余人，曾为古琅琊四大寺院之首，当时与长青灵岩寺和杭州灵隐寺相齐名。大宗山朗公寺历尽沧桑、几度兴衰，绵延至今，成为深山古刹。此外景区内还有万年古松、红孩儿桥、仙女池、聚仙阁、塔林等多处遗迹和景点，许多美丽动人的传说故事和名人轶事世代相传，延续至今。

7. 萧氏文化园

该景区于2010年6月底开工建设，投资1600万元，历时16个月建成，主要建设了享殿、东西配殿、思堂、碑亭、御路等工程。萧氏文化园主要通过历史文化遗迹遗存和建筑元素的完美结合，以富有内涵的文字生动的诠释萧氏家族创造的丰功伟绩。萧氏文化园二期工程2014年5月8日举行奠基仪式，主要建设萧望之纪念馆、萧望之纪念广场、公祭台、太傅园牌坊、钟鼓楼等工程，预计投资1500余万元。2013年10月被山东省人民政府批准为省级文物保护单位，萧望之墓地是中华萧氏宗亲祭奠先祖之地，是传承萧氏文化的重要场所。

8. 宝山野生动物园

宝山野生动物园位于兰陵县西北部，地处车辋镇境内，距兰陵县城16公里，交通条件便捷。该项目由山东顺源旅游开发有限公司开发建设，总投资3.63亿元，是兰陵县新建的集野生动物观赏、亲子互动、休闲娱乐、科普教育等多种功能为一体的综合性园区。该项目占地4600亩，依山傍水，景色怡人，自然环境优美，东面毗邻压油沟、邓王山景区。主要分为动物观赏区、水上项目区、休闲生活区、儿童游乐区等，建有仿古长城、漂流、瀑布、餐饮楼、冰雕场、仿古围墙、摩天轮、百鸟园等。

该项目还将旅游与扶贫结合起来，充分考虑带动贫困户脱贫致富、扶持村级集体经济发展等因素，做好项目带动文章。本着宜商则商、宜工则工、宜农则农灵活安置就业的原则，力争通过旅游产业发展，更多的吸收当地农民就业，更好地吸引旅游购物、餐饮娱乐等综合消费，增加农民收入，使宝山真正成为当地老百姓的聚宝盆。

9. 邓王山

景区依山傍水，景色秀丽。邓王山属沂蒙山脉，景区内群峰巍峨，层峦叠嶂、林木葱郁、云雾缭绕、湖光点点、泉水潺潺、景色奇异。邓王山为主峰，为景区最高峰，海拔268米，邓王山主峰顶早晨可观旭日冉冉升起，下午西眺落日金光灿灿。“金蟾探海”“邓王试剑石”“石门”等巨大的象形奇石，造形惟妙惟肖，呼之欲出。长新桥水库，湖面碧波荡漾，清恬纯净，似明镜镶嵌群山之间，整个景区山明水秀，游人徜徉其间，有如入画中之感。漫步青云大道，松柏郁郁葱葱，阳光洒在宽敞的大道上，给人一种无比轻松惬意之感。“古城遗址”是邓王山风景区极具代表性的景点之一，看到错落的城墙瓦片，保留完好的遗址，眼前仿佛浮现古代邓王城威武耸立的场景。除了大自然馈赠的丰富自然景观以及拥有悠久历史背景的人文景观，邓王山风景区还着力打造现代旅游休闲基地，真人CS野战训练基地、松林小镇等。

【节庆活动】 兰陵县每年4月12日—5月12日在兰陵国家农业公园举办每年一次的中国兰陵（苍山）国际蔬菜产业博览会。兰陵国家农业公园每年举办油菜花节、荷花节、葵花节、贺年会等节庆活动。

文峰山景区

【概况】 兰陵县文峰山景区管理委员会于2011年11月据市编委《关于苍山县文峰山旅游风景区管理处更名为苍山县文峰山景区管理委员会并调整机构规格的批复》（临编〔2011〕5号）精神，经县机构编制委员会研究同意设立，隶属苍山县人民政府管理，调整为副县级事业单位，事业编制为20名，增配副主任2职；内部设有办公室、规划建设科、综合业务科、旅游开发服务科四个副科级内设科室，各科室配科长（主任）1职，副科长（副主任）1职。

2013年12月依据苍编〔2013〕49号文件精神，不再保留县文峰山地质公园管理所。2014年8月调出正科级干部1名、调入副科级干部1名。2015年11月调出正科级干部一名。2015年12月调入正科级干部1名。2016年，兰陵县文峰山景区管理委员会的编制由20名调整为26名。

兰陵县文峰山景区管理委员会位于临沂市兰陵县西北约15公里处的尚岩镇，主要职责是贯彻执行国家、省、市、县有关风景旅游发展的政策和法规，制定文峰山、抱犊崮景区发展目标和管理办法并组织实施；负责景点规划及景点详规的编制、报批和监督实施工作；负责组织景点及相关建设项目报批工作，严格执行文峰山、抱犊崮风景区总体规划，严格控制风景区内的建设规模及承办县委、县政府交办的其他事项等工作。

一年以来，文峰山景区管委会在县委、县政府的正确领导下，在分管领导的关心支持下，连续投资1000多万元提升了景区的水、电、路等基础设施建设。景区的影响力和辐射范围正在逐步扩大，文峰山景区已经成为兰陵县对外展示的重要窗口之一。

【基础设施建设】 一是投资60余万元重修了银杏树广场，增加了碑林；投资500余万元完成了多年未实现长2300米、宽4.5米的景区消防通道工程（环山旅游通道）；新增绿化面积1000多平方米。景区的水、电、路等基础设施建设有了很大改观，为下一步的发展奠定了基础。

二是防火工作成效明显。安装了一条长2400余米的防火隔离网；修大型防火池一座；架设高低压线路3000余米；新增摄像头6个；出义务工打造出一条长2000米宽20米的防火隔离带；在防火期间，全体职工没有节假日和双休日，坚持昼夜24小时不空岗，做到了严防死守，从而确保了景区冬季防火期间的森林安全。

【游客接待服务】 景区一年来共接待游客38万余人，大型旅游团体40余个。前来参观学习的老干部、老党员和来自“两学一做”教育活动参训的领导干部稳中有升，景区的影响力和辐射范围正在逐步扩大，文峰山景区已经成为兰陵县对外展示的重要窗口之一。

【“两学一做”专题教育】 成立了“两学一做”专题教育领导小组，制定了“两学一做”专题教育活动实施方案。按照相关要求，已开展集体学习25次，上党课8次。结合日常工作调研、业务检查等活动，及时了解情况，推动了专题教育各项任务落到实处。

【“结亲连心”活动】 成立了“结亲连心”活动领导小组，制定了“结亲连心”活动走访方案。把走访入户、听取意见和领导带头贯穿始终，确保走访活动取得实效。自全县“结亲连心”活动开展以来，走访尚岩镇石龙口、朱庄村、新庄村三个村660户，收集群众意见和诉求51条，同时做好脱贫攻坚“三问三清”调查摸底工作，在已开展的“百村万户民情大走访”活动中确定联系建档立卡贫困户52户，现已完成2016年度第四季度帮扶工作目标，并依据贫困户实际制定了切实可行的帮扶措施，按时完成了部分贫困户的脱贫攻坚工作等。

撰稿：刘永厚

交通·邮电

交通综述

【概况】 兰陵县交通运输局设18个机关科室、13乡镇交管所及地方铁路办公室、运输管理处2个正科级事业单位，交通工程处、交通监察大队2个副科级事业单位和农村公路处、地方海事处、出租车管理办公室3个股级事业单位，现有干部职工468人，其中党员282名。

2016年，在县委、县政府的正确领导和上级交通主管部门的大力支持下，全局上下深入学习贯彻十八届三中、四中、五中、六中全会精神，紧紧围绕兰陵交通运输工作实际，以服务全县经济社会发展为中心，立足兰陵经济社会发展大局，牢牢把握工作重点，积极实施突破创新，全力打造工作亮点，全县交通基础设施建设和运输行业管理等项工作都取得了长足进步。2016年，兰陵县交通运输局先后获得全市交通运输工作先进单位、全县经济社会发展先进单位、信访工作先进单位、全县农业农村工作先进单位、平安兰陵建设先进单位，兰陵县被评为首届全省群众满意村级公路网化县（第一名）。

【交通基础设施建设】 兰陵县交通运输局将2016年定为农村公路建设提升年，工程建设任务包括：卞吴线、沂磨线等重点道路工程以及西坞线、滨河西路南延等新建、改建工程240多公里，卞南线、兰韩线等县乡道路提升工程84.2公里，尚岩、下村等6个乡镇精准扶贫道路工程130多公里，车辋、尚岩、金岭3个镇省派第一书记帮扶村道路工程47.7公里，改造、加固农村公路危窄桥梁70座（改建46座，加固24座）。截至2016年年底，滨河东路南延、卞吴线、坦马线、沂磨线、安艾线、岳下线已完成路面工程，西坞线已基本完成路面施工，尚岩冶金大道、鲁城环山路、梁现线、车向线等其他重点工程正在组织施工；精准扶贫道路工程压油沟景区路、尚岩惠东社区扶贫路已基本完工，鲁城、下村扶贫道路等乡镇正积极推进；省派第一书记帮扶村道路工程也已全面完工；郑庄桥、东小屯桥等9座桥梁已完工。

【农村公路管理养护】 按照市场化运作、公司化管理、全过程监督的模式，以公开招投标的方式将县道承包给保洁公司实施日常养护保洁，确保了县道养护质量。制定并实施了“以养护公司为主体、交管所负责监督、公路处定期检查”的养护管理机制，交管所坚持每星期不少于4天的日常养护巡查，公路处每月组织人员对县道养护进行检查评比，同时建立养护检查台帐，发现问题及时解决，确保了农村公路安全畅通。加大农村公路路政管理力度。对公路上打场晒粮、堆物作业、私设道口、违法占用公路等违法行为进行集中整治，劝阻、制止违法占用公路行为16起，立案涉路案件13起，制止劝阻打场晒粮行为20余起，农村公路安全通畅能力进一步提升。

【四好农村公路建设】 2016年，兰陵县交通运输局按照“建好、管好、护好、运营好”要求，实施了“四好”农村公路示范工程。兰陵县“四好”农村公路示范工程全长45.6公里，东起文峰山景区，西连县道平寺线，实施内容包括新建文峰山景区路、后院环山路、惠东社区路16.3公里，改建县道岳下线、平寺线、徐河线下村段29.3公里，新建、改建桥梁15座，总投资7200多万元。在道路路面工程实施过程中，按照“四好”要求，积极探索“建管养运安”一体化发展的新模式，在主体工程建设的同时，大力实施边坡包培、绿化、排水、安保工程等建设。同时，实施创新管理机制，与企业对接，签定了由两家公司实施绿化的协议，实现了社会效益与经济效益的有机结合。

【运输行业管理】 2016年，兰陵县交通运输局加大运输行业管理力度，促进了全县客运、货运、维修、驾培等四大市场健康稳定发展。一是加大客运、货运、维修、驾培驾管市场管理力度，全县运输行业保持了良好的发展态势。全年累计发送旅客154166个班次，完成货运量245462吨，城乡客运线路新增新能源电动客车49台，城市公交新增公交车30台，兰陵镇投放公交车辆16台开通了镇村公交线路2条，检测车辆9500台次，培训从业人员1.86万人，培训驾驶员7490人，更新出租车140辆，新增城市公交30辆，新增沂蒙快修加盟企业1家。二是积极开展超限治理和打非治违，全年共检查超限车辆3000多辆次，整治违规违章行为330起，卸货3700多吨，较好维护了全县道路交通秩序。

【安全生产】 积极开展安全生产“大排查，快整治，严执法”专项行动以及“春运”“平安行你我他”“安全生产月”等活动，大力开展安全生产宣传教育和培训，通过向企业派驻安全生产指导员、组织专家查处隐患等方式强化安全监督管理，督促交通运输企业严格履行安全生产主体责任，有效防范了安全事故的发生。扎实开展农村公路安全生命防护工程建设，投资4700万元，对4条县道、36条乡道337.6公里和校车通行的急弯陡坡临水临崖的村道600公里实施安防工程建设。结合路域环境综合整治，对国省干线公路、重点县乡道路的85马路市场实施了整治搬迁。

【干部队伍建设】 2016年，报经县委组织部、县编办同意，对100多名长期在执法、监管等岗位上的工作人员和部分中层干部进行了轮岗和个别调整。通过轮岗和调整，激发了干部队伍活力。完善考勤、会议、请销假等内部管理制度，机关和各单位人员分别通过面部识别仪和考勤机一天四次考勤，定期检查出勤情况，保证了制度的刚性运行，干部职工作风明显转变。积极开展“两学一做”“结亲连心”“三问三清”扶贫走访等活动，进一步提高干部队伍思想政治素质，密切党群干群关系。在全局上下大力开展了讲政治、讲正气、讲工作、讲规矩、讲学习，树榜样、树新风、树形象“五讲三树”活动，不断增强党员干部的凝聚力、战斗力、创造力，为全面做好交通运输工作营造了风清气正、团结和谐、干事创业的浓厚氛围。

【铁路】 2016年5月15日，临枣铁路开通客运列车，兰陵北站办理客运业务。目前，经停兰陵北站的客运列车共三对六列，分别为枣庄西—临沂5005/5006次、枣庄西—日照5007/5008次、温州—青岛北K 1051/1052。

【兰陵公交车发车班次时间表】 1、2、3、5、6

路公交每12分钟一个班次，4路公交每10分钟一个班次。夏季运行时间：早6：30—晚18：00；冬季运行时间：早6：00—晚17：30分。

公　路

【国道省道】 截至2016年底，全县境内共有1条国道G206烟（台）汕（头）线和5条省道S229沂（水）邳（州）线、S232汤（庄）郯（城）线、S234沂（源）台（儿庄）线、S342岚（山头）济（宁）线、S352郯（城）薛（城）线共计187.321公里的干线公路，其中国道43.52公里，省道143.801公里。

【公路修筑】 2016年8月底前顺利完成临沂西外环兰陵段建设工程的征地两补款发放，地上附属物评估和迁移，征地边沟开挖等相关工作，完成总投资约4500万元。

完成S229省道沂邳线兰陵金岭镇至皇甫寺段改建工程、G206国道威汕线兰陵绕城段改建工程可研、初步设计、施工图预算批复等手续办理。该两个项目已被省交通运输厅及省财政厅列入2016年普通国省道养护工程投资计划，已完成施工和监理招投标工作，征地拆迁推进顺利。2016年共完成投资14333.33万元。

【桥梁、涵洞】 截至2016年底，国省道干线公路上共有大桥5座、中桥17座、小桥60座、涵洞144处。其中国道有大桥2座，中桥4座，小桥23座，涵洞37处；省道有大桥3座，中桥13座，小桥37座，涵洞107处。

【养护管理】 （一）加强日常管理养护。扎实贯彻上级关于机械化保洁和扬尘治理的方针，有序加强道路机械化保洁和洒水车洒水工作管理。结合实际，积极抓好路面预防性养护、日常养护和路面病害处置等各项工作，努力达到水沟畅通，路肩边坡整洁，路面平整，设施完好，病害、路障处理及时，路容美观，内业规范的目标。

（二）加强大气污染防治。2016年，每天安排1台高压清洗车对206国道592K-600K+202西部矿区8.2千米路面清洗保洁2遍，建立了冲洗车辆运行路线、时间、频次台账，并时刻根据气象条件精准洒水；安排5台清扫车对辖区内国省道公路全面实施机械化湿式保洁，重点对206国道、其他省道近城路段加大清扫频率，提高保洁质量，确保道路清扫不造成二次扬尘污染；扎实加强日常保洁巡查，对道路中突然洒落的物料及时清除；高度重视督查整改，针对大气办督查出的情况，安排专人落实整改，采取及时有效措施，防止问题反弹。全年共完成扫路车台班1161个，洒水车台班287个，扫路车、洒水车的利用率一直保持较高水平。

（三）开展安全生命防护工程大排查快整治严执法专项行动。严格执行公路安全隐患排查治理制度，继续开展公路桥涵及沿线安保设施安全隐患排查治理工作。集中整治桥涵运营管理不到位、“四个一桥梁管理责任制”和桥涵检

3月22日，公路局出动装载机1台、翻斗车1台进行现场清理

查等制度不落实、病害桥梁维修不及时、重点跟踪监控不到位问题；日常养护不到位、道路病害维修不及时，毁损、缺失的标志标线、中央隔离设施、防撞护栏等沿线安全设施修复完善不及时问题。实施1条国道、5条省道公路安全隐患整治提升工程，按照隐患严重程度区分轻重缓急，对第一阶段排查出的390余处干线公路安全隐患，制定整治计划，落实整治责任，确定整治方案，抓好组织实施，完成国省道公路急弯陡坡、临水临崖、穿村穿镇等重点路段的安全隐患整治。

（四）进一步强化桥涵养护管理措施。在桥梁养护方面，建立了专职桥梁养护工程师制度，落实了桥梁管理“四个一”责任制，严格执行桥梁安全运行“十项制度”，坚持桥梁日巡制度和经常性检查制度，随时掌握病害动态，发现险情，及时处治，并于5月底对部分桥梁进行了保养、维修和加固。稳步确保桥梁运营有序，安全度汛。

（五）重点小修管理有序加强。在小修管理上以工程质量为中心，以安全为准则，狠抓项目质量管理，严格落实省厅局“病害修复时限”制度，确保小修工程质量和修复及时性。全年共完成：路面冷灌缝50292延米、贴缝15000延米，零星坑槽热挖补1238平方米，坑槽热垫补2639平方米，零星网裂刮油3761平方米，大面积施划热熔标线32088平方米、冷喷标线61343平方米、震荡标线6912平方米，整修中央护栏1605延米、波形护栏25320米。铣刨处理车辙58800平方米，青竹、东二环路口挖补处理车辙8000平方米，更新线形诱导标46块，更新道口桩、示警桩1200根，更新防撞桶40个。

（六）进一步加强养护应急保障能力建设。继续做好养护应急保障工作。在市局公路突发事件应急处置总预案的框架下，结合养护实际，修订各级防汛抢险、除雪防滑、桥梁突发事件等专项应急预案。配合应急中心管理好各级应急物资库，及时要求补充了养护应急物资材料，配备了一批应急养护机械设备。并于今年6月初成功进行了防汛应急实战演练。

【路政执法】 按照年初制定的目标，积极立足新常态，适应新形式，着力抓执法、提素质、优服务、促畅通，努力实现“十三五”发展的良好开局，保持国省道干线公路路政管理工作高效、有序开展。

（一）认真加强路政执法队伍建设，积极搞好路政执法人员学习教育，确保队伍战斗力。不断加强对路政人员政治素质和行政执法能力的学习培训，建立健全行政执法档案。共计培训路政执法人员1856人次，135.3学时。

（二）进一步强化工作职责，全面加强公路保护。在严格落实路政巡查管理办法的基础上，创新路政巡查方式，不断加大日常巡查力度，及时发现和查处各类损坏、破坏路产路权的违法行为，尤其对公路中央、两侧波形护栏、公路标志以及公路绿化苗木行道树等公路附属设施的保护，切实有效的保障道路完好畅通。进一步规范路政许可管理。继续实行重大涉路工程联合审批制度，改进路政许可监管方式，由注重事前审批，向事中、事后监管转变，确保涉路工程符合公路工程技术标准和公路发展规划。今年重点对G206国道、S229省道沂邳线、S352省道郯薛线穿越公路等涉路许可施工的监管，对不符合要求的下达通知坚决制止。同时，以省局出台的《山东省公路标志和非公路标志管理办法》为契机，开展非公路标志专项清理活动，加大力气进行拆除整治，切实维护好路产路权。全年共路政巡查5.9万余公里，查处路政案件49起。案件查处率、结案率均达 100%。共清理乱搭乱建 5 处，清理违法非标 180 块，清理经营摊点 78 处，清理堆积物 81 处。

（三）以路政宣传月为契机，积极加大对公路法律、法规的宣传力度，搞好路域环境集中治理工作。实行的全国“路政宣传月”活动实施方案，利用电视、报纸、路政宣传车等多种方式，对公路法律法规进行广泛宣传。先后在兰陵电视台、兰陵塔山广场大屏幕等播放路政动画宣传片，路政人员深入到沿路乡镇、村庄、企业、社区等进行边宣传边整治的理念，争取沿路群众理解支持。在开展宣传活动的同时，积极清理现场非公路标志（灯杆广告、移动）108 块、非法摆摊设点 69 处、集市贸易 6 处、车辆撒漏 46 起。现场解答群众疑问 400 多余次，整治沿线洗车加水点 3 处、清理桥涵堆物 6 平方，同时针对沿线控制区建房多的特点，进行重点宣传。深入开展流动宣传，通过“走近、交流、沟通、服务”，赢得社会各界对路政管理工作的理解和支持，使路政管理工作深入人心。截至目前，共出动宣传车 95 台次，发放宣传材料 10420 余份，制作宣传标语 46 条，制作宣传展牌 12 块。

（四）根据安全生产“大、快、严”行动要求，积极加强集市贸易整治工作。整治行动以属地乡镇为主，联合县交通运输局、交警大队、安监局等部门联合执法，对马路市场，尤其是上下坡的共计 22 处干线公路集市实施搬迁。目前已清理占路集市 11 处。

5 月 12 日，公路局工作人员开展路政宣传

（五）积极参与违法建设整治行动。抽调两名同志积极配合县违治办，开展调查摸底等相关工作。

【工程建设】（一）临沂西外环建设工程。根据市政府部署，路基桥涵及路面工程由省、市财政承担，地上附着物拆迁、土地征收等工程由沿线县、区政府承担。2016 年，已完成征地两补款发放，地上附属物评估和迁移，以及征地边沟开挖；共计迁移坟墓 82 座，拆迁民房 3 户，拆迁养殖场及大蒜加工厂 5 户，完成总投资约 4500 万元。

（二）S229 沂邳线兰陵金岭镇至皇甫寺段改建工程。该项目前期支持性文件已全部获得批复，被省交通运输厅及省财政厅列入 2016 年普通国省道养护工程投资计划，并于 11 月 23 日取得省交通厅公路局施工图设计及预算批复。截至 2016 年底，施工和监理招标工作已完成；征地拆迁工作正在开展中，已完成征地两补款发放，地上附属物评估和迁移，以及征地边沟开挖工作，涉及拆迁民房 19 户，迁移坟墓 295 座；共计完成投资约 3322.3 万元，其中前期工作 479.5 万元，拆迁费用 289.7 万元，征地费用 2553.1 万元。

（三）G206 威汕线兰陵绕城段改建工程。该项目前期支持性文件已全部获得批复，被省交通运输厅及省财政厅列入 2016 年普通国省道养护工程投资计划，并于 11 月 14 日取得省交通厅公路局施工图设计及预算批复。施工和监理招标工作已完成；征地拆迁已完成征地两补款发放，地上附属物评估及征地边沟开挖工作，地上物拆迁工作正在有条不紊的进行，102 座坟

G206 威汕线和 S229 沂邳线兰陵绕城工程签约暨开工动员会

墓已全部迁移完毕，沿线林业、苗木等地上附属物已基本清理完毕，涉及拆迁房屋 77 户；完成建设总投资 11011.03 万元，其中前期工作共完成投资 465.9 万元，拆迁费用约 2345.13 万元，征地费用约 8200 万元。

撰稿：杜孝兰

邮　政

【概况】 邮政作为社会基础性公用企业，肩负着提供邮政通信普遍服务、为党和政府提供特殊通信服务以及为经济社会发展提供商业化服务等重要任务，具有“通政、通民、通商”的职能。中国邮政集团公司山东省兰陵县分公司（以下简称兰陵县分公司）位于会宝路中段，机构设置为 2 部 4 大专业经营部，下设 24 处农村（含城市两处）邮政支局，全县共有投递道段 75 条，农村 56 条、城市 19 条。邮路总长 4057 公里，现有职工 313 人。2016 年，被授予山东邮政“三十佳县分公司”。

【党风廉政建设】 坚持落实党风廉政建设责任制，完善反腐败工作机制。深化反腐倡廉教育，营造廉荣贪耻氛围。巩固行风效能建设成果，塑造良好的行业形象。加大监督检查力度，促进权力的规范运行。

【业务发展】 兰陵邮政以业务收入 10% 的速度增长为目标，凝心聚力，超越发展。其中 2012 年—2016 年完成绝对值、完成计划占比均列全市第一位，全省县分公司收入绝对值排名中位列第 13 位，首次进入前 20 名。

【营销体系建设】 面对邮政发展中遇到的各种困难，全县邮政干部职工发扬讲大局、讲责任、讲奉献的优良品质，结合自身实际，有效规避各种困难，积极抢抓发展机遇，通过顺势发展、逆势而上，各级各部门的发展能力得到进一步提高。在金融业务发展中，把握地方经济尤其是农收款项目能力不断增强，能够借助地方经济优势充分挖掘发展的潜能。

【通信管理】 不断强化通信业务管理，把精细化管理理念落到实处。加强了对营业及投递服务质量的监督检查。在支局全面推行统一的营业班组基础资料，加强了对邮件收寄质量、邮编名址匹配率、邮件全名址录入合格率及资费的管理、管控与稽核，严格落实《函件、报刊投递质量监督检查办法》《邮政投递服务规范》，重点强化了对住宅楼房投递质量的检查。

【财务管理与成本控制】 清查固定资产，完善各项财务管理制度。加强预算管理，加大重点成本费用项目管控和监控，加强用户欠费、库存等资产清查，夯实基础管理。提升财务人员履职能力，加大集中采购力度，规范发票、结算、库存、出售品、负债等管理工作，进一步规范了会计基础工作。

【行政管理】 县分公司行政完善了《中国邮政集

团公司山东省兰陵县分公司车辆管理办法和驾驶员管理规定》，加强机动车辆的管理，严禁公车私用，严格执行百公里耗油，定车定人，月终考核。核定各单位部门电话费，对邮政用品用具、办公用品、各种单册的请领全部登记造册，严格使用管理制度。

中国移动兰陵分公司

【概况】 兰陵移动分公司是山东移动驻兰陵的分支机构，隶属于临沂分公司，成立于1999年，2001年随省公司在香港、纽约上市。分公司党政工团机构齐全，下辖综合部、业务运营部、财务室、建设维护、集团客户服务中心及两个生产班组、三处县城营业厅、十四处乡镇经营部，现有员工125人。

2016年，在县委、县政府坚强领导下，围绕县委县政府的发展思路，不断强化措施、改善服务，已建成了一个覆盖范围广、通信质量高、业务品种丰富、服务水平一流的综合通信网。已建有基站788余处，网络人口覆盖率达到99.9%，地理覆盖率达到99.9%，同时稳步推进渠道转型，促进渠道硬实力、软实力同步提升。2016年，从自办营业厅布局、专区建设、宣传统一等方面进一步改善自办渠道形象，持续开展代办渠道重建、形象提升和提质提能工作，夯实渠道基础运营能力，在全县所有乡镇行政村均建设集开户、缴费、业务办理等多种服务于一体的代办渠道，极大的方便了广大客户。力塑了移动通信良好的企业形象，圆满完成了上级部门下达的各项工作任务。客户总数由原来的8700户增加到现在的50万多户，业务收入由原来的1400万元增加到现在的三亿多，通信市场份额近76%，年向县财政纳税800余万元，公司的200余家合作代理商年向县财政纳税300余万元。被授予“市级文明单位”、经济工作“先进单位”，多次获得全市移动系统窗口技能大赛奖，2008年度以来连续被县委县政府评为“最佳服务文明单位”、行风评议“十佳服务单位”、在全省十强十快县区评比中荣获2013年度“十强县公司”，连续获得九届山东省消费者满意单位等荣誉称号，取得了“三个文明”建设的新丰收，树立了我县文明和谐进步“新兰陵”的良好形象。

【经营管理】 2016年公司运营收入完成3.17亿元，完成预算的105%；同比增幅达到7.56%，全年累计市场份额75.9%。移动客户共53.39万户，其中当年净增活动客户3.9万户，净增数量位于全市第三名。客户结构进一步改善，4G客户规模不断扩大，4G 网络客户到达12.58万户，客户规模排全市第三名。流量经营体系快速发展，年累计流量同比增幅126%，居全市第一位；有线宽带发展快速渗透，通过建维营销有效衔接，有线宽带年净增2.5万户，有线宽带客户累计到达5.7万户，客户规模现居全市第二位。魔百和年净增2.4万户，累计到达3.1万户，居全市第4位。

2016年，按照一系列防范和打击通讯信息诈骗工作安排，对全县50万客户的实名制推进工作，采取了实名补登记、强化关停和应急处理等措施，为实体自办代办渠道配备身份证识别仪733台，通过全渠道公告张贴、外呼宣传、到厅推荐、入村营销等方式进行补登记工作，目前移动客户实名制已达到99.8%，有效防范了社会犯罪风险。

【服务管理】 通过服务转型年工作思路的调整，公司服务工作重点进一步向一线倾斜，加强了对一线的业务指导和对经营工作的支撑，为公司发展提供了重要的支持与保障。

*（一）服务质量不断提升。*改善服务现场，提升满意度。通过营业班组竞赛、优秀主管竞赛、业务稽核竞赛、乡镇服务竞赛等一系列评先树优竞赛办法，加强现场模拟演练，加强客户满意度抽查回访、加强不满意客户的修复，提升服务水平，集团客户满意度居全市前列。

*（二）业务支撑更加完善。*一是加强员工培训。制定《逢会必培训逢会必考试》的培训制度，每月制定培训计划与内容，强化全员学习意识。二是业务稽核质量明显提高。通过完善考核办法，开展现场分片检查，实现过程管理向预防管理转变，落地三级稽核管理，有效降低了业务差错率。三是件件有回音，实现投诉降量。通过周通报、月分析、400热线拦截，投诉量持续改善。

*（三）班组建设工作更加优化。*一是班组考核奖励与计件薪酬按比例挂钩。围绕星级班组考核办法和员工计件薪酬，激励营业员、客户经理及渠道人员的工作积极性。二是鼓励星级班组创建。

【网络建设】 2016年完成东水沟、安庄等10台OLT，洼里、下寺等153台PTN；新建神山等14个汇聚机房；磨山等16个综合业务区；一级光交箱22个、二级光交箱88个；东石门、响水泉等267个LTE宏站，；LTE室分28个；双层网改造4处；专线475条，其中互联网专线28条、语音专线40条、法院项目8条、民政局项目18条、建设局项目19条、地税局项目19条、交警监控类项目224条、高速监控类项目17条，其它专线90条；开通代理商BOSS业务87处，升级改造专线50条；有线宽带预覆盖站点1280个，有线宽带预覆盖端口178576个，农村覆盖1003个，社区211个，聚类市场66个，FTTH预覆盖1263处，FTTB预覆盖建设17处。维护AP 2400个、传输线路3174杆程公里、宏基站685个、拉远站138个。网络质量的稳步提高，对于业务的支撑能力显著增强，从而保证了客户服务质量的一路领先。

【党风廉政建设】 一是深化“四风”整治，巩固党的群众路线教育实践活动成果。落实党风廉政建设责任制，强化制度建设和责任落实，构建不想腐、不敢腐、不能腐的体制机制。完善责任追究制度加强效能监察和廉洁风险防控，为公司持续健康发展提供有力保障。二是以提高工作效能为核心，持续改进工作作风，将作风建设作为全年管理提升的重要抓手，不断提升全员创新转型能力、支撑服务能力、精细管理能力、执行落实能力“四个能力”，锻造“开拓创新、贴近基层、责任当先、务求实效”的工作作风。

【企业文化建设】 一是积极开展工会活动。组织全员进行健康查体，关心员工个人、家庭生活，先后在全体员工中组织开展了太极拳、足球赛、钓鱼赛等活动，增强了员工团队意识，促进了和谐企业建设。二是人力资源管理不断完善。持续推进考核机制优化，开展公司机构及岗位优化工作，实现营业员、客户经理、渠道经理的计件薪酬。三是制作月度绩效龙虎榜，将每月的优秀部室、优秀主管、模范带头人、优秀驾驶员、优秀员工等照片张贴上榜，提升员工的荣誉感及进取心。四是内部管理更加精细化，围绕企业低成本运营，加强经营性支出、库存控制和非经营性支出的管理。五是加大安全生产监督检查力度，彻查隐患，及时整改，确保安全生产平稳有序。

中国联通兰陵分公司

【概况】 中国联合网络通信有限公司兰陵县分公司是国有大型通信企业，是在原兰陵县网通公司与原兰陵县联通公司合并基础上成立。兰陵县联通公司现有在职员工 240 名，下设一部五中心，16 个乡镇营业部，担负着全县 17 乡镇、130 万人口的通信发展和保障任务。公司设党总支一个，下设公司、老干两个支部，共有在职党员 38 人。

【经营管理】 整体经营发展速度稳步提升，4G 产品实现规模突破。

*强化 4G 业务发展的多渠道营销。*不断探索 4G 业务发展的多渠道营销推进模式，自有渠道自有厅开展体验式营销，智慧沃家业务带动等方式推动发展，充分利用节假日，开展节日促销活动；集客线通过业务宣传进企业、进社区和扫街行动，借助集团金融担保，信息化应用带动发展；渠道线，积极开展核心店面建设和农村服务站 4G 产品营销能力提升等，积极开展炒店炒厅活动，深入推进驻店营销、帮扶营销；员工间，开展单位劳动竞赛活动，带动员工参与发展积极性；维系部门充分利用省市公司的维系政策，鼓励客户提前续约、签转，提高客户保有率；实现了 4G 业务量质并重的突破性发展。

*发挥宽带品牌优势，强化竞争意识，稳步提升宽带净增规模。*强化联通宽带品牌宣传，联通宽带接入速度快，网络稳定，障碍响应及时；强化驻地网管理，积极开展驻地网营销，积极渗透电信独家进线小区；密切关注移动、电信竞争，积极跟进移动、电信覆盖区域，打赢市场竞争的攻坚战；抓好宽带维系工作，组织员工对宽带包年到期用户进行提前提醒，提高宽带用户的续费率。

*创新敞开打发展模式。*包装好 4G 敞开打优惠大礼包。提升厅内营销数量；发挥集商客户经理集团开发能力，开展针对劳动密集型企业敞开打发展营销活动，组织实施开展联通业务进企业巡展活动，做好 4G 敞开打产品的推荐营销。

*深入抓好代理渠道核心店面的建设，优化渠道网点布局。*加快农村乡镇驻地核心渠道建设，调整整体渠道网点布局，形成渠道代理的有效竞争格局，实现进驻厅代理商、核心店面和农村服务站，多点布局的方式，实现渠道网络的无缝隙覆盖，强化渠道的销售能力，实现业务发展的突破。

*深化集团客户开发。*制订集团客户开发激励方案，建立县公司集客中心和乡镇营业部联系制度，成立集团开发虚拟团队，开发或续约兰陵县环保局、安心骏骋校车公司、润卡商贸公司和信义钢材等 20 多家大中小型集团。

【通信服务】 通过开展“青年文明号”和“巾帼文明示范岗”创建等活动，把“情传万家”服务落到实处，进一步落实首问负责制，认真抓好窗口服务的规范化，加强对员工的服务意识教育。通过教育、培训，使员工的职业道德素质、技术业务素质明显提高。“内强素质、外树形象”“主动热情、文明服务”“让消费者满意、让消费者感动”成为广大员工搞好服务工作行动的指南和共同追求，坚持以个性化、差异化等特色服务做好重点客户服务，针对重点消费者的业务特点和需求，精简环节优化流程，将消费者需求作为特急业务，专辟绿色通道，提供优先、优质、优惠服务，提高了客户满意度。

【通信建设】 进一步加快网络能力建设提供支撑保障。

*努力推进FTTH改造、降低管理成本。*大力推进FTTH改造步伐，为整体宽带网络升级提供强有力的支撑。

*继续强化运维管理，提高运维效率。*重点强化宽带装机、G网类指标的管理和考核，全面拉动各项指标提升；进一步完善运维检查制度，稳固本地网络资源和号线资料准确率等起伏性较大的指标。

*持续开展网络优化，不断提升网络质量。*以提升用户感知为目标，以投诉处理和网络指标提升为抓手，以网络优化和室内分布建设为手段，重点提升交通干线和城区室内等薄弱环节的质量，降低移动网络投诉，持续提升客户网络满意度。

【基础管理】 进一步提高基础管理水平。

*创新机制体制，关注效率提升。*逐步完善机制体制、流程、考核等配套措施。结合发展重点，积极探索新的工作思路和工作方法，积极推进渠道经理和驻地网经理，互评价制度，实现两者的捆绑考核，加强工作的协调，进一步优化资源配置，逐步实现由简单的分解任务向过程管理，提高工作效率和资源使用效益。

*强化监督检查，细化管理措施。*对基础管理、经营服务和维护定期进行检查通报考核，加强营业受理、资费执行稽核力度，严格落实回访核查制度，按月通报考核；加强欠费收缴管理，在夯实固网欠费管理的基础上，全力抓好G网欠费的清缴。加强成本费用定额管理，建立成本定额通报制度，对水电费、车辆运行支出、坏账准备、维护费用、招待会议费等指标每月进行通报；加强营业资金管理，按照上划，严防资金沉淀和余额超限。

*抓好基础工作，保障企业全面协调发展。*推进安全生产标准化建设，深入开展安全隐患整治排查，确保无安全责任事故。深入开展精神文明创建活动，强化职代会、厂务公开制度建设，维护员工合法权益，继续做好内退、离退休人员管理服务，维护企业的和谐稳定。

中国电信兰陵分公司

【概况】 2016年，在县委、县政府的正确领导和关心支持下，中国电信兰陵分公司坚持把发展作为第一要务，全面深化改革，强化基础管理，坚持“踏实、拼搏、责任”的企业精神，并以诚信、共赢、开创经营理念，创造良好的企业环境，以全新的管理模式，完善的技术，周到的服务，卓越的品质为生存根本，我们始终坚持“用户至上　用心服务”客户，坚持用自己的服务去打动客户。

【网络建设】 2016年继续加大网络投资力度，网络覆盖能力显著提升，全年累计完成各类投资1780万元。加快4G建设步伐，累计开通LTE基站76个，实现了城区、乡镇驻地、高速沿线的4G信号的连续覆盖，为城市的信息化建设创造了条件，让广大电信用户随时随地都可以体验高速高效的信息生活。贯彻落实“宽带中国光网城市”国家发展战略，坚持“中国电信宽带领导者”品牌建设，以FTTH方式建设高起点的宽带网络，新建端口全部具备100M以上接入能力， FTTH端口占比为71%。加大“宽带普及提速工程”，大规模开展FTTH的光改改造工作，完成14557户用户的光改工作。

【信息化建设】 积极推进企事业单位合作建设信息化应用项目，有效提高了党政军、企事业单位的智能化管理水平，为兰陵信息化建设作出应有贡献。为兰陵县国土资源局建设执法综合监管网络服务系统，保障了执法终端应用软件和平台之间数据传输的安全；为交警、环卫所建成手机对讲指挥调度系统，高效灵活、安全保密，为日常指挥和调度重大活动发挥了重要作用；为教育系统建成“翼校通”，确保了孩子的安全，共享教育资源，深受学校、家长的好评。

【提升服务素质】 兰陵电信始终坚持“用户至上、用心服务”的服务理念，在全县深入规范窗口服务，提升客户满意度；加强作风建设，推行用户问题属地化服务卡制度，客户触点履行服务职能，最大力度满足客户需求，减少用户投诉， 全年用户申诉率较去年降低21%。加大渠道拓展力度，城区、乡镇电信服务网点翻倍增长，同时全面推广10000号受理和网厅、掌厅等多样化电子化服务模式，进一步方便城乡居民办理各种业务，有效满足了广大居民的通信需求和信息化服务。强化互联网思维拓展渠道发展，利用微店、公众号吸粉、朋友圈传播等方式，使电子营销模式加载到实体渠道、直销渠道，积极拓展翼支付新兴业务发展，成功开拓中石油、九州等56家商户，加大了互联网+应用的普及、推广，为广大群众提供了更加便利、快捷的服务。

【提速降费】 坚决贯彻落实国家相关部署，不断完善网络基础设施，持续提高网络质量，全面光改，大幅降低用户上网资费；全面取消国内长途和漫游费；老用户通过变更为4G套餐的方式取消手机国内长途和漫游费。将六模全网通作为国家标准广泛推广，既降低了手机成本，又使用户在选择运营商时不再受手机制式的约束。

【履行企业社会责任】 在快速发展的同时，兰陵电信不断增强自身实力，勇于承担社会责任。积极参与全县创建国家卫生城市活动，组织志愿者上街指挥交通和深入街区开展义务劳动；积极组织“行业信息化推介”活动，免费培训50余家企业，为广大中小企业搭建了信息化平台；积极贯彻落实县直机关开展“结亲连心”活动，开展干部直接联系群众活动，深入联系村走访、调研，及时解决和答复群众的诉求；为社会慈善、公益事业贡献力量，树立电信行业的良好形象。

撰稿：程凌飞

建设·环保

城乡规划

【规划编制】 今年以来，兰陵县规划局根据省市有关规划工作的部署安排，围绕着全县中心工作，立足于实现控规全覆盖的目标，强调规划主业，做好规划服务，提供规划保障，较好地完成了年初制定的目标任务，为推动全县经济社会发展作出了积极贡献。

一是县域层面。兰陵县城市总体规划已编制完成，目前已报送山东省人民政府，等待批复。兰陵县县域乡村建设规划，经过政府采购，已开始着手编制工作，预计年底即可完成。“多规合一”规划编制试点工作已经完成，并通过专家评审论证，同步，等待省里最新要求进行完善及总结。

二是中心城区层面。已经编制完成的控制性详细规划有：东城新区、景观轴、老城西片区（一二三四五村）、埝头片区、柞国故城片区、芙蓉片区、老城西南片区、小汶河环境综合整治等共8个。正在编制中的专项规划：城市综合管廊规划、城市海绵城市规划、城市防洪排涝规划、人口市民化规划等。

三是乡镇层面。芦柞、金岭、南桥3个乡镇的总体规划已全部编制完成并通过专家评审，至此，我县各乡镇均已完成总体规划编制工作。重点镇神山镇、尚岩镇的控制性详细规划初步成果已编制完成。兰陵镇被评为省级历史文化名镇，历史文化名镇保护规划由省规划院正在编制，预计年底完成。

四是村庄层面开展了10个试点村庄的村庄建设规划编制工作。开展了两个传统村落（尚岩镇万村、兰陵镇沈坊前村）的传统村落发展保护规划编制工作。

【规划管理】 一、研究制定并实施《兰陵县规划局规划业务操作规范》，严格“一书三证”发放程序，认真实行一次性告知等制度，今年累计发放《建设用地规划许可证》43份，《建设工程规划许可证》38份，办理《建设项目选址意见书》20份，出具《规划设计条件》112份。

二、认真执行县规划委员会制度，严把建设项目规划报建审批关，筹备召开县规委会3次，审查通过四季小区、莲花山城小区、园丁福城AB区、开元名都北区、拖拉机站片区、翰邻府小区、馨园小区扩建、蓝湖步行街、蓝湖国际、锦绣福园、星城国际南区、柞城河规划、老城西片区等项目方案。

三、加强批后管理，全程参与工程定位放线、竣工验收等环节，为城市建设和经济发展保驾护航。完成了开元瑞都五六期商住32#—35#楼、开元瑞都东区18#—19#楼、叁兴盛食品3#车间、今朝新型材料有限公司、下村乡初级中心餐厅、东方丽景1#—8#楼、财富广场、华瑞新天地、龙之梦广场、杏园小镇二期、普金肥料库房等28处工程的竣工验收。

四、加强城建档案管理。今年累计接收建设用地规划审批档案70份，竣工验收档案材料

28份；整理工建项目档案44份，民建项目档案20份，建设用地规划审批手续29份，建设项目选址意见书28份，规划设计条件112份。

【规划服务】 一是做好规划信访工作，今年完成接访工作20多次，其中到信访局接访12次，本局接访10次，努力做到件件有落实、个个有回音，所有信访案件均得到妥善有效解决。二是做好测绘工作，完成了开元名都北区、东城新区县医院、流井中学、县城外贸公司片区、长城镇辣椒种植基地、长城工业园（二庙）区等现状图测绘，测绘面积达240余公顷；完成龙之梦广场、开元瑞都北区、东方丽景小区、清华园小区、开元瑞都东区、卞庄卫生院等工程的竣工测绘及核实工作，测绘面积达40余公顷。

【重点工程建设】 根据县委、县政府的工作部署，县规划管理部门充分发挥规划主力军作用，抽调精兵强将，围绕着“三引一促”和“两城两路两河一湖两院廊桥和十大片区”等全县重点项目抽调精兵强将进驻各项目指挥部，全力以赴做好规划技术支撑，全力配合抓好县重点工程项目建设。

【宣传工作】 做好《城乡规划法》《山东省城乡规划条例》和《临沂市城乡规划条例》宣传工作。在县城塔山广场开展规划宣传活动，发放宣传材料3000余份，现场解答群众咨询200余件。

城乡建设

【概况】 2016年，实现建筑业生产总值6.5亿元，上缴利税9000万元；公用事业总投入4.1亿元；市政建设总投入5500万元；村镇建设总投入10.6亿元（同比增长6.6%）。

【新型城镇化建设】 2016年，兰陵县深入贯彻落实科学发展观，坚持以人的城镇化为核心，以产业发展为动力，不断提升城市综合承载力，全力推进新型城镇化健康持续发展。到2016年末全县城区人口达到25.4万人，建成区面积达到42.5平方公里，城镇化率达到56.6%，全县共完成农业转移人口市民化任务10995户，完成率为109.95%。不断提高城镇服务功能，建成农村新型社区34个，实现农村文化广场和“镇镇通”天然气的全覆盖，建成农村新型社区小型污水处理设施18处；累计投资14.6亿元，全部消除学校危房和不安全校舍，新建、改扩建中小学268所，建筑面积118.7万平方米。同时，2016年兰陵县积极推进村内道路硬化“户户通”和农村无害化厕所改造工作，共完成16个乡镇35个村庄558万平方米的道路硬化工作，占总任务量的149%（375万平方米），完成农村无害化卫生厕所改造160521户，被省委、省政府授予全省“农村无害化卫生厕所改造全覆盖县”荣誉称号，奖补资金1600万元，是全省受此殊荣的两个县之一。

【农房建设】 兰陵县不断加强限额以下村镇建设工程管理工作，分批次对全县建筑工匠进行安全技术培训，共培训建筑工匠59期9000余人，发放村镇建筑工匠继续教育培训证书9000余个，提高了工匠们的安全意识与技术水平。2016年兰陵县农村住房建设任务为8000户，截至年底完成农村住房建设8215户，超额完成建设任务；2016年兰陵县农村危房改造任务为970户，已开工645户，竣工260户。通过危房改造，有效改善了困难群众的居住环境。

【房屋征收工作】 2016年新启动房屋征收实施项目6个，涉及办公楼2栋、居民486户，征收面积约11.75万平方米。重点推进中兴居委片区、职教中心片区、电影院片区、西埝头片区、南徐庄片区、龙沂庄片区等老片区项目，着力解决遗留问题。其中，造纸厂片区已全部完成居民回迁工作，是我县棚户区改造的成功范例；中兴居委片区已搬迁拆除332户，剩余45户，针对剩余拆迁户，已经依法进入司法程序，于2016年9月22日在山东省高级人民法院进行了庭审，来自全省17市的分管副市长、法制系统主要负责人以及全省副县级干部依法行政培训班学员共300余人观摩了此次庭审。通过依法征收，把该项目司法强制执行工作做成了全省房屋征收司法强制实施的典型，进一步规范了全县房屋征收工作。2016年被评为“全市房屋征收工作先进单位”。

【建筑节能】 2016年既有建筑节能改造工作和新建建筑节能严格按照标准执行。对琦泉生物质发电、盛世佳园住宅小区等16个工程项目进行了建筑节能设计审查备案登记。严格按照临沂市新型墙材和建筑节能管理流程开展工作，未做节能或未按照图纸施工、节能措施不全、资料不齐的将不予节能验收，不予发放节能认定证书，不予进行综合竣工验收。至2016年底，已有建筑节能措施到位、资料齐全的车辋镇甘霖希望小学、华瑞新天地、新区绿城1号、3号、7号住宅楼等20余个工程项目通过了建筑节能专项验收，并取得了建筑节能认定证书。

【建筑市场与工程管理】 严格执行施工许可和竣工验收备案制度，2016年，共监督在建单体工程106个，建筑面积110余万平方米，全年共办理施工许可证34个，面积69.9万平方米，办理竣工验收备案11个，面积50.4万平方米；完成招标项目66个，总面积63.2万平方米，总造价约5.76亿元。完成招标代理项目38个，建筑面积43.2万平方米，中标总价3.8亿元；共收缴各类项目养老保障金1062万元，拨付建筑企业养老保障金400余万元；全年共创山东省建筑类最高奖项“泰山杯”工程1个，市级优质结构工程37个；创省级安全文明工地1个，市级安全文明工地3个，获奖数量在全市名列前茅。2016年新增一级建筑总承包企业2家，目前兰陵县共有一级建筑总承包企业2家，二级建筑总承包企业5家，三级建筑总承包企业16家，专业承包企业11家，建筑劳务分包公司12家。

【市政设施建设】 兰陵县全力推进东部新城建设。新职教中心已投入使用；兰陵六小、兰陵十中建设正在稳步推进；兰陵路东延已基本完成；滨河东路南延、9号路主路面全部完成，正在进行附属工程施工；玉泉路东段、3号路、18号路正在进行土地手续办理；7号路、会宝路东段正在进行施工图设计招标；佳园路东延计划5月份开工；中石化兰陵分公司第四加油站项目已完成前期手续办理；兰陵农商银行、自来水公司水质监测中心项目正在进行前期准备工作；

兰陵县东城新区建设工作调度会议

兰陵县人民医院东区项目正在进行施工图设计。2016年，投资2300万元，实施了泉山东路修复工程、珠山三路混凝土路面工程、文化路南段道路修复工程、新华路沥青路面改造工程等23个项目，硬化路面14.5万平方米；投资193万元，实施了小汶河河道（西埝头村河段）治理工程，清淤后砌筑挡土墙，并沿线铺设污水管网；全年累计修复兰陵文化广场大理石板80平方米，修复荷兰砖人行道板1800平方米，整修路沿石2300米，更换井盖130套。

【城市供排水】 兰陵县住房和城乡建设局在保障城区供水的基础上及时更新维护设备设施，加大水质检疫检测力度，提高供水质量，确保城区居民用上放心水。2016年完成总供水量680万立方米，水费收入540万元，改扩建供水管道10500余米，处理生活污水1036万吨，征收自备水源污水处理费320万元，完成污水处理设施的二期检修工作，为20家单位办理了《污水排入排水管网许可证》；自备井封停和自来水转接工作取得初步成效，具备条件的志成中学、诚信中学等14所学校和莲花山城、东方丽景等6个单位小区全部转接了自来水。

【城市供热】 投资4亿元，实施了开发区热电联产项目，场内工程分两期建设，一期建设两炉一机，城区2016—2017年供暖面积由之前的87万平方米增加到200万平方米，较去年增长130%，全县入住率超过40%的小区基本实现供暖，兰陵县城区未来3～5年内的民生用热需求得到保障；在三炉两机建成后可满足2026年居民用热需求。厂外建设4.9公里电力专线、7.4公里取水管线、37公里供热管线、65个二级换热站等多项工程。

【城市供气】 加快推进城市燃气利用工程，以抓安全管理为主线，落实安全生产责任、实施标准化管理、强化检查力度，确保安全平稳供气。2016年敷设道路中压管道10公里，共实现户内安装8000户、公福用户26户、工业用户8户；开通临枣大线蒋庄段至开发区的中压管线56公里，保障了兰陵县的用气需求。

房产和住房保障管理

【房地产市场管理】 2016年，全县房地产市场呈现稳中有升的良好发展态势，2016年共办理房地产开发经营许可105.23万平方米，较上一年度增长80.16%。办理商品房预售许可面积99.46万平方米，较上一年度增长113.89%。实现商品房销售面积80.4万平方米，较上一年度增长91.29%，销售金额23.5亿元，较上一年度增长92.78%，

【保障性安居工程】 一是积极与城市建设有限公司和相关建设单位协调、督促经济适用房的建设，并积极筹备经济适用房竣工验收、分房和入住的准备工作。二是2016年1月份开始，根据相关政策和法规的要求，逐一对2016年度廉租房申请人员的材料进行初审，截至目前，初步符合条件的保障人员达45户，开展了廉租房的分房入住工作和本年度廉租住房补贴发放工作。三是2016年市政府给我县下达的棚户区改造建设任务为447户，2个项目。房屋征收已基本完毕，后埝头项目已顺利开工，中兴居委项目已完成土地挂牌出让，近期开工建设。

【物业管理】 一是积极开展“物业规范服务年”活动，结合创建国家卫生县城，对全县物业小区进行了摸底。全县共有297个小区，其中有

物业管理的 71 个，其余的是老旧家属院、破产企业家属院等，结合这次创城对全县物业小区进行统一安排、统一标准、统一督查、统一考评，小区物业管理和服务都上了一个档次，有了很大的提升。二是结合创城对全县物业管理从业人员进行了二次业务知识培训。全面提高了物业管理从业人员的业务素质和管理水平，进一步规范物业管理行为，督促各物业小区积极做好创建文明、卫生、和谐、繁荣小区活动。三是加大质量保修金和专项维修资金的征管、监管力度。截至目前，今年征收住宅专项维修资金 347 万余元，缴存物业质量保修金 935 万余元。四是积极实施好老旧住宅小区整治改造工作。按照改造计划，去年共实施了交警队家属楼、珠山小区两个老旧住宅小区的改造，通过多方努力，克服种种困难，制定方案、争取资金，确保项目的顺利完成，得到市、县领导的认可。

城市管理

【强化社会宣传】 按照“让城管贴近群众、服务群众，让群众了解城管、支持城管”的要求，一是利用全县各类集中整治活动、普法宣传日等有利时机，广泛进行市容管理、广告管理、环境卫生、绿化亮化等方面法律法规、政策常识宣传，增强市民的城市管理意识。二是开展校园“小手拉大手”活动，培养文明习惯从小抓起，让中小学生的文明行为影响和带动家长及市民。通过宣传教育和主动服务，逐步增强市民群众的城市意识、主人翁意识。

【开展综合整治】 一是精心组织，违法建设治理扎实开展。11 月 19 日，全县违法建设治理行动动员会召开，决定在县城规划区和乡镇驻地范围内开展违法建设治理行动，集中整治时间是两年，目标是“违建清零”。为确保治理工作顺利开展，成立了以县委书记、县长为组长的县违法建设治理领导小组，制定了实施方案等系列文件，实行了由两名县级领导牵头、相关部门单位为成员的联席会议制度。领导小组办公室通过每天召开成员单位调度会，及时掌握工作进度，并积极做好各类统计报表数据的审核和汇总，保证了调查摸排工作的顺利开展。联合执法队伍通过采取不间断巡查，做到及时发现、及时处置，坚决遏制了新增违法建设行为，以“零容忍”的态度实现了违法建设“零增长”。二是强化市容管理，城区面貌大为改观。针对城区市场数量不足，马路市场、流动摊点多的实际，我们按照疏堵结合的原则，规范现有市场，新建农贸市场，设置临时摊点群，限时限区域经营，保证了主要街道秩序良好。同时加强整治，围绕国家卫生县城创建、文明程度指数测评等活动，开展了以县城环境“十乱”为主要内容的集中整治，严格落实“门前三包”责任制；围绕大气污染整治活动，开展了露天烧烤和餐饮油烟治理；围绕校园周边环境整治活动，开展了流动摊点、噪音污染和乱停乱放集中整治，并取得了明显的效果。三是创新保洁机制，环卫事业稳步发展。一是按照国家卫生县城创建工作要求，加大了基础设施建设资金投入，

露天烧烤治理

2016年3月开工建设了日处理900吨的垃圾焚烧发电项目，计划2017年5月竣工运行。总投资1060万元的粪便无害化处理厂设计规模为日处理100吨，预计2017年4月投入使用。新建和改建了公厕、中转站，各乡镇全部建设了垃圾中转站，落实了城区道路洒水和冲洗标准，消除了县城盲点盲区。二是按照推进城乡环卫一体化工作的要求，县生活垃圾处理场规范运行，保洁公司加强了内部管理，促进保洁质量和群众满意度提升。全县1024个村庄实现全覆盖，建立了“保洁、收集、运输、处理”四统一模式。四是加强审批监管，户外广告设置规范。一是加强了城区广告制作公司监管，不允许制作落地广告牌。二是对城区所有广告进行了普查，对影响市容的破旧广告、楼顶广告等，分别发出了拆除、更换通知，对逾期没有执行的采取了强制措施。三是对沿街门头广告牌匾按照统一规范的标准要求严格审批设置，广告牌匾对县城的亮化、美化作用初步显现。五是巩固创建成果，绿化亮化有序推进。针对城区绿化缺苗断垄、枯枝死树、裸露土地等现象，进行了补植修剪，针对存在安全隐患的路灯亮化设施进行了及时维修更换，并对擅自破坏基础设施的行为进行了严肃查处，各项城市基础设施进一步完善，城市路灯完好率、亮灯率达95%以上，为市民群众打造了优美的县城环境。

2016年3月，又到绿化黄金时节，工地上一片繁忙景象

【创新管理措施】 一是发挥属地职能，下移管理重心。城区分属卞庄街道、开发区的范围，从相应村居、社区选聘城管协管员，落实路段、落实人员、落实责任，配合日常管理工作，实行工作时间不间断巡查，避免上下班期间的管理空档。抽调规划执法工作人员配合卞庄街道开展违法建设联合巡查，通过落实属地管理责任，取得了明显成效。二是完善基础功能，加强规范管理。采取疏堵结合的办法，先帮占道摊贩找出路，协调相关部门、单位规划新建城区农贸市场和临时摊点群，然后再规范管理。同时，在执法过程中重说服教育、轻强制查处，树立了城管队伍为民服务形象。在日常管理中，采取了筛选式管理办法，各个路段的重点难点问题采取集中专项整治的方式解决，一般简单问题由执法中队通过面对面交流解决，提前告知提示经营业户，让群众早了解政策情况，及时将各类违规问题解决在萌芽状态，降低了执法成本。通过结合管理对象违法违规特点，创新工作方式，落实工作措施，县城管理精细化、长效化机制不断健全完善。

国土资源管理

【概况】 2016年，兰陵县国土资源局顺利通过省级文明单位、省级卫生单位、省特级档案室复查验收；连续六年被国土资源部授予全国国土资源政务信息网上公开示范单位；省国土资源厅授予政府信息公开示范点建设单位；被临沂市市委、市政府授予2011—2015年全市普法依法治理工作先进集体和2014—2016年度全市选派第一书记到村任职工作表现突出奖。2016年，结合兰陵县经济发展，编制了土地利用总体规划评估实施报告及土地利用总体规划调整完善方案，不断强化国土资源规划引导作用。截至2016年底，兰陵县土地总面积1724.0185平方千米，其中农用地132977.07公顷（耕地106781.81公顷、基本农田97887.51公顷），建设用地29071.6公顷，未利用地10353.18公顷。人均耕地1.14亩。

【耕地保护】 2016年，兰陵县耕地保有量面积108997.93公顷，基本农田面积97580公顷，保护率89.52%。全年收缴土地复垦费用1087万元。实施了14480公顷的2015年度高标准基本农田建设项目和涉及8个乡镇11个片区的高标准建设提升项目。

【地籍管理】 完成包括农村集体土地所有权、集体建设用地使用权和宅基地使用权的登记发证和档案归档工作。全县农村集体土地所有权确权登记发证任务全面完成，颁发集体土地所有权证书7783宗；完成农村建设用地使用权外业调查4330宗；完成农村宅基地使用权外业调查23.0280万宗。

【不动产登记】 兰陵县不动产登记中心于2015年11月底完成了人员和编制的划转，共划转25人。投资40余万元建设了不动产登记大厅和高标准档案室，2016年7月15日正式开展了不动产统一登记工作。全年接件1856件，发放不动产登记证明1557本，不动产权证118本。

7月15日，兰陵县不动产登记中心颁发首本不动产权证书

【土地综合整治】 兰陵县实施2014年度县级土地整治项目4个，总规模1265亩，拟新增耕地359亩；实施了2016年度县级土地整治项目1个，规模1117.15亩，拟新增耕地202.6亩；实施了2015年度市级土地整治项目1个，项目总规模7317.45亩，新增耕地244.65亩。

【建设用地管理】 上报建设用地12个批次、单独选址项目8个，总面积328.20公顷；实施土地整理项目6个总规模646.60公顷，新增耕地53.73公顷；实施增减挂钩项目40个，拆旧面积530.13公顷，规划结余建新指标368.73公顷。

【土地利用管理】 划拨、协议出让土地21宗52.67公顷，公开出让土地50宗85.21公顷，其中招拍挂出让50宗，面积85.21公顷，成交价款80676.29万元。收储国有建设用地使用权13宗，面积9.35公顷。供地率45.87%。

【矿产资源】 截至2016年，全县已发现矿种25个，其中铁、石膏、石英砂、石灰岩是县内优势资源。其中铁矿石储量13.6亿吨、石膏储量11.6亿吨、石英砂岩储量6亿吨、石灰岩储量200亿吨，资源主要分布在县域西部、南部的尚岩、鲁城、新兴和兰陵等乡镇；全县矿业权58个，其中，铁矿25个，石膏矿9个，石英砂7个，建筑石料用灰岩矿及其它17个。

【矿产资源管理】 牵头组织兰陵县矿产资源开

发利用大快严专项行动，检查矿山企业61家，封堵界外和违规建井、斜坡道、平硐25个，查处隐患36处，针对隐患和问题区别对待、分类整改，有效促进了全县矿产资源开发利用良性发展。全面提升改造科技管矿系统，对纳入管理的地下开采企业进行三维建模，科技管矿平台手机APP上线运营。全年扩界、延续、变更、转让矿权24宗，征收矿补费232万元。

【地质勘查管理】 对298宗建设用地项目压矿情况进行全面检查；对兰陵县国土局发证的三类矿山进行资源核实（简测），共编制审查核实（简测）报告62家次；全年普查、勘查、普查续作等项目累计新增铁矿资源63855.05万吨。

【地质环境保护】 收缴矿山地质环境治理保证金218.827万元；认真开展汛期地质灾害防治，坚持汛期24小时值班制度，为全县72个地质灾害易发、潜发区域配齐了群测群防员。加大保证金征收力度，共收缴矿山地质环境治理保证金219万元，投资5000万元部署开展了主体灭失石膏矿（华鲁二矿和华荣矿业）采空区治理，监测治理采空区727亩。

【测绘管理】 实施城区影像获取项目、城区影像生产、2000大地坐标转换、公共平台数据资源丰富、地理信息数据库入库和天地图数据整理等工作，兰陵县地理信息公共平台在省厅组织的评审中获得3星；开展了测绘成果目录服务更新，建立了测绘成果汇交、保密等制度；协助临沂市国土资源局完成了兰陵县境内4家测绘资质单位的质量监督检查和抽查。

【政策法规】 组织大规模国土资源法规宣传活动6次，发放宣传资料25000份；举办国土资源知识培训班，对各乡镇党委书记、乡镇长和分管领导进行培训，解决基层领导干部依法用地意识不强问题。同时，创新宣传模式，充分利用微博、短信等媒介，积极宣传国土资源相关法律法规，收到良好社会效果。

【执法监察】 相继开展违法用地清查整改、土地矿产卫片执法检查、砂场石子厂治理整顿等专项行动，按照“五位一体”执法机制，认真做好国土资源违法违规用地的扎口处理工作。全年共发现查处违法占地案件668起，矿产违法案件39起，耕地违法比例4.86%，顺利通过2015年度土地卫片执法检查验收。

【国土信访】 畅通信访渠道，向社会公布兰陵县国土资源举报电话7133000，多措并举消化信访积案，以抓源头、常预防、化矛盾为重点，切实提高了案件办结效率。全年共受理市级以上转办信访事项35起，现已书面答复32起；12336举报电话255个，全部答复息访。

【纪检监察】 召开了全系统党风廉政建设工作会议，与各国土所、各科室签订了党风廉政目标责任书；开展了整治和查处侵害群众利益不正之风和腐败问题专项整治及违规经商办企业等营利性活动专项治理；不断加大重大节日期间的执纪监督检查力度，先后发出节前通知6次；开展了婚丧喜庆事宜备案，真正做到了早打“预防针”，常敲“警示钟”。全年开展日常督查15次，下发通报7次，通报批评了6个科室和5名同志。

【队伍建设】 认真组织开展了“结亲连心”“三问三清”和驻村“第一书记”帮扶活动，深入联系村开展大走访，走访群众3000多户，搜集问题、意见167条；深入开展“两学一做”学习教育，通过查摆剖析和民主测评，梳理出问题22项，并全部整改到位。对全系统中层干部进行了调整，先后调整中层正副职干部46名，交流一般人员96名，进一步增强了干部队伍活力。通过省级文明单位复验，18个国土资源所保持县级文明单位称号；档案室保持“省特级档案室”称号，18个国土资源所档案室继续保持“省二级档案室”称号。

撰稿：王玉文

环境保护

【概况】 2016年度，兰陵县环保局在县委、县政府的领导下，切实履行环境保护职责，以大气污染防治、水域环境整治以及危险废物管理为抓手，全面做好各项环保工作，扎实推进生态兰陵建设，全县生态环境得到明显改善。

【污染防治】 2016年度，县环保局扎实开展了大气、水、危险废物、机动车尾气污染防治及挥发性有机物治理工作。

（一）水污染防治。一是开展出境河流断面水质监测，对乡镇实施生态补偿考核。委托4家中标的第三方监测公司对全县58个乡镇监测点位进行监测，每月监测两次，同时县环境监测站进行质量控制，每月与国家淮委、市监测站进行联合采样监测。通过县水域办每月向各乡镇（街道、开发区）及有关部门下发水质通报和生态补偿考核通报，考核各乡镇水质断面达标情况。二是加强涉水企业监管。建立污染源基础信息库，实行随机抽查制度，共随机抽查企业360家次，对发现不正常运转治污设施、超标排放行为的企业进行行政处罚。三是加强湿地运营管理。加强对小汶河代村湿地、城区尾水人工湿地、白家沟湿地的管理和维护，推行第三方运营管理，确保湿地正常运行。

（二）大气污染防治。一是大力推进工业污染治理。按照时间节点，倒逼企业转型升级，全面完成了市政府下达的20家工业企业污染治理再提高任务。二是开展重点企业第三方监测和第三方治理工作。联合第三方检测公司对31家企业进行集中监督性监测，对超标排放的15家企业立案查处。同时，积极推进环境污染第三方治理工作，超和龙山腾湿地、开发区第二污水处理厂、鼎铭铝业均已委托第三方治理。三是开展常压燃煤锅炉整治工作。对全县范围内的152台10吨以下常压燃煤锅炉进行清洁能源改造，8家板材企业锅炉已全部整改完成（7家改气、1家改电），1家燃煤机组超低排放改造任务（华龙热电）已完成，2家10吨/小时及以上燃煤锅炉改造任务已全部完成。

（三）危险废物专项整治。对涉及危险废物的8家企业跟踪督导，按照规范化管理的要求，逐一落实整改措施，目前已全部完成；会同卫计局将733家医疗机构纳入监管，确保医疗废物得到有效处置；会同交通局将46家汽车维修厂纳入监管，确保废机油规范化处置利用；同时加强对25家辐射单位的日常监管，进一步规范放射装置的使用，确保辐射安全。

（四）机动车尾气污染防治。一是联合县交警大队开展了机动车尾气路检工作。在206国道神山段、城区段、开发区段、向城段等重点路段设置检测点位，每周检测50辆车以上。二是定期调度荣庆环保检测线车辆检测情况。认真审核黄绿标发放和检测达标合格率，协同处理车主环保检测中出现的各种疑问，重点解决检测线检测设备维护缺失，积极配合市局对检测设备进行校准标定。同时加强黄绿标发放管理，对新车黄绿标发放严格把关，杜绝重复发放，全年共黄发放黄绿标约 4.5 万张，核发机动车环保检验标志委托单 90 份，为车主异地审车带来了极大方便。三是加大黄标车的淘汰力度。全年共审核淘汰黄标车 1753 辆，审核黄改绿 162 辆，协调发放补贴资金约 1750 万元。处理黄标车淘汰过程中出现的各种信访 26 件次。

（五）挥发性有机物治理。对全县产生挥发性有机物的企业进行了全面排查，完成了 3 家产生挥发性有机物企业的治理任务。

【环境安全】 始终将打击环境违法行为，保障群众健康作为一项长期性基础性工作来抓。2016 年度，开展了小塑料、小淀粉等“土小”违规项目清理取缔专项行动，把重点河流断面水质保障、畜禽养殖面源污染防治、信访投诉集中案件查处作为环保专项行动督办、督查重点；重点抓好小淀粉、小塑料等“土小”违规项目的清理取缔；通过开展企业环境隐患排查，确保不留任何死角和盲区，杜绝环境事故发生。2016 年度，兰陵县无重大环境安全事故发生。

【执法监察】 一是加大日常监管和突击夜查力度。对全县重点监管工业企业每两周进行一次全面巡查，每周至少开展一次夜查，对超标排污企业采取限产、停产治理措施，共立案查处 78 起环境违法行为，罚款 543 万元。加强与公安、法院、检察的联勤联动，对 33 起案件移交公安部门，行政拘留 7 人；对 13 起逾期不履行行政处罚决定的案件移交法院，申请强制执行。二是加大土小违规企业清理取缔力度。加强土小企业日常巡查，对已拆除的 82 家土小企业实施“回头看”，严防死灰复燃。同时加大了边界执法力度，拆除了 4 家位于新兴、鲁城、兰陵与枣庄边界的塑料加工厂、石子厂和造纸厂。三是加大信访查处力度。共处理“12345”275 件，“12369”268 件，省市批转信访 82 件，微博、微信等其他渠道信访 85 件，办结率达到 100%。

财政·税务

财　政

【概述】 2016年兰陵县公共财政预算收入实现150006万元，总量位居临沂市三区九县第5位，税收比重为87.1%，位居临沂市三区九县第4位。其中，国税部门组织收入37214万元，地税部门组织收入98894万元，财政部门组织收入13898万元，分别同比增长7.6%、16.3%、29.8%。全县财政公共预算支出完成439155万元，完成年初预算的101.2%，增长1.2%。兰陵县5个乡镇（街道、开发区）公共财政预算收入实现过亿元，其中卞庄街道完成4.2亿元。在抓好组织收入工作的同时，精准把握有利时机，着力加强沟通汇报，全力做好向上争取工作，2016年共争取上级转移支付和各类资金353330万元，比上年增长15.9%，其中新增转移支付48385万元，为全县经济社会发展提供了财力保障。

【收支管理】 严格执行“事前预算评审、事中跟踪监督、事后决算审计”，全县全年完成投资评审项目1278个，评审额332700万元，节约资金36700万元。全年完成政府采购429宗，实现政府采购额88500万元，节约资金6700万元。依托债务管理系统，向上级争取债券资金83397万元，债券资金的到位有效减轻了县财政资金还款压力。县本级88个部门116个单位及时公开了部门“三公”经费及部门预决算。全年处置公车改革及报废车辆530辆，所得拍卖款项965万元缴入国库。加大监督检查力度，全年开展十余项财政资金专项检查，追回资金160万元。

【民生保障】 2016年，全县民生支出达到389927万元，同比增长2.7%，占全县财政支出的88.8%。其中，教育、医疗卫生、社会保障和就业支出，分别达到113047万元、74766万元、79714万元，增长4.1%、31.4%、5.4%。拨付农村义务教育校舍改造资金12600万元，全年投入义务教育保障经费2616万元，20万名学生得到实惠。拨付城乡居民基础养老金22529万元，基础养老金标准提高到100元/年；发放城市低保和农村低保金13643万元；筹集城乡居民医保保险资金58522万元，补助标准提高到每人每年420元；投入8675万元用于基本公共卫生服务、基层医疗卫生机构实施国家基本药物制度。落实各项惠农政策，发放粮食、良种、农机购置、农资综合补贴10338万元；拨付农村“一事一议”奖补资金500万元，惠及群众3万余人。

【项目建设】 拨付7150万元用于城乡环境综合整治、节能减排、矿区治理、重点河流治理和生态文明乡村建设。拨付资金1038万元，支持产业技术研发、中小企业发展、企业技术改造及现代服务业发展。依托债务管理系统，积极向上级争取债券资金83397万元。筹集和拨付资金74000万元，支持了东城新区建设、229省道、206国道、农村道桥梁建设、西外环建设、供热工程建设、城市市政工程建设等事关群众切身利益的重点工程。

【队伍建设】 按照县委统一部署，及时成立领导小组，制定了方案和学习计划，召开动员大会。通过开展集中学习研讨、上党课、开展“受教育、亮承诺、见行动”主题活动、召开学习教育专题民主生活会等形式，切实增强学习教育效果。局党组带头认真学习《关于新形势下党内政治生活的若干准则》《中国共产党党内监督条例》，牢固树立抓好党建是最大政绩的理念，强化党建工作领导，抓深思想建设、抓紧组织建设、抓实作风建设、抓严反腐倡廉建设、抓牢制度建设，着力提高党建工作水平。把全面从严治党体现到选对人用好人上，把好政治关、品行关、作风关和廉洁关，努力打造一支高素质财政干部队伍。牢固树立“抓好党风廉政建设是本职，抓不好党风廉政建设是失职，不抓党风廉政建设是渎职”的理念，全面落实党组主体责任，召开会议签订党风廉政建设目标责任书，制定了《全县财政系统党风廉政建设实施意见》，邀请县纪委监察局领导就当前的反腐倡廉形势做专题辅导报告。组织114名干部职工按照分包区域分成3个大组，深入到下村乡和大仲村镇、兰陵镇等三个乡镇的共13个村庄开展了“结亲连心”活动和精准扶贫工作，走访联系群众4480户。局机关105名干部职工耐心为贫困户进行政策讲解，帮助拟定脱贫措施，认真解决诉求，目前已帮助235户贫困户成功实现了脱贫。

撰稿：杜金军

国家税务

【概述】 2016年，有正式在职干部职工156人，内设11个职能科室，1个事业单位，下辖稽查局和城区、卞庄、向城、兰陵、磨山、神山、仲村、车辋8个税务分局。

县局连续18年保持“省级文明单位”荣誉称号，被命名为“临沂市职业道德建设十佳单位”，荣获了“振兴沂蒙劳动奖状”，所属的神山、磨山2个分局被评为“省级文明单位”，其他5个分局保持“市级文明单位”称号。系统内先后涌现出“山东省十大杰出青年卫士”胡新成、“山东省优秀青年卫士”孙玉河等英模人物，国税工作深受广大纳税人和社会各界的好评。

【组织收入】 兰陵县国税局2016年完成税收总量99541万元，剔除海关代征239万元，共完成国内税收99302万元;完成县级收入37260万元，同比增收1635万元，同比增长4.59%。这些税收收入一部分在当年直接进入地方财政收入，另一部分是以中央对地方税收返还的形式间接成为地方财政收入。据统计，2013年至2016年，共为全县组织直接地方财政收入129859万元，占国税总收入的34.22%，有力的支持了全县财政实力，保障全县财政支出。

兰陵县国家税务局之所以能够在税收收入上取得令人瞩目的成绩，主要得益于近年来全县经济的快速发展。2016年，全县国民经济持续快速增长，固定资产投资增长迅猛，外贸出口年年大幅度增加，招商引资成效明显。经济的快速稳定发展，为税收收入提供了强大的税源基础，保证了税收收入的增长。

同时全县国税系统始终坚持“依法征税，应收尽收，坚决不收‘过头税’，坚决防止和制止越权减免税”的组织收入原则，不断强化税收征管措施，严厉打击偷逃骗税，为保证税收收入不断增长采取了一系列措施，进一步加大了税源监控力度，抓重点税源保收入、抓薄弱环节增收入、抓新增长点促收入。一方面，将全县年纳税10万元以上的企业全部纳入县局重点监控管理范围，提高了收入预测水平，减少了税款流失，另一方面，加强评估和稽查工作，实施“稽查评估一体化”，打击各类涉税违法违纪行为，净化税收环境，规范税收秩序，同时，兰陵县国税局局还进一步加大了税收清欠工作力度，坚决做到清理陈欠，杜绝新欠，税收入库率达到了100%。

【依法行政】 兰陵县国家税务局坚持以“合法行政、合理行政、程序正当、诚实守信、高效便民、权责统一”为根本原则，充分结合自身特点，不断进行工作创新，依法行政工作扎实推进、成效显著。

依托科技，实现税收执法“自动化”。积极依托信息化手段，充分运用《税务行政裁量权管理系统》,使行政处罚由“人工裁量”变成了“自动测定”，最大限度地实现了行政处罚的公平公正。金三上线后，兰陵县国税局局对软件进行了升级,使该系统与金三成功挂接。2016年3月，该系统被山东省国税局验收通过。

流程制约，实现行政决策科学化。建立健全行政决策机制，明确重大行政决策事项的范围，严格按照审批程序，在深入查明实情的基础上，由局长办公会集体审批。对重大行政决策的执行情况进行跟踪调查和评估反馈。

多措并举，实现法制培训全员化。对中层以上领导干部，主要从理论和宏观方面提高其依法行政、依法用权的能力。对执法岗位，重点抓好税收业务培训，加强专业人才培养，提高他们运用法律手段管理税收事务和化解涉税矛盾的能力。

完善制度，实现风险防范常态化。为加强执法监督力度，兰陵县国税局局推行了基层法制员制度，配备基层税收法制员11名，对本单位拟作出的行政行为进行指导、审核，大大提高了基层防范税收风险的能力。

整合资源，实现税收征管专业化。根据科室的业务特点，参照全兰陵县税源分布规律，进行划片督导管理，建立科室联系分局制度，由科室直接参与分局的税源管理，实现了征管力量下沉，有效提高了管理质效，促进了执法规范和风险防范。

【税源管理】 2016年，兰陵县国税局紧紧围绕县委县政府的工作部署和市局“12345”工作规划，坚持依法征管基本点，大力夯实征管基础，强化工作措施，努力提升站位。上半年全面推开营改增、下半年金三优化版上线，在全体国税干部的共同努力下，这两项重点工作顺利落地，得到了县委县政府、市局领导的充分认可。除重点工作之外，我们在国地税合作、征管文书展评、委托代征等多项工作也亮点纷呈，县局征管绩效考核成绩位列全市第一方阵。

零散税源管理逐步规范。对全县个体定税情况按照“公平、公开、公正”的原则，通过内、外网将基本信息、核定定额信息全面公开。在国地税联合个体征管、委托邮政代开发票及个体双代系统应用等方面持续得到深化。

税收征管逐步规范。积极以《税收征管规范》为指南，分事项、分重点有序开展工作，力求政策落到实处，以此为基础，通过高标准、严要求，组织开展征管文书展评，通过档案展评来发现问题、解决问题，并要求限期整改，通过这种方式夯实征管基础。在全市征管档案展评中我局位列第三名。对执法风险较高的业务设置操作提示，对相关政策进行归纳整理，建立完善更新机制，及时组织修订。

国地合作逐步规范。自年初开始，兰陵县

国税局积极协调地税局相关部门密切协作、勇挑重任，以优化纳税服务、强化税源管理为目标，积极探索国税地税服务融合、执法整合、信息聚合，初步实现了国地税业务“一厅通办”“一窗通办”等建设目标。一是建立工作简报机制。为展示兰陵县国地税合作的情况，及时反馈国地税合作工作的进展，兰陵县国地税合作领导小组共16期国地税合作工作简报，并及时将简报挂在国地税网站上，让国地税干部职工充分了解国地税合作工作情况，营造国地税合作的良好氛围。二是落实联席会议机制。在国地合作工作中，兰陵县国地税充分发挥联席会议的作用，将各项国地合作事项推向深入。2016年2月，兰陵县国税局、地税局突出非居民股权转让关键项目，在证实了股权转让信息的真实性后，兰陵县国税局和地税局及时启动国地联席会议制度，密切部门协作，成功组织征收了全县第一宗非居民企业股权转让税收，入库税款1.3亿元（其中企业所得税1.28亿元、印花税250万元），此项股权转让业务国地税合计入库税收2.7亿元。《兰陵县国地税局：突出关键环节，密切国地税合作，非居民税收管理实现重大突破》被省局征科处以经验交流形式转发，合作案例（《临沂国地税合作范例：非居民税收管理》被省局征科处在国地合作专题以案例形式转发。三是立足实际，开展创新。在统一行政裁量权方面，兰陵县局在市局的大力支持下，首先通过了省局验收，然后在此基础上探索国地统一行政裁量权工作，取得了一定的成效。

评估稽查逐步规范。在纳税评估中，兰陵县国税局紧扣生产要素，开展混凝土行业专项评估、借助涉税信息，开展医药零售行业专项评估，2016年，全县共预警发布2713户次，发起评估165户，目前已完成评估154户，评估入库税款1923万元，增加税收2293万元，评估税款加收滞纳金100%。在税务稽查过程中，建立稽查选案互动机制，扩充案源信息采集范围，抓好税收专项稽查，开展好打虚打骗专项工作，严查重罚。集中优势力量，实现人员合理配置，有针对性的选取一些重点行业作为专项检查对象，取得了显著成果，充分发挥稽查“以查促收，以查促管”的职能作用。2016年共稽查企业28户，查补收入2207.35万元，查补收入贡献率2.21%，查补收入和查补收入贡献率等多项指标位于全市前列，有效地规范了我县税收经济秩序。

【营改增】 按照党中央、国务院全面深化改革的部署，自2016年5月1日起在全国范围内全面推开营业税改征增值税，现行建筑业、房地产、金融业、生活服务业纳税人由原来缴纳营业税改为缴纳增值税，由国家税务局负责征收。自此，现行营业税纳税人全部改征增值税。

兰陵县“营改增”共涉及1354户纳税人。分行业看，建筑安装行业186户，房地产行业73户，金融保险行业85户，生活服务业1010户。从税源结构看，单位纳税人533户（其中年营业额515万以上的纳税人104户），个体工商户821户（其中达点户66户）。兰陵县国税局已顺利完成了确认登记、防伪税控设备发行、发票发售、纳税申报等各项工作。

在户数确认、税控发行、发票发售过程中，兰陵县国税局局实行集中时间、集中地点、集中人员、集中设备等“四集中”措施，集全局之力全力以赴开展纳税人户数预约确认。纳税服务开展“结对子”。按照“大、中、小”规模，自党组成员至业务骨干，每人帮扶10—20户纳税人，为纳税人发放联系卡，从政策解读到信息核定再到设备发行安装，全程给予咨询辅导，详细介绍办理流程，共有48名税务干部对口联系469户纳税人。学习培训借助“项目化”。抽调年轻业务骨干成立营改增师资团队，共分为房地产业、建筑安装业、金融业、生活服务业、申报辅导等五个小组，实施项目化管理。师资小组着重对接相应行业，术业专攻，在政策解读、业务办理、后续培训等方面逐个击破难点，并负责对全系统人员进行政策辅导。通过采取上述措施，兰陵县国税局局做到了管户移交、户籍确认、票种核定等“七个百分百”，得到了县委县政府和市局的高度评价，县局也被市局评为“全市国税系统营改增工作先进单位”。

【纳税服务】 兰陵县国税局围绕深化“规范”服务体系，以深入落实“征管规范”“纳服规范”为契机，以“联合办税，创新创优”工作为载体，进一步优化办税流程，提升综合业务素质，提高办税效率。按照“更高、更快、更优”的目标，全面提升纳税服务水平。

全面展开规范服务。按照“便民办税春风行动”及“纳税服务规范”、征管规范要求， 在不断优化办税程序的基础上，打造规范办税新格局，实现了办税服务“三个统一”：标准统一、服务统一、尺度统一，进一步打破了纳税服务时间和空间界限，实现纳税人无障碍办税，使办税服务更加便捷高效。

2016 年 5 月 4 日，地税局工作人员热情为纳税户办理业务

严格落实纳税人权益维护。进一步拓展和畅通各项监督渠道，完善纳税服务投诉受理、调查、答复、回访、反馈机制，明确纳税服务投诉处理的内部流程和各环节办理时限，切实维护纳税人的合法权益。严格 12366 投诉落实工作，全年共受理 12366 转办纳税人投诉 22 户次，均按照投诉内容和回复时限认真做好了落实处理，并及时做好同投诉人的回访沟通工作，投诉结果满意率达到 100%，确保纳税人有途可诉，有诉必答。

积极开展税法宣传及税收辅导工作。今年，兰陵县国税局局因地制宜，认真组织策划税收宣传工作，选取纳税人关心的热点、难点问题进行各种方式的宣传，取得了工作实效，达到了预期效果。利用兰陵菜博会开幕的时机，同地税部门一道，建立国地税联合办税宣传点，现场为纳税人解答涉税问题，发放宣传材料，取得了很好的效果。

按部就班进行纳税人信用等级评定。在信用等级评定过程中，兰陵县国税局局注重内部相关部门配合，积极联系地税部门进行联评工作，确保信用等级评定工作双方确定、双方认可，使评定结果具有真实性、代表性。

扎实有序开展银税合作。开展“银税互动”，加强“征信互认”，解决了银企之间的信息不对称问题，进一步激发小微企业发展活力。兰陵县国税局局已同建行、临商银行、农商银行签订“兰陵县银税互动合作框架协议”，通过以“以诚信换融资”，引领了“守信激励、失信惩戒”的价值导向，凸显了纳税信用在社会信用体系建设中的“积极作用”。

【信息化建设】 2016 年，兰陵县国税局在夯实信息化基础、打好营改增战役、做好金三换版技术支持、狠抓信息安全防控、注重信息化项目创新等方面，积极开展信息化建设。

*从细入手，全面夯实信息化建设工作基础。*做好日常计算机维护工作，确保科室、分局计算机、网络运行顺畅。每天4次监控360防护系统，对未注册、未安装杀毒软件的及时通知或到现场进行处理。每天4次监控病毒感染情况，避免病毒爆发。

*数据质量保持“零过错”。*始终把数据质量管理作为一项重要的基础性工作常抓不懈，全县的基础数据正确率保持在100%，真正实现了征管基础数据“零过错”。县局、分局都安排专人负责数据质量的日常监控，做到早发现，早修改，防止向下一环节传递，形成新的异常数据。

*网络建设较大提速。*建成了上联市局、省局、总局，下通各基层分局的高速广域网络。到市局广域网主线路传输速度由原来的10兆提速到50兆以上，备用线路传输速度由原来的2兆提速到10兆，主备线路分别选择两家不同的线路运营商，建立了两套设备、两套线路同时运行的安全机制，实现了主备线路的自动切换。

*信息化创新硕果累累。*上报2个示范试点项目，6个方面的创新创意，其中关于行政裁量权系统后台数据向移动手机端推送的创意得到了省局的认可。承担总局《大数据综合平台创新》示范项目，在全市第一个形成分析需求报告，被市局当作模板在全市转发。做好行政裁量权管理系统的验收和后续推广工作，3月顺利通过省局验收。配合省局监控指挥中心建设，全市第二个上传了监控画面。

*“互联网+税务”建设迈上新台阶。*为适应互联网发展，满足纳税人、税务人不断增长的互联网税收服务需求，统筹推进“互联网+税务”工作，税务总局制定下发了《“互联网+税务”行动计划》，兰陵县国税局结合兰陵国税工作实际，创造性的开展工作，“互联网+税务”建设取得丰硕成果，迈上新台阶。在推行网上办税平台的基础上，开发推行了《移动办税系统》，纳税人随时可以用手机就可以实现税收政策查询、纳税申报、缴税、并可以实时和主管税务人员进行沟通，实时获取政策支持。

【队伍建设】 *强基固税，夯实国军队伍战斗堡垒。*实行了领导干部诫勉制度、谈话提醒制度、重大事项报告制度、收入申报制度、任前公示制度、初任培训制度和离任审计制度，不断提高各级领导班子的整体素质。树立新的人才观念和竞争意识，从基层分局长、中层干部到县局领导班子成员，干部选拔实现了由委任制向公开竞争上岗的转变，让优秀人才脱颖而出；定期开展党小组集体学习，提升班子党风建设；建立优存劣汰的后备干部动态管理机制，加强对后备干部监督管理；完善干部轮岗交流制度，激发干部队伍整体工作积极性和主动性；大力推动“先进领导班子”创建活动，深入推进领导班子建设，领导水平和执政能力实现了新的提高。

*人才强税，队伍活力竞相迸发。*兰陵县国家税务局积极探索学习教育的新思路新方法，注重增强思想教育的针对性。采取竞争性选拔、考察委任等多种方式，采用“兵将双选”岗位

2016年7月1日，兰陵县地税局举办庆祝建党95周年文艺汇演活动

调整管理模式，优化干部结构配置，全面激发队伍活力。在坚持对干部职工进行爱国主义、集体主义、职业道德、勤政廉政教育的基础上，有组织、有步骤地进行了先进典型教育，反面警示教育、案例剖析教育和法制培训教育，进一步强化了干部职工的责任意识、法律意识和奉献意识，为各项工作的开展提供了内在的精神动力。

*创新兴税，建立人才培养机制。*一是以工作需求为导向，本着“急用先训、弱项强训、难点多训”的原则，组织开展多渠道、多形式、多层次的岗位技能培训。二是修订完善目标管理考核办法，创建了一套涵盖税收任务、税收执法、行政管理“三位一体”的目标考核制度体系，使绩效考核更加规范。三是大力加强行业作风建设，提高工作效率和服务水平。

*廉洁护税，行风政风建设实现新提高。*严格制度落实、纪律追究，明确提出了以章治局、以制度管人的工作思路，以“以案严纪，勤廉治税促发展”为中心思想，建立完善定廉、问廉、谈廉、评廉、述廉、考廉等“六廉”制度，建立健全党风廉政建设责任考核办法，全面推行“一事双评估双报告”“一案双查双报告”制度，切实抓好“两权”监督，干部队伍拒腐防变能力实现新提高。

*文化育税，打造国税特色亮点新品牌。*在全系统相继开展了“三爱一树立”“讲文明、树新风”“评选十佳业务能手”“评选优秀务工作者”“争创最佳办税服务厅”“争创国家级巾帼建功示范岗”等一系列创建活动。经常性地开展演讲比赛、征文比赛、知识竞赛、节日主题教育活动等文体娱乐活动，使国税干部在潜移默化中陶冶了情操净化了心灵，激发了大家的工作热情。

供稿：丛军　倪振

地方税务

【概况】2016 年，在经济形势持续下行、“营改增”等结构性减税力度加大、矿产、房地产等重点税源持续低迷等多重减收因素，兰陵县地方税务局始终坚持组织收入中心地位不动摇，严格税收征管，着力挖潜增收，实现了全县地税收入的高幅增长，全县地税系统累计组织各项收入 10.32 亿元，扣除不可比因素增长 37.13%，增收 2.78 亿元。其中县级收入 9.89 亿元，可比口径增长 37.02%，增收 2.64 亿元，增幅居临沂市第 2 位，税收总量居临沂市第 5 位，圆满完成年初兰陵县人代会确定的年度收入任务目标。全年代征残疾人保障金 504 万元，同比增收 198 万元，增长 64.71%；代征工会经费 158 万元，同比增收 69 万元，增长 77.53%。总体看，2016 年全县地税收入呈现出增幅高、进度快、结构优、质量好的运行态势，税收结构及其变化趋势较好地反映了兰陵县经济发展成果。

【税政管理】积极推进国地税征管体制改革，会同国税部门制定落实国地税合作工作规范实施意见、工作示范区实施办法及专项考核办法等，细化分解合作事项，构建起规范统一的合作管理机制。稳妥应对“营改增”全面推开，与国税部门科学有序地落实数据交接、征管衔接和业务对接等准备工作，顺利实现了税制转换，倾情服务小微企业发展。认真贯彻国家结构性减税政策，全面落实支持结构调整、鼓励创新创业、扶持小微企业发展以及保障和改善民生等税收优惠政策，充分释放税收政策红利。

【税收征管】积极应对税制改革大势，努力创新税收管理举措，不断提高税收征管能力，税收管理实现提质增效。着力强化征管基础管理。全面落实“全市地税系统税收征管保障系统暨征管质量评价系统”，进一步提高了征管质量管理的科学化、精细化和规范化水平。积极推进征管基础规范化建设，以规范纸质征管档案，依托征管档案抓规范、促执法、查风险、增质效，提升税收纸质征管档案增值利用效率，有效促进了税收征管质量的全面提升。

【税源管理】 积极运用山东省地税局税收风险防控平台，突出抓好重点税种和重点行业风险防控，创新工作模式，针对“营改增”重点企业开展专项评估，筛选重点企业实施评估。加强矿山远程监控系统的维护，保证远程监控系统的长效运行。着力强化税种管理，大胆创新，积极探索，采取政府购买中介服务参与企业所得税汇算清缴的模式，为汇缴工作深入开展奠定了坚实基础。加强新形势下国际税收管理、强化国地税合作办税方面探索新路子，着力加强区域税收整治，有效地提升了税收规范化建设。

【纳税服务】 全面落实国家税务总局关于“便民办税春风行动”的部署，认真落实纳税服务规范，打造具有兰陵地税特色的便民服务品牌。建立企业办税人员微信群，开通“纳税服务短信平台”，便于和纳税人沟通交流，打牢基础，规范执法，执法服务齐头并进。着力解决纳税人的“堵点”“痛点”“难点”问题。健全纳税服务投诉办理机制，及时受理反馈12345市民热线和12366热线诉求，提升政策咨询和服务水平。联合国税部门开展纳税信用等级评定，健全守信联合激励和失信联合惩戒制度，促进纳税人税收遵从度。

【基层建设】 认真落实临沂市地税局“两化”创建《关于加强全市地税系统基层建设意见》，对照标准找差距，结合实际抓落实，注重在重点领域和关键环节取得突破，拓宽视野、勤于思考、勇于创新，全面巩固提升基层建设的整体水平，使“两化”建设成为推进基层建设的“总抓手”和“推进器”，先期确定了卞庄、向城、鲁城、神山4个中心税务所作为首批创建单位。

【干部队伍建设】 大力实施人才强税，积极推进绩效管理，努力提振精气神、凝聚正能量，干部队伍能力素质持续提升、工作效能不断提高。有序推进基层工作人员交流工作，增强了干部队伍活力。认真开展干部人事档案专项审核工作，集中清理纠正发现的问题。努力提升干部素质，制定并落实年度教育培训计划，加大干部教育培训力度，提高干部职工的整体素质，调动干部职工的自学积极性。修订完善绩效管理制度办法，优化绩效考评指标体系，逐步提升绩效工作管理水平。突出过程管理和节点控制，加强督导调度，严格实施考评。

【党风廉政建设】 自觉履行党要管党、从严治党的政治责任，以严的标准要求干部、以严的措施管理干部、以严的纪律约束干部。强化廉政风险防控平台应用，设立了机关纪检委。扎实开展专项执法督察，结合山东省地税局“纪律行动”风险查摆，在全系统部署开展“落实‘两个责任’、防范执法风险”专项执法督察工作，层层签订自查承诺书，围绕税收执法、政策落实、收入质量、“小金库”治理、落实中央八项规定精神等内容，深入开展风险排查，强化了源头治理、扎紧了制度笼子，从严抓好执纪问责，对纪律行动、工作纪律等进行明察暗查，及时对违规违纪的行为进行通报批评。对典型问题深入剖析，查缺补漏、完善制度，同时开展针对性教育，增强干部职工遵章守纪的自觉性。

【信息化建设】 扎实做好“金税三期”换版工作，认真把握组织领导、硬件保障、沟通宣传、测试培训和责任落实等关键环节，实现了“金税三期”优化版成功上线、平稳运行。

【精神文明建设】 持续开展“两学一做”学习教育，坚持以上率下，突出真学实做，成立学习教育领导小组，切实加强组织领导和系统指导，有效激活了学习教育的“神经末梢”。将抓学习教育情况纳入基层党建工作述职评议首要内容，紧密结合自身实际，开展常态化、规范化学习，常抓不懈。2016年，兰陵县地税局图书室被全国总工会授予国家级“职工书屋”,荣获全省“齐鲁文化大道”品牌建设先进单位、全市“模范职工之家”，有1名同志被评为“兰陵县第二届十大杰出青年”，有1名同志被山东省地税局评为“最美税务人”，有1个中心所和3名同志被临沂市地税局记三等功。

金　融

综　述

2016年，在金融办的带领下，全县金融工作成绩显著，信贷投放实现新突破，金融组织体系更趋完善，金融支持经济发展能力进一步提高。

【信贷投放与融资】 截至2016年12月底，全县金融机构实现存款余额310.27亿元，列全市九县第3位；存款较年初增加47.05亿元，列全市九县第3位；贷款实现193.47亿元，列全市九县第3位；贷款较年初增加26.26亿元，列全市九县第4位；余额存贷比为62.36%，列全市九县第3位。信贷规模的壮大为推动全县经济社会快速发展提供了有力金融支撑。

【民间融资与服务】 构建全县金融组织体系，推动信贷投放实现多元化，积极发展新型金融组织，繁荣活跃兰陵金融市场。全县形成由10家银行、3家小额贷款公司、17家民间融资服务公司、4家融资性担保公司构成的互为补充、相得益彰的金融服务大格局。

【保险、担保】 兰陵县保险业2016年实现保费收入10.55亿元。全县融资性担保公司合计实现担保余额15.36亿元，为全县经济社会发展提供了有力保障。

【金融生态环境建设】 2016年，兰陵县按照省市工作部署，扎实开展了合作社规范整顿活动，目前，各乡镇基本完成了合作社柜台拆除等相关工作，全县金融秩序进一步稳定，金融生态环境得到新优化。

银行业监督管理

【概况】 2016年，在临沂银监分局党委的正确领导下，兰陵监管办认真贯彻落实省局、分局年度监管工作会议精神和各专业监管工作会议精神，突出重点监管机构、重点领域风险监管，提高各类机构风险管控能力；持续推动被监管机构各项工作，调整和优化业务结构，提升服务实体经济能力和水平；进一步完善监管方式，着力提升监管工作的针对性和有效性，有效推动了辖内银行业金融机构健康稳步发展。

截至2016年12月末，辖内10家金融机构各项存款总额3102687万元，较年初增加470499万元，增长17.87%；各项贷款总额1934741万元，较年初增加262559万元，增长15.70%。

兰陵农商行各项存款余额1263890万元，较年初增加153567万元，增长13.83%；各项贷款余额875108元，较年初增加84728元，增长10.72%；不良贷款余额13195万元，较年初减少1304万元，不良率1.51%，较年初下降0.32个百分点；实现利润总额24378万元，同比增加10101万元。

兰陵村镇银行各项存款余额101499万元，较年初增加8360万元，增长8.98%；各项贷款余额90611万元，较年初增加20254万元，增长28.79%；不良贷款余额400万元，较年初增加400万元，不良贷款占比0.44%，较年初增加0.44个百分点；实现利润总额2367万元，同比减少1035万元。

【监管工作】 1. 认真履行监管办职责，规范操纵、严格把关，切实做好市场准入监管工作。对照有关监管要求，严格审查机构准入和高管准入申请，今年以来，根据分局委托，共计对15项行政许可事项进行了认真初审，把好准入监管第一关。

2. 做好非现场监管基础工作。认真落实主监管员负责制，建立非现场监管报表报送管理登记台账和差错登记台账，同时有效向法人机构传导监管要求和监管压力，做好非现场监管各项基础工作。今年以来，1104系统报表的审核上报工作做到了及时、准确、零差错。

3. 积极配合分局做好人民来信核查工作。今年共计核查6件人民来信，根据来信反映较多的信贷管理等方面的突出问题，及时向法人机构下发监管提示，要求完善相关制度，加强制度落实和问责，提升了信访核查的深度和成效。

4. 扎实做好其他各项工作。认真开展“两学一做”学习教育活动，积极参加各项党课、廉政课、支部学习等研讨交流活动，提高了党性意识，增强了党纪观念，促进了各项工作的依法有序开展。认真做好兰陵农商行、兰陵村镇银行2015年度监管评级初评工作。组织开展了辖内银行业金融机构2015年度审慎监管会议和高级管理人员年度履职考核，指出了存在的问题和风险点。配合有关部门认真做好金融扶贫和结对帮扶工作。积极配合金融办开展县域互联网金融风险整治和打击非法集资工作，优化县域金融生态环境。

【风险防控】 1. 积极推动债委会机制在县域银行机构的有效落实，做好辖内重点企业信贷风险防控工作。根据省局、分局下发的文件要求，针对兰陵县3家风险企业，指导县农发行、建行和中行分别召开债权人联席会，加强银行间协作，化解企业风险，维护银行债权，积极加强与政府、银行协调沟通，指导各行加强与债权主席行的沟通配合，密切关注法人机构相关贷款风险状况，及时做好风险防控工作。今年以来，监管办共计调度债委会运作情况4次，定期报送相关统计数据，推动了相关监管要求的落实，重点企业信用风险得到有效控制。

2. 持续加强资产质量。监管办按月按机构建立不良贷款台账，加强对不良贷款管理的跟踪调度和专项分析。同时督促指导法人机构实施不良贷款台账管理，加大清查不良贷款，重点加强对关注贷款占比、逾期贷款占比的持续监测。督促农商行隐性不良全面入账反映。落实资产风险分类责任，健全资产质量管理长效机制，着力解决藏匿、虚报和人为随意调整不良贷款问题。截至12月末兰陵农商行不良贷款余额13195万元，较年初下降1304万元，不良贷款占比1.51%。督促兰陵村镇银行依法合规加快不良贷款的处置，确保完成年度处置计划。

3. 优化信贷结构。指导银行机构根据六类分策金融服务原则，立足市场定位，及时调整信贷政策，合理确定信贷投向和目标客户，该进的大力支持，该退的坚决退出。严格防控法人机构集中度风险，针对三季度末兰陵村镇银行最大十家客户授信集中度较高的问题，及时提示风险，做好风险预警和防控工作。

4. 积极防控流动性风险。督促兰陵农商行、兰陵村镇银行2家法人机构密切关注市场流动性变动情况，采取有效措施提高流动性管理水平，确保日常经营活动的流动性需求。针对兰陵农商行1月末流动性比例低于25%的监管底线，下发监管提示，要求农商行高度重视流动性风险，加强对现金流预测分析，找准流动性风险管理中的关键部位和薄弱环节，提高流动性风险管理的精细化水平，严防流动性风险和支付风险。一是督导兰陵农商行提高流动性管理的前瞻性。针对法定准备金缴存等多种因素对流动性的影响，做好每日资金预测和调度，提前安排足够头寸，保持充足的资金备付水平。二是提高资金运营的效益性，在保持流动性充足的前提下，逐月对金融市场部及投行业务部下达投融资计划，提高资金使用效率。同时督促其制定了金融市场业务资金运作流程，进一步规范了业务资金运作。三是统筹兼顾流动性与盈利性。要求两家法人机构根据资产负债变化情况，控制资产负债总量，调配期限结构，合理把握一般贷款、票据融资等的配置结构和投放进度，做到统筹安排，提高收益水平。四是指导开展流动性压力测试，完善应急预案，建立优质流动性资产储备，实现资产负债业务平衡发展。截至12月末两家法人机构主要流动性指标均符合监管要求。

5. 加强合规性风险和操作风险监管。根据分局“两个加强、两个遏制”回头看工作方案的相关要求，督导法人机构积极开展自查、督查及“上查下”工作。通过日常监管、人民来信、互联网金融风险专项整治摸底排查、“两个加强、两个遏制”专项检查回头看等开展的各项工作，针对法人机构在员工管理、信贷管理等方面存在的较多风险隐患，及时下发监管提示，要求切实增强合规意识和风险意识，切实加强员工风险排查，建立各层级员工违规违纪风险排查专项台账，加强追责问责和处罚力度；对人民来信反映出的问题要求机构严格问责，举一反三，加强问题整改和责任处理，提升内部管理精细化水平。

【法人机构改革】 针对农商行改革后公司治理不完善、内控机制不健全等问题，综合运用多种监管方式，持续深化法人机构改革。督促加强公司治理建设。督促农商行严格执行《公司章程》，明确“三会一层”治理架构、运行机制、职能职责，依法合规开展各项工作；督促指导“三会一层”规范履职，建立实施监事长履职情况定期报告制度，指导农商行制定了《高级管理人员薪酬延期支付实施细则》《监事会对董事会及其专门委员会、董事和高级管理人员的监督实施细则》《监事会对董事及高级管理人员的履职考核办法》等一系列制度文件。与部分董事、高管进行履职情况谈话，增强其履职尽责意识。

【提升金融服务能力】 1. 督导辖内金融机构下沉服务网点，增强对社区、小微企业和三农的服务能力。兰陵村镇银行增设兰陵县大仲村镇支行、兰陵县兰陵镇支行于9月正式开业；民生银行兰陵水岸金街社区支行12月开业。

2. 督导开展“走进访”活动，完善和创新基层金融服务，提高三农和小微企业金融服务水平。一是督导兰陵农商行把握市场定位，加大涉农贷款投放，截至12月末涉农贷款余额为665950万元，较年初增加67050万元，增长11.2%，高于全部贷款的平均增速0.48个百分点；累计支持小微企业732户，累计发放金额283251万元，小微企业贷款余额252238万元，较年初增加245256万元，增长10.77%，高于全部贷款的平均增速0.05百分点，有效缓解了小微企业融资难、资金紧张的困境。二是响应“大众创业、万众创新”的号召，创新推出了针对兰陵县外出人员的“思乡创业贷”，有效解决了在外经营的优质商户得不到有效信贷支持的难题。

中国人民银行兰陵县支行

【概况】 2016年，人民银行兰陵县支行在职职工24人。9月，内设机构调整为办公室、金融服务管理科、货币信贷调统科、金融稳定科。被县委县政府评为全县经济社会发展、平安兰陵建设先进单位。

【货币信贷政策】 兰陵县支行积极贯彻稳健的货币政策，信贷投放稳步增长。截至2016年末，全县银行业金融机构各项存款310.27亿元，较年初增加47.05亿元，同比增长17.87%；各项贷款193.47亿元，较年初增加26.26亿元，同比增长15.7%。一是切实发挥人行金融扶贫牵头作用。以兰陵办发〔2016〕11号文件印发《兰陵县金融助力脱贫攻坚工作实施方案》，截至2016年末，累计发放扶贫贷款436户，金额14941万元，其中，“富民农户贷”401户，1591万元，“富民生产贷”35户，13350万元。二是合理引导辖区金融机构加大信贷投放。引导辖区金融机构加大信贷投放力度，有效满足县域“三农”、小微企业融资需求。《金融时报》以《兰陵:金融助推蔬菜产业品牌升级》为题予以报道。三是加快金融发展与改革。启动地方法人金融机构宏观审慎评估管理（MPA）工作。探索试点贷款保证保险产品，建立起“政府+银行+保险”三方风险共担的融资模式。山东兰陵农村商业银行股份有限公司于2016年6月在银行间市场发行同业存单，实现我县金融市场金融产品零突破。

【金融管理与服务】 截至2016年末，兰陵县银行业金融机构共10家，分别是中国农业发展银行兰陵县支行，中国工商银行兰陵支行，中国农业银行兰陵县支行，中国银行兰陵支行，中国建设银行兰陵支行，中国邮政储蓄银行兰陵县支行，兰陵县农村信用合作联社，临商银行兰陵支行，兰陵村镇银行，中国民生银行兰陵支行。全县银行分支机构共103家，遍布全县各乡镇。兰陵县建成657个农村金融综合服务点，实现了行政村全覆盖。一是加强账户管理，2016年共开立基本存款账户1014户，开立专用存款账户56户，开立临时存款账户5户，办理各类账户销户502户。二是认真做好国库核算工作，2016年共完成预算收入74390笔，金额328265万元，预算支出6794笔，金额556053万元；退库455笔，18312万元，更正84笔，金额18494元。三是加强征信管理，2016年企业信用报告查询393份，个人信用报告查询29302笔，按照规定上缴个人信用报告查询费23700元。四是认真做好反假工作，2016年共收缴假币4015张，金额306282元。

【外汇管理与服务】 截至2016年末，我县共有贸易进出口企业76家，共计办理贸易进出口业务9301笔，贸易进出口金额31632.07万美元。其中，贸易进口业务353笔，贸易进口金额4503.12万美元，贸易出口业务8948笔，贸易出口金额27128.95万美元。

中国农业发展银行兰陵县支行

【概述】 中国农业发展银行兰陵县支行（以下简称农发行兰陵县支行），是农业政策性金融机构。其主要任务是：以国家信用为基础，筹集农业政策性信贷资金，承担国家规定的农业政策性和经批准开办的涉农商业性金融业务，代理财政性支农资金的拨付，为农业和农村经济发展服务。设有办公室、客户部、会计结算部3个部室，共有工作人员17人。

【资金组织】 2016年，紧紧围绕科学发展为主线，坚持审慎积极的营销策略和分类管理措施，严把贷款准入关口，支持优质客户贷款需求，全年发放贷款164000万元，其中：政策性贷款140000万元，商业性贷款24000万元。大力发展存款和中间业务，各项存款余额63853万元。充分利用现有网络优势，积极拓展业务经营，增加中间业务收入，累计中间业务收入95万元。

【经营管理】 2016年，农发行兰陵县支行把强化内部管理，严格防控风险摆在突出位置，力保风险可控，业务健康运行。对客户分类、评级、系统操作等方面进行规范，完善贷款调查管理，严格信贷准入。充分发挥CM2006信贷资产管理系统、信贷风险管理预警系统、中国农业发展银行综合报表管理系统等电子信息管理系统的作用，有效提高了全行信贷风险管理的质量。建立并完善了各类风险管理制度，开展贷款客户风险排查工作，对贷款客户进行分类排队，对限制类客户开展实时跟踪监测，确保信贷资产安全。认真执行综合柜员制，严格执行各项规章制度和综合业务操作规程。积极组织开展岗位练兵，提高员工技能。加强内部核算管理，规范操作各项业务完善经营绩效考核，按月开展财务分析和预测，挖掘增收节支潜力。年末，贷款余额164000万元，各项存款余额63853万元，实现利润3704万元，贷款余额创历史新高。

【党建工作】 紧紧围绕保持和发展党的先进性和纯洁性，扎实开展党的群众路线教育实践活动。按照“照镜子、正衣冠、洗洗澡、治治病”的总要求，以为民务实清廉为主题，以“反对四风、服务群众”为重点，进一步加强作风建设，通过入企业、入村走访、座谈了解企业诉求、倾听群众呼声，加强与群众的密切联系。全体党员、干部自觉加强党性修养，严格贯彻落实“八项规定”要求，党的群众路线的自觉性和坚定性不断增强，全心全意为人民服务的意志更加坚定。

【队伍建设】 2016年，以党的十八大和十八届三中全会精神为指导，认真贯彻落实习近平总书记系列讲话精神，引导全行干部职工牢固树立“领导为群众服务，全行为客户服务”的工作理念，以深入开展企业文化建设为切入点，努力践行核心价值体系和管理文化，努力提升服务质量和窗口形象。组织员工学习先进人物事迹，进一步提高干部职工的思想道德修养和埋头苦干，求真务实的工作作风。积极开展业务培训及业务知识比赛活动，提高员工综合业务素质；积极参与“慈心一日捐”和“献爱心”活动，全行员工捐款4000元；深刻学习领会 “至诚服务、有效发展、以人为本、构建和谐”的核心理念和“忠诚事业、埋头苦干、严细管理”的特色管理文化内涵，营造“勤于学习、甘于奉献、团结和谐、快乐工作”的文化氛围。

中国工商银行兰陵县支行

【概况】 中国工商银行股份有限公司兰陵支行内设机构设立四部一室一所，即营业部、风险部、市场一部、市场二部、办公室、第三储蓄所，全行在岗职工40人，其中党员20人。

【存款业务】 截至年末，人民币各项存款（含同业)余额128544万元,较年初增加19591万元。其中：储蓄存款余额94645万元，较年初增加12408万元；公司人民币存款余额15835万元，较年初增加1477万元，机构存款余额18062万元，较年初增加5705万元，同业存款余额20万元，较年初持平。

【贷款业务】 截至年末，各项贷款余额102187万元。公司客户贷款余额57763万元，其中，小企业贷款余额22484万元。个人贷款余额44424万元，其中，住房贷款余额41195万元。存贷比达到80%。另外，年末银行承兑汇票余额1694万元，为业务进一步发展夯实了基础。

【内控管理】 兰陵支行将案件防范工作列为各项工作的重中之重，实现了常抓不懈，注重各项制度的落实。一是与各部、室、所及个人签订案件防范工作责任状，明确了各岗位的责任；二是认真落实各级检查发现的薄弱环节，及时进行整改，完善了内控管理制度；三是根据“三严”活动，每两个月召开一次案防会，查摆存在的问题和案防工作中出现的新情况，认真研究解决问题的措施和思路，案防工作方式与效果有了质的提高。四是对全行员工开展了重要案例通报、廉洁自律规定学习、行长讲案防、开展安全大整顿、到检察院教育基地进行革命教育等一系列警示教育活动，筑牢了员工案防思想防线。

中国农业银行兰陵县支行

【概况】 中国农业银行兰陵县支行内设5个部室、3个中心：公司业务部、个人金融部、运营财会部、综合管理部、风险管理部、清收中心、个贷中心、惠农通中心；辖属8个营业机构，分别为1个营业部、4个分理处（中兴分理处、古镇分理处、卞庄分理处、向城分理处）、3个二级支行（塔东支行、塔西支行、文化支行）；设立离行式自助银行3处（贵翔花园、代村、磨山）。在职员工142人，其中党员84人，女职工49人。

【存款业务】 到2016年底，各项存款余额39.4亿元，其中储蓄存款31.9亿元，对公存款7.5亿元。增量再创历史新高，增加6.16亿元。在四家国有银行中存量份额49%，增量份额53%，均居第1位。8个网点各项存款增长均在2800万元以上，其中营业部、卞庄、塔东、向城、塔西增长均超过5000万元。

【贷款业务】 各项贷款余额14.29亿元，跃居同业第2位，其中个人贷款7.63亿元，法人贷款6.66亿元。拓展政府购买服务项目贷款3个，增加贷款投放1.5亿元。个人住房贷款新增2.94亿元，总量翻了一番。各项贷款增加6.4亿元，居县域10家银行第2位。增量贷存比实现历史性突破，达到104%，全年清收不良贷款1054万元，系统内全市排名第1。

【不良清收】 不良贷款余额845万元，占比0.6%，创历史新低。累计清收不良贷款1495万元，委托资产实现归零目标。不良贷款余额下降899万元，占比下降1.61个百分点，实现“双下降”目标。农户贷款不良率2.98%，控制在市行预定计划之内。惠农信用卡压降到134万元，退出省行重点监控支行名单。

【中间业务】 一季度“春天行动”重点产品营销46项指标，有33项指标超额完成计划，居全市第2位。综合考评得分95.72分，排全市第1名，被市行授予2016年“春天行动”先进支行。实现中间业务收入2105万元，同比多收479万元，四行市场份额跃居第一。实现拨备前利润6067万元、拨备后利润5230万元，超额完成市行全年计划。新型“惠农通”服务点实现量质“双升”，开办服务点15个，留存资金1.5亿元。2016年获省行穿透式考核第5名，其中发展转型指标全省得分最高。

【党建管理】扎实开展“两学一做”学习教育，设立中共兰陵县委党校农行分校，建成党员活动室、活动区9处。选拔8名副职充实网点领导班子，推荐评定6个市行级党员示范岗，1个省行级党员示范岗。推广应用绩效积分管理办法，打造产品学习推广小组，创建微信群每天晒业绩，深化网点经营转型取得成效。有4名员工列入市行青年英才，1人获省行先进工作者，县行获得第五届省行“精神文明建设先进单位”荣誉。

中国银行兰陵县支行

【概况】中国银行股份有限公司兰陵支行，现有员工30人，内部设立综合管理部、业务发展部和营业部，下设一个二级支行——兰陵路支行。2016年，在市行党委的正确领导下，按照年初制定的工作思路，紧紧围绕市行对辖内支行绩效考核办法和条线、队伍考核办法，立足实际，扎实工作，取得了一定的成绩。

【业务开展】截至12月31日，人民币各项存款时点余额120588.92万元，较年初新增17495.29万元，列全辖第5名；其中储蓄存款余额55335.57万元，较年初增加8324.84万元，列全辖第5名，公司存款余额65253.36万元，较年初新增9170.45万元，列全辖第7名。

各项表内授信资产余额96197万元，较年初负增长1325万元，其中公司贷款余额53624万元，较年初负增长9001万元，个人授信余额50432万元，较年初新增7676万元；公司贷款下降的主要原因是中钢山东矿业转债6227万元。

不良余额586.89万元，其中公司不良余额399万元，较年初增加399万元，个贷不良余额114.6万元，较年初增加30.5万元，银行卡不良余额72.89万元，较年初下降66.74万元；不良率0.61%，较年初提升0.38个百分点。

经过艰辛的沟通和努力，中钢集团山东矿业有限公司债务重组方案成功落地，其中留债1772万元，债转股6232万元。

实现营业收入4514万元，非利息净收入967万元，拨备前利润3596万元，税后利润2554万元。

【内控管理】一是成立内控管理领导小组，建立岗位责任制，明确岗位工作责任和权限。二是建立内控培训制度，每日晨会进行“一分钟风险提示”学习，每周集中进行新产品、新流程的学习，并进行测试，使员工业务知识和合规意识得到不断提升。三是实行定期不定期的检查，将检查结果与工作进程挂钩，保证了全年无安全事故发生。

【队伍建设】按照市行机构、条线考核办法，制定了部门经营管理目标承诺制实施意见，加大奖励力度，能者多劳、多劳多得，提升部门的综合贡献度；进一步提升员工队伍大局意识、责任意识、规则意识、营销技能、协调配合、业务。

进一步加强职工之家、食堂建设，提升改造，完善功能，解决职工后顾之忧，让职工全身心的投入到工作中去。今年相继为职工之家安装智能跑步机两台、健身自行车两辆，方便员工在工作之余强身健体，休闲娱乐。拓展等综合能力。

中国建设银行兰陵县支行

【概况】 中国建设银行股份有限公司兰陵支行为正科级金融单位，内设二部二室一处，即公司业务部、个人业务部、办公室、营业室、塔山分理处。设立党总支委员会，下设五个党支部。现有人员编制70人，其中在职50人，内退、退休人员20人。

2016年，在县委、县府和上级行党委的正确领导下，在县人行、银监部门的大力支持帮助下，建行兰陵支行全面贯彻执行党和国家的金融方针政策，创新思路，明确支持重点，优化金融服务，强化内部管理，防范金融风险，各项业务持续健康发展，全力支持了兰陵县经济发展建设。

【业务开展】 到2016年末，一般性存款余额158015万元，较年初新增16103万元；各项贷款余额171375万元，较年初新增22875万元。实现中间业务收入1742万元，实现账面利润4958万元。不良贷款余额16.7万元，不良贷款率0.011%，风险防控能力有了较大提高，资产质量在系统内及当地同业均居前列。

【内控管理】 在各项业务健康快速发展的同时，建行兰陵支行将平安建行创建作为各项工作的重中之重，一手抓业务发展，一手抓案件防控，切实加强操作风险管理，把上级行的各项制度要求落实到每一名员工、每一个产品、每一个环节，对全行员工开展了一系列警示教育活动，筑牢员工案防防线，确保了各项业务合规健康发展。

山东兰陵农商银行

【概况】 山东兰陵农村商业银行股份有限公司（以下简称兰陵农商银行）是经山东银监局批准，在原苍山县农村信用合作联社基础上变更组织形式设立的股份制商业银行，实行一级法人、统一核算、分级管理、授权经营的管理体制，注册资本4.2亿元，在岗员工565人，设有综合部、人力资源部、信贷管理部、合规部、公司业务部、财务会计部、科技部、业务发展部、资产管理部、监察保卫部、审计部、资金营运中心、资产经营中心、贷款调查中心、贷款审查审批中心等15个职能部门，辖1个营业部、29个支行、18个分理处，机构网点遍布城镇乡村，是兰陵县营业网点和从业人员最多、服务范围最广、业务规模最大的综合性金融机构。

2016年，兰陵农商银行紧跟县委县政府经济发展部署，牢牢把握“转型升级”主题不动摇，以支持县域经济发展为己任，强化服务“三农”市场定位，创新实干，锐意进取，整体经营运行稳健，提质增效显著，主要经营指标创历史最好水平。实现经营利润4.43亿元，缴纳各类税金6740万元，居全县第7位，被县委县政府授予“全县经济发展功勋企业”称号，被省联社临沂办事处授予“2016年度经营管理先进单位”称号，继续保持省级“文明单位”称号。2016年度经营管理综合考核居全市农商银行第1位、全省农商银行第2位，被评为A类法人机构，综合实力居全省农商银行第5位，人民银行宏观审慎评估（MPA）为A档机构。兰陵农商银行的社会地位、声誉和形象进一步提高，发展能力、综合实力跃入全省农商银行前列。

【贷款业务】 兰陵农商银行推出小额农户贷款、信用联盟贷款、“安居贷”住房按揭贷款、个体工商户贷款、中小企业贷款、下岗失业人员小额担保贷款、福农卡小额贷款、“车易贷”汽车消费贷款、权利抵质押贷款、社团贷款、贴现、转贴现等贷款业务。至 2016 年末，各项贷款 875108 万元，较 2015 年末增加 84728 万元，增长 10.72%。

【存款业务】 兰陵农商银行各营业网点开办个人活期存款、个人定期存款、教育储蓄存款、个人通知存款等个人存款业务和单位活期存款、单位定期存款、单位协定存款、单位通知存款、保证金存款等单位存款业务，并已实现全国联网和通存通兑。至 2016 年末，各项存款达到 1283890 万元，较 2015 年末增加 173567 万元，增长 15.63%。

【国际结算业务】 兰陵农商银行国际业务开办于 2009 年，由临沂兰山农村合作银行代理，目前已开办以美元、日元、港币、英镑、澳元等为主要清算币种的，汇款、托收、信用证等结算方式，和授信开证、进口押汇、出口押汇、打包贷款、出口商票融资等贸易融资业务，外币清算行有纽约花旗银行、德商银行、东京三菱银行、中银香港等国际知名银行，汇款路线畅通、快捷，美元汇款提供 24 小时清算服务。至 2016 年末，共开立国际结算账户 14 个，累计发生外汇结算业务 21 笔，金额 69 万美元。

【中间业务】 兰陵农商银行目前已开办存款证明、代收代付、代收取暖费、代理贵金属、代理保险、代收话费、代理国库、代理政府非税收入等中间业务。

【电子银行业务】 兰陵农商银行推出银行卡、短信通、个人网银、企业网银、手机银行（短信版）、手机银行（WAP 版）、手机银行（客户端）、微信支付、银联在线支付等多种电子银行产品，同时，积极推动流动金融服务进村入社区，每月开展次数不低于 10 次，大力布放 ATM、CRS 等现金类自助设备及“农金通”，将服务柜台搬到百姓家门口，实现客户足不出户，即可享受便捷高效的金融服务。截至 2016 年末，银行卡存量达到 71.17 万张，发展网上银行、手机银行客户达到 13.42 万户；电话 POS 有效终端 658 台；布放现金类自助设备 124 台，离行式精品自助银行达到 14 处，“农金通”269 台，累计开展流动银行服务 216 次，办理业务 1.4 万余笔，打通了农村金融服务“最后一公里”。

撰稿：惠祥臣　审稿：宋广辉

临商银行兰陵支行

【概况】 2016 年，临商银行兰陵支行在县委县政府的正确领导及社会各界的关心帮助下，坚持贯彻“服务兰陵经济、服务中小企业、服务城乡居民”的宗旨和“恪守信誉，竭诚服务，开拓创新，稳健发展”的思路，全行员工凝心聚力，攻坚克难，各项工作取得了突破性进展。截至 2016 年末，各项存款余额 26.6 亿元，贷款余额 21.87 亿元，存贷比达 82%，其中小企业贷款 15.43 亿元，为县域经济发展做出积极贡献。被总行授予“四好班子”“综合考评先进单位”“三化四无一优达标支行”；荣获“省级文明单位”“全市金融工作先进单位”“临沂市五四红旗团委”“平安兰陵建设先进单位”“全县经济社会发展工作先进单位”等荣誉称号，支行营业部还获得“临沂市十佳振兴沂蒙劳动奖状”“临沂市十佳女职工建功立业标兵岗”“临沂市三八红旗集体”等荣誉。

【深化合规建设，提升综合素质】 一是积极做好内控案防管理，始终保持案件防控高压态势，内控管理水平不断提升，确保了全年安全运营无事故；二是为加快“同业争先、系统创优”总体目标，修订了《综合绩效考核办法》《重点产品计价考核办法》等制度，最大程度激发了业务人员积极性，优化全行资源配置；三是不断推进人力资源优化，坚持以人为本，加强业务技能培训，定期组织集体学习，有效提高了职工工作效率及工作质量，此外积极开展爱心捐助、道德讲堂、牵手共建等各类政治文艺活动，全行内在素质和外在形象不断提升。

【唯实奋进，促进主体业务发展】 一是坚持存款立行，夯实存款基础。结合支行实际，成立营销小组，逐步提高各类存款的市场占有份额，增加了大量优质高端客户。抓大不放小，对目前规模还比较小、发展空间和潜力大的部分优质客户予以重点关注、谨慎扶持，长期的坚持，增进了与客户的沟通了解，也避免了客户流失。二是加大信贷投放，加快资产强行步伐。全年累计发放贷款金额 29.44 亿元，收贷收息率 100%。根据上级监管要求，对授信行为进行规范，建立了信贷人员准入制度，严格信贷第一责任人制度，严密贷款的调查、审查及审批手续，确保信贷调查材料真实有效。同时加强银企合作，积极跟进县里鼓励和引导的重点项目建设，做好资金配套工作。

【明确定位，做兰陵人民贴身银行】 临商银行兰陵支行始终秉承“培育优良队伍，提供优质服务，建设优美环境，创造优异业绩”的发展愿景，以“服务兰陵经济、服务中小企业、服务城乡居民”的服务理念，为县直各部门、各类大中小微企业和广大市民提供全方位、多功能、一体化、高效率的金融服务，为兰陵县域经济发展提供强有力的金融支持，致力于把兰陵临商银行打造成县委县政府的银行、企业的银行、父老乡亲的银行。

撰稿：朱汶娟

中国邮政储蓄银行兰陵县支行

【概况】 2016 年，中国邮政储蓄银行兰陵县支行内设 2 个部室：综合管理部和综合业务部。辖属 4 个营业机构，分别为 1 个营业部、3 个二级支行（尚岩支行、中兴支行、新区支行），自助设备 10 台。共有在岗干部员工 69 人，其中党员 19 人，女职工 32 人。

【贷款业务】 截至 2016 年底，全行信贷业务结余 4.36 亿元，全年发放 4.1 亿元，其中小额贷款年净增 1989 万元，商务贷款年净增 369 万元，消费贷款年净增 2.27 亿元，小企业年净增 925 万元。2016 年营销准入一手房楼盘 12 处，发放中医院贷 3000 万元，审批授信县人民医院贷款 3000 万。

【个人业务】 储蓄余额到达 7.5 亿元，比去年增加 1.13 亿元，保险完成 1491 万元，比去年增 926 万元，理财保有量达到 9387 万元。比去年净增 4208 万元，信用卡全年进件 1795 张。

【公司业务】 公司业务结余 1.77 亿元，本年净增 864 万元，完成年计划的 87.88%。

【资产质量管控】 资产保全工作全年清收 222 万，全行资产质量显著改善。

兰陵村镇银行

【概述】 山东兰陵村镇银行股份有限公司是经中国银监会批准筹建的股份制商业银行，于 2011 年 12 月 20 日正式开业，现有注册资金人民币1.6亿元。兰陵村镇银行始终坚持立足县域经济，秉承“服务领航，创新致远，真诚相伴，合作共赢”的发展理念，明确立足“三农”的市场定位，坚持“四个面向”原则，致力于为广大中小企业、“三农”经济和城乡居民提供全方位、多元化、高品质的金融支持和服务。

自2011年12月20日开业以来，该行牢牢把握“支农支小”的市场定位，求真务实、强化管理，开业5年多，存贷款规模分别达到10.15亿元和9.06亿元，下设10处营业网点，在职员工140余名，开业累计缴纳税款3500万元，累计投放贷款近36亿元，3000户农户、403家小微企业受益，逐渐由一个寂寂无名的小银行，成长为积极支持兰陵建设，深刻影响本地百姓经济生活的全新金融力量。

【业务开展】（一）走差异化、特色化发展之路，做大银行不愿意做的“小业务”。一是明确市场定位，提高涉农、涉小贷款比重。不断调整信贷结构，坚持“有保有压”“有扶有控”“区别对待”的原则，将信贷资金重点投向个体工商户、小微企业和“三农”领域，提高涉农、涉小贷款占比。截至2016年12月末，该行涉农贷款余额90083.61万元，占比99.42%。二是坚持“小额分散”原则，做大金融零售业务。充分发挥方便、快捷、灵活、绿色的优势，做大零售业务，同时注重防范化解贷款集中度风险。截至2016年12月末，该行共计发放贷款1943笔，支持农户、个体工商户、小微企业及城镇居民共计1905户，其中，50万元以下的小额贷款1627笔，占比83.74%。三是成立公司业务部，充分发挥决策链短、机制灵活的优势，不断拓宽小微企业贷款业务受理、调查、审批权限，提高小微贷款业务的灵活性，积极引入担保中介，放宽融资担保渠道。开业以来，该行先后为5个工业园区、3个产业集群、2个大型专业市场的上百家小微企业提供贷款、银行承兑汇票业务服务，促进了小微企业成群连片发展。

（二）网点下沉，进一步完善农村金融服务。一是为打通农村金融服务“最后一公里”，该行以平均每年开业2家支行的速度，由近及远地推进金融服务下沉。2016年9月，随着兰陵、大仲村支行开业，填补了该行在兰陵县北部和南部的金融服务区域空白，实现了10家营业网点对兰陵县重点乡镇的全方位覆盖，缓解了农村基础金融服务的需求矛盾。二是开展“扫街”营销，实行全面走商区、进社区、入乡镇，“扫街式”服务，对市场进行了细分，先后对20余个市场，2000多家商铺进行了走街营销。三是大力开展金融知识宣传活动。该行主动送服务、送知识进村入社。不断拓宽宣传渠道，创新宣传手段，深入大众、广泛宣传，向农民介绍基础金融知识，引导农民科学合理使用银行产品，提升保障自身财产安全的意识和能力。开业至今，深入开展反洗钱、反假币、消费者权益保护等方面的金融知识宣传达100多次，发放宣传材料20000余份。

（三）完善支付结算渠道，提高金融服务水平。2014年12月，网上银行上线，2015年5月，银行卡、ATM业务上线，目前，手机银行、微信银行已完成测试，正式上线后，账户管理、账户查询、交易查询、定活互转、动账提醒等掌上服务使支付结算更加畅通，满足了广大客户的金融需求。

【合规管理】 一是加大现场检查频率和处罚力度。该行设立审计合规部，按季度进行内部审计和非法集资风险排查，下发检查通报20余次和风险提示3次，对重点风险案例开展了独立分析和警示教育，对违章操作实施了经济处罚，累计处罚120人次，经济处罚8万元。二是按月、按季对合规风险进行评估、监测，提出风险预警和化解措施，按照监管部门要求，及时上报各类报表和报告。三是强化贷款风险管理，保证资产质量。充分发挥贷款审查委员会的职能作用，对大额贷款进行集体审议，构筑贷款安全防线，未通过贷款130余笔，金额达1000万元；加大贷款“三查”管理力度，强化信贷业务合规操作意识，发现贷款风险趋势，提前预警提示，杜绝不良贷款发生。四是建立和落实“双线”风险防控责任制。行长与各部室经理及各支行行长签署“双线”风险防控责任书，明确要求各部门、各支行要认真落实各项风险防控责任。五是加强安全工作。下发关于安全保卫工作的通知6份，包括防火、节假日安保、自助设备管理、异常天气提醒等内容；每季度组织开展全行性的消防安全演练一次，累计应急预案演练40余次，参演人次500余次；2016年12月，“天网工程”正式投入使用，实现了24小时无缝隙、全覆盖、关键岗位、重点环节的实时监控，提升了风险、案件防控水平。

中国人民财产保险股份有限公司兰陵支公司

【概况】 2016年，在县委、县政府的正确领导和金融办的具体指导下，中国人保财险兰陵支公司始终坚持“治司先治党、治党必从严”的工作理念，抓党建带队伍，聚人心促发展，在服务临沂经济社会发展大格局中干事创业，保险职能充分发挥，自身不断发展壮大。公司设立14个部室，编制内员工38人，销售人员180人，拥有一批具有丰富经验的管理人才和遍及业务链每个环节的技术人才，掌握着业务核心技能且爱岗敬业、团结奋进的员工队伍，可以为客户提供全方位、高品质的保险保障服务。2016年度荣获平安兰陵建设先进单位荣誉称号。全年缴纳税费983万元，位居全县纳税百强企业前列。

【业务发展】 2016年，实现保费收入7149万元，同比增长18.59%，综合成本率92.06%，人均保费收入204.28万，应收保费率2.12%，行业市场份额第一。成立至今，公司已累计承担社会风险近680亿元，处理各类赔案44000余起，保险赔款近4.3亿元，使受灾集体和个人及时恢复了生产，重建了家园，为兰陵经济发展、社会稳定、造福民众、构建和谐等方面做出了积极的贡献。

【服务民生】 （一）借助“新国十条”颁布的契机，主动作为，大力发展三农保险，积极推进支农融资，全力助推精准扶贫，深入拓展大病保险，加快发展责任信用保险、巨灾保险，创新模式，服务民生，充分发挥了大型国有骨干保险的社会稳定器、经济助推器作用。

（二）推出残疾人意外伤害险。针对残疾人群中贫困人口较多的情况，立足解决残疾贫困人员的生活、就业后顾之忧，本着保本不亏、低费率高保障的原则，为30225名残疾人提供17.16亿元风险保障。

（三）主动支农惠农，积极投身新农村建设，充分利用上级公司基层建设年的政策机遇，同时，积极开办政策性农险业务，对稳定农业生产、促进农民增收起到积极作用。初步实现了从支农、惠农到富农、强农的功能转变。

撰稿：刘　宇

中国人寿保险股份有限公司兰陵县支公司

【概况】 中国人寿保险股份有限公司兰陵县支公司隶属于中国人寿保险股份有限公司，总部位于北京，推出主导市场的100多个种类的保险产品，可以针对企业、家庭和个人等不同客户群体的需要，提供全方位、多层次、专业化、完善的保险服务。

公司向个人及团体提供人寿保险、健康保险和意外伤害保险产品，涵盖了生存、养老、疾病、医疗、身故、残疾等多种保障范围，全面满足了客户在人身保险领域的保险保障和投资理财需求。

同时，公司推出了多款针对农村市场的保险产品，其中，新简身险被业界称为“服务新农村建设第一险”和“惠农第一险”；与省老龄委联合推出的银龄安康工程被称为“民心工程”“惠民工程”。为顺应服务三农、建设社会主义新农村的要求，公司不断推进保险“三进入”即“进农村、进社区、进学校”工作，公司员工不断深入农村，系统宣传保险知识，帮助农民找到转移和化解风险的方法和途径，提高了农民防灾防损的能力，解决了农村“险有所防、病有所医、老有所养、财有所理”的后顾之忧。

2016年，总保费收入为2.38亿元。

【业务情况】 经过公司多年的用心经营，保费规模逐步提高，业务结构也日趋合理。2016年业务结构情况为：首年保费10768万元，首年期交6219万元，10年及上期交3857万元，短险1980万元。

【赔付情况】 公司在积极拓展业务的同时，坚持信守保险承诺，积极做好理赔服务工作，确保售前、售中、售后（理赔）服务，在社会广泛关注的案件理赔上，继续优化理赔服务，制定限时结案承诺，在材料齐全的前提下确保理赔时效，并直接由银行汇款到客户指定的帐户上，有力地促进了经济社会发展，稳定了人民群众生活，减轻了政府财政负担。

2016年赔付情况表

项　目	金额（元）
赔付支出	97555453.41
其中：死亡给付	2948690.05
伤残给付	90000
医疗给付	1495447.96
满期给付	79539679.05
年金给付	6403873.16
赔款支出	7077763.19

科学技术

综　述

【概况】 2016年，兰陵科技工作全面落实县委、县政府的工作部署，加强重大科技项目建设、先进技术引进，大力发展高新技术产业，积极推动科技成果招商及转化对接，科技创新工作取得了较大突破，为全县经济社会发展提供了有力的科技支撑。2016年全县研发投入4.5亿元，占GDP比重为1.23%，较去年增长了0.27个百分点。一是突出产业技术创新，大力推动产业转型升级。重点围绕新材料、先进装备制造、生物医药、清洁能源、医药化工等重点领域组织实施一批技术研发、成果转化示范项目。二是突出科技载体功能提升，加快创新创业平台建设。通过创新平台集聚创新要素，有效促进创新成果转化，为经济转型升级和持续发展提供了有力保障。三是突出企业创新主体地位，注重培育壮大科技型企业“生力军”。在高新技术企业、创新型企业、科技型中小企业的培育和发展上下工夫，打造创新型企业集群。四是突出“产学研”合作，持续推进县内企业与国内外科研院所及高校的合作，筹备建立时效性强的科技成果转移、交易服务平台，引进高层次人才和先进技术成果。

【高新技术产业】 全县围绕机械制造、矿产开采、新材料、生物医药、化工等重点支柱产业，坚持以技术创新为前提，通过加大对高新技术成果转化，加快运用高新技术改造提升传统产业，延长产业链条，发展高新技术产业。2016年全县高新技术产业产业产值占比20.90%，提高了1.08个百分点。组织山东普金肥料有限公司和希杰荣庆物流有限公司再次申请认定为国家高新技术企业。希杰荣庆物流有限公司被评为全市十佳创新企业。全县重点实施的高新技术产业化项目主要有：山东史贝美肥料开发有限公司研发的“生物转化处理农业、工业、生活垃圾等有机废弃物的资源化再利用”项目，山东邦尼新建材有限公司研发的“多功能玻璃纤维复合材料装饰板研发及产业化”项目，荣庆物流与临沂大学联合研发的“基于过程控制的冷链物流干线运输管理系统”项目，山东凯森制药有限公司和山东省中医药研究所联合研发的“治疗特发性肺纤维化一类新药-1-(4-氟苯基)-5-氘代甲基吡啶-2（1H）-酮的研究”项目，山东恒盛隆建材有限公司承担的“硫酸钙防静电地板（基材）的研发与产业化推广应用”等项目，这些项目的实施为企业创造了较好的经济效益，也为全县企业开展科技创新工作起到了积极的示范作用。

【产学研合作】 为认真落实县政府《关于加强产学研结合提高自主创新能力的实施意见》，科技局在巩固提高原有产学研合作的基础上，不断开拓新的产学研合作领域，在合作机构建设、合作项目、共建合作基地等方面，实施以企业为主体，以项目为纽带，以科技创新平台为支撑的工作方针，积极引导企业与国内高等院校、科研院所开展合作，拓宽产学研合作面，在建立产学研合作创新平台上下功夫。开展走出去请进来活动，推动企业广泛开展产学研合作。2016年考察国内外科研院所、高等学校、知名企业等180余家，签订产学研合作协议80余项，新建科技创新平台3家，累计引进院士、“千人计划”专家、“泰山学者”等高层次人才19人。兰陵县人民政府分别与中国农科院、中科院重庆绿色智能技术研究院、山东科技大学、青岛农业大学等签订产学研合作协议，普金肥料、凯森制药建立了企业院士工作站，新筹建了德隆机械葛昌纯院士工作站和蔬菜产业集团方智远院士工作站，促使国家千人计划专家朱锦博士、赵忠熙博士、张中标博士的云塑高分子改性塑料、盈熙生物医药、津兰特种聚合物高分子材料等一批具有核心关键技术的高新技术产业化项目相继落地。

【农业科技】 全县农业科技以加强农业科技改革创新为基础点，以提高农业资源利用效率和优化科技服务职能为出发点。2016年兰陵县拥有各类农业科技示范园区24家，其中省级农业科技示范园1家，园区从业人员30000多人，农作物良种覆盖率达到98%，科技对农业的贡献率达到55%，为兰陵县农业发展起到了很好的示范带动作用。在政策、技术、资金、服务等方面加大了工作力度和深度。实施了农村科技信息“村村通”工程、科技特派员工程、农民科技培训工程等的惠农工程，为农业和农民发展经济提供了全方位、多渠道的技术传播通道和技术依托支持。开展科技精准扶贫工作。整合科技力量，做好“三区”科技人才选派工作，建立了一支专兼职结合的科技精准扶贫指导人员队伍，通过组织“田专家”“土秀才”、致富能手以定点、巡回、技术承包等形式，为贫困村传授技术和致富经验。

【知识产权】 兰陵县知识产权局着力开展知识产权执法专项行动和知识产权宣传活动。加强专利执法专项行动，整合执法资源，优化执法条件，完善执法协作机制，严厉打击假冒专利行为和涉及专利的诈骗行为，营造有利于市场主体创新的法治环境、市场环境和文化环境。发放专利基础知识和专利法规资料，让社会大众充分认识到自主知识产权的重要性。加大专利扶持资助力度，推进企业专利创造活动，鼓励企业实施专利技术交易和引进，重点开发一批具有自主知识产权的核心技术，培育一批科技含量高的新产品、优势企业和知名品牌。举办全县专利知识培训班，扶持、引导和鼓励企业积极申报专利。2016年，兰陵全县发明专利申请69件，同比增长27.78%，发明专利授权46件，同比增长318.18%，增长率居全市第一位。

防震减灾

【概况】 兰陵县地震局是兰陵县政府直属事业单位，编制5人。承担着全县地震监测、震害防御、应急救援和地震科普宣传等各项职责。所辖省、市级震情宏观监测站10处、地震预警点17处、地震科普示范学校5所。全县防震减灾各项工作位列全市先进行列，连续多年保持全省地震行政审批红旗窗口和全市防震减灾工作目标责任制考核优秀奖等荣誉称号。

【地震监测】 为切实搞好地震监测工作，加强对地震工作的领导，根据人员变化和调整情况，进一步充实和调整了防震减灾领导小组和“三网一员”组成人员。对群众反映的地震宏观异常，及时组织人员进行落实。全年共组织落实宏观异常2次，有效地消除了不安定因素，维护了正常的社会秩序。为改善地震观测环境，进一步提高监测质量和水平，于2016年3月中下旬勘址上报省级地震预警站点17个，其中基本点1个、一般点16个。先后投资1.5万元完成了车辋镇许山套观测站观测房建设和尚岩镇政府观测站自动化仪器升级改造，提升了观测数据质量和效率。

【震害防御】 2016年参与全县重点建设项目监管指导10次（如采矿区治理、非煤矿山整治、农村危房改造验收等），督导办理抗震设防事项40余项，县政务大厅地震局行政审批服务窗口在全省地震系统效能考核中继续保持全省地震系统红旗窗口称号。10月份协助中国地震局有关专家，完成了磨山镇、庄坞镇、下村乡重点村庄的农村民居抗震设防基本情况入户调研和信息采集。

【地震应急】 2016年先后组织参加市、县级地震应急演练7次。5月15日与7月22日参加全市单兵设备和应急通讯地震演练2次，7月7日参加全县安全生产应急演练1次。积极完善应急避难场所建设，有效提升了全县的应急避险能力和水平。

【地震科普宣传】 为切实搞好每年度5•12、7•28等防震减灾纪念日和宣传周活动，努力提高全社会的防震减灾意识和能力，增强自救和互救水平，2016年共开展各种形式的防震减灾知识科普宣传活动20余次，印发防震减灾知识宣传材料1.2万余份，制作宣传展板16块，出动宣传车辆20余次，播放防震减灾知识宣传视频10余次，受教育群众5万余人次。

【勤政廉政】 结合“两学一做”学习教育和“结亲连心”“精准扶贫”和选派“第一书记”任职等活动，认真开展反腐倡廉、勤政廉政和反对“四风”，严格执行中央八项规定。认真学习习近平总书记系列讲话精神，努力为群众办实事好事。通过“结亲连心”“精准扶贫”等活动，走访慰问和帮扶坦上集群众155户，先后投资5万元支持包扶村建设文化广场，改善村容村貌，开展结亲走访群众300余人次，为群众捐送慰问生活物资价值2万元。9月份为选派“第一书记”村协调资金5万元，加强村庄道路及基础设施建设，受到群众好评。

撰稿：常永忠　杨飞

气象工作

【气候评述】 兰陵县属于暖温带半湿润大陆性气候。寒暑交替，四季分明，冬季漫长、寒冷少雪、春季温暖、干旱多风、夏季湿热、光照充足、雨量充沛、秋季凉爽、昼夜温差大。

2016年气候特点：平均气温14.8℃，较历年偏高1.1℃；年极端最高37.5℃，出现在6月24日，较历年偏低3.2℃；年极端最低-17.7℃，出现在1月24日，较历年偏低0.5℃。年降水量824.0毫米，较历年偏多10.1毫米，距平百分率1%。年日照时数2148.7小时，较历年偏多14.9小时，距平百分率1%。年一日最大降水量151.5毫米，出现在6月23日。1月受冷空气和降雪影响，我县境内22—25日出现道路结冰影响交通。

【气象灾害】 2016年全年降雨偏多10.1毫米，山区、丘陵出现了轻微的旱情，导致我县水利工程蓄水略微偏少。年内我县雾霾天气频繁出现，以冬、春、秋三季较为严重，对空气质量、交通运输和人体健康产生一定影响。

【气象服务】 2016年在气象服务工作中，坚持24小时业务值班。预报准确率保持了较高的水平，特别是短期气候趋势预报准确率较去年同期有较大提高。完成地面测报工作基数，错情率为0.0‰；一般降水预报准确率和晴雨预报准确率均达到99%；2016年完成乡镇区域气象自动站升级改造，各类气象资料传输及时准确，保证了气象服务的可靠性，杜绝了重大责任性事故发生，安全渡过汛期。

我们在提高预报准确率的同时，更加注重服务手段的多样化，增强服务的主动性与及时性。遇有关键性、转折性、灾害性天气时采用书面、电话、电视、电子显示屏、短信等形式及时向各级领导和有关部门报告，并做好跟踪服务。2016年制作麦收预报、蒜苔收获期间预报、周报和节假日预报、高考预报、中考预报、菜博会气象服务专报，共计147期；通过手机短信预警平台发布决策服务信息近两万余条，共发布、解除相关气象预警信号89次；针对旱情积极实施火箭增雪（雨）作业4次，共发射WR-98型火箭弹16枚，有效缓解了旱情；同时利用手机短信对县委、县政府有关领导发布重要天气过程服务短信；为服务单位、气象信息员发送天气预报和重要天气公告，用实际行动展现了兰陵气象人对服务的承诺。

2015年主要气象指标情况统计表

月份	降水量（毫米）	日照时数（0.1h）	气温（0.1℃）			风速（m/s）	
			极值最高气温	极值最低气温	平均气温	平均	最大
一月	6.0	129.0	14.0	-17.7	-1.5	1.8	8.0
二月	22.0	171.2	17.2	-10.6	2.7	1.8	8.5
三月	0.9	214.6	23.4	-4.9	9.8	2.0	8.2
四月	32.2	196.1	30.0	3.3	16.6	1.9	9.2
五月	71.7	216.4	31.1	7.3	20.3	1.8	9.4
六月	207.6	225.0	35.6	15.8	24.8	1.7	8.5
七月	135.8	204.9	37.5	18.4	27.4	1.7	8.5
八月	55.6	228.6	35.4	15.2	27.5	1.9	7.6
九月	100.4	191.0	34.8	13.3	22.9	1.5	8.8
十月	137.0	92.6	27.7	2.5	16.2	1.7	7.5
十一月	4.7	150.7	21.8	-7.6	8.0	1.5	9.2
十二月	50.5	128.6	14.5	-6.6	2.8	1.4	7.2
全年	824.4	2148.7	37.5	-17.7	14.8	1.7	9.4

无霜期日数218天。

教　育

综　述

【概况】 2016年，全县共有各级各类学校304所，其中，公办学校　281所，民办学校23所。在公办学校中，共有普通中小学277所，其中，高中4所、初中28所、小学244所（其中驻地中心小学32所、学区小学155个、教学点57个）、九年一贯制（泉山实验）学校1所。另有职业中专、教师进修学校、电大兰陵分校、特殊教育中心各1所。全县共有各级各类幼儿园461所，其中公办幼儿园151所，民办幼儿园310所（其中已注册226所、未注册84所）。全县现有中小学在校学生220737人，其中，小学145420人（其中民办学校21294人）、初中58535人（民办学校15942人）、高中16782人、职业教育4328人、特殊教育252人。各级各类幼儿园在园幼儿总数为57419人（民办园幼儿45881人）。全县共有教职工9702人，按学段划分，小学教师5291人，初中教师2780人，高中教师1313人，中等职业教育、特殊教育和幼教教师318人。按教师职务结构划分，高级职称教师1004人，中级职称教师4643人，助级职称2552人，其它人员1503人。2016年，被县委、县政府授予　“全县经济社会发展先进单位”荣誉称号。

【持续改善学校办学条件】 按照省、市解决“大班额”问题部署要求，2016年初，县政府出台了《兰陵县解决城镇普通中小学大班额问题实施方案》（兰陵政办发〔2016〕1号），提出2015—2017年投资6.25亿元，新建、改扩建普通中小学35所（新建12所、改扩建23所），规划新建校舍面积38.7万平方米。其中，城区新建中小学校11所（小学5所、初中1所、九年一贯制学校2所、高中学校3所），总建筑面积33.5万平方米。2016年，围绕解决“人、钱、地”等问题实施工作已取得全面进展，规划实施的35所学校建设项目，有30所学校已开工建设，其中城区11所新建学校工程，兰陵五小已经投入使用，另有兰陵十中、兰陵八中、卞庄三小、兰陵六小、兰陵七小、兰陵七中等学校已开工建设，其他项目正在全力推进。推进实施全面改薄工程，重点围绕解决校舍不足、无取暖设施、学生住宿就餐、运动场地改造和教育扶贫等问题，集中财力改善农村学校办学条件。全县共下达、完成了61所学校的66个全面改薄校舍建设项目，规划建筑面积3.4万平方米；投资

2016年11月14日，兰陵县接受义务教育发展基本均衡县国家评估认定

378万元实施改造了15个运动场；投资3201万元购置了教学仪器设备3955台（件）和部分学校取暖设施。围绕义务教育均衡发展，按照省政府督导组反馈的整改意见，针对薄弱环节和存在问题，先后投资910万元进一步加强了学校运动场地和实验仪器、图书、电教等功能室建设。全县所有乡镇中学、中心小学和95%以上的学区小学操场实现了塑胶草皮化；272所学校完成了教育信息化设施、实验仪器、器材、音体美卫艺器材、图书的配备。2016年11月份，以全省第二名的成绩，顺利通过了国务院组织的国家义务教育发展基本均衡县评估认定。进一步加强高中学校基础设施建设，实施了投资2230万元、规划建筑面积1.86万平方米的兰陵二中改扩建工程。县教体局获得了临沂市"义务教育均衡发展工作""全面改薄工作"先进单位称号。

【加强师资队伍】 继续实施了"千名教师补充计划(2015—2017)",2016年新进教师524人,其中,公开招聘大学生428人、通过政府购买服务方式从民办学校原公办教师中招聘80人、引进外地在编在岗教师16人，共有394人补充到各乡村学校，有效缓解了教师队伍缺编缺额和结构不合理的矛盾。认真落实乡村教师支教管理制度，选派28名城区中小学优秀教师到长城镇初级中学等4所学校支教；建立健全了县内教干教师流动机制，交流教干教师437人，其中教干45人，教师392人，有效提升了乡村学校师资水平。强化师德师风建设，结合 "两学一做"学习教育工作，积极配合县纪委开展了"廉政文化进校园"活动，先后2次聘请县纪委领导作廉政教育专题辅导，组织8000余名教师与学校签订廉洁从教承诺书，进行公开承诺，接受广大师生监督，促进了师德师风转变。积极宣传优秀教师的先进典型事迹，召开了庆祝第32个教师节总结表彰大会，对全县213名优秀教师、145名优秀班主任、125名优秀教育工作者进行了表彰；推荐大仲村镇流井中学教师谢峰参评并获得临沂市第六届"最美教师"（十佳）称号；组织4人参加全市教育系统举行的"爱与责任铸师魂—我身边的故事"演讲比赛，3人获得一等奖。积极落实教师绩效考核制度，将职工年终一次性奖金纳入教师绩效工资量化分配，由教师所在学校负责量化考核和具体实施，较好地调动了广大教师的工作积极性。积极搭建培训平台，成功举办了全县首届中小学校长论坛，通过开展专题培训、"国培计划"、远程研修、"校长管理素养研修班"、各种教学竞赛等活动。不断完善教干教师培训体系，认真组织7000余名专职任课教师参加了暑期网络远程研修；组织教体局中层以上干部和全县中小学校长100余人参加了在南京师范大学举办的暑期教干研修班；对招聘的428名新教师开展了业务培训；先后8次选派教干教师1000余人次参加了市教育局组织的各类培训。高度注重骨干教师和学科带头人的培养，组织换届评选了第二届"兰陵名师"380名，每人每年给予1500元的津贴补助；突出发挥兰陵名师、骨干教师的带头作用，扎实开展骨干教师送教下乡和校际间片区联研活动，提升了基层薄弱学校的师资水平，促进了教干教师队伍整体素质的提高。

【提升教学质量】 强化对学校的监督指导，规范办学行为，建立完善了督学责任区，明确责任督学职责和任务，共有283名责任督学上岗，覆盖县内各级各类学校。围绕学校常规管理和特色发展科学设置考核指标，分学段修订完善了《2016年学校综合考核评估实施意见》，先后多次召开中小学学校管理工作调度会，11月份召开了初中学校管理现场会，推进提高学校管理水平；扎实推进学校精致管理，抓实抓牢学生管理、教师管理、安全管理和教学管理，强化学生学习内驱力，促进学校特色发展。9月底及12月上旬，分组对全县各乡镇中小学进行了学校精致管理工作暗访检查。着力加强学校德育工作，落实立德树人根本任务，以德育工作专题会、国旗下的讲话、主题班会、重大节日为契机，广泛开展了社会主义核心价值观和经典诵读等活动。1所学校获得市中小学国学经典表演电视大赛特等奖，2所学校获一等奖。向城镇兴明中学刘佳同学获得了临沂市“十佳最美青少年”的称号。大力加强学校艺体工作，积极开展学生大课间、课外文体活动等阳光体育运动，成功举办2016年中小学春季田径运动会，切实提高了中小学生体质健康水平。在市中小学生阳光体育运动会上，县第二实验小学男、女足球队分别获得小学男子组冠军和女子组亚军，县实验中学男子足球队获初中男子组冠军，兰陵二中女子足球队获得高中女子组亚军。其中，兰陵二中女子足球队获得山东省中学生运动会足球比赛第四名。12月份，《中国教育报》专题报道了兰陵县校园足球发展情况。

进一步确立了学校教学工作的核心地位，推行教学精细化管理，在课程管理、教学管理、作业管理、考试管理等方面实现规范化和精致化。紧紧抓住课堂教学这个主阵地，积极构建“高效课堂”，加大课堂教学改革力度，坚持因材施教，实施分层教学，倡导自主、合作、探究学习方式，继续推进实施语文主题学习实验，提高学生学习的积极性、主动性。积极探索实践“翻转课堂”“微课”等新型教学模式，促进现代信息技术与课堂教学深度融合。成功创建“山东省教科院教师发展研修基地”2所，“市级基础教育课程综合改革实验项目学校”5所，“语文主题学习实验学校”9所。深入开展“一师一优课、一课一名师”活动，各学段共向市教育局推荐287课，其中有242名教师获得市级优课。教育教学质量明显提升。2016年，全县高考重点本科过线人数增长43%、普本上线增加34%，实现了4连增；基础教育质量不断提升，中考进入全市前一万名学生比例增长14.3%；职业教育有了较快发展，县职业中专290名学生参加春季高考，全部升入高职院校；在全市职业院校汽车运用与维修技能大赛中有16人获得一、二等奖，位列全市县区第6名。在全市职业教育优质课比赛中，12人次获一、二等奖。其中，1名教师获全国中等职业学校信息化教学说课大赛二等奖。在市政府第二届教学成果奖评选中，有9名教师获得一等奖，12教师获得二等奖，18名教师获得三等奖。积极开展课题研究，全县县内共立项省级课题3项，市级课题21项，县级课题101项；结题省级课题4项，市级课题14项，县级课题42项。

【协调发展】 继续推进实施了“第二期学前教育三年行动计划”（2015—2017），积极扩增公办学前教育资源。先后下达实施了总投资3304万元、建筑面积2.5万平方米的15所公办幼儿园（附设园）新建、改扩建项目。突出加强了公民办幼儿园的规范管理，着力消除“小学化”倾向，先后2次举办大规模的幼儿园长培训班。加强对民办幼儿园的分类达标定级和安全管理，县政府办公室制定下发了《关于进一步加强学前教育机构登记注册和规范管理的实施意见》，县住建、消防、交警、工商、食药监、卫计、教体等7部门对全县29所民办幼儿园进行了登记注册，进一步规范了办园行为。成功创建省级示范幼儿园4所、市级一类园2所。义务教育在主抓资源均衡配置的同时，重点在规范办学行为、加强内部管理、推行课程改革、提升综合素质上抓落实、求突破。稳步推进普通高中招生制度改革，推进高中学校形成竞争格局，鼓励引导学校发挥自身优势，多样化特色发展。县政府设立了“兰陵云峰奖学金”，首期注入基金300万元，每年以基金升值金作为奖学金，用于奖励被“985”院校录取的全日制本科大学新生，共有31名优秀高三毕业生获得表彰。职业教育发展实现了新突破，投资1.6亿元的县职业中专新校于2016年春季开学投入使用，突出加强了重点专业建设，完善了学前教育、信息技术、数控、机电、汽车等5个专业实训中心的建设，建设专业实训室86口，形成了功能齐全、专业面广、规模较大的校内实训基地系统。进一步完善了职教招生体系，招收新生1826人，在籍学生达到4328人。不断创新办学模式，与潍坊工程职业学院、齐鲁师范学院合作办学，暑期招收学前教育和计算机应用“三二连读”专业学生100人，办学层次实现了中职向高职教育的迈进。全面加强了对民办学校的管理、服务与指导，制定完善了《2016年度民办教育学校工作综合考核评估实施意见》，先后对全县22处民办学校和5处培训机构进行年检；制定了《举办民办学校审批事项服务指南》，规范办学审批流程，审批注册了1所民办学校（仲村明伟小学）。继续推进民办学校义务教育均衡发展，加大教育投入，改善办学条件。高度重视特殊教育，实施了投资290万元的县特教中心学生宿舍、餐厅新建工程，投资110万元配置了康复器材，办学条件大幅度提升，县内特教“入学难”矛盾有效缓解。

【创建平安校园】 认真落实教干教师“一岗双责”制度，加强安全教育和生命教育，向家长发放安全倡议书20余万份；扎实开展安全演练，学生预见安全风险及自我保护能力进一步提高。印发了《关于切实加强幼儿园安全管理工作的通知》《关于切实做好学校冬季安全工作的通知》等文件，加强重点时段的安全保卫，强化季节性安全事故预防，全年共深入排查整治学校安全隐患11轮次。针对学校食堂、宿舍等重点部位，县教体局制定下发了《关于进一步加强学校幼儿园食堂管理工作的意见》《关于进一步加强学生宿舍管理工作的意见》等文件，县教体、食药监等部门联合开展了学校相关人员的食宿安全专题培训，规范了食堂经营行为和宿舍管理。按照《临沂市教育局关于开展“学生满意食堂”创建活动的通知》，评选出10家学生满意食堂。进一步加强了校车安全管理，校车公司共完成16家民办学校和171家幼儿园277辆合格校车的挂靠管理，先后安装GPS远程视频监控设备272台，发放校车标牌233辆。教体局配合交通、交警等部门进行了4次联合检查，共查获13起涉嫌接送学生车辆超员危险驾驶犯罪案件，并以涉嫌“危险驾驶罪”对13名驾驶员进行刑事拘留，有效遏制了黑校车上路和交通违法行为的发生，确保了学生道路交通安全。

【加强行风建设】 深入开展了“两学一做”学习教育、“结亲连心”入户走访、“三问三清”精准扶贫和“廉政文化进校园”等活动，大力提升全系统广大教干教师的为民服务意识。着力完善师德师风考核机制和监控追责机制，严格落实中央“八项规定”和教体系统“十个严禁”，对系统内违反八项规定的人和事及时通报批评，严肃追责，加强警示教育。处理违规违教职工39人，其中，给予警告处分3人、党内警告处分1人、留党察看处分2人、记过处分7人、降低岗位等级10人、解除聘用合同1人、行政开除17人（其中，有2人同时受到降低岗位等级和留党察看处分）。全面加强考生和考生家长的诚信教育，严格落实招生考试责任追究制度，认真组织了初中和高中学业水平考试、高考等各类考试工作。严格执行各项财务制度，全面落实义务教育经费保障机制，全年拨付义务教育公用经费 1.56 亿元；认真落实各类资助、救助政策，全年发放各类贫困助学金 1413 万元，资助贫困学生 20442 人次。其中，发放学前教育助学金 7733 人次，464 万元；发放家庭经济困难寄宿生生活补助 7681 人次，480 万元；发放高中助学金 3371 人次，337 万元；发放中职助学金 484 人次，48 万元；救助大学新生 67 人次，发放救助资金 31 万元；免除 271 名普通高中建档立卡家庭经济困难学生学杂费 32.71 万元。同时，积极争取社会爱心人士捐资 54 万元，救助特困中小学生 835 名。坚持开门办学，2016 年共办理群众来信来电来访件 3723 件次，其中“12345 市民服务热线”3683 件次，接待群众来信、来访 27 起 56 人次，上级交办件 13 件次。对“12345 市民服务热线”及各级各类信访案件做到及时调查，对省、市、县有关部门交办的案件做到及时查处并上报结果，办结率 100%，做到了件件有着落，事事有交待，群众满意度不断提高。

兰陵县第一中学

【概况】 兰陵县第一中学创建于 1952 年，是山东省规范化学校和省级文明单位。学校占地近 300 亩，建筑面积 10 万平方米；在校生 4900 余人，教职工 417 人。

2016 年，兰陵一中牢固树立以立德树人为根本、以教学质量为核心的办学理念，贯彻落实“抓规范，抓精细，求实效，促提升”的工作方针，加强师德师风建设，重视业务提升，努力打造功勋教师、骨干教师和青年教师团队，教师德高业精，爱岗敬业，拼搏进取。教学工作，落实机制建设，深挖教学潜力，教学质量再上新台阶。学生管理工作，聚焦学生发展，落实学生自主管理，培养学生良好行为习惯，育人质量不断提高。学校通过“山东省文明单位”复验，荣获“临沂市 2016 年普通高中教学工作优秀人才培养先进学校”“临沂市 2016 年普通高中教学工作全体学生进步先进学校”等荣誉称号。

【教学管理】 2016 年，兰陵一中突出质量为本的办学思想，强化机制建设，深挖教学潜力。建立保障机制，加强对教学工作的领导，落实校领导联系班级、联系备课组和教干推门听课制度，强化服务和指导，形成了领导重视教学工作，教师潜心研教务教的浓厚氛围。完善激励机制，调动教师工作积极性，完善了教学成果奖励办法，设立教学成果、育人成果、科研成果三大类五个奖项；评比功勋教师、骨干教师、优秀青年教师，教师享受到劳动成果的被尊重感，激发了干事创业的激情。完善运行机制，加强对教学过程监控，把教学常规的落实作为强化过程管理的主抓手，始终不放松；严格落实备课组长工作考核制度、集体备课主备人制度，加强集体备课；落实阶段性考试及成绩分析反馈制度，重视补偿教学，使教学质量的提升落到实处。建立学习研究机制，促进教师业务提升，开展校际合作，和沂水一中、莒南一中、沂南一中等教学强校建立教学协作体；组织骨干教师赴潍坊、莱芜一中、衡水中学、毛坦厂中学参观学习，拓宽了教师眼界，促进专业成长。

2016 年高考，本科进线 969 人，其中重本 288 人，较 2015 年分别增长 38.03% 和 46.19%。

【招生工作】 高中招生工作由兰陵县教育体育局统一组织。根据县教育体育局下达的招生计划，2016 年，兰陵一中高一年级招收 28 个教学班，学生 1544 人，生源质量逐年提高。

【学生管理】 2016 年，兰陵一中践行以德树人的德育理念，全面强化德育工作。重视学生行为管理和养成教育，积极推进学生自主管理。落实学生日常行为自我核检制度，落实学生学习和生活双周规划；完善年级、班级自主管理体系建设，加强纪律、安全和卫生自主管理，促进育人质量的提高。落实主题班会制度，把班会纳入校本课程研究，定期举行班会公开课，检查评比活动制度化、常态化，促进了主题班会课程化建设。以周一国旗下的演讲活动和主题班会为载体，加强学生的道德、法制、安全、心理健康教育，形成了德育教育序列化。着眼建设良好学风，开展诵读经典，建设书香校园活动，建设多彩的校园文化，发挥了文化育人功能。开展家校共建活动，落实全员育人导师，打造了育人合力。强化责任落实，突出心理健康教育和安全隐患排查等工作重点，不断完善预防为先的安全工作长效机制，抓实做细学校安全管理工作，让家长放心，让社会满意。

【基础设施】 2016 年，投资 540 余万元，建筑面积 4935.2 平方米的新建教学楼竣工并投入使用，进一步改善了师生学习、工作和生活条件。

撰稿：刘景涛

兰陵县第二中学

【概况】 兰陵县第二中学始建于 1990 年，占地 150 余亩，现有 58 个高中教学班，在校学生 3300 余人，教职工 300 人。学校坐落在顺河路与泉山路交会处，西邻国家 AAAA 级农业公园，南邻风景秀丽的兰陵湿地，交通便利。学校规划科学，布局合理，校园整洁，环境优美。近年来，学校被授予“临沂市规范化学校”“临沂市教学示范学校”“临沂市文明单位”等荣誉称号。

【教学管理】 学校以“做一个有责任感的中国人”为办学理念，“责以立身　勤以行远”为校训，坚持责任教育，以德育人，经过全体师生的共同努力，逐步形成“融责于心　笃志于行”的校风，“尽责善教　爱生启智”的教风和“知责力行　学思相融”的学风。

根据学校发展实际，结合发展的要求，提出责任管理、特色兴校的发展理念，以责任管理作为学校发展的基础，将责任管理涵盖到教育教学、师生管理的系列工作中。

学校推行级部、处室实体管理制度，将教学管理的重心下移，落实级部、处室的管理主体地位，实行级部、处室管理。通过中层教干竞聘级部主任，班主任、任课教师和级部管理人员实行双向选择，按照管理工作情况每月进行考评，优奖劣罚，调动教干教师的积极性，办学活力不断增强，管理水平不断提高。

学校按照教学有特色、学生有专长的思路，重视艺体特长教学，开设足球、书法、绘画、古筝、舞蹈、太极拳等课程，在丰富学生课余生活的同时，提高了学生素养，且每年有相当数量的特长生升入理想的高校。在注重夏考、艺考的基础上，同步引入春季高考，为学生提供更多的升学机会。

开展校际交流，学校联合苏北鲁南四所学校进行“同课异构”大型教研活动，并就年级高效管理、班主任团队建设、学科建设等一系列教育教学问题，开展交流，促进学校办学水平不断提高。

【招生】 学校全面贯彻落实临沂市及兰陵县教育体育局招生工作要求，完善制度，加强管理，规范秩序，阳光招生，促进教育公平，促进教育均衡发展。2016 年招收高一 20 个班级，1471 人。

【学生管理】 学校实行封闭式管理，落实领导班子校务值班和班主任跟班 24 小时无缝隙跟踪管理。注重德育工作的开展，狠抓品德教育和行为习惯的养成。学校根据高中学生特点，把规范管理与思想教育相结合，形成每月一主题，在主题下规划系列活动，做到“一月一主题”“周周有活动”。积极加强家校联系，定期召开家长会并组织家访活动，向学生家长汇报学校的教育情况及学生在校的学习、生活情况，与家长面对面交流，了解学生在家的表现，倾听家长建议，拉近师生距离，促进学生心理健康发展。

【基础设施建设】 2016 年 10 月，学校共投入 1350 万元用于兴建综合办公楼和教学楼，改善硬件设施，提升办学条件。目前，两座楼的主体工程已经全面完成，计划于 2017 年 5 月份竣工使用。

撰稿：龙志国　孟艳洁

兰陵县第四中学

兰陵县第四中学位于兰陵县城东城新区，玉泉路东段。学校占地面积 160 亩，现有 72 个教学班，教职工 242 人，其中研究生学历的 46 人，高级教师 52 人，国家级优秀教师 1 人，省级优秀教师 1 人，省级优秀班主任 1 人，沂蒙名师 2 人，市县教学能手、市级骨干教师、学科带头人 56 人，省级教科研先进个人 18 人。“求真求善求美，成人成才成功”的校训令人热血沸腾。校园内假山、凉亭、雕塑，相映成趣，集现代魅力与园林风韵于一身；教学楼、实验楼、多媒体教室布局合理，基础设施完善，尽显现代教育风采；柳荫下、池塘边，师生捧书而读，促膝交谈，成为校园内一道亮丽的风景。

基础设施建设是学校的命脉，常规管理就是学校的灵魂。学校领导勇立潮头，开拓创新，深入一线，率先垂范，“兰陵一流，临沂知名，山东有位”是全体四中人孜孜以求的目标，高扬“厚德、尚学、乐群、笃行”的校风；“敬业、爱生、善学、乐教”的教风，“乐学、勤思、善问、求真”的学风为培养德智体美全面发展的社会主义事业建设者和接班人提供了坚实基础和保障，使学校素质教育工作走在全县乃至全市前列。

学校以课堂教学为主渠道，注重经典的陶冶，追求让学生轻松愉悦，身心跃动，师生共赢的互动模式，积极探索课堂教学变革，以形式多样的活动为载体，举办学科知识竞赛、书法比赛、演讲比赛、军训、合唱比赛、毕业植树等，旨在培养“有理想、有道德、有文化、有纪律”的四有学子，教育教学质量大幅提升，近几年高考本科进线率超过 60%。学校不断更新教育教学观念，2016 年先后派出教干教师 286 人次外出学习，组织青年教师课堂教学展示评比活动，为教师发展搭建平台，让每位教师成为“有理想信念、有道德情操、有扎实学识、有仁爱之心”的四有教师。

撰稿：徐会斌　荣伟　审稿：林传聪

兰陵县实验中学

【概况】 兰陵县实验中学为县教育局主管的正科级事业单位，现设置办公室、教务处、政教处、总务处、督导室、教科室、党务办、文体办、团委、工会办、女工部及6个级部等处室，在编制人员279人。

学校位于县城新区，县行政中心北侧，县第一中学南侧，占地面积68452平方米，建筑面积31722平方米，现有教学楼3幢、办公楼1幢、实验楼1幢、图书楼1幢、正在建设餐厅1座、学生公寓楼1幢。目前学校现有60个教学班，在校生4800余人，教职工279人。整合后的实验中学集中了县直各学校初中阶段的优秀教师，在师资配备上实现了“强强联合”，教师业务精湛，学校管理规范，教育教学质量一直是全县初中教育的排头兵。

【教学管理】 学校坚持“育人为本，德育为先，实施素质教育”的办学方向，以“育‘全面+特长’的学生，建‘专业+创新’的师资，办‘规范+特色’的学校，创实验性、示范性名校”为办学目标，以“为学校持续发展创造条件，为教师专业发展搭建平台，为学生终身发展奠定基础”为办学理念，“唯实开先　向善臻美”为校训，坚持以人为本，和谐发展，通过全校师生的共同努力，逐步形成“尚德博学　敬业厚生”的教风，“多思善问　勤学笃行”的学风和“严谨坚韧　守正鼎新”的校风。

目前，学校明确提出要敢为人先，勇挑重担，高举素质教育大旗，全面实施素质教育，努力提高学生的学业水平和综合素养。现在，学校教育教学秩序井然，顺利完成了新的级部管理改革，级部之间的良性竞争初步形成。学生管理工作成效显著，班级管理进一步趋于规范化、精细化。目前学校在上级领导的关心和支持下，办学条件进一步改善，学校管理进一步规范，初步形成一定的办学规模和特色，社会满意度越来越高。

在全体教师的共同努力下，2016年的中考我校取得了辉煌的成绩：进入全市前1万名的人数为102人；进行全县前1千名的人数为155人；兰陵一中过线人数为320人。

东苑中学

【概况】 兰陵县东苑高级中学始建于2001年，是全日制公办普通高中学校。学校位于县城新区核心区域，交通便利，环境优雅，规划合理。校园占地163836平方米，建筑总面积61392平方米，有教学楼4座，办公楼、餐厅、图书实验楼、艺体楼各1座，学生宿舍楼3座；绿化面积达2.2万平方米；现有65个教学班，在校生4100余人，教职工345人（其中，硕士研究生25人；高级教师79人，一级教师161人；省市级骨干教师56人，县级骨干教师112人）。

近年来，在县委县政府的坚强领导和市县教育主管部门的正确指导下，学校紧紧围绕“以人为本，一切为了师生的发展”的办学宗旨，创新思路，锐意进取，教育教学取得了长足的发展，被评为省级规范化学校、全国校园足球特色学校、山东省健康示范学校、省级卫生先进单位、山东省中小学校本教研先进单位、山东省体育传统项目（足球、田径）学校、市级高中教学示范学校。2016年，学校教育教学质量再上新台阶，被评为临沂市普通高中教学工

作进步先进学校。

【教学管理工作】 学校坚持以教学为中心，努力提高办学水平。以落实《新课程实施方案》为重点，积极推进课程改革，实施素质教育，开足开齐课程，开发校本课程20余种；实行选课导师制，加强选课指导，规范实行选课走班教学；立足学生和学校实际，建立起学生发展性评价制度；继续大力实施课堂教学改革，建设高效课堂，“学案导学，小组合作，多元评价”的课堂教学模式更加成熟；重视特长教育，促进学生全面发展，力求使学生都能在学校找到适合自身特点的发展方式。学校坚持做好教学常规管理，每天对教师的上课情况进行监控，每月对教师的各种常规材料进行检查评比，坚持公开课和听评课的常态化，促进教师的教学行为的规范。与此同时，学校重视青年教师培养，全面提升教师的业务素质，2016年，有2人被评为市级教学能手，11人被评为兰陵名师，7人被推荐参加市级优质课评比（其中1人获一等奖，6人获得二等奖），9人举行县级示范课。

【学生管理工作】 学校坚持“以思想教育为核心，以养成教育为主线，以主题活动为载体”的指导思想，牢固树立“以人为本，德育为先，全员育人”的教育理念，形成了“德育教育序列化、学生管理规范化、安全管理精细化”的管理体系；注重过程管理，拓宽育人途径，创新德育方法，努力推进校园文化建设，构建了“全员育人、全程育人、全方位育人”的教育机制，形成了良好的班风和校风。学校坚持“安全为底线”，构建起了全天候、全方位的“四线一组织”的安全防控体系，保卫科、政教处、教干、班主任四线值班，成立了“春蕾自律委员会”，充分发挥学生自我管理的作用；还通过建立学生个人安全档案、开展安全综合治理、实行周末接送学生制度、建立家校联合的安全管理模式等途径，确保校园安全和良好的学习生活秩序。

【基础设施建设】 省级规范化学校创建完成后，学校已建设球类运动场10775.8平方米、各种功能室21口、多媒体网络计算机教室5口、多媒体“班班通”教室85口、图书阅览室（含电子阅览室）9口。2016年，学校继续对教育教学资源和校园环境进行升级改造，建立起图书阅览电子系统，艺体馆建设及周边绿化工作基

本完成。

【办学特色】 学校重视心理教育，实施心育工程。目前，已建成省内一流的心理咨询中心，以先进的理念，细致的作风，春风化雨，为学生的身心健康保驾护航。学校的心育教学经验已在省内外得到推广，形成了较大的区域辐射影响力。为了促进学生全面发展，学校利用一流的艺体设施，加强对艺体特长生的教学与管理，成立各类特长班、社团组织，为学有专长的同学提供了成长的空间，让每一位同学体验到成功的快乐。同时，学校继续积极探索新的特色建设。2016 年启动了德育“三六一”模式，对学生进行主题化、系列化、全方位的教育，并取得初步成效。

撰稿：刘　杰

职教中心

【概况】 兰陵县职业中专创办于 1982 年，1998 年由原县职业中专、职业高中和职工中专合并至今，2015 年更名为兰陵县职业中等专业学校。学校占地 215 亩，投资 1.7 亿元，建筑面积 8.8 万平方米，教职工 169 人。现设有计算机技术、机电一体化、学前教育、数控技术、服装、汽修等专业，共有 77 个教学班，在校学生 3820 人，在籍学生 4372 人，年短期培训万余人次。

近年来，兰陵县委、县政府高度重视全县职业教育的发展，不断加大资金投入，加强学校基础设施及专业建设。学校现有学前教育实训中心、信息技术实训中心、机电工程实训中心、机械工程实训中心、汽车工程实训中心、社会公共实训中心等 9 座专业实训楼，按照省级规范化标准配足配齐汽车、机电、机械、信息技术和学前教育 5 个专业实训中心设备，建设专业实训室 86 口，实训设备总值 2539.1 万元，逐渐形成了以汽车维修、机械制造、机电应用、信息技术、学前教育为主体的功能齐全、专业面广、规模较大的校内实训基地系统，已达到了省级规范化学校标准。经市教育局审核认定 3 个专业为示范性专业，2 个为规范化专业，学前教育、计算机应用两个专业 2015 年被省教育厅批准招收“三二连读”大专班，实现了办学层次的突破。学校先后被评为市师德建设先进单位、山东省教育系统先进集体。

【教学管理工作】 学校紧紧围绕办社会满意职业教育这一主线，以“三严三实”专题教育学习为载体，进一步加强制度建设、纪律建设和作风建设。继续贯彻落实以量化细化学校教育教学工作、绩效考核为主要内容的全员工作岗位目标责任制，全校上下形成了凝心聚力、干

事创业的工作氛围，爱岗敬业、务求实效的良好作风在全体教职工中进一步确立。自2013年学校推行校、系二级管理体制，实施精细化管理以来，办学活力不断增强，管理水平不断提高，学校办学规模稳步扩大。

自2013年实施青年教师三年成长计划来，青年教师在教育教学工作中取得优异成绩，本学年共有26名青年教师获得了63项不同层次、不同级别的荣誉和证书，韩静老师获得全国中等职业学校汽车类专业教师信息化教学说课大赛二等奖，崔琦老师获得山东省第二届中等职业学校班主任基本功大赛二等奖。8名教师被评为兰陵名师。利用校校、校企合作优势，组织教干教师先后到临沂职业学院、鲁南技师学院、临沂技师学院、临沂信息工程学校、临沂电力学校等大中专院校参观学习培训。共有13名教师参加市优质课比赛并取得一等奖3名、二等奖9名、三等奖1名的优异成绩。25人次参与信息化教学大赛和教育教学成果交流，获得省级比赛二等奖3名，市级比赛一等奖2名，二等奖4名，三等奖5名。开发校级自主教材5套，校外参编教材6套，申报立项省级课题4项，市级课题2项，县级课题6项，校级课题22项。

根据学校发展需要，学校进行专业方向调整，机电应用专业方向调整为楼宇智能化和自动化生产线，数控技术专业调整为模具设计及制造与焊接技术应用，学前教育专业分出音乐和美术特长班，计算机应用专业调整为平面设计影视制作等。学校机电技术应用和数控技术应用两个专业为临沂市中等职业教育品牌专业，并获得市财政品牌专业建设拨款56万元。申报幼儿教育活动设计与实践、计算机应用、电工电子技术与技能、数控车项目训练教程、汽车电气设备构造与维修5门为山东省职业教育精品资源共享课程。青岛海信集团投资20万元在校内机电实训中心建立校内生产基地，柳州五菱汽车工业有限公司山东分公司出资与我校汽车运用与维修专业合作共建汽车专业实训室。

4月份，组织64名师生参加市技能大赛6个专业、21个项目的比赛，共获得一等奖4个，二等奖11个，三等奖18个，总奖项33个，全市排名由去年的第九名提升到第七名，被市教育局授予团体二等奖。成功承办临沂市职业院校汽车运用与维修技能大赛，来自全市12个代表队的91名参赛选手、48名辅导教师和领队到我校参加比赛。

【招生工作】 学校春季招生1560人，夏季招生严格按照中考成绩和报考专业共录取500名，其中三二连读大专班招生100人，在籍学生达到4328人。

【学生管理工作】 围绕教育教学积极开展各类比赛活动，专业技能大赛、文明风采竞展、学生硬笔书法比赛、计算机知识竞赛等；组织成立社团、学生会，举办英语演讲比赛、经典诗文朗诵比赛、学校秋季运动会、国庆节“青春抒怀中国梦”征文比赛、职业教育周海报设计比赛等县级、校级、系部、班级各种形式的赛事。充分发挥图书阅览室作用，每天下午4点半至6点半定时开放图书室和学生阅览室，激发了学生的读书热情，经统计，自阅览室开放以来，共借出图书9130本，接纳读者5700余人次（含阅读课），有效地培养了学生们良好的读书习惯，建设富有浓郁书香气息的校园文化。在2016年全国青少年学生法治知识网络大赛中获得优秀组织奖，在第12届全国中职学校“文明风采”大赛中，获得5个省级三等奖，3个省级优秀奖，实现了学校“文明风采”历史性突破。10月，邀请临沂市“最美青少年”临沂市河东区职业中专学生毛得宇同学做励志报告会。成功承办全县中学生阳光运动会，取得全县高中女子毽子单人踢毽冠军和高中男子跳绳单人双摇季军。11月，举行《中等职业学校学生公约》签名仪式，学校2400余名学生宣誓签约。组织爱心募捐活动，全校师生为机械工程部贫困学生神某筹集善款12619.3元。

【校际合作】 在与潍坊工程职业学院、山东交通技师学院合作办学的基础上，又与鲁中中等专业学校结成对口帮扶学校，在人才培养、学科专业和课程体系建设、师资培训、实训室建设等方面将进行深度交流和合作。同时，建立多个校外专业实习实训基地。先后与青岛柳州五菱集团、海尔集团、海信集团、联想集团、临工集团、市县幼儿园等多家企事业单位签定了校外实训基地协议，海尔集团在校投资20万元企业实习基地，现有校外实习实训基地53处，企业品牌实习基地17处，为学生顶岗实习打下坚实基础。

文化·体育

综　述

【公共文化服务体系建设】（一）扎实推进公共文化服务体系建设。在农村文体广场建设全覆盖的基础上，310个村庄文化广场安上了公益电影放映架，86村庄建成乡村大舞台。依托文体广场，发展农民演出团体23个，广场舞蹈队伍700余支，秧歌队30余支。文体广场附近新建“农家小书屋”300处，全县“农家小书屋”发展到500余处，在18个乡镇驻地安装LED文化宣传栏，改建提升处村级综合文化服务中心372处。

（二）文化下乡质量稳步提升。一是深入开展送戏下乡工程。县柳琴戏艺术中心、金凤凰剧团、沂蒙小调艺术团3个专业剧团经常性在农村和社区巡回演出，专业剧团完成送戏下乡演出620场，农民剧团演出200余场。在城区开办了“周末大剧场”，累计为城区群众上演传统柳琴戏30余场。二是广场舞蹈培训规范有序开展。建立了300个文化服务站点，组织成立了兰陵县广场健身舞蹈协会和兰陵县文化志愿者协会，公开招聘了50名专业舞蹈教师，登记备案1024名村级文艺骨干，全年共开展大型广场舞培训班8次，培训广场舞领队420人次，各文化辅导站点开展辅导培训3000余场次，培训基层广场舞队员突破20万人次。举办了兰陵县第三届广场舞大赛，200余支队伍参加了8个赛区的预赛，80支队伍参加决赛，参与人数近5000人。三是规范提升了公益电影标准化放映水平。32支公益电影放映队共放映新农村公益电影7200场，进校园389场次，进福利机构140场次，首次实现了公益电影进校园、进福利机构全覆盖。实施“孝”文化电影进村庄（社区），开展了廉洁教育、交通法规宣传主题放映活动70余场次。

（三）组织开展了系列群众文化活动。春节期间，在国家农业公园和城区各大广场，演出传统戏曲节目12场；举办了首届龙狮秧歌会，22支队伍在城乡巡回展演，参加临沂市第16届民间秧歌会获得最高奖龙狮奖和优秀组织奖。圆满完成了菜博会开幕式大型文艺演出。与市文化馆联合举办了“大美临沂，风情兰陵”大型书画联展、老年书法展览、“同创卫生县城，共建美好家园”摄影大赛、“纪念红军长征胜利80周年书画展”等活动。承办临沂市第十一个“文化遗产日”系列活动开幕式和全市非遗展览。

（四）文艺创作取得好成绩。反映“第一书记”精准扶贫、服务群众的大型舞台柳琴戏《望福泉》，获沂蒙文艺奖二等奖，相声《谁家喜事多》获沂蒙文艺奖三等奖。承办了全市第二届原创戏剧展演，我县选派的柳琴小戏《要彩礼》获一等奖，并多次参加市里的调演。

（五）文化遗产保护工作扎实推进。第一次全国可移动文物普查完成10776件（套）藏品信息采集登录，普查认定珍贵文物83件，一级文物3件，二级文物23件，三级文物58件，认定发现商代铭文青铜器、战国次公子铜鼎、东汉缪公壶、戚继光撰文明代赵淮墓志、董其昌《兰亭序手绢》等一批具有重要历史文化价值的文物。国保单位鄫国故城遗址保护工程一期西南城墙加固抢救保护项目正在实施中，安防项目正在设计施工方案。省级大遗址保护项目柞城故城、东高尧遗址保护方案正在实施。兰陵镇沈坊前村和尚岩镇万村被公布为第三批省级传统村落，兰陵博物馆暨历史文化展馆已正式进入布展阶段，大吴宅汉墓展览馆主体工程完工，下村 115 师旧址修复项目正在施工中，新建 8 处乡村史馆和民俗馆。鲁城宫廷全羊宴、向城孟氏小磨香油、大仲村朗公寺庙会等 6 个非遗项目被公布为第五批市级非物质文化遗产名录，县政府批准公布了 7 大类 58 个第一批县级非物质文化遗产名录和第四批 18 处县级重点文物保护单位。

【图书馆】 兰陵县图书馆成立于 1976 年 2 月，编制内工作人员 7 人，新馆于 2014 年 3 月向社会免费开放。新图书馆面积约 3400 平方米，馆藏图书 20 万册，各类报刊 400 余种，电子图书 40 万册。内设借书室、少儿借书室、电子阅览室、老年阅览室等十几个功能区，各功能室可同时接纳读者 500 余人，并被文化部评定为国家二级图书馆。

兰陵县图书馆每周开放时间达到 60 小时，从早 8 点到晚 6 点，周末节假日坚持开放，星期一闭馆。2015 年度接待读者 15 万人次，书刊总流通 35 万人次，书刊外借 7 万册次，开展各类文献展览、读书征文、书画展览、图片展览、演讲、公益讲座、传统文化培训、书法培训、读者联谊等活动 90 余场次，参与人次 2 万余人。利用文化资源共享工程平台，在电子阅览室开展了大量的活动，如名家讲座、地方戏曲欣赏、影视欣赏、知识摘登等活动 30 次，开展网络知识培训 20 次。

【县级以上非物质文化遗产名录】

1. 小郭泥塑（省级非物质文化遗产项目，民间美术）

2. 兰陵美酒酿造技艺（省级非物质文化遗产项目，民间手工技艺）

3. 大仲村蓝印花布（省级非物质文化遗产项目，民间手工技艺）

4. 猴呱哒鞭舞蹈（省级非物质文化遗产项目，民间舞蹈）

5. 苍山民歌（省级非物质文化遗产项目，民间音乐）

6. 长城过门笺 （市级非物质文化遗产项目，民间美术）

7. 王少年羽毛画（市级非物质文化遗产项目，传统美术）

8. 太祖长拳（市级非物质文化遗产项目，传统体育与竞技）

9. 虎头帽（市级非物质文化遗产项目，民间手工技艺）

10、向城陈桥老咸菜制作技艺（市级非物质文化遗产项目，民间手工技艺）

11. 鲁南大鼓（市级非物质文化遗产项目，民间曲艺）

12. 娄氏根雕（市级非物质文化遗产项目，传统美术）

13. 李氏剪纸（市级非物质文化遗产项目，传统美术）

14. 孟氏小磨香油酿造技艺（市级非物质文化遗产项目，民间手工技艺）

15. 郎公寺庙会（市级非物质文化遗产项目，文化空间）

16. 刘氏狮头帽（市级非物质文化遗产项目，民间手工技艺）

17. 渔鼓（市级非物质文化遗产项目，民间手工技艺）

18. 鲁城宫廷全羊宴（市级非物质文化遗产项目，传统技艺）

19. 索村泥陶（县级非物质文化遗产项目，传统技艺）

20. 孟氏手工草编（县级非物质文化遗产项目，传统技艺）

21. 刘氏传统老酱制作技艺（县级非物质文化遗产项目，传统技艺）

22. 沂蒙布贴画（县级非物质文化遗产项目，传统技艺）

23. 薛南山石砚（县级非物质文化遗产项目，传统技艺）

24. 枣庄村食醋酿造技艺（县级非物质文化遗产项目，传统技艺）

25. 朱柳屯梆子戏（县级非物质文化遗产项目，民间曲艺）

26. 新兴皮影戏（县级非物质文化遗产项目，民间戏剧）

27. 大成拳（县级非物质文化遗产项目，传统武术）

28. 兰陵王系列传说（县级非物质文化遗产项目，民间传说故事）

29. 节孝坊及杨氏祠堂的传说（县级非物质文化遗产项目，民间传说故事）

30. 永济桥的传说（县级非物质文化遗产项目，民间传说故事）

31. 鸳鸯松的传说（县级非物质文化遗产项目，民间传说故事）

32. 匡衡系列传说（县级非物质文化遗产项目，民间传说故事）

33. 文峰山系列传说（县级非物质文化遗产项目，民间传说故事）

34. 灵峰寺系列传说（县级非物质文化遗产项目，民间传说故事）

35. 郎公寺系列传说（县级非物质文化遗产项目，民间传说故事）

36. 吴王墓系列传说（县级非物质文化遗产项目，民间传说故事）

37. 芙蓉山系列传说（县级非物质文化遗产项目，民间传说故事）

38. 塔山传说（县级非物质文化遗产项目，民间传说故事）

39. 柞城系列传说（县级非物质文化遗产项目，民间传说故事）

40. 乾隆南巡系列传说（县级非物质文化遗产项目，民间传说故事）

41. 颜师古的传说（县级非物质文化遗产项目，民间传说故事）

42. 四大哨的传说（县级非物质文化遗产项目，民间传说故事）

43. 九顶莲花山的传说（县级非物质文化遗产项目，民间传说故事）

44. 将军桥的传说（县级非物质文化遗产项目，民间传说故事）

45. 墓子汪的传说（县级非物质文化遗产项目，民间传说故事）

46. 卧虎山的传说（县级非物质文化遗产项目，民间传说故事）47、芦塘山的传说（县级非物质文化遗产项目，民间传说故事）

48. 二郎庙的传说（县级非物质文化遗产项目，民间传说故事）

49. 池口老神树的传说（县级非物质文化遗产项目，民间传说故事）

50. 南桥的传说（县级非物质文化遗产项目，民间传说故事）

51. 小湖子节孝坊的传说（县级非物质文化遗产项目，民间传说故事）

52. 青草堰的传说（县级非物质文化遗产项目，民间传说故事）

53. 翰林院的传说（县级非物质文化遗产项

目，民间传说故事）

54. 太子堂的传说（县级非物质文化遗产项目，民间传说故事）

撰稿：类夫建

文化市场管理

【概况】 截至2016年12月，兰陵县文化经营单位共计134家，其中互联网上网服务营业场所36家，出版物经营单位35家，印刷经营单位20家，复印打字经营单位21家，歌舞娱乐场所4家，游艺娱乐场所5家，艺术品经营单位5家，文艺表演团体5家，电影放映单位2家，广播电台、电视台1家。

兰陵县文化市场管理执法局机关行政编制9名，配备局长1名、副局长3名，下设办公室、监管科、政策法规科和文化市场管理暨“扫黄打非”工作领导小组办公室四个职能科室，下辖正股级直属文化市场稽查大队，事业编制19名。

【文化市场监管与服务】 一是做好文化市场法制宣传工作。3月18日，在全国“3·18”文化市场法制宣传日到来之际，兰陵县文化市场管理执法局在塔山广场开展了一系列文化市场法制宣传活动。县委常委、宣传部长郑戏元和县人大常委会副主任杨振广莅临指导。共展示非法出版物等违法物品200余件、宣传图板12块，发放宣传材料1000余份，接受咨询50余人次，受理举报2起。通过宣传活动，有效提高了市民对文化市场管理执法工作的认识，有力促进了文化市场的健康有序发展。

工作人员向市民宣传文化市场法制知识

二是进一步做好行政权利下放承接工作，落实文化市场准入政策，严格按照法定程序和标准加强文化市场行政审批。全年共新设立网吧2家，书店5家，文艺表演团体2家，电影放映单位1家，复印打印1家。

三是全力保障全国卫生县城创建工作。明确目标责任，严格按照网格化管理要求，对所辖城中村和承包路段进行全面清理整治，坚决将问题整改到位。按照创卫标准重点加强网吧、娱乐场所卫生环境管理，加强“四害”防治，完善消毒、通风等设施，严格控烟，确保卫生达标。同时结合转型升级，提升装饰格调，优化营业环境，全面完成了创卫工作任务。共整改网吧、娱乐场所34家，督办整改创卫第二网格开发区赵官庄责任区旱厕14个，清理垃圾堆15个，拆除违建10处，粉刷墙面3800平方米，硬化路面500米，整顿无证、占道经营36家。

【文化市场管理执法】 一是开展暑期文化市场专项整治行动。7至8月，重点查处网吧、娱乐场所违规接纳未成年人、超时经营等违规行为，取缔校园周边擅自设立的电子游戏厅、歌舞娱乐场所，集中打击含有淫秽色情、凶杀暴力等禁止内容的图书、音像及动漫产品，同时强化文化市场安全生产检查。

二是中秋国庆期间，以网吧娱乐市场、出版物市场、演出市场和安全生产为重点，开展文化市场综合整治。坚持早部署，快行动，加大对繁华街市、广场、汽车站和景点周边等重点区域的巡查力度，严厉打击和查处接纳未成年人、无证经营、非法演出等违法违规经营行为，及时消除各类安全隐患，保障节日期间文化市场的安定有序。

执法人员检查网吧消防安全

三是从11月开始，以互联网上网服务场所、印刷经营单位及出版物市场和娱乐场所为重点，开展文化市场冬季安全生产专项整治行动。严格按照县安委会部署要求，结合冬季安全生产特点，加强消防安全、用电安全、房屋安全和禁烟用火安全。深入排查整治，切实加强安全生产管理，落实安全生产责任，消除安全生产隐患，防范安全事故。共出动执法人员352人次，检查经营单位114家次，排除安全隐患23处，整改率达100%。

【文化市场规范化建设】 一是领导高度重视。6月23日，县政协主席翟玉才，县委常委、宣传部长周晓东以及杨振广、高久军、王克洪等文化旅游产业发展线县级领导和相关单位主要负责同志到兰陵县文化市场管理执法局调研指导工作。二是办公条件进一步改善。11月13日，兰陵县文化市场管理执法局将办公场所由原体育馆四楼搬迁至新建成的县教科研中心大楼15、16楼。12月12日，新建成的兰陵县文化市场监控指挥中心正式投入运行。投入资金20万元，采用LED液晶智能拼接模块，全高清画质，可同时显示64个监控画面，在全市处于领先水平。

【“扫黄打非”工作】 一是早部署、早行动。3月18日，兰陵县2016年度文化市场管理暨“扫黄打非”工作会议在县行政中心召开。会议由县政府副县长高思圣主持，县人大常委会副主任杨振广出席，县委常委、宣传部长郑戏元作重要讲话。各乡镇（街道）、开发区宣传委员（或分管负责人）、文化站长，县文化市场管理暨“扫黄打非”工作领导小组成员单位及其他相关单位分管负责人，县文化市场管理执法局全体人员参加会议。传达学习省、市“扫黄打非”及全市文化市场管理执法工作会议精神，总结2015年工作，部署2016年任务。

二是开展集中销毁行动。4月21日，在塔山广场举行侵权盗版及非法出版物集中销毁暨法制宣传活动。共销毁各类侵权盗版及非法出版物1200余册（盘），卫星地面接收设施15套，非法游戏机、电脑主机、电路板等35台（块），展示宣传图板12块，发放宣传材料500余份，接受咨询30余人次，受理举报2起。

三是严格按照中央及省市部署，深入开展“净网”“护苗”“秋风”等各专项行动。重点加强学校周边、车站、旅游景点等人员密集区域和农村集市的排查，着力清缴各类非法出版物和网络视听节目，深入打击各类侵权盗版、非法卫星地面接收设施、非法电台和新闻“三假”，严密关注市场，严格查缴封堵，严防传播扩散。共出动检查人员2000余人次，检查经营单位630余家次，办理案件11起，取缔无证经营单位21家，收缴非法出版物1200余册。

撰稿：林海磊　李智卫

广播电视

【概况】 兰陵县广播电视台，设置办公室、总编室、财务部、新闻中心、综合频道、公共频道、技术部、播控中心、电台9个职能科室；兰陵县广播电视台党组设机关党支部、老干党支部，共有党员72人。

全台在编82人，其中研究生1人，本科39人，专科22人，中专以下20人，具有专业技术职称人员58人，其中主任编辑5人，编辑25人，助理编辑4人；高级工程师1人，工程师3人，助理工程师13人；一级播音员2人，二级播音员5人。

【新闻宣传】 对内宣传紧紧围绕全县的中心工作，以促进社会经济发展、优化社会环境、维护社会稳定为重点，充分发挥新闻媒体舆论引导和监督的重要作用，全方位、多层次进行宣传报道。2016年共采编《兰陵新闻》312期，新闻3120余条，《行风热线》300期，《热线追踪》69期，《菜乡记事》42期，《健康之路》40期，《卫生风采》40期、《乡医巡礼》40期、《平安兰陵》44期。在保持日常新闻报道的基础上，围绕菜博会、创建国家卫生县城、结亲连心、精准扶贫、秸秆禁烧、安全生产等全县重点工作，推出了聚焦菜博会、创建国家卫生县城、结亲连心、精准扶贫、秸秆禁烧、安全生产等一系列主题报道活动。菜博会期间，组织人员赴上海、北京、江苏浙江等地，采访制作《绿色的轨迹》专题片和《兰陵人苍山菜》专题片。开办了“生活服务台”“政策速递”“基层动态”等专栏，设置《创建国家卫生城　建设生态新家园》《推进秸秆禁烧　净化生态环境》《兰陵好人》《打赢扶贫攻坚战》《安全生产专栏》《劳模风采》《践行“两学一做”　争做合格党员》等专题报道版块，通过这些专栏、板块的设置，使《兰陵新闻》内容更加丰富、更加贴近民情，进一步促进了对县委政府阶段性工作的宣传报道，收到较好的宣传效果。

对外宣传力度大、成效明显。在确保《临沂新闻》上稿质量的基础上，重点加大了在省级以上卫视宣传报道的突破。今年初，在北京设立了兰陵县广播电视台驻京联络站，10月份，在上海设立了兰陵县广播电视台驻沪联络站，分别聘用了两名记者，为做好外宣工作打下基础。2016年，在《临沂新闻》发稿158条，在市电台发稿172条，在省电视台发稿63条，省电台发稿21条。全年在中央台发稿13条，省市台发稿430余条。菜博会期间，在中央《新闻联播》前播放“品兰陵、游菜乡，相约菜博会”的5秒宣传片，在《共同关注》《新闻直播间》《朝闻天下》等栏目中连续播出菜博会举办情况，累计在央视新闻频道播出新闻报道4篇；央视7套《美丽中国乡村行》栏目组深入兰陵拍摄制作了25分钟专题片《兰陵寻趣》，并于5月12日在央视七套播出。在山东电视台《山东新闻联播》《早新闻》等栏目播出菜博会新闻报道9条。并邀请东方卫视、北京电视台、凤凰卫视等媒体来全县对菜博会进行了专题报道，有力地宣传全县菜博会的盛况，极大地提升了全县对外知名度。

【地面数字电视发展】 县政府以苍政字〔2013〕26号文批复了广播电视台《关于开展广播电视节目无线数字传送业务的申请》。兰陵县广播电视台已于2013年申请取得《广播电视节目传送业务经营许可证（无线）》，2014年，国家广电总局已对兰陵县广播电视台频率、频道予以批复，并取得国家广电总局的无线广播电视发射设备订购证明（甲类），通过政府招标采购一台1000W无线地面数字电视发射机，覆盖范围20～40公里。严格按照上级要求，率先在全省县级台试验传送中央一套、中央七套、中央新闻频道等12套节目，还有省卫视、省齐鲁、临沂新闻频道、兰陵综合频道、兰陵公共频道等共计19套节目。广大群众自行选择数字电视机顶盒，兰陵县广播电视台免费提供地面数字电视信号服务，信号覆盖全县，现已开通服务用户约5万户，与有线电视共同承担提高广播电视覆盖率的任务。

撰稿：郭学广　陈宏前　许　强
李舶滔　杨　超　张　勇

广电网络

山东广电网络有限公司兰陵分公司，是为落实《中共山东省委关于认真贯彻党的十七届六中全会精神加快建设文化强省的意见》的要求，在省委、省政府和省委宣传部的领导下，按照全省文化体制改革整体部署，经市委、市政府批准，按照现代企业制度要求建立的国有文化企业。山东广电网络有限公司兰陵分公司顺应了改革发展的需求，提高了公司的整体合力，实现了产业布局、行业优势的有效整合，为进一步增加积累，增强品牌竞争力，提升企业整体实力，搭建了更具规模的广电网络平台。2011年5月20日，山东广电网络有限公司兰陵分公司从苍山县广播电视台分离出来，由山东省广电网络有限公司对全省网络资产开始实施统一规划、统一管理、统一建设、统一运营。2016年，投资160多万承建了兰陵县 “雪亮工程”15个乡镇平台建设，为创建“平安兰陵”提供了监控视频信息保障。截至到目前，全县共新敷设光缆线路3620公里，全县所有行政村、自然村实现了数字电视信号的全覆盖，使更多群众充分享受到广播电视事业发展带来的实惠。新组建的山东广电网络有限公司兰陵分公司，至今共计有线用户15万户，数字电视用户4.5万户，宽带用户6182户，高清用户1.9万户，2011年完成了城区有线电视的数字化，2013年开始了全县有线电视的数字化、双向化新时代。

撰稿：宋大厚　卓立彬　丁元明

报　纸

【概况】 2016年县报社不断加强内部管理，强化队伍素质，提高办报质量，较好地完成了县内宣传的各项工作任务，为建设富裕文明和谐幸福新兰陵做出应有的贡献。

【栏目设置】《农村大众·今日兰陵》共出刊90期（其中月末版11期），刊发各类新闻报道3700余篇。开设以下专刊栏目：1. 专刊（3个）：为人大、政协“两会”、第四届菜博会各开设专刊1期，全面报道会议活动的整个过程。2. 专版（58个）：开设贺新春专版1个、“世界水日”和“中国水周”专版1个、“讲文明、树新风”专版12个、社会主义核心价值观专版30个、《兰陵县城市总体规划》专版1个、兰陵道路命名专版1个、县人民法院关于失信被执行人员名单信息公告专版2个、兰陵好人评选专版2个、兰陵县防汛抗旱专版3个、县城部分道路命名征求意见的公告专版1个、增强消费者协税护税意识专版1个，记全国优秀共产党员、兰陵卞庄街道代村社区党委书记、村委主任王传喜专版1个、兰陵县举办第三届广场舞大赛1个、梦里故乡压油沟1个。3. 专栏（359个，391篇专栏稿件）：开设安全责任重于泰山栏12个、“适应新常态　增创新优势　实现新突破”专栏

21 个、聚焦“155”计划专栏 15 个、文化兰陵专栏 9 个、“办好菜博会　建设美丽兰陵”专栏 10 期、“创卫生县城　建美好家园”专栏 15 期、“打赢扶贫攻坚战”专栏 18 期、安全生产专栏 23 期、“做好蒜苔保险　保障农民收益”专栏 4 期。兰陵文化大讲坛专栏 6 期、“适应新常态　实现新跨越”专栏 20 期、艺术视点专栏 2 期、兰陵清风专栏 34 期、向大气污染宣战专栏 9 期、“贯彻五中全会精神　建设幸福兰陵”专栏 16 期、筑牢食品安全网专栏 9 期、爱心涌动专栏 6 期、抓好“三引一促”加快科学发展专栏 11 期、“禁止焚烧秸秆　保护生态环境”专栏 19 期、“创建国家卫生县城　打造和谐宜居兰陵”报花 13 个、“保护环境美化家园　禁烧秸秆水碧天蓝”报花 18 个、“提升群众安全感　建设幸福新兰陵”报花 22 个、社会主义核心价值观报花 37 个。对县“两会”的召开、第四届菜博会、“讲文明、树新风”、社会主义核心价值观、大蒜（蒜苔）产销、创建卫生城、结亲连心活动、“四德工程”、城乡环卫一体化、秸秆禁烧、各级领导来我县检查指导工作等重大会议等等，都进行了深入细致地报道，全力配合了县委、县政府各项工作。

【新闻采编】及时跟踪采访报道县内的各类活动。根据县委、县政府工作要求，在任务重、人手少的情况下，及时安排记者对县内各类会议、大型活动、民生实事等进行采访报道，全体人员外出采编 390 余人次，完成稿件、图片 792 篇（幅），保质保量地完成了县内宣传工作任务。

【对外通联】每月两次向在外兰陵籍成功人士寄发报纸，做好了对外通联工作，让在外的兰陵籍人士及时了解家乡的变化。

【队伍建设】报社坚持每月召开全体采编人员周例会 4 次、月总结会 1 次，总结分析当前工作，对今后工作进行调整安排部署，保证了每期报纸的工作质量。

撰稿：徐开成

新华书店

【概况】2016 年，是新华书店兰陵分公司各项事业快速发展的一年，也是企业面貌发生重大变化的一年。在县委县政府的坚强领导下，新华书店上下把握发展机遇，加快管理提升，围绕“转型升级”“多元发展”“对标超越”三大主题，抓基础、严管控、谋发展、争标杆，各项指标创历史新高，位居全省全市前列。先后被评为“山东省最美书店”、全省新华书店系统先进集体、全省新华书店经营管理先进单位、市级“巾帼文明岗”、平安兰陵建设先进单位、文化市场管理暨“扫黄打非”工作先进单位、报刊发行先进单位。

【教材发行】教材发行工作涉及千家万户，关系到教育事业的发展和社会安定，新华书店兰陵分公司始终遵循党的出版方针，将教材发行作为重要的政治任务和社会责任，问计于师生，

兰陵书城店容店貌

想教育之所想，急教育之所急，不断改善服务质量；精心组织，以长期积淀的专业服务能力圆满完成每季教材“课前到书，人手一册”的发行工作。

【综合文化服务】 新华书店作为引领文化消费的第一品牌。今年来，新华书店兰陵分公司强化“一个思维”（用户思维），推进“四个转化”（互联网化、多元化、个性化、体验化），把握“五个关键点”（数据、整合、温馨、服务、钻研），把新华书店建成温馨的读者之家、活跃的文化交流平台和特色的市民培训基地。找准书店定位，以文化活动促经营。通过对书店经营模式的改造与创新，进行一系列的改革。首先，从满足当前读者需求出发，对书店的陈列、品种的采购等方面进行了全新规划。其次，为读者提供适当的图书品类推荐。在活动策划上，组织作者签名售书活动和读者分享会，不仅为书店带来了人气，也为图书、多元文创产品的消费提供了保障。

基于少儿图书近年来强劲的增长势头，针对儿童区的改造是2016年书店升级的重点之一，打造体验式阅读。其体验式特点是：服务于0～12岁青少年儿童，打造体验式的书店空间，专业的图书筛选、陈列方式，增加故事会、饮吧、甜品等体验区、休息区，专业的阅读顾问培养，营销活动多元化，如讲故事、交流沙龙、父母（亲子）课堂等。最终目标，是把新华书店打造成一个儿童阅读和教育专家，通过阅读实现儿童教育，彰显品牌价值和教育内涵的场所，除了售卖产品，更多地是输出专业服务和阅读课程。拓宽孩子的知识面，开发学生智力，从根本上提高学生的综合素质。

【校园书店】 兰陵第一家校园书店坐落于兰陵一中，校园书店面积150多平方米，1000多个图书品种，集阅读、学生社团活动、讲座、师生互动等功能于一体，是校园第二课堂的重要组成部分，是丰富校园文化生活、培养兴趣爱好、丰富学生内心世界的重要方式，也是学生全面发展的一个重要途径。校园书店作为书香校园的展示窗口，将作为传播主流文化和民族文化的重要阵地，对弘扬主旋律，传播正能量，为青少年养成读好书、好读书的阅读习惯提供强大的平台支撑。

【推动“全民阅读”常态化】 充分展现“忠于使命、不忘初心、服务社会”的责任与担当，积极“倡导全民阅读，建设书香社会”。通过媒体向读者有针对性地荐书，引导读者多读书、读好书，形成积极向上的阅读氛围；针对青少年、机关党员干部、社区居民、农民等社会各类人群的不同特点，开展了丰富多彩的阅读、学习活动。创办“金话筒”读书节、“知行合一，学以致用”公益讲座、“荀子学堂”国学精讲，联合媒体举办了最美“书香宝贝”大赛。把“读者思维”放在首位，建立读者交流群、新华宝贝活动群，对读者进行精准推送、精准营销、精准服务。策划了“山间铃响名师来”菜博会专场、“最美的遇见”等一系列大型签售活动，其中“最美的遇见”——杨红樱签售会，销售图书12293册，创山东省内杨红樱单日签售量新高，赢得了读者的一致认可。以争创“山东省最美书店”为契机，全面做好店堂提升改造。坚持“把空间还给读者，把阅读还给读者”的原则和人性化设计理念，打破原有图书卖场的传统格局和程式化布置，增设多处阅读区和互动区，设置休闲桌椅，提高用户体验舒适度。增强空间的层次感，照明增添暖色调，通过光源来营造温馨氛围。改造后的新华书店兰陵分公司门店成了很多市民茶余饭后的新去处，对全民阅读起到了引领作用。下一步新华书店兰陵分公司会围绕全民阅读搭建更多平台，为全县广大干部群众提供良好的阅读资源和服务保障， 推动全民阅读走进基层、贴近群众。充分发挥新华书店的品牌影响力，巩固和深化全民读书活动成果，不断吸引更多读者参与到全民阅读活动中来，影响更多的人传承优秀传统文化、树立良好家风，更加自觉地践行社会主义核心价值观，更加主动地参与“书香兰陵”建设，让阅读成为兰陵大地一道最靓丽的风景！

【党建工作】 公司班子认真落实上级党委决策部署，团结带领广大干部职工，扎实开展“两学一做”学习教育，深入贯彻落实“创新提升年”活动精神，强化对标超越的抓手作用，各项工作有力有序推进。把加强政治理论学习作为一项基础性的工作来抓，着力提高班子整体素质。加强团结突出民主，班子成员生活上互相关心、工作上互相支持、思想上互相交流、政治上互相信任，促进了班子整体效能的提高。坚持民主集中制，严格执行决策程序，保证了决策科学、推进有序。发扬批评和自我批评的优良传统，党内政治生活质量和水平不断提高，班子成员之间坦诚相见、直面问题、加强沟通、通力协作，形成了讲规矩、守纪律的良好氛围。

撰稿：孙　涛

档案管理

【概况】 2016 年，兰陵县档案局深入贯彻落实科学发展观，紧紧围绕全县中心工作，大力推进档案规范化、信息化和制度化建设，目前共有 128 个单位纳入全县档案工作科学化管理测评，基层档案室总数 128 个，全县基层档案室总建筑面积约 5005 平方米，其中库房面积约 3623 平方米。有专兼职档案工作人员 138 名，大部分具备大专以上文化程度。室藏档案 472072 卷，377070 件。

【馆库建设】 兰陵县档案馆馆室面积 800 平方米，交通方便，利于资政为民。另外又开辟了第二展厅面积　1614 平方米，总面积达 2414 平方米。投资 50 余万元配备内部设施，安装监控系统 1 套、配备密集架 174 组、报纸字画橱 10 套、防磁柜 1 个、杀菌机 2 台、温湿度自动测量与调控设备 2 台、防有害生物设施；配备了信息公开场所所需的计算机 4 台、扫描仪 1 台、光盘刻录机 1 台、磁盘阵列等设施设备，为档案的安全保管保护创造了良好的条件。

【馆藏档案】 兰陵县档案馆馆藏档案门类齐全，结构合理，内容丰富，载体多样，地方特色浓郁，接收有婚姻、低保、复退军人、工伤等 8 种民生档案。截至 2016 年底，馆藏档案已达 128 个全宗，案卷 48776 卷，排架长度 686 米，案件 94536 件，排架长度 402 米。馆藏资料 6252 册，录音录像带共 68 盘，照片 3281 张，实物档案 574 件，现行文件　3481 件。馆藏档案资料目录输入 64.92 万余条，全文扫描 60 余万页。

【档案管理】（一）扎实推进档案业务建设。一是切实抓好文件整理归档工作。按照年初下发《关于做好年度归档文件整理工作的通知》，督导全县乡镇、单位及时做好整理归档工作。积极开展了档案工作科学化测评工作，申报了示范单位 1 个，先进单位 10 个，合格单位 20 个，按照测评方案靠前指导。二是积极推动民生档案工作的开展。确保婚姻、低保、林权、宅基、学籍、伤残等 20 种民生档案管理规范、安全。

目前，婚姻、低保、伤残、劳模、大病救助等8种，314949件民生档案入县综合档案馆保存，综合利用效果明显。三是积极参与配合做好农村产权制度改革。与农办、农业局等单位组成农村土地确权档案整理指导组，检查指导资料的收集、整理、保管，确保资料完整，保管安全，档案归档工作已有计划、有步骤全面展开，已顺利通过省、市验收。目前已完成15万户的档案整理工作，并实现了档案集中管理，综合利用。四是加强重点项目档案管理、争创全国卫生城、园林城档案管理工作。健全完善重大项目档案动态管理台账，落实档案登记备案制度，确保项目档案齐全完整和安全保管。积极参与创建国家卫生城档案收集、规范、整理工作，对争创卫生城相关部门的档案整理工作人员进行了专题培训。五是积极参与协调重点档案室建设。借助县综合服务中心大楼的启用，主动与事务局和相关单位对接，积极参与，按照档案室建设规范，筹划水利、教育、农业、人社、土地等综合档案室的建设方案。目前，档案室的建设进展顺利，有的已建成投入使用。新增面积500余平方米，总投入达到100余万元，设施设备配置齐全，为全县档案规范管理奠定了好的基础。

（二）着力抓好档案征集服务利用工作。一是紧紧围绕全县中心工作，做好档案接收、征集工作。今年征集接收到省、市委领导视察、指导工作、国际蔬菜博览会、荀子研讨会、兰陵籍成功人士看家乡等重大活动的照片、视频200余件。征集到罗炳辉在兰陵、兰陵抗战大事记、新闻媒体看兰陵、抱犊崮下的硝烟等资料100余册。在全县开展了民风民俗普查活动，已完成10个乡镇的普查任务，征集线索100余条。二是充分利用档案馆藏资源，加强特色档案文化研究。完成了全国劳动模范、全国优秀共产党员王传喜和“黄埔硬骨头”——兰陵最早的共产党员冷相佑二本书的初稿。完成档案资源建设、档案文化、档案管理等6篇论文的撰写。三是制定档案接收计划，并按照计划开展接收工作，新接收档案1100卷件。四是加快档案的开放步伐，进一步完善利用制度，健全检索体系，优化服务，高效开展档案查阅利用工作。五是积极申报2016年度国家重点档案保护与开发项目，开展了赵镈烈士档案资料、革命老区赵镈县史料挖掘整理保护工作。

（三）强化档案法制化和宣传工作。积极开展“国际档案日”宣传活动，开展了形式多样的宣传活动，进一步增强社会档案意识。进一步加快档案法制化建设步伐，加大对《中华人民共和国档案法》、国家贯彻国家三部委30号令的学习宣传，营造良好的档案执法环境。

（四）积极开展档案信息化建设和做好档案安全工作。积极开展数字档案馆和数字档案室创建工作，推进馆藏档案数字化建设，规范工作流程，档案数字化正在有计划的开展。规范档案数字化工作流程，目前馆藏案卷级、文件级目录录入、全县的重要、珍贵档案和照片档案的全文扫描已全部完成，档案全文扫描完成60余万页。按照“存量数字化、增量电子化”的要求，推进以电子公文为主要资源的电子文件中心建设。加强档案网站建设。

（五）积极开展档案划控工作。积极开展档案划控工作，按照《各级国家档案馆馆藏档案解密和划分控制适用范围的暂行规定》和《各级档案馆开放档案办法》的规定，成立了开放档案鉴定工作领导小组，开放了全部应开放档案，编制了文件级开放档案目录。2016年划控工作已经完成，鉴定开放1986年的61个单位共计722卷档案。截至目前，已经向社会公布开放了87个全宗，5590卷档案。

【档案科研成果】

出版图书《永恒的丰碑》《档案利用成果汇编》

图书名称	永恒的丰碑	编著者	王胜永　郑存祥
出版单位	黄河出版社	字数	20 万
本书记录了兰陵县在 1919 年至 1949 年的 30 年革命斗争，兰陵县域留下的许多壮怀激烈的英雄故事和革命遗址。			

图书名称	《档案利用成果汇编》	编著者	吴士强
出版单位	内部出版	字数	1 万
根据 2016 年来档案利用工作的情况，特汇集具有代表性的有特色的档案利用工作实例，来展现我县档案利用工作成果。			

档案展览举办情况

展览名称	“6.9 国际档案日”档案走进社区	举办时间	2016.6.9
主办承办单位	兰陵县档案局	地点	兰陵文化广场、孤山屯社区
依托 6.9 国际档案日，开展档案走进社区、走进基层活动。加强档案宣传工作，让更多的群众了解档案。			

【实物征集】 兰陵县居民孙春红，自幼酷爱剪纸艺术，作品涉及山水风景、花鸟鱼虫、亭台楼阁、人物肖像、书法剪纸等，2015 年原创作

剪纸作品

品《沂蒙六姐妹》荣获 2015（临沂）首届全国剪纸艺术大展优秀奖，并入选《全国剪纸艺术大展作品选集》。向档案馆捐赠 8 幅剪纸作品。

撰稿：吴士强　审稿：钟海莉

体　育

【概况】 兰陵县体育中心内部设办公室、群体科、竞技科、竞技体校、体育产业科、体育馆办公室、体彩办公室等科室。竞技体校常年开设摔跤、拳击、射击、乒乓球、田径等训练科目。近年来，兰陵县广泛开展群体性体育赛事，不断优化公共健身设施，大力增强公共体育服务能力，全县全民健身事业扎实推进。被国家体育总局授予“全国群众体育先进县”荣誉称号，被评为省、市两级群众体育“工作先进单位”。竞技体育在在一系列比赛活动中屡获佳绩：累计收获全国冠军 1 个、亚军 1 个，世界青年田径锦标赛亚军 1 个，奥运会选拔赛冠军 2 个，全国竞走大奖赛冠军 2 个，全国女子散打锦标赛冠军 1 个，省散打比赛、散手比赛、拳击锦标赛等冠军 7 个。

【群众体育】 一是着力提升场地建设水平。兰陵县深入贯彻《全民健身计划（2016—2020)》及县委、县政府《关于进一步加快构建公共文化服务体系的意见》，积极参与乡村标准文体广场的帮扶建设，全县600个行政村（1024个自然村）达到文体广场全覆盖。结合精准扶贫工作，全力推进“农民体育健身工程”建设，为全县122个省定贫困村招标捐赠健身器材。截至2016年底，全县420个行政村（568个自然村）完成农民健身工程建设，覆盖率达70%。投资66万元招标施工，完善了兰陵县体育馆消防设施建设。

二是着力提升群体活动组织水平。兰陵县运动会两年一届，青少年体育运动会（体育联赛）、老年人体育运动会、市民10千米越野跑等每年一届定期举办。2016年4月成功举办“体育彩票杯”10千米越野跑比赛，延续了二届马拉松比赛带动广大市民参加健身跑锻炼的引领促进作用； 2016年6月，成功举办中国兰陵体育舞蹈全国公开赛，促进体育舞蹈交流，引导群众参与舞蹈健身；2016年10月，承办山东省第八届百县篮球总决赛（西部赛区)，兰陵县代表队获得第一名的成绩；2016年5月-10月，组织普通组参加临沂市第六届运动会17个项目的比赛，取的团体总分第八名的成绩。同时，兰陵县体育中心积极组织代表队参加临沂市全民健身运动会。2016年5月与兰陵县总工会共同举办职工乒乓球赛，2016年10月与兰陵县老干局、老年体协共同举办老年运动会，2016年12月，举办兰陵县“世纪福缘杯”庆元旦足球比赛。

三是着力提升健身服务水平。2016年新成立体育运动舞蹈协会、钓鱼协会、登山协会等县级体育协会，指导篮球、乒乓球、汽车摩托车、象棋4个协会换届，全年举办2期社会体育指导员培训。在加强组织队伍建设的同时，今年重点加强对协会、俱乐部、社会体育指导员的活动指导和监管工作，充分调动他们的积极性，组织开展活动。要求每个协会每年至少组织一次比赛，社会体育指导员定岗定点开展体育健身活动的指导，真正发挥各类体育组织和人员作用。促进全民健身活动开展。目前，兰陵县体育协会发展到14个，各类俱乐部发展到18个，各级社会体育指导员发展到1519人（国家级社会体育指导员2人，一级指导员14人，二级指导员45人，三级指导员1458人)。,在临沂市体育总会指导帮助下，完成了县、乡体育总会建设，成立了机构，做到人员、场所、设施、制度、门牌全部落实。

【竞技体育】 一是着力加强训练基地建设。根据市体育局、教育局《关于改革县区级体育运动学校办学模式的实施方案》要求，兰陵县体育中心与兰陵县教体局联合下发了《关于改革兰陵县体育运动学校办学模式的实施意见》，决定与卞庄街道第二中学联合办学，改革建设新型兰陵县体育运动学校。目前，组织管理机构及挂牌工作已经完成。申请财政预算350万元，在校内新建2700平方米训练馆，已完成地基勘探，训练馆图纸正在设计。2017年建成投入使用。

二是积极组队参加临沂市第六届运动会。兰陵县组织了近600人的15支代表队参加临沂市第六届运动会。全体运动员发扬体育精神，顽强拼搏，共获得金牌147枚、银牌76枚、铜牌45枚，取得团体总分第一名，金牌第二名的成绩。积极承办市六运会比赛项目，共承办了举重、摔跤、柔道、拔河、射击五个项目的比赛。

三是成功举办全县中小学生体育联赛。兰陵县体育中心与兰陵县教体局联合举办了“体彩杯”中小学生体育联赛，共设足球、篮球、乒乓球、与麦秋、田径五个项目。联赛的举办，有效的促进了校园体育的发展。

【体育产业】 2016 年新增网点 12 家，网点总数达 53 家，超额完成市中心要求的 50 家的任务。手机在线完成 1340 个，超额完成 1104 个的任务指标。实现业绩 1.1 亿元，比去年增长 55%。体育彩票公益金有力地保障和促进了全县业余训练和全民健身运动的开展，为兰陵县体育事业发展提供了坚实的经济基础。

卫生·计划生育

综　述

2016年，兰陵县现有公立医疗卫生机构29处，其中县直医疗卫生机构9处（县人民医院、县中医医院、县妇幼保健院、县疾控中心、县皮防站、县结防所、县红十字会医院、县社区卫生服务中心、县卫生监督所）、乡镇卫生院20处（其中中心卫生院7处）；乡村卫生一体化管理村卫生室475处。2016年底，县、乡两级医疗机构开放床位4063张，各类卫生技术人员（含乡村医生）5545人，其中执业（助理）医师1555人，护士2041人，乡村医生1949人。全县每千人拥有医院床数3.1张，每千人拥有医师1.19人、每千人拥有护士1.56人。县、乡、村三级卫生网络共同担负着全县人民群众的医疗、防疫和保健任务。

医疗卫生

【医疗卫生体制改革】 统筹推进公立医院综合改革。在县人民医院法人治理结构试点的基础上，稳步实施县人民医院、中医医院、妇女儿童医院3家县级医院人员控制总量备案管理。继续落实公立医院配备和优先使用基本药物政策，县级2家医院集中采购药品2.17亿元，让利患者3240万元。稳妥实施“医药分开”试点。在大仲村试点成功的基础上，规范有序启动了兰陵、二庙、神山等8家单位“医药分开”试点，有效切断了药品销售和医院、医务人员之间的经济利益关系，建立了“降低医院运行成本、纠正医药不正之风、降低群众就医负担”的管理新模式。

【公共卫生】 国家基本公共卫生服务项目健康运行，在全县建立“卫生室建设标准化、乡医管理合同化、卫生工作责任化、督导考核常态化”的四化管理模式，借助家庭医生式签约服务，将慢性病管理、基本医疗和公共卫生服务融合推进，全县共建立居民健康档案125.28万份，0～6岁儿童保健管理7.01万人，孕产妇保健管理6088人，老年人保健规范管理9.98万人，高血压规范管理7.25万人，糖尿病规范管理1.88万人，重性精神病规范管理2978人。稳步实施15岁以下人群免费补种乙肝疫苗、农村孕产妇住院分娩补助、免费补服叶酸、免费婚前医学检查、贫困白内障复明以及农村适龄妇女“两癌筛查”等重大公共卫生项目，对城乡居民健康问题实施干预措施，不断提高城乡公共卫生服务均等化水平。

预防保健

【重点传染病防控】 全面落实综合防治措施，认真做好霍乱、疟疾、出血热、手足口病、狂犬病等重点传染病防治工作。全县共报告乙、丙类法定传染病2325例，成功处置伤寒聚集性疫情1起，手足口病报告30例，麻疹确诊病例2例，重点传染病总体疫情保持平稳。

【免疫规划管理】 全面实施扩大国家免疫规划，继续落实国家扩大免疫规划，深入开展麻疹、脊髓灰质炎疫苗查漏补种和强化免疫活动，一类疫苗接种33万人次，二类疫苗接种10万人次。启动实施预防接种门诊数字化建设，依托金苗系统完成了全县0～6岁儿童的信息录入，逐步建立了“场地标准化、工作制度化、人员规范化、管理网格化”的免疫规划管理新模式。

【慢性病非传染性疾病综合防治】 坚持先行先试，在县社区服务中心和层山、大仲村、庄坞、二庙、长城等6处基层医疗机构，探索建立了“两个网络、三个签约、四个阵地、五个措施”的“二三四五”慢性病一体化防治管理模式，对患有高血压、糖尿病、冠心病、脑卒中四类慢性病的群众开展了健康检查、健康指导、用药咨询、签约和随访服务，逐步在全县建立双向转诊、急慢分治、上下联动的分级诊疗模式。

【精神卫生工作】 建立了科学规范的精神卫生防治体系，突出三项制度（排查制度、随访制度、档案管理制度）的落实，使之趋向于常态化和制度化。全县重性精神疾病患者在网管理达4752人，在网管理率由原来的3.12‰提升为3.95‰，在网随访人员4646人，随访率达到97.79%。

【妇幼保健】 持续推进农村孕产妇住院分娩补助、免费补服叶酸、免费婚前医学检查及农村适龄妇女“两癌筛查”等重大公共卫生项目，为9105万名农村孕产妇发放住院分娩补助318.7万元；为农村育龄妇女累计发放叶酸36750瓶；免费婚检19590人；对39900名农村适龄妇女开展了“两癌”筛查。

医政管理

【医疗质量管理】 各级医疗单位坚持“以病人为中心、以质量为核心”，严格执行各项医疗核心制度，持续改进医疗质量和保障医疗安全，为患者提供了更加规范和优质的医疗服务。成功举办第五届医护知识技能大赛，连续两个季度组织开展临床、护理、医技专业人员“三基”抽考，在全系统掀起强基础、练技术、抓服务的岗位练兵热潮，为群众提供了更加规范和优质的医疗服务。充分发挥5个县级质控中心的作用，定期组织开展医疗核心制度落实、医疗质量控制、院内感染等常态化巡查，促进了各项医疗工作有效落实。

【对口帮扶】 深入开展3家二级医院对口帮扶11处乡镇卫生院和“县乡村三级联动”帮扶工作，建立定期派驻和巡回指导制度，实现了局机关科室、县级医院对基层医院医疗服务、公共卫生、岗位培训、工作指导的全方位帮扶。加强与上级医院的紧密合作，充分发挥上级医院的技术优势和管理服务经验，县人民医院与北京301医院、省立医院建立了远程医疗会诊，被威海市立医院、省眼科医院确定为对口帮扶单位；积极引导县域内医疗机构内引外联，深度跟进与市人民医院、鲁南眼科医院、市肿瘤医院、省胸科医院、徐州医学院附属医院、上海仁济医院的合作，在基层打造了一批重点学科和特色科室，缓解群众赴外就医难和贵的问题。

【医疗急救】 进一步完善院前急救网络布局，芦柞中西医结合医院、经济开发区医院“120”急救分站运行顺利，全县急诊急救水平进一步提升。进一步完善院前急救网络布局，将医疗急救服务向农村延伸，缩短院前急救服务半径，努力打造“15分钟急救圈”，全面提升我县院前急救服务能力。

【血液工作管理】 积极推动无偿献血，利用5.8世界红十字日、世界献血者日等活动做好无偿献血、造血干细胞捐献和遗体器官捐献的宣传和发动;开展了一次乡镇全民献血活动,献血998人次;招募了60名造血干细胞捐献志愿者,充实骨髓库,为造血干细胞急需患增添一丝希望。

【中医中药】 完成20处基层医疗机构中医“国医堂”建设,实现了基层医疗机构中医“国医堂”全覆盖，全县中医药服务体系建设逐步完善。

【卫生扶贫】 紧紧围绕“精准、精细、精良”六字工作方针，对全县5.3万贫困人口开展了免费健康普查和主要疾病筛查，精准诊断贫困人口中的各类患病人群，分类建立了健康档案，实行三级精细管理服务。同时，认真落实医疗卫生费用减免政策，对贫困人口实施惠民卡“精准”医疗救助，帮助困难家庭、困难群众解决看病就医问题，让人民群众切实感受到党的关怀和温暖。

【医药分开】 在大仲村试点成功的基础上，规范有序启动了兰陵、二庙、神山等8家单位“医药分开”试点，有效切断了药品销售和医院、医务人员之间的经济利益关系，建立了“降低医院运行成本、纠正医药不正之风、降低群众就医负担”的管理新模式。

计划生育

【全面落实二孩政策】 采取多种形式全面贯彻落实两孩政策。在县电视台举办《计生政策解读》20期，对国家和省计划生育新法、新规、新要求进行了多角度、全覆盖地宣传。组装计划生育宣传车7台，在全县各乡镇、村居进行了集中巡回宣传，把计划生育新政策、新内容送到群众家门口。印制《人口和计划生育宣传手册》3万份发放到乡镇村居和群众手中，用图文并茂的形式加深了群众对政策的理解和对计生服务的认识。组织卫生计生宣讲团，围绕计划生育政策法规、办证流程和优质服务等内容，集中对乡、村两级计生工作人员进行了全方位、立体式的系统培训。

【出生人口性别比综合治理】 采取孕情消失倒查、群众有奖举报、B超机登记管理、医护人员教育培训和日常监督巡查等途径和方法，全面开展打击“两非”工作，在全县保持了治理出生人口性别比的高压态势。2016年共查处“两非”案件16起，没收B超机7台、终止妊娠类药物1宗，罚款9.8万元。

【计生服务】 全面贯彻落实两孩政策，积极实行服务转型，主动提供优质服务。全面推行网上办证工作，简化审批办证流程，为群众提供一站式高效便捷的办证服务。全年共发放《服务手册》23569个，办理《生育证》264个。对符合政策生育人群，全面提供“六免”服务，为6008对育龄夫妇开展了免费孕前优生健康检查，发放叶酸3.39万瓶，为3.5万名育龄妇女开展了免费健康查体，为1万余名群众提供了孕期保健咨询服务，完成85名病残儿市级医学复核鉴定。强化村级月访查和月工作例会制度，利用手机随访系统做好月访查登门服务工作，动态掌握育龄人群的婚孕育信息。先后在卞庄、开发区、矿坑、神山、新兴等5个乡镇（街道、开发区）开展了手机随访系统升级运行试点工作。

【计生奖扶政策落实】 对政策调整前的独生子女户和农村计划生育双女户，继续实行现行奖励扶助政策。2016年对138户计划生育特困家庭开展了“计生助福　情暖计生特困家庭”活动，送去27.6万元的慰问金；为14554户农村独生子女家庭发放170万元独生子女父母奖励费；完成370名55周岁及以上的农村独生子女户、计划生育双女户父母登记备案工作；为912名独生子女和双女户子女中考成绩加了10分；对76名独生子女父母为城镇破产企业下岗职工及无业、自谋职业、退休的人员和36户计划生育特殊家庭进行了建档备案；为年满45周岁以上的农村独生子女户、计划生育双女户父母进行了免费健康查体。

疾病预防

【概况】 兰陵县疾病预防控制中心负责兰陵县免疫规划、传染病防治、地方病防治、卫生监测、卫生检验、预防性健康查体、健康教育和突发公共卫生事件应急处置工作。县疾控中心编制62人，在编51人，专业技术人员40人，高级以上职称7人，中级职称22人，医（技）师（士）8人。内设有15个职能科室，承担着全县140万人口的慢性非传染性疾病、传染病、地方病防治及学校卫生、卫生监测检验、健康教育和预防医学科研培训等综合性防治任务。

【传染病防控工作】 重点传染性疾病的防控工作。成功处置兰陵县莲花山城小区聚集性伤寒疫情，继续做好了H7N9禽流感、寨卡病毒感染、流感病毒感染、手足口病等重点传染病的防控。定期完成各项监测采样送检工作。

人畜共患病防控工作。认真做好流行性出血热、恙虫病、狂犬病、布鲁氏菌病等为重点的人畜共患病防控工作。全年接种出血热疫苗1万人份，恙虫病个案调查率及血液标本采集率达到100%；认真开展了养殖从业人员带菌率调查；加强了狂犬病暴露处置门诊规范化管理，配置了狂犬病暴露处置室，9月份对全县26处狂犬病处置门诊进行了复核换证工作，并新增3处狂犬病处置门诊。

常规疫情监测。详尽完成周、月、季分析60期，及时处理预警信息110条，于8月下旬开展了上半年医疗机构法定传染病管理检查和漏报调查，共查出乙丙类传染病12种计751例，报告751例，报告率100%，及时准确率100%，无漏报、迟报现象发生。目前，全县无甲类传染病报告，累计报告乙、丙类传染病21种2007例，死亡1例。

艾滋病防控工作。加大艾滋病防治知识宣传力度，开展自愿咨询检测，提供免费检测，全年兰陵县共报告新发艾滋病感染者21例，外地转入病例20例，追踪随访84人，随访率达99%。全年共检测CD4细胞440人次，病毒载量39人次，新增治疗16例，免费治疗62人。

【免疫规划管理】 宣传教育、业务培训。利用日常宣传、预防接种日活动、百日查漏补种活动、脊灰、麻疹疫苗补充免疫等契机加强宣传力度，2016年全县累计张贴标语500余条，悬挂调幅100余幅，设立宣传点25余处，累及下发各类宣传单10万余份通过宣传。7月份举办了免疫规划综合技术培训班，切实提高了全县免疫规划人员的业务技术水平。

落实医院感染防控措施。继续加强各级医疗机构的预检分诊和重点部位的消毒、通风，把医源性感染降低到最低水平。

疫苗针对传染病防控工作。一是做好麻疹

防控、AFP监测工作。全县共报告麻疹确诊病例2例，报告AFP病例6例。二是做好病毒性肝炎防控、百日咳、两脑、水痘、流腮等免疫规划针对疾病的监测，上报及采样、送检工作。

预防接种工作。继续加强流动儿童的管理，规范信息化管理工作。对0～6岁开展查漏童及补种，并及时录入客户端，免疫规划工作规范化管理水平明显提高。累计完成1类疫苗基础免疫35万余人次、二类疫苗11万余人次，基础免疫八苗接种率均在90%以上，乙肝疫苗首针及时接种率均在95%以上。全年全县共报告疑似预防接种异常反应275例，无异常反应，无重大疫苗接种反应事例的报告。

疫苗冷链管理工作。中心严格疫苗管理制度，疫苗有专人管理，及时制定疫苗计划，出入库记录齐全、无误，苗帐相符，无过期疫苗，冰箱测温及时。各预防接种单位疫苗管理都能及时上报疫苗计划，正确存放疫苗，及时记录疫苗及注射器出入库登记。11月，山东省疾控中心为兰陵县各基层预防接种门诊及产科接种室免费配送了200件疫苗专用储存冰箱，进一步完善了冷链设施配置。

【慢性病非传染病管理】 死因监测工作。2016年共报告8138例死亡病例，报告率为5.8/1000。

慢病监测报告工作。2016年报告肿瘤病例3172例，脑卒中5179例，冠心病2209例。

全民健康生活方式和减盐防控高血压项目。开展了健康宣传日和减盐百日行动，减盐征文比赛，减盐实验课等学校减盐，超市减盐、食品餐饮业减盐等活动，联合教育局、食品与药品监督管理局、盐务局、爱卫会等单位共同做好全县减盐工作。创建健康主题公园（兰陵文化广场公园）一处，健康一条街两处（兰陵县城市花园路、积极组织开展“全民健康生活，健行齐鲁大地”健步走活动。

国家级卫生县城创建工作。做好了健康教育、病媒生物防制的技术指导，顺利迎接了创城专家组的现场考核，为兰陵县成功创建国家级卫生县城做出了突出贡献。

高血压病糖尿病控制。积极开展健康教育，先后在每年10月8日全国高血压日和11月14日的联合国糖尿病日组织活动，共发放各种宣传单材料10000余份。配合县卫计局做好全县的高血压、糖尿病、脑卒中、冠心病等慢病的建档和随访工作，做好全县慢病工作人员的培训工作和对全县高血压、糖尿病管理工作的检查督导工作，2016年完成共管理高血压72507人，糖尿病18798人，其中规范管理高血压61106人，规范管理糖尿病15242人。

【地方病防治工作】 疟疾防治工作。加强了对全球基金疟疾项目管理力度，较好地完成了项目工作的各项指标，对全县镜检员进行了系统的培训，全县共血检发热病人1400余人次，血检率为1.1%，未发现疟原虫阳性者，全年共复检血片138张，复检率为11.3%，未发现漏检者。及时开展了媒介按蚊的监测调查工作，7～9月份在监测点共捕获了4种蚊虫，共2378只，其中中华按蚊33只。

碘缺乏病防治工作。利用5.15“防治碘缺乏病宣传日”加强宣传。对全县碘盐销售供应情况进行了常规定期督导监测。其中对食盐批发部门采样18份，经检测全部合格，对5处乡镇，20个村，300户居民食用盐进行了采样监测，其中采集盐样300份，食盐含碘率100%，食盐碘量合格率86%，未发现无碘食盐。

地方性氟中毒防治工作。6月份对兰陵镇小学生进行氟斑牙开展调查，共调查600人，其中，正常儿童520人；极轻度氟斑牙78人，占总人数的 13%；轻度氟斑牙 5 人，占总人数的 0.83%。共采水监测两次，经检验含氟量均低于 1‰ug/L。

流行性出血热、布鲁氏菌病防治工作。继续落实以灭鼠为主的综合性防治措施，今年以来共发生流行性出血热病例 12 例，布鲁氏菌病病例 78 例，已全部进行个案调查。今年 1 月份和 6 月份两次开展了近 12200 人份出血热疫苗接种，保障了发病村庄没有新发出血热病例再传染。

小学生、孕产妇尿碘及碘盐监测工作。兰陵县被选为首批建立尿碘、水碘实验室的县区，6 月底建成尿碘、水碘实验室，并及开展了相关工作。

【监测检验、质量控制及健康查体工作】 监测检验。全年公共场所、学校食堂、托幼机构、农村饮用水等共采样 800 份。完成了全县 700 余家医疗机构进行消毒效果监测。2016 年共检验各类样品 2000 余份，其中生活饮用水 300 余份，消毒液 600 余份，碘盐 650 份，尿碘 300 份，其他 200 余份。承担了山东省疾控中心的农村饮水检测项目，完成了 122 份水样的调查、检验、数据上报工作，帮助郯城疾控中心完成了 70 份水样的检验。新建设尿碘实验室，成为我市第一批具备尿碘检测能力的县级疾控中心，并通过省地病所考核。山东省 0157H7 项目，完成 200 余份的标本采样、检验工作，并检出阳性菌株 4 个。

质量管理工作。收发样品和农村饮用水采样等共 660 份，医院消毒监测共 680 份，共收发打印检测报告 1340 份。

健康查体工作。全年对餐饮、乡镇小型超市、食品厂、外出务工、公共场所等从业人员共查体 10400 余人。强化对全县中小学生查体工作的督导与信息录入，全年完成中小学生查体与信息录入 19.5 万余人。

【健康教育】 以创建国家卫生城为契机，建立健全健康教育档案，大力宣传《中国公民健康素养 66 条》，同时认真组织开展各项专题卫生宣传日和有关卫生法律、法规宣传活动。认真做好控烟和烟草流行控制工作。开展形式多样的健康教育活动，努力营造控烟氛围，结合兰陵县创城，积极探索开展各类场所控烟干预工和无烟医疗卫生机构和无烟单位创建；认真做好了兰陵县农村居民烟草流行监测工作和建筑工地工人的烟草流行检测工作。加强健康教育阵地的建设。今年精心设计建造了“健康教育一条街”， 健康主题公园以健康步道，大力宣传中国公民健康素养 66 条、传染病防治知识、高血压、糖尿病等慢病防治知识，全民健康生活方式等健康教育知识。

【精神卫生】 强化培训，不断提升精卫工作人员管控水平，定期对基层医疗机构精卫工作人员进行专业培训，2016 年，县级培训 2 次，共培训 56 人次;乡镇培训 2 次,共培训 800 余人次。定期督导，用制度和考核完善管控工作，实行每季度考评一次，严格做到检查前有通知，检查中有意见，检查后有得分，确保重性精神疾病管理工作的稳步推进。截至到 2016 年 12 月累计建档 4833 人，在册患者 4761 人，患者的检出率为 4.01‰,规范管理率为 97.8% ，结合“686 项目”免费给贫困患者发放精神药物；各级残联共计拨付 19.6 万其中并给予 30 名 3600 元住院病人。

兰陵县人民医院

【概况】 2016 年，在县委、县政府、县卫计局的领导下，医院认真学习贯彻党的“十八大、十八届五中、六中全会”精神和习近平总书记系列重要讲话精神，扎实开展“两学一做”学习教育工作，积极应对医药卫生体制改革形势，不断完善和创新管理机制，注重内涵建设，调动职工积极性，较好地完成了全年各项工作目标和任务。2016年全年，全院业务总收入58418万元，比去年同期增加6187万元，增长11.85%；全年门急诊812688人次，同比减少8.75%；住院病人62258人次，同比增长12.14%；手术台次16229台次，同比增长11.33%；病床使用率：79.6%；平均住院日：9.1天。门诊人均费用180.7元，同比增长15.46%；住院患者人均费用6810.73元，同比增长4.96%；全年结余4972万元。

医院先后荣获“临沂市药品不良反应监测工作先进集体”“全县信访工作先进单位”“平安兰陵建设先进单位”“全县统计工作先进单位”“全县卫生计生工作先进集体”“改革创新突出贡献单位”、艾力彼排名全国县级医院百强第36名、山东省医院百强50名等荣誉，涌现出“全国消防工作先进个人”“全县信访工作先进个人”“平安兰陵建设先进个人”“三八红旗手”等52名县级以上先进个人。

【医院制度建设】 完善制度建设，加强医院管理力度。完善的规章制度是医院规范医疗行为，为患者提供优质服务的重要保障。一年来医院先后出台《重点疾病精准诊断方案》《总值班及行政交接班制度》《行管后勤科室质量管理考核实施细则》《退休、返聘人员管理办法》《物品购置管理办法》等规章制度，并根据医院实际情况对各项管理制度进行了相应的调整，在推动行管后勤职能科室工作作风、管理方法的转变，强化行政管理体系建设和机制创新的同时，进一步规范了医疗行为，对医院医疗卫生事业的发展起到了明显的推进作用。

【医院硬件建设】 为营造良好的就医环境，医院加大在基础设施方面的投入，对院区进行了进一步整理。先后投资近800余万元开展了原建行住宅楼拆除，扩建停车场；老院区道路、地面整体硬化；门诊楼、住院大楼美化、亮化；新建康复大厅、核医学科等工程。积极参与全县创建“国家级卫生城”的工作，在全院范围开展了搬家式、移位式的大清扫，迅速改变了“平民医院”脏乱差的旧貌，群众就医环境焕然一新。

在进行基础设施改进的同时，医院根据医疗工作的需要加大了在医用设备方面的投入。在有计划地更新补充常规仪器设备的基础上，注重引进国内外先进医疗设备。先后添置了电子支气管镜系统、体外循环机、彩超、微型C臂X光机、电子胃肠镜、手足外科微动力系统、康复训练设备、呼吸机透析机、血滤机、肌电图等价值近2270余万元的先进医疗设备。先进设备的引进和基础设施的建设，为患者诊断、检查提供了质量保证，保证了临床医技工作的需要，促进了技术的更新和质量的提高，保证了设备设施、服务水平与广大患者需求相适应。

【改进医疗质量】 医疗质量直接关系到人民群众的健康权益和对医疗服务的切身感受。持续改进质量，保障医疗安全，是卫生事业改革和发展的重要内容和基础。一年来医院严格按照《医疗质量管理办法》及三级医院标准化建设要求开展各项医疗管理工作，进一步建立完善医疗质量管理长效工作机制，创新医疗质量持续改进方法，不断提升医院医疗质量管理的科学化、精细化水平。

1. 加强医疗质量监管，努力提高医院服务能力建设

2016年，医院积极响应国家卫计委开展的“改善医疗服务行动”，不断加强医疗质量和医疗安全管理，狠抓首诊负责制度、三级查房制

度、会诊制度、分级护理制度、值班和交接班制度、疑难病例讨论制度、急危重患者抢救制度、术前讨论制度、死亡病例讨论制度、查对制度、手术安全核查制度、手术分级管理制度、新技术和新项目准入制度、危急值报告制度、病历管理制度、抗菌药物分级管理制度、临床用血审核制度、信息安全管理制度等18项医疗质量安全核心制度的落实，并加大监管力度。定期组织医疗质量管理委员会专家对临床及医技科室进行质量检查，对检查过程中发现的问题予以曝光，并与科室绩效挂钩。做好新进人员的岗前培训工作，增强其法律意识和风险防范意识，强化全体医生的安全意识。做到依法行医，有效防范和减少了医疗纠纷的发生。医院全年无重大医疗差错、事故发生。

2. 加强病历管理力度，提高病历质量水平

病历作为医护人员对病人诊疗过程的全部记载，是医疗信息的主要来源，也是处理医疗纠纷、伤残鉴定的法律依据。病历质量是衡量医疗质量的重要指标，是医院管理需要关注的重要内容，是提高医院医疗质量的重点。随着对医院的绩效评价从业务收入、医院规模进行考评向使用疾病诊断相关分组（DRGs）开展医院绩效评价的转变，病历书写特别是对病案首页的要求提升到了一个更高的层面。为适应这一评价方式的改变，加强对于医院病历质量的监管，2016年医院对病案室的隶属关系进行调整，由信息科管理调整为医务部管理，并选送4名专职人员参加病案首页质量控制管理培训，以期提高医院病案首页整体填报质量。同时在各科室对本科室终末病历质量进行自查的基础上，由医务部定期组织专家对运行病历、终末病例进行检查评比，将检查中发现的乙级病历进行上墙公示，并对相关责任人进行相应处罚，以保证病历质量持续改进。全年共公示乙级病历4份。

3. 加强医院感染控制管理，提高群众就医安全

一年来医院对院内感染的终末质量控制及环节质量控制管理极为重视。切实抓好院感重点部门、重点部位、重点环节的管理，特别是手术室、消毒供应室、产房、重症医学科、口腔科、综合内镜科、急诊科、检验科、导管室等重点部门的医院感染管理工作；同时制定了重点部位、重点环节的防治院内感染措施，并指定医院感染管理科对其进行督查和指导，防止院内感染的流行和暴发。

在加强对重点科室、重点部门的监管的同时，医院加大了全院范围内的院感采样监测，对全院各科室进行了消毒灭菌效果监测，同时加强对手术室、胃镜室、口腔科、供应室、细菌室等高危区的环境卫生学监测及医务人员手卫生的监测。全年医院共采样324份，其中空气采样培养79份，物体表面采样培养180份，治疗用水采样培养4份，皮肤粘膜消毒液采样培养27份，医护人员手采样培养27份，医疗器材采样培养10份，总合格率99%。为医务人员及患者提供了一个安全的工作环境及就医环境，

【提升护理质量】 一是加强护理管理队伍建设。针对医院护理管理队伍人员较少的现状，医院积极探索新形势下护理管理队伍建设的方法，创造性的提出“护士长助理”的岗位设置。通过科室内部选拔，医院总体评定的方式，选拔一批护士长助理，承担科室副护士长的工作，并协助护士长督促检查病案管理、病房管理、基础护理、教学管理、急救物品管理等工作。这一举措既起到加强护理管理队伍建设的作用，也提高了广大护理工作者的积极性。

二是多举措提高护理人员业务素质。医院

坚持每半年对护理人员进行一次考核测试，并将测试结果同科室及个人绩效挂钩，敦促护理人员进行学习；通过举行伤口造口比赛、品管圈比赛等形式不断提高护理人员对于专科知识的掌握能力；定期邀请国内知名专家来院针对日常护理工作中遇到的难点进行授课。2016 年共组织院内培训 26 次，邀请院外专家培训 7 次，129 人外出参加短期培训 38 次，4 位护理人员外出参加专科护士培训，8 人外出进修，组织院内护理大查房 2 次。

三是强化护理质量督导。医院实行逐级管理的质量考核模式，形成护理部、科护士长、护士三级质量控制管理网络体系，并按照标准要求进行检查，对发现的问题及时予以纠正。医院每季度进行一次护理工作大检查，每周开展一次夜间查房，针对日常工作中出现的问题进行监督检查，全面督导医院护理质量、病历书写、三级查房情况，对检查中发现的问题及时进行总结，采取防范措施，降低了差错疏忽的发生率。此举极大地规范了医院护理管理，提高了基础护理服务水平，保证了临床护理质量安全，达到了护理服务无缝隙、护理管理全时段、临床护理重实效的目的，赢得了患者的信任。

【加强人才培养】 2016 年医院共选派 16 名医疗技术骨干到北京阜外医院、上海第六人民医院、齐鲁医院等国内外知名医院进修学习；组织 10 名工作优异的科室主任赴台湾彰化基督教医院学习学科建设及管理工作；邀请国家千人计划专家秦枂、候照远等知名专家来院指导、授课 20 余人次；通过国家外国专家局引进德国 SES 组织妇产科专家来院工作 3 周；成功举办临沂市医学会胸心外科专业委员会年会、临沂市医学会康复专业委员会年会、临沂市骨科沙龙等学术会议。在促进医院技术人员业务水平的提高的同时，也提高了医院在周边区域的知名度。

医院在加强现有技术人员培训的同时，积极做好技术人员的招聘及急需人才的引进工作。全年医院组织三次大型公开招聘考试，共招聘卫生技术人员 165 名，其中博士 1 名硕士 10 名。为医院的发展提供了高质量的后备力量。

【新技术新项目的落地】 医院积极推进无痛医院建设，整合医院内镜检查资源成立内镜中心，综合内镜科自九月份建立以来全年共完成无痛胃肠镜检查 432 例，无痛流产 94 例，普通胃肠镜 1715 例；积极推进介入诊疗技术在临床工作中的应用，全年共完成脑血管介入 240 台次，心血管介入 160 台次，外周血管介入 32 台次，其中急症心肌梗塞介入治疗 37 台次。牢牢地树立了我院在兄弟医院中的技术领先优势。

【深化医疗体制改革】 2016 年是我院推进公立医院改革的关键一年。为确保医疗体制改革工作的顺利开展，年初医院领导班子根据上级的有关要求，结合我院实际，医院制定了“以控制药占比、耗占比、提高大型设备检查阳性率为切入点、积极推行单病种付费这一新的支付制度改革及优先选择使用基本药物工作，使住院患者住院均次费用有明显的下降，提高门急诊诊疗能力和服务水平，提高患者的就诊满意度”等“九大目标”为主的具体措施。将全年医改的重点放在降低药占比、耗占比方面。分别从医院层面、科室和个人层面采取措施进行严格控制。首先医院先后采取对 5 元以上耗材全部降价 10%；70 种非常用药品价格下调 15% 等措施以降低医院药占比和耗材占比，减轻患者负担，提高患者满意度。同时加强合理用药管理力度，减少药物滥用，对抗菌药物、辅助用药、营养药、中药注射剂的使用进行重点监控。

对排名全院前十位的用药，每种药物用量前十位的科室和个人，以及每个临床科室的用药情况进行公示。实行院科两级考核量化管理，即医院对科室进行药占比管理控制，科室主任对科内医生合理用药进行监控管理，对超标的科室或医师按照规定给予全院通报及经济处罚等。经过努力，目前医院药占比已降至 34.01%，基本达到年初设想的目的，收到较好的社会效益。

兰陵县中医院

【概况】 兰陵县中医医院（原苍山县中医医院）位于千年古县兰陵县县城驻地，始建于 1984 年，历经 30 余年的发展，现兰陵县中医医院已发展成为鲁南苏北地区设备齐全、人才密集、技术雄厚、功能完善、服务一流的一所集医疗、科研、教学为一体，以中西医结合为特色的综合性二级甲等中医医院。现医疗占地 17 余亩，建筑面积约 13800 平方米。截至到 2016 年底，医院拥有职工 429 人，其中卫生专业技术人员 381 人，中级职称 127 人，高级职称 30 人，硕士以上研究生 3 人。

【工作开展】 今年以来，县中医医院以“科技兴院，人才强院”为契机，着重从改善就医环境、改善服务态度、规范医疗行为、提高医疗质量、促进医患和谐等方面入手 ，狠抓了“两学一做”专题教育活动，强化了医院管理机制，完善了医院的社会职能，通过全院干部职工的共同努力，取得了不错的成绩。

兰陵县中医医院拥有德国西门子 1.5T 核磁共振、荷兰飞利浦公司的 128 层螺旋 CT、美国 GE Prospeed FII 双排螺旋 CT、美国 GE Precision Thunis-800+ 全数字胃肠机和玲珑 DR-F 数字摄片系统、美国 GE 公司生产的 E9 彩超等先进医疗设备。

2016 年兰陵县中医医院全年门诊人次 159294 人次；收住院 8678 人次；业务总收入 6223 万元。

兰陵县妇幼保健院

【概况】 兰陵县妇女儿童医院坚持以邓小平理论和“三个代表”重要思想为指导，认真贯彻党的十八大精神，全面落实科学发展观，坚持科技兴院的发展战略，坚持以病人为中心的服务理念，围绕“发展医院、改善职工、回报社会”的发展目标，着力于立足服务、突出特色、培养人才、发展专科、培育品牌，不断调整提升，改革创新，开创了医院工作新局面。坚持“以保健为中心，以保障生殖健康为目的，面向基层，面向群体和预防为主”的妇幼卫生工作方针，切实履行公共卫生职责，开展与妇女儿童健康密切相关的基本医疗服务。

【妇幼卫生重大项目工作落实情况】

（一）做好新生儿两筛工作，提高出生人口素质

2016 年全县全年新生儿疾病筛查共 13679 人，新筛率为 99.71%，其中怀疑患葡萄糖六磷酸脱氢酶缺乏症（G6PD）的召回复采 63 人、确诊 5 人，治疗 5 人；查出甲状腺功能低下阳性 69 人、无确诊病例；丙苯酮尿症阳性 14 人、无确诊病例；肾上腺皮质增生阳性 190 人、确诊 11 人。新生儿听力筛查 12808 人，查出听力障碍的 2 人，治疗 2 人，通过筛查治疗，减轻了社会负担，有效降低了残疾儿童的发生率。

（二）认真开展免费婚前医学检查工作

2016 年，免费婚前医学检查 9605 对，婚检率为 97%，查出乙肝表面抗原阳性 236 人，梅毒

患者14人，艾滋病患者1人。有效避免了遗传性疾病的传播，为新婚夫妇的身心健康提供了保障。

（三）全县农村适龄妇女两癌筛查工作

"两癌"（宫颈癌和乳腺癌）筛查是国家卫生部推行的六项重大公共卫生项目之一。我院作为该项目的承担机构， 2016年我院共完成了全县"两癌"筛查数39900人。其中宫颈癌10人、乳腺癌13人。通过及时建立筛查信息数据库，做到信息统计上报及时、准确，为该项目的顺利实施和科学决策提供了可靠依据。

（四）农村孕产妇增补叶酸预防神经管缺陷项目

为提高全民预防出生缺陷知识知晓率和保健意识，有效控制出生缺陷发生率，提高出生人口素质，在县卫计局等部门领导的重视下，我院举办了兰陵县增补叶酸预防出生缺陷宣传活动培训班，对全县设产科医疗机构的相关人员进行业务培训，制定增补叶酸项目工作制度和药品发放管理制度，

做好宣传、药品发放和信息资料收集工作，2016年1至12月份共计发放叶酸6319人次，目标人群增补叶酸发放和服用均超额完成。

【加强内部管理，两个效益明显提高】 2016年，全院业务总收入7518.4万元，各项财政拨款累计1862.53万元；总收入9380.93万元；2016年门诊人次194269人，总住院人次13124人次，手术3269台，全年住院分娩8031人次，其中平产5218人，剖宫产2567人。社会效益和经济效益明显提高。

撰稿：公艳华

社会生活

民　政

【行政区划工作】 完成2016年度界线联检任务。按照省民政厅《全省第四轮县级行政区域界限联合检查实施方案》要求，根据山东省第四轮界线联检工作计划，做好2016年度枣庄峄城区—兰陵边界、兰陵—罗庄、兰陵—费县边界县级行政区域界线联合检查的年检任务，成立了由两县区分管区划地名工作的领导为组长，区划地名科长和相关人员为成员的联检工作组，制定实施方案。联检中对界桩上的文字进行了刷新并拍摄了照片，明确了界桩的管理和维护责任人，填写了“界线联检记录表”和“界桩联检记录表”。

积极开展平安边界创建活动。按照省、市要求，认真落实开展创建平安边界活动的各项措施，沿边乡镇、村委会层层签订了维护界桩、界线的协议书，边界线管理任务明确，管理网络健全，管理人员责任到位，很好地维护了边界地区的社会稳定，促进了边界地区的经济发展。与周边县区分别签订了《平安边界共建协议书》，并通过设立的界碑宣传栏等方式向广大边界地区群众大力宣传平安边界创建活动及重要意义。

【社会救助工作】 城乡低保。根据临政办发〔2016〕102号文，兰陵县城镇最低生活保障标准由400元/人/月提高到430元/人/月，低保补差由240元/人/月提高到270元/人/月。城镇低保1325户2639人，共发放城镇低保金799万余元。农村居民最低生活保障标准由3000元/人/年提高到3300元/人/年，农村低保全面实行财政补贴“一本通”补差发放，补差标准145、155、165、175、185、195元/人/月。农村低保对象34056户50668人，2016年共发放农村低保资金1亿余元。

农村五保供养。共有农村五保供养对象4444名，其中集中供养906名，已建乡镇敬老院17处，占地面积226404平方米，建筑面积48467平方米，床位数1724张，入住五保对象906人，管理服务人员198人。根据临政办字〔2016〕102号文，集中供养标准调整为4800元/人/年，按季度及时通过财政拨付到乡镇财政，2016年共拨付集中供养资金495万余元；积极落实“蛋奶工程”，保证老人每人每天一个鸡蛋，一包牛奶，2016年共拨付“蛋奶工程”资金117万余元，借助暖冬工程今年向各乡镇敬老院拨付集中供暖取暖费用合计532400元。分散供养标准调整为3600元/人/年，2016年共发放分散供养五保资金857万余元。

城乡医疗救助。按照“扶贫帮困，分类施救”的指导思想，兰陵县民政局、财政局、人力资源和社会保障局、卫生和计划生育局与今年11月份联合印发《兰陵县城乡困难群众医疗救助管理办法》，建立资助参保、住院救助、优惠减免、重特大疾病救助四位一体的救助方式；将救助范围由低保、五保对象扩大到包括农村贫困人口在内的低收入救助对象、因病致贫对象；不断加大资金投入，提高救助标准，2016年低保、五保对象政策范围内救助比例全部提高到70%以上；低收入救助对象和因病致贫家庭重病患者，个人自付合规费用在2万元以上，根据家庭经济状况予以救助，每人每年救助金额累计不超过1万元。2016年度共实施医疗救助1984人，合计救助金额543万余元。

临时救助。2016年度共实施临时救助803人，合计救助金额221万余元。

“一门受理、协同办理”工作。在县政务大厅及17个乡镇、街道办事处及经济开发区行政办公大厅建立“一门受理、协同办理”窗口，切实解决重复救助、多头救助和遗漏救助等社会救助“碎片化”问题，实现县直各职能部门对困难群众救助工作的有机整合，形成“政府主导、民政牵头、统筹协调、部门联动、覆盖城乡、高效服务”的大救助格局，做到“贫有所济、困有所帮、残有所助、孤有所托、老有所养”，不断提高群众幸福指数和满意度，为困难群众提供优质便捷高效的社会救助服务。

“一站式结算”工作。2016年我县开展医疗救助“一站式”即时结算（截至6月30日共实施医疗救助1767人次，共计救助金额216万余元）。

【社会福利】 养老服务。一是养老服务体系完善。2016年全县新增农村幸福院23处，全部建成并投入使用。日间照料中心充分发挥作用。2处日间照料中心新建并投入使用（颐康日间照料中心，增寿园日间照料中心）。新建4处养老机构，长城中心敬老院、长城老年医养护理院，颐年养老护理中心，仁和养老护理中心。二是“12349”居家养老服务范围进一步扩大。2016年，我县投资100万元，联合临沂大爱养老服务中心，在卞庄街道朝阳社区建立“12349”居家养老服务信息平台，在7个社区分别设立服务站并开展服务，目前服务对象增至229人。

福利企业年检认定。2016年县局成立了相关部门负责人参加的联合检查组，对全县6家社会福利企业进行了年检认定工作。

助孤工作持续开展。2016年，经审核新增孤儿12人，共有孤儿171人。每人每月发放生活费720元，全年共计发放孤儿生活费137.376万元。2016年中国儿童少年基金会“中国儿童保险专项基金”为兰陵县161名贫困孤儿捐赠爱心保险卡161张，承保12种重大疾病，保险金额为每人10万元。2016年，我县困境儿童人数更新为26人，每人每月发放生活补贴300元，全年共计发放补贴3.5万余元。2016年，共接收社会弃婴9名，全部安置在市儿童福利院。

先心病救助。接收22位先心病儿童救治补贴申请，配合医院做好各项手续的办理。

城镇三无人员、失能老年人生活补贴、八十岁以上高龄补贴按时发放。2016年，共有城镇三无人员22名，每人每月发放生活补贴510元，共计134640元；失能老年人上半年972人，下半年608人，每人每月发放生活补贴60元，共计568800元；80-89岁老年人，上半年10648人，下半年10634人，每人每月发放生活补贴100元，全年共计12769200元；90岁以上老年人，上半年1562人，下半年1584人，每人每月发放生活补贴200元，全年共计3775200元。

【双拥优抚安置工作】 优抚工作。对重点优抚对象月生活补助标准进行了调标，其中抗日战争入伍人员补助由770元提高到970元，解放和建国初入伍人员补助金由725元提高到925元，带兵回乡人员由360元提高到410元，涉核、参战人员补助金由360元提高到460元，60岁及以上农村籍老兵每服役一年每月补助由 15 元提高到 20 元。组织优抚对象 70 人进行短期疗养，组织 24 名 1 ～ 6 级伤残军人去泰安荣军医院疗养。为 1780 名农村籍优抚对象统一办理了医疗保险，为在乡 1 ～ 6 级伤残军人 236 人共缴纳医疗保险费 106.3 万元，为失业下岗 7 ～ 10 级残疾军人和参战、涉核、带病回乡等人员 232 人共缴纳医疗保险费 78.4 万元，为退休人员优抚对象共缴纳医疗保险费 72 万元。2016 年接收二等功 1 个，三等功 60 个，优秀士兵 20 个，全部登记在册，并录入电脑。为荣立三等功的军人申请慰问金共计 6 万元。

*安置工作。*发放 2016 年冬季退役士兵一次性自主就业补助金，共计 596 人，1438.425 万元；委托华瑞鲁安驾校对 2016 年冬季退役士兵共 443 人进行驾驶技能培训；完成 2016 年冬季符合政府安排工作条件的退役士兵的安置工作。共有 19 人符合安置条件，召开安置选岗大会进行安置，4 人选择事业单位，5 人选择国企，10 人选择自谋职业，共发放待安置期间生活补助金 3.8 万元。

*烈士褒扬工作。*鲁南革命烈士陵园 2015 年 10 月顺利通过民政部“国家级革命烈士纪念设施保护单位”考评验收。为加强爱国主义教育，弘扬革命烈士精神，我们在鲁南革命烈士陵园新建了长达 150 余米的“将军题词碑廊”。到目前为止，已征集将军题词 260 余幅，其中上将 10 余幅，中将 30 余幅。

【基层政权和社区建设】 *基层政权和社区建设有序推进。*一是积极组织，抓好村（居）主任培训工作。2016 年 7 月底，组织全县 12 名村(居)主任参加全市村（居）委会主任培训班。二是扎实做好“村改居”排查摸底工作，建立“村改居”情况台账。

*社会工作人才队伍建设力度加大。*一是职业水平评价有序实施。截至 2016 年 8 月，全县通过考试取得证书的社工人员有 11 人，其中助理社工师 2 人，社工师 9 人。二是社会工作专业人才统计工作顺利完成。全县共有社会工作专业人才 187 名。三是做好第二届齐鲁和谐使者选拔推荐工作，树立了崔侠等一批社会工作专业人才的典型。

*志愿服务活动广泛开展。*全县登记注册的社区志愿者达 3655 人，成为社会工作发展的有益补充。

【专项社会事务管理工作】 *民间组织工作。*民间组织管理工作有序开展，今年以来，对全县 219 家社会组织进行年检，新增社会团体 3 个，民办非企业 21 个。

*婚姻及收养登记。*2016 年婚姻登记处工作着重于坚持依法行政、服务第一位和完善档案管理工作。截至 2016 年 12 月 31 日，婚姻登记处登记处共办理结婚登记 10122 对，离婚登记 2194 对，补办结婚证 2001 对，登记合格率 100%。全年依法办理收养登记 6 件。

*殡葬服务。*根据民政部印发《开展殡葬管理服务专项整治活动工作方案》的通知要求，殡仪馆扎实开展了殡葬管理服务专项整治活动。2016 年全县共计火化尸体 6858 具，协助公安、交警等部门处理各种事故 200 余起，无违规违纪现象。为减轻困难丧属负担，根据国家政策，对特困群众家属死亡后的遗体接送、冷藏存放、火化等费用给予减免，全年为 70 多户贫困家庭减免亲人丧葬费用 28900 余元。城市公益性公墓建成并投入使用。

*流浪乞讨救助。*2016 年共收容流浪乞讨人员 11 人，遣送流浪乞讨人员 44 人；接收临沂市救助站遣送流浪乞讨人员 29 人；站外救助 31

人，劝导流浪乞讨人员 65 人次。并根据天气情况及时开展“寒冬救助”活动。

【慈善工作】 *开展慈善募捐活动。*募捐慈善资金 466.53 万元，其中定向捐助 360.88 万元，“慈心一日捐”捐款 101.6 万元，扶贫超市爱心捐赠 4.05 万元。

*其他慈善救助活动。*联合县教育体育局、县卫生和计划生育局、县妇女联合会、县残疾人联合会等有关单位，开展 2016 年度“情暖兰陵”慈善大救助活动，对我县“困难肾脏疾病病人”“三无人员”“流浪乞讨人员”“困难癌症病人”“困难偏瘫病人”“困难老人、贫困母亲”“青少年残疾人”等近 3000 名困难群体组织实施慈善医疗救助，发放救助金 170 万元；会同县财政局、教体局、东方佳园有限公司联合开展首届“兰陵云峰奖学金”发放仪式，对我县今年考入“985”高等院校的 31 名品学兼优的高三应届毕业生每人发放了 5000 元的奖学金；联合平邑县为民广告传媒有限公司定向医疗救助 2 名贫困群众，支付救助金 23000 元；做好日常工作中的困难群体救助：大病医疗救助 67.3 万元，1331 人次；帮助爱心企业实施定向资助贫困村道路、希望小学校舍建设、孤寡老人生活慰问、企业特困职工救助等，支出资金 209.18 万元。

*积极参与评比表彰活动。*在全县开展的“敬老模范单位、十佳孝亲敬老之星和十佳老有所为之星”评选表彰活动中，兰陵慈善总会荣获兰陵县第三届“敬老模范单位”荣誉称号、县慈善总会会长田家成荣获兰陵县第三届“十佳老有所为之星”荣誉称号、兰陵慈善义工联盟团长李宗达荣获兰陵县第三届“十佳孝亲敬老之星”荣誉称号。

*慈善义工服务活动。*兰陵慈善义工联盟在春节、元宵、端午、中秋、重阳等节日期间，开展“情系夕阳”活动，深入进敬老院，走访慰问孤残、空巢老人，为老人送温暖献爱心；开展“托起明天的太阳”爱心活动，关爱留守儿童、走进特困家庭，走进希望小学，捐赠课桌椅、送去学习用品等；开展义务植树、世界无烟日脚游行等环保宣传活动；组织开展“小百度爱卫生包”大型公益项目，专注培养山区孩子卫生意识，减少传染病感染，让孩子从身心感受自尊自爱的体验。参加琢玉计划人才培养暨公益项目筹款培训会等活动，不断提升义工自身素质，完善义工形象。

【地名工作】 维护更新国家地名数据库，开展地名文化遗产普查并建立地名文化遗产保护名录。制定《兰陵县第二次全国地名普查工作实施方案》，召开全县地名普查工作推进会，积极参加地名普查培训班，共 75 人参加培训。加大对地名文化遗产的宣传和保护，会同文化、旅游、文物等部门，利用原有档案资料，对辖区内所有村、镇以及本县区地名开展普查梳理，组织专家学者进行挖掘研究，对符合条件的登记建册，建立了地名文化遗产保护名录。

人力资源和社会保障

【就业创业】 2016 年，兰陵县人社局在就业形势日益严峻的情况下，按照市县关于实施全民创业三年行动计划的总体部署，始终把稳定和扩大就业作为民生保障工作的重中之重，放在工作的突出位置来抓。工作中，县人社局认真分析兰陵县就业工作面临的新情况、新问题，积极探索做好就业再就业工作的新思路、新举措，实行政策引导、服务先行，严格落实就业扶持政策和就业目标责任制，不断完善就业服务体系，大力开展了以“微笑服务、和谐就业”主题的“春风行动招聘会”“就业援助月”“民营企业招聘周”“五进四送宣传月”“农民工三项行动”等就业专项活动，积极搭建基层公共就业服务平台，扎实做好困难群体就业援助、技能培训、职业介绍、就业精准扶贫等工作，重点抓好就业困难群体、高校毕业生和农民工就业工作，有效推进了就业再就业工作的顺利开展。

2016 年，实现城镇新增就业 8600 人，完成年度任务的 126.47%；实现失业人员再就业 3280 人，完成年度任务的 121.48%；实现困难群体再就业 385 人，完成年度任务的 135.56%；城镇失业登记人数 1440 人，登记失业率 2.22%，在控制范围内；新增农村劳动力转移就业 16237 人，完成年度任务的 101.48%；实现高校毕业生就业 2968 人，就业率达到 98.28%；职业技能培训 5189 人，完成年度任务的 103.78%；创业培训 600 人，完成年度任务的 133.33%；参加养老保险的新就业人数 5519 人，完成全年任务的 114.98%。截至年底，共为 163 名创业人员发放小额担保贷款 3348 万元，发放社会保险补贴 173.75 万元、培训与技能鉴定补贴 66.67 万元、一次性创业补贴 1.2 万元；进一步加大了公益性岗位开发力度，为交警大队、城管局、各乡镇人社所等单位招聘公益性岗位人员 93 名，发放公益性岗位补贴 63.24 万元。

2016 年，按照上级安排部署，兰陵县人社局高度重视就业精准扶贫工作，成立了专项领导小组，制订实施方案，实行责任分工，积极动员部署，分类施策，集中攻坚。一是选择符合扶贫车间建设条件的鲁城、矿坑等乡镇，利用村集体闲置场所，集中建设了一批扶贫车间，吸纳安置贫困人员就业；二是组织县内企业开展用工调查，制定了精准扶贫招聘会计划，组织企业到重点贫困乡镇和贫困村庄举办招聘会；三是安排精准扶贫定点培训机构，对有就业培训需求的贫困人员，开展“短平快”式技能培训，真正帮助他们掌握一技之长；四是开发了一批农村公益性岗位，对通过市场渠道一时难以就业的贫困人员予以托底安置，解决了农村贫困人员的就业需求问题。截至 2016 年底，全县建档立卡贫困人口已完成转移就业和就近就地就业 477 人，完成“短平快”式技能培训 111 人，完成自主创业 24 人，接收扶贫贷款申请 12 份，审核发放创业扶贫贷款 5 人次 12 万元，较好地完成了 2016 年就业精准扶贫任务。

【社会保险】 社会保险，主要包括养老保险、医疗保险、失业保险、工伤保险、生育保险及遗属补贴制度等。

一、社保基金征缴总量再创历史新高。2016 年，全县共征缴机关养老、企业养老、医疗（含居民医疗）、失业、工伤、生育、居民基本养老保险基金 16.2 亿元，超额完成了年度计划指标；共支付各项社会保险待遇 16.8 亿元，累计滚存结余基金 10.2 亿元。社会保险扩面工作进展顺利，企业养老、基本医疗、失业、工伤、生育保险净增扩面人数分别达到 1700 人、695 人、430 人、377 人、880 人，全部超额完成了上级下达的任务指标。

二、着力抓好居民、职工医疗保险付费总额控制工作。进一步巩固和完善总额控制制度，在做好居民医疗保险总额预付工作的基础上，对职工医疗保险实行了总额预付。对每家定点医疗机构报销费用情况实行动态管理，对超出控制范围的单位提出预警，有效控制了医药费用的不合理增长。进一步加大了网格化监管和飞行检查力度，集中开展了挂床住院整治活动，对住院病人夜间在院情况进行不定期突击夜查，对定点医疗机构存在“挂床住院”违规行为的，一经发现，除对已产生的报销费用全部由该定点医疗机构自行承担外，并依据有关规定追究定点医疗机构和有关人员的责任，有效保障了医保基金安全。2016年，共出动检查人员500余人次，不定期对全县70余处定点医疗机构进行检查，查处违规行为100余起，下发整改通知100余份。

三、建立了基金支付预警机制。为确保各项基金的正常运转，兰陵县人社局立足县情，对基金支付情况实行预警，每个月对各项社保基金的征缴、使用、结余等情况进行动态分析，发现问题及时预警。同时，进一步增加社保基金定期存款额度，2016年社保基金定期存款达到25594万元，确保了基金的保值增值，为有效避免出现基金收不抵支现象奠定了坚实基础。

四、顺利实施了机关事业单位养老保险制度改革，积极完善机关事业单位养老保险制度。一是顺利完成机关事业单位养老保险缴费情况调查摸底和集中清欠工作，对兰陵县机关事业单位拖欠养老保险费开展集中清理清欠，对已经明确的欠费情况按规定及时进行补缴征收。二是进行个人缴费基数核算及全县基本养老保险基金收支形势预警分析，结合养老保险改革后的实际情况，对基本养老保险基金的收支状况及时进行预警分析。三是做好全县机关事业单位养老保险割差清算工作，对2014年10月至2015年12月养老保险费进行了割差清算，核算了老制度已缴保险费、按新制度应收缴的养老保险费和职业年金，并与财政代扣代缴养老保险费比对核算，实行个人缴费多退少补。

社会保险核心平台三版实现顺利变更使用，社会保障水平进一步提高，企业退休职工工资待遇在原来基础上实现了“十二连增”，60周岁以上老人居民养老保险基础养老金领取标准实现“五连增”，达到人均每月100元，2016年全年共发放居民养老金2.2亿元，为符合丧葬补助金条件的3900余人发放一次性丧葬补助金230余万元。

五、顺利完成居民基本养老保险划转整合工作。2014年，按照上级政策要求，原新型农村合作医疗制度与城镇居民基本医疗保险制度进行整合，实行统一的居民基本医疗保险制度，县新农合办公室从兰陵县卫生局整体划转至兰陵县人社局。2016年8月，为进一步强化兰陵县居民医疗保险机构建设，扎实推进兰陵县居民医疗保险工作，兰陵县新型农村合作医疗管理办公室更名为兰陵县城乡居民医疗保险管理办公室，同时，其编制由6名调整为13名，为实现社会保险无缝隙全覆盖增添助力。

【人事人才】 人才是推动经济社会发展的智力保障，2016年，兰陵县人社局紧紧围绕“民生为本，人才优先”战略，下大力气抓好了人才的培养、引进和管理工作，取得显著成效。坚持公平、公正、公开、透明的原则，认真做好2016年公务员考录和事业单位工作人员公开招考工作，新考录国家公务员96名、事业单位人员550名。切实做好2016届高校毕业生实名登记和推荐就业的工作，为切实提高毕业生就业率奠定了坚实基础，全县高校毕业生推进就业率达到96%以上。积极承担、全面部署安排2016年公务员考录和事业单位工作人员公开招考面试工作并顺利完成。认真贯彻落实上级关于县以下公务员职级并行制度及公车改革制度，积极落实上级关于机关事业单位工作人员工资调整的各项政策文件，切实将上级政策落到了实处。按照县委、县政府“三引一促”部署要求，引进科技成果转化项目4个，新增开展产学研企业数量2个。切实加大了高端科技创新平台建设工作力度，完成创新平台建设一处。组织高新技术企业积极申报博士后科研工作站建设项目，山东史贝美肥料股份有限公司、山东普金肥料有限公司正在积极办理博士后进站手续，为促进兰陵县企业转型发展和吸引高科技人才提供了高端平台。积极做好外国专家引进工作，组织山东新天地现代农业开发有限公司、瑞泽现代科技负责有限公司、县人民医院等重点企事业单位参加了第九届海洽会，为山东新天地现代农业开发有限公司引进一名德国专家并达成合作意向，为县人民医院引进2位德国医学专家。突出抓了专业人员继续教育工作，依托县电大、县职教中心、卫校、县委党校四个继续教育基地，2016年，组织专业技术人员继续教育培训13000余人次，审核备案继续教育学分13200余人次。认真做好了全县专业技术职称评审工作，办理2015年度评审通过（确定）高级专业技术资格证书68人（其中，正高2人，副高66人），中级专业技术资格证书49人，初级专业技术资格证书391人。截至2016年底，全县共拥有各类专业技术人员44661人，万人拥有专业技术人员328人。同时，积极做好政府特殊津贴专家、省市级以上有突出贡献的中青年专家等高层次人才的推荐选拔工作，极大鼓舞激发了专业技术人员干事创业的积极性和创造性。依托“金蓝领”技师培训，进一步加大了高技能人才引进培养管理力度，2016年，全县新增高技能人才570人，开展职业技能培训达5100余人次。认真做好职业技能考核鉴定工作，实施职业技能考试考核15场次，鉴定考试1422人次，发放职业资格证书1301份。

【劳动关系】 2016年，兰陵县人社局认真做好企业劳动合同和集体合同签订、企业最低工资标准和企业工资指导线宏观调控、劳动关系三方协调机制、企业用工“三项制度”备案和综合工时的审批、劳动用工备案、劳务派遣企业劳务派遣行政许可证的发放等工作。大力推进依法行政工作，依法开展各类用人单位劳动用工、劳动合同签订、工资发放、休息休假、社会保险费缴纳及持证上岗等情况日常巡查工作及书面材料审查工作，成效显著。2016年，先后检查用人单位240余户，涉及农民工1.2万人，仅建筑行业就解决欠薪168起，发放工资4748余万元；矿山企业12起，补发工资3000余万元；受理举报投诉案件88起，补发工资366余万元；2016年元旦、春节前后，对全县人力资源市场进行了清理整顿，取缔非法职业介绍站点1处，收缴非法宣传材料1万余份、广告牌匾4幅。抓好了大案要案和投诉举报案件的调查处理，共受理各类案件220余起。扎实做好劳动人事仲裁调解和来信来访调处工作，截至2016年底，处理劳动人事争议案件180余件，涉及职工180余人，为劳动者挽回经济损失600余万元。陪同县领导在县信访大厅接访、处置劳动信访案件120余件，均在办理期限内给予结案；接待来电、来信、来人、来访1500余人次，均在政策范围内给予合理解释、协调处理。处理“12345”热线办理单2000余件，按期结案率达100%，满意率达93%。

【公共服务】 2016年，狠抓基层平台建设工作，新建5135平方米的县级综合服务中心一处并顺利通过省市验收，目前已全面投入使用。依托“金保工程”建设和社会保险核心平台三版变更使用，进一步加大信息化建设力度，市县乡三级网络信息更加畅通。第三代社会保障卡制作力度加大，截至目前，共为全县机关企事业单位职工更换三代社保卡6万余张。

【机关建设】 按照县委统一部署，全面贯彻落实“三严三实”活动精神，全力推进“两学一做”，扎实开展了党的群众路线教育实践活动，全体人社干部职工分赴卞庄、磨山两个乡镇的联系村实地入户开展联系群众“结亲连心”活动，深入开展精准扶贫，取得了实实在在的效果，受到群众和地方党委、政府一致好评。

撰稿：李金秀

民族事务

【资金申请】 根据中央、省、市扶贫工作会议精神，结合我县实际，积极申请各类帮扶资金。一是积极向上申请少数民族发展资金，用于对少数民族村的帮扶和发展。今年全省共拨付临沂市320万元少数民族发展资金，通过积极申请，为我县争取到190万元，其中40万元用于磨山镇西疃村奶牛养殖项目，50万元用于尚岩镇杨套社区村集体肉牛养殖项目，100万元用于尚岩镇马套村骏马家庭农场建设及村集体项目后续发展。二是结合当前扶贫工作，积极争取临时性救助金，通过协调民政部门，申请到临时救助金2万元，按照“救急救贫”原则，对全县40户少数民族困难户发放救助金，以解困难群众的生活困难。

【惠民工程】 积极引导少数民族群众转变传统养殖模式，帮助他们因地制宜，着眼市场，依托优势，确定了发展特色养殖产业的思路。多次与国土局、畜牧局、环保局等职能部门协调沟通，邀请专业机构为西疃社区牧森养殖专业合作社进行项目规划。对尚岩镇马套村因自来水管道老化失修导致吃水难问题，及时协调水利部门对老旧管道进行修复更新，满足了村民正常的生活用水需求；同时，进一步健全少数民族村基础设施建设，改善村容村貌，协调投入资金80万元用于西疃社区背街小巷路面硬化，其中金信实业有限公司投资捐献20万元。

【维护少数民族考生合法权益】 严格按照国家有关政策规定要求，扎实做好高考少数民族考生成分审核工作，做到精心组织、热情服务、严格审核，公开透明。在具体审查过程中，与教育、公安等工作部门密切配合，保证证件齐全、手续完备，并对审查合格的少数民族考生情况及时在政务网公示，接受社会各界监督。今年共完成19名少数民族高考考生身份审核。

【维护民族和谐】 关注少数民族群众的意见和诉求，认真做好涉及少数民族领域不稳定因素的排查，及时发现不安全隐患。通过矛盾调处机制，确保最大限度把不稳定因素解决在基层，化解在萌芽状态。2016年6月份，积极配合全县创建国家卫生城市工作，稳妥做通了涉及私搭乱建20户清真饭店业主的思想工作，为全县创卫工作打开了良好开端；同时，协调各方，凝聚力量，积极推动新吴庄清真寺的重建落成。积极参与西疃社区徐某上访案件的稳定处置工作，对聚集上访的回族群众做耐心细致的安抚疏导，稳定了当事人情绪，防止和化解了此次上访事件的发生。2016年《山东民族宗教》杂志（2016总地七十八期）、临沂日报相继刊登了兰陵县民族工作专题报道《携手共谱致富路　亲诚惠容一家亲》，进一步肯定了我县民族团结稳定工作。

【开展民族团结进步宣传月活动】 今年民族团结进步宣传月活动期间，按照市、县的统一部署安排，以“准确认识形式、反对民族分裂、维护民族团结、共建美好家园”为主题，积极开展多种形式的宣传及帮扶活动。一是借助多媒体设备，在全县各民族村播放民族团结进步宣传记录片，进一步宣传民族政策法律法规、民族知识及民族村发展变化典型事例；二是通过多种形式大力营造宣传月的舆论氛围，在县城驻地、各乡镇、少数民族村主要交通道路及少数民族学校内悬挂横幅标语，并且出动流动宣传车、印发宣传手册，共组织张贴宣传标语315条，悬挂横幅9幅，散发学习资料1750份。三是结合少数民族村农耕实际需要，积极创新宣传方式，与县农机局沟通对接，为杨套、马套等少数民族村集中免费深松土地1000多亩，使少数民族群众切实得到了实惠，进一步扩大了民族团结进步宣传月的影响力和感召力。

创新思路，全面推进民族团结进步创建活动。根据市局部署和县委县政府要求，按照“以点带面、点面结合、打造亮点”的思路，积极推动全县民族工作全面开展。在前期民族团结进步创建活动的基础上，集中财力、人力、精力，协调有关部门，积极推广西疃社区、皇甫寺社区的经验做法，进一步加大力度，强化措施，落实责任，把创建活动由东向西逐步拓展至其它少数民族村居。

宗教事务

【宗教团体换届工作】 一是坚持做好引领。成立由县委统战部、民宗局、公安局、民政局等有关部门单位为成员的换届选举工作领导小组，严抓工作落实，对换届工作进展情况进行督促指导，随时掌握换届工作最新动态，及时发现问题，随时研究处理，确保换届工作稳定有序。二是深入沟通交流。通过日常工作督导、对宗教团体领导班子和教职人员的年终考核以及个别谈话等方式开展摸底调查，全面掌握教职人员基本情况，重点了解退位主任、常委思想动态，后备班子成员推选、信教群众对选举工作的看法及选举中可能出现影响稳定的因素。多次召开换届工作专题会议，加强沟通交流，听取意见建议，做好思想工作。多方沟通协调，确保退位常委的薪资待遇不受退位影响，鼓励他们退位不退志，积极发挥余热，为宗教团体发展献计献策。三是严格换届程序。严格按照宗教团体法定换届程序，秉持公平、公开、公正的原则，逐级投票选举产生代表、委员、常委、主任会长。正式选举时，做到“五当场”，即当场公开投票，当场公开唱票，当场公开计票，当场公布结果，当场密封选票，环环紧扣，稳妥有序推进选举换届程序。四是做好安保稳控。与县公安局国保大队、消防大队沟通协调，选举前组织安保人员、消防人员对会场进行安全检查及不稳定因素排查，防止别有用心的不法分子干扰、破坏选举工作。选举当天，县国保大队、消防大队共出动警力30余人对会场内部、周围安排布置，确保选举换届安全稳定。

【提高宗教界自身建设水平】 一是积极开展了培训学习。5月12日，邀请市民族宗教事务局领导，对全县各宗教团体场所教职人员及信教群众代表人士，采取以会代训的形式，讲授了党宗教政策、国际国内宗教形势、法律法规等课程。通过培训，我县宗教界人士爱国爱教的热情大增，依法信教的自觉性逐步提高。二是全方位开展“宗教政策法规学习月”活动，指导各宗教团体印制、发放宣传单1万余份。通过召开法律法规培训班、讲座，提高信众的法律意识，增强法制观念。深入学习领会习总书记关于宗教问题的新思想、新观点和新要求，始终高举爱国爱教旗帜，坚持正确的政治方向，自觉抵御境外宗教的渗透。三是认真开展对宗教活动场所的安全检查工作。6月14日由县民宗局起草，县委统战部行文下发了《关于做好夏季宗教活动场所安全工作的通知》。通过检查，对一些不安全隐患进行了摸排整改，确保广大信教群众的生命安全。四是继续深入开展以“规范”为主题的和谐场所创建活动和“两规范、两提高”专项活动。通过调研，指导宗教团体提高宗教活动场所的规范化建设，利用基督教例会加强教职人员的思想教育，加强宗教界自身建设。通过开展创建活动，进一步促进宗教活动场所的规范化建设，宗教界人士的整体素质不断提高，各项制度不断完善。

积极引导，推动宗教界人士为社会服务。根据市局总体安排部署，结合兰陵县实际，立足精准扶贫，积极引导兰陵县宗教慈善委员会开展宗教界助力脱贫攻坚慈善活动。通过与县扶贫办对接，确立磨山镇为“宗教界助力扶贫攻坚慈善活动”首次捐款对象，并于9月22日召开兰陵县“同心同向共奔小康·宗教界助力脱贫攻坚慈善活动”暨慈善捐款仪式，将10万元善款用于帮扶贫困户，确保精准扶贫到户到人，使宗教慈善资金进一步发挥了社会价值。

严格把关，依法依规做好宗教活动场所审批工作。根据《宗教事务条例》规定，按照“政治过关、爱国爱教、手续完备”原则，严格宗教活动场所审批程序，规范办理流程，仔细审查各项审批手续。今年，共完成5处宗教活动场所初审，并上报市局审批，其中已有4处审批完毕。

加大宣传，增强信教群众反邪教意识。根据上级有关部门关于严密防范和严厉打击邪教组织非法活动的指示精神，进一步强化工作机制，认真落实工作举措，切实加大工作力度，一是在各宗教活动场所开展反邪教警示教育宣传，召开防范邪教培训讲座，扩大信教群众的知晓率，提高认识；二是经常了解信教人员的思想动态，发现不良苗头立即予以制止；三是教育信教人员参加合法的聚会，对各类邪教煽动做到不听、不信、不传，严防邪教渗透。四是利用多样宣传方式，提醒和教育广大信教群众，今年在各宗教活动场所发放反邪教宣传折页3万份，充分利用各宗教活动场所宣传栏、黑板报和标语等宣传工具进行宣传。切实增强了信教群众识别和抵制邪教的能力。

老龄工作

【概况】 兰陵老龄工作委员会办公室为县委所属的参照公务员管理的正科级事业单位。编制为6人，现有干部职工5人，其中大专以上学历5人。2016年，县老龄办认真宣传贯彻各级涉老法律法规和各项助老惠老政策，扎实开展老龄宣传、老年人权益维护、高龄津贴和长寿补贴发放等工作，立足为老服务，不断创新工作方法，注意调查研究，大力弘扬中华民族孝亲敬老的优良传统，努力营造尊老敬老的社会氛围，不断开创老龄工作的新局面。

2016年，李安玲获“山东省十大孝星”提名奖和市“十佳敬老楷模”称号，张元晓获市“十佳敬老楷模”称号，张朴和王君业获市“十佳模范老人”称号。这些成绩的取得极大鼓舞了广大老年人的热情，促进了老龄宣传工作的深入开展，“尊老、敬老、爱老”良好社会氛围更加浓厚。积极举办各类活动，营造浓厚的为老服务氛围。县老龄办联合县文明办、县孝文化研究会举办了第三届兰陵县“敬老模范单位”“十佳孝亲敬老之星”和“十佳老有所为之星”评选表彰活动。在全县范围内组织开展了“为老志愿服务”活动，多方动员社会力量参与爱心助老活动。联合县老干局、县体育中心和县老年人体育协会在“敬老月”期间在兰陵文化广场举办了“欢度重阳节”老年文体展演活动，进行传统腰鼓、扇子舞、传统秧歌、太极拳剑扇、健身气功等表演，充分展现了兰陵县老年人“老有所学、老有所乐、老有所为”的精神风貌。联合邮政局组织第二届“邮爱夕阳”中老年广场舞比赛，来自县直、乡镇、社区、村居的数十支代表队参加，参赛规模过千人。

【落实老年人各项优待政策规定】 广泛运用电视、报纸等各类媒体在全县开展《山东省老年人权益保障条例》宣传活动，并做好印发工作。积极推动高龄补贴政策的落实。按照人社局提供的满90周岁至99周岁享受新型农村社会养老保险及离退休金发放人员名单和银行账号，每人每月30元高龄津贴定期发放至个人银行账户。坚持做好百岁老人的待遇落实工作，严格把好百岁老人的登记、上报关，定期走访慰问，发放长寿补贴金。做好困难老年人的帮扶救助工作。做好“空巢”、贫困老人的调查统计工作。坚持老年节、春节前后的走访慰问。联合相关社团组织，定期到困难老人家中、老年人集中的敬老院等地开展送温暖、献爱心活动。争取特困救助金9600元，对全县16余名困难老人进行救助。协调卫生局，对全县百岁老人进行健康免费上门查体，积极落实65岁以上老年人免费查体，70周岁老年人新农合缴费减免政策。

【便民服务】 县老龄办通过在政务大厅开设的老龄服务窗口，集中开展老年人优待证免费办理、百岁老人登记、老龄政策咨询、涉老信访、老年维权、银铃安康等工作。平均每天接待数十人次的涉老咨询。政务大厅为老窗口免费办理老年优待证4000多个，接受涉老咨询10000余人次，办理银铃安康1432件。为方便老年人出行，协调公交公司在政务大厅开设窗口，集中办证两个月，为65岁以上老年人集中办理免费乘车磁卡。在各乡镇依托“便民服务大厅”开设老年维权法律服务，做好老年的公益维权工作。协调相关单位认真做好12345热线办理及反馈工作。高度重视“银龄安康工程”宣传和推广工作，把该工程作为尊老敬老助老的民心工程。争取县财政支持，满60至80周岁参保的老年人每人每年补贴5元。各村居选好配齐“银龄安康工程”联络员，稳步推进“银龄安康”工程的开展。努力推进贫困老人与其子女家庭赡养协议的签订，经过今年上半年的积极推进，全县贫困老人与子女签协率达100%。大力宣传、认真做好省市老龄系统评比工作。

【机关作风建设】 根据中央和省市县委部署要求，紧密联系全县老龄工作实际，紧密联系全县老龄工作实际，集中开展了“两学一做”专题教育工作，精心制定学习计划，扎实开展各阶段的专题学习，深入查摆问题，并积极整改到位，确保了专题教育取得实效。认真开展“结亲连心”活动，先后4次到兰陵镇瑞福苑社区开展“结亲连心”活动，按照程序积极按照程序征集、解决群众困难诉求，宣传党的各项方针政策及惠老助老政策。高度重视扶贫帮扶工作，先后6次到兰陵镇蔡家庄村贫困户家中开展帮扶与走访慰问工作。落实主体责任，狠抓党风廉政，积极开展机关党建工作。始终把党建工作放在重要位置，坚持抓党建促工作业务水平的提升。落实主体责任，党建工作主要领导负总责，分管领导具体抓，狠抓工作目标、制度、责任、实效的落实，为开展党建工作提供有力保障。认真组织党员干部深入学习党的十八届三中、四中、五中、六中全会精神，坚定理想信念指导实践，扎实推进学习型党组织建设，制定理论学习相关制度，完善党员干部教育培训登记表，每周一下午集中组织开展理论学习。积极推进党风廉政建设责任制落实，严格遵守中央“八项规定”，进一步推动党风廉政建设，打造为民、务实、清廉的单位形象。

乡镇概况

卞庄街道办事处

【概况】 卞庄街道是兰陵县县城驻地，辖27个社区共49个村（居），面积 67.74平方千米，人口18万人。境内206国道、潍（坊）徐（州）、临（沂）枣（庄）、苍（山）邳（州）等四条干线公路纵横交错，北距曹兰高速、临枣铁路10公里，东距京沪高速公路仅15公里，通达兖州、陇海、津浦三大铁路和日照港、连云港两大港口，东距临沂飞机场、火车站40公里，距日照、岚山、连云港均百余公里左右，交通发达，区位优势明显。2016年实现地区生产总值40.5亿元，同比增长12.2%；招商引资实际到位资金15.9亿元，同比增长23.4%；城乡居民可支配收入达到2.46万元，同比增长11.8%；完成财政税收4.2亿元，同比增长16.6%。

【农业】 耕地面积4.46万亩，人均0.55亩，粮食作物以种植小麦、大蒜、玉米、大棚蔬菜为主。2016年，生产粮食105136吨，人均1294千克，其中小麦26420亩，年产值约为21136吨，蒜20000亩，年产值约为50000吨，玉米32000亩，年产值约为32000吨，大棚蔬菜2000亩，年产值约为2000吨。

【工业】 是重要的现代农产品深加工基地，已形成建筑建材、机械制造、蔬菜加工、商贸物流和观光生态农业为主的工业体系，规模以上企业达19家，职工3000余人。销售收入达到亿元以上的企业9家。共有民营企业772个。2016年实现地区生产总值40.5亿元，同比增长12.2%。

【商业外贸】 2016年末共有商业网点6000余个，职工17000余人。先后培植发展了新天地、华盛集团、龙之梦广场等一批骨干企业，培植壮大了佳园房产、华盛食品、平安房产、贵翔置业、宝庆超市、佳华置业、东润化工、清水蔬菜等一批纳税骨干企业，吸收引进了太阳能电池板、清水蔬菜、华瑞物流、东方一品写字商住楼等一批优势项目，形成了农产品加工、地产开发、机械制造、商贸流通四大支柱产业，成为新的经济增长点。

【城镇建设】 2016年度，在东城新区、老城区新建学校、G206城区段改线等项目建设中，累计征收土地1364亩、拆迁119户。在新城建设方

兰陵国家农业公园

面：东城新区南徐庄整村搬迁项目完成52亩安置用地的征收和二期拆迁评估；农商银行项目共征收和流转土地101亩；滨河东路南延工程共征收土地94.17亩，流转临时用地20亩，拆迁31户；县医院东医疗区项目流转土地138亩。在城区新建学校工作中，先后完成兰陵五小、兰陵六小、兰陵七小、兰陵八中等项目的征地拆迁，累计征收土地150亩，迁坟44座。另外，G206城区段改线工程（南二环）项目涉及街道10个村居，562户，共需征地549.195亩，目前芙蓉东头、南小庄等7个村全部完成任务，征收土地529.18亩；国家农业公园农展馆、兰花馆、生态停车场等建设项目，累计征收或流转土地174亩；向阳路南扩项目累计拆除私搭乱建79户；原气象局片区开发项目，梳理解决遗留问题，顺利完成大新庄村241户的征收补偿工作；县中医院建设工程签订土地征收协议422户，完成率89.2%，其中残疾人康复中心项目已全部完成。

在旧村改造方面：中兴居委片区棚户区改造项目依法顺利推进，一期出让土地10.6亩。2016年9月份，省高级人民法院公开审理了12户居民的行政诉讼，省政府法制办组织200多名县级以上干部旁听庭审，成为县级政府依法行政的典型案例，取得了很好的舆论效果；龙庄片区棚户区改造项目扎实推进安置楼建设，12栋安置楼均进入门窗安置阶段，正在组织实施地下车库工程；前埝头旧村改造项目，南片区安置楼主体已经封顶，且完成砌墙；北片区的4栋安置楼正在进行基础处理；西埝头旧村改造项目正在进行基础开挖；自来水片区改造项目，新华学校、西德机械厂、铝合金厂已签订协议，正在组织搬迁。

【教科文卫体】 至2016年底，有街道文化站、广播站各1处，有村级文化活动中心30余处，各类图书室30余个。有幼儿园92所，幼儿人数15800人，专任教师1370人。有小学16所，学生10173人，专任教师464人。初中1所，学生3830人，专任教师314人。小学适龄儿童入学率100%，九年义务教育覆盖率达100%。有新型农村合作医疗医院、卫生所28所，参合率90%以上。现有有线电视用户4.1万户，入户率达90%。2016年11月5日，举办了卞庄街道首届广场舞大赛。

【社会生活】 社会福利费211.88万元，敬老院床位160张，收养人员663人；社会服务设施1个，其中社区服务中心16个，社区服务站16个；慈善分会1个，全年接受捐款83万余元。

金岭镇

【概况】 金岭镇位于兰陵县城北部，东与神山镇相临，南连卞庄街道办事处，西接车辋镇，北靠大仲村镇，总面积126平方公里，耕地面积6.5万亩，辖35个行政村，79个自然村，2.3万余户，7.5万余人。

该镇地域轮廓呈长方形，东西狭长，东泇河贯穿南北，地势西北高，东南低，西北以山地、丘陵为主，东南多平原。

金岭镇地理位置优越，交通、通讯、电力等基础设施完善。东靠京沪高速公路，南临206国道，229省道、234省道、临枣高速、临枣铁路穿境而过，临枣高速兰陵北出口位于该镇西大埠村，紧靠临枣铁路兰陵站。全镇村级公路网化建设50公里，纵横成网，四通八达，通车里程达130公里。

金岭镇属暖温带季风性气候，总体特征四季分明，平均年降水量在800—1000毫米，年平均温度为13℃，无霜期达250天以上，光照充足，适宜板栗、核桃、葡萄、大枣、桃、杏等林果以及优质粮食等农作物的繁育生长。金岭镇是典型的"食用菌之乡""林果之乡"和"石材之乡"。现全镇发展金针菇专业村24个，建设金针菇智能化种植基地1处，年实现产值1.5亿元，户均实现纯收入4万多元;全镇有优质板栗、核桃、葡萄等多个林果种植示范基地；石材可开采量1.5亿吨，年产石材50万吨。目前，大理石板材、石材雕刻已走上了规格化生产的路子，另外，杏山奇石、水磨石、吸水石、竹节石等石材的开发也已形成一定的规模。主要农作物有小麦、玉米、甘薯、水稻、大豆、花生等。

2016年，金岭镇实现地方财政收入1549万元，居民人均纯收入23556元。规模以上固定资产投资7.56亿元。

【农业】 充分发挥传统种植优势，持续加快农业产业结构优化调整。初步打造了夏庄金针菇、涝村芹菜、夏家庄西瓜、压油沟林果、西柞葡萄、多肉植物等一批优质农业生产基地。该镇生产的优质金针菇系列产品、涝村芹菜连续四届选送参加国际蔬菜产业博览会。粮食产量实现五连增，总产量达到39200吨，小麦单产突破430公斤。蔬菜总产值进一步提升，11000多亩大蒜亩产值近万元。近年来，花卉种植业在金岭镇发展势头强劲，目前全镇花卉种植面积发展到600亩以上，以多肉植物种植为主，产品通过淘宝网等多种方式销往各地，亩均收入2万余元，逐渐形成了规模化的花卉种植基地。

【工业】 依托优越的区位、交通和资源优势，近年来,全镇上下坚持以"三引一促"为总抓手，依托区位、交通、资源等优势条件，立足项目建设，突出抓好了招商引资工作。吸引县外资金3亿余元,先后实施了临沂金开建材有限公司、金宏洁具有限公司、龙扬包装制品项目、兰陵职业体检中心项目、双能新能源光伏发电等项目。其中，总投资1.2亿元的兰陵双能新能源光伏发电项目，一期工程投资5760余万元，占地150亩，项目建成后可实现上可发电，下可种植的新型农业发展模式。现已完成103个大棚的棚体建设，光伏太阳能电板铺设和开关站综合楼基础建设。

【旅游业】 近年来，金岭镇依托丰富的生态环境资源和优越的区位优势，全力推动旅游业发展。计划投资4.5亿元的压油沟生态旅游开发项目，已列为市重点旅游开发项目。已累计完成投资1.1亿元，实施了老村落保护与修复、石板路、木栈道等基础景观建设，日接待游客数千人。总投资5亿元的邓王山流域生态旅游开发项目，累计投资6900万元，松林小镇、拓展训练中心、青云寺、财神庙等景观正在积极推进，栽植紫薇、女贞、樱花等苗木10万余棵。长新桥水库流域开发项目已完成土地流转3000多亩，栽植各类苗木26万株。投资近1000万元的"苍山暴动"革命历史纪念馆于2015年7月6日举行开馆仪式，正式对外开放。开馆至今，已接待60批次近3000人接受革命传统和党性教育，"苍山暴动"革命历史纪念馆被列为临沂市党性教育基地，并成功跻身临沂市红色旅游路线。下一步，将以压油沟景区为基础，吸纳周围5个村庄实施压油沟大社区建设项目，并结合美丽乡村连片打造，进一步加大对邓王城、长新湖、五色金鱼等景区的开发力度，努力把金岭镇打造成具有一定影响力的生态旅游示范镇。

【城镇建设】 金岭镇坚持高起点、高品位、科学化的原则，全面实施美化城镇战略，重点加强基础设施和配套设施建设。一是总投资1.05

亿元的229省道（金岭段）改线暨北二环道路建设工程。西起镇驻地229省道，东至兰陵北高速出口，全长5.9公里。按照县指挥部的统一部署，抽调专人靠上开展工作，完成征地454亩，拆迁房屋19户1500多平方，迁坟295座，确保了工程的顺利推进，目前工程已动工建设。二是西坞线道路建设工程。西坞线东起金岭镇驻地，西接蒙台公路，全长10.15公里，途径14个村，总投资4000余万元，是县委、县政府关心厚爱金岭的又一黄金通道。该工程启动后，金岭镇成立了专门的指挥部，完成土地流转396亩，拆迁房屋38户2851平方，拆除大棚15个，迁坟326座。目前，道路已进入扫尾工作，全部工程预计明年春天竣工通车。三是2016年省派第一书记道路改造。共投资486万元，硬化道路13.9公里。四是省财政厅“一事一议”连片治理项目。投资1200万元，对安乐庄等8个村实施了“三清五化”综合整治，硬化道路10万平方米，绿化1.6万平方米，栽植各类苗木8万余棵，安装路灯145盏，粉刷墙体3.5万平方米。以上工程的开展，全面提升了金岭镇的形象，提高了群众满意度。

【教科文卫体】 投资1600多万元，完成了新中学建设和中心小学教学楼、26500平方米校园路面硬化、23969平方米人造草坪铺设等工程，全面消除了D级危房，接受并通过了省义务教育均衡发展检查验收。同时加强对全镇中小学、幼儿园的学校安全进行了拉网式检查、整治。进一步推行居民基本医疗保险制度，全镇参合率达到100%。全镇年均报销门诊、住院病例40多万人次、1500余万元。毫不松懈地抓了计划生育工作。按照市县关于加强计生服务的一系列安排，大力宣传计划生育工作的新政策、新形势，积极开展育龄妇女免费健康查体、优生优育检测等基础性工作，进一步加强对计划生育家庭奖励扶助工作。

【社会生活】 全镇共有省定扶贫村13个，建档立卡贫困人口3094户、4578人，其中省派第一书记村6个。2016年年底，实现脱贫1973户、3009人，尚有1121户、1569人未脱贫。全镇以高度的政治责任感重视和推进脱贫攻坚工作。坚持“因村施策”“因户施策”，健全了工作机构，建立了精准扶贫台账。根据各村实际情况，分别实施了种植、养殖、光伏发电、惠民水站等产业扶贫项目。集中精力实施了压油沟、邓王山流域生态旅游扶贫开发项目，其中压油沟村已列为全国旅游扶贫试点村。着力开展孝亲养老活动，与全镇2200户2635名60岁以上老人的子女签订了家庭赡养协议书。充分利用上级各项保障政策，将贫困人员中应该享受的惠民补贴、低保、五保、养老保险等各项社保政策落实到户到人，确保圆满完成脱贫攻坚任务。

全面推行“阳光低保”，集中时间，严格标准程序，对全镇的低保户进行了全面调整，有2474户、3598人享受低保补助。同时加大对五保户、困难户、大病户、贫困孤儿等各类困难群体补助力度。完成全镇1556名残疾人基本生活服务状况调查和信息录入工作，年均发放低保困难残疾人和重度残疾人生活补贴80余万元。

2016年，全镇领取养老金11699人，年发放养老保险金1300余万元。完成全镇47个村、2473万元的失地农民养老保险工作。追回重复领取和死亡冒领资金13.316万元。

大仲村镇

【概况】 大仲村为镇政府驻地，建村于明朝永乐年间。因聚落中有一大冢，故名大冢村，清初易名为大仲村。大仲村镇因镇政府驻地位于大仲村村而得名。

位于北纬34°98′12″，东经118°06′45″。地处临沂市南部，东临罗庄区沂堂镇，南连金岭镇，西邻车辋镇，北与矿坑镇接壤，人民政府驻大仲村村，电话区号0539，邮政编码277718。南距兰陵县城卞庄15千米。

抗日战争前，大仲村镇分属临沂、费县，1941年属边联县，1944年属赵县，1947年属苍山县，1950年称仲村区，1958年秋称仲村人民公社，1981年改称大仲村公社，1984年改称大仲村镇，2000年末，撤销流井乡，并入大仲村镇。

2016年，辖48个行政村村民委员会，81个自然村村民委员会。

2016年末辖区总人口88255人，总人口中男性46385人，占52.56%；女性41897人，占47.47%；18岁以下21252人，占24.08%；18—60岁53296人，占60.39%；60岁以上13707人，占15.53%。总人口以汉族为主，少数民族为回族。辖区东西最大距离14千米，南北最大距离11千米，总面积151平方千米。人口密度为每平方千米584.47人。

地形由西北向东南缓缓低下，西部有低山丘陵，东部平原区地势平坦，平均海拔约45米，自然比降为0.08%。

属暖温带季风区湿润—半湿润大陆性气候，四季分明，湿热同季，年平均气温一般在13.1℃～13.7℃之间，南部高于北部。四季变化明显，冬季干冷，雨雪较少，风向多偏东南，春季干燥，易发生春旱，夏季高温多雨，雨量多集中在6—8月份，年平均降水量730.6—830.6毫米，年际变化较大。年平均降水量春、夏、秋、冬分别占全年降水量的16%、62%、18%、4%，形成春旱、夏涝、秋又旱的特点。气候比较适宜农作物生长，农业生产潜力较大。气温的季节变化显著，冬季寒冷少雨，为半干旱气候；夏季炎热多雨，为湿润性气候，春秋季为温暖宜人的半湿润气候。镇内年平均无霜期212天，年均日照时数为2354.5小时，日照率为53%。

水资源比较丰富，河流、水库较多。地下水主要分布在第四系砂层中，西部地下水埋藏较深，存在人畜饮水困难，东部普遍埋藏浅，质量好，有利于水资源的开发利用。境内东迦河自泉汪村东入境，由北而南，到录庄村出境，河道全长5.6千米。

矿产分布地域性较为明显。全镇目前发现铁、煤、铝钒土、碳酸钙等矿产29种，已开发利用9种。

主要自然灾害有冰雹、旱涝、风灾、低温、霜冻、雷击等。

旅游资源丰富，有建立于东晋336年、为“古琅琊郡群寺之首”的大宗山朗公寺；汉代吴王墓、城子崖遗址、淡竹基地、涝坡温泉、柳河温泉、金水湖等多处景点，水资源充足、水质优良无环境污染，生态环境优势突出。

【农业】 耕地面积为9.7万亩，人均约1.10亩，粮食作物以主要小麦、玉米、地瓜、花生为主。经济作物以黄烟、大姜、金银花、黑木耳、丰水梨为主，2016年共种植黄烟5600亩，大姜1800亩，金银花4000亩，黑木耳2500亩，丰水梨2000亩。畜牧业以猪、羊、家禽为主，2016年生猪饲养量4.1万头，年末存栏2.3万头，羊饲养量0.88万只，年末存栏0.6万只，家禽年饲养量99.6万羽。

【工业】 以板材加工、陶瓷建材、食品冷藏、石材加工四大产业为主，全镇共有临沂华宸、鑫芹木业、沂兴食品、冯超食品、佑盈纳米钙业科技有限公司等民营企业198家，职工5368人。

其中规模以上企业9家，涉及蔬菜食品冷藏加工47家，建材板材65家，2016年实现工业生产总值28.6亿元。

【商贸零售】 2016年共有商业网点981家，职工1500余人；2016年社会商品零售总额达55904万元，比上年增加20%，城乡集贸市场12个，年成交额63000万元。

【教科文卫体】 至2016年底，有镇综合文化站1处，村级文化活动中心81处，文化广场78处，配备音箱和锣鼓78套，各类文化专业户125户，各类图书室26个，藏书20余万册，音乐、美术、书法、摄影及文学业余创作队伍135人。

2016年末有幼儿园34所，在园幼儿3824人，专任教师167人；小学20所，在校学生6337人，专任教师340人，小学适龄儿童入学率100%；初中2所，初中在校学生912人，专任教师136人，适龄人口入学率100%，小升初升学率100%，九年义务教育覆盖率达100%。

2016年末有各级医疗卫生机构37个，门诊部（所）67个，48个行政村全部实行新型农村合作医疗，参保率达99.8%。有床位440张，每万人拥有病床49.8张，固定资产总值8000万元。专业卫生人员280名，其中：执业医师62人，执业助理医师33人，注册护士35人。2016年医疗机构完成诊疗32.9万余人次。

截至2016年底，建成学校体育场5个，90%的村安装了健身器材，经常参加体育活动的人员占常住人口的28%。

【社会保障】 2016年全镇新农合参保率达到99.8%以上，全年共报销医疗费用387.1462万元。农村最低生活保障户数2600户，人数4600人，支出702万元，月人均130元，比上年增长20%。

【城镇建设】 大仲村镇客运站辖仲村客运和流井客运两个站，日发客运汽车80班次，日均容量2500余人次。

大仲村镇自来水厂建于2001年，共有深水井8眼及成套净化设备，年供水3.4万立方米。镇区主要道路两侧分别铺设D600排水管道5000米，雨水排入东伽河上游。

大仲村供电所位于镇政府南100米，索村桥东20米建有变电站一座。

2016年底，投入资金148万元，配备垃圾桶1000个、垃圾转运车辆4辆，全镇48个行政村环境整治实现市场化、物业化、规范化。投资20万元对垃圾中转站进行了改造工程。投资160万元实施“美化、绿化、净化”工程，硬化路面26000平方米，栽植法国梧桐、紫叶李、小叶女贞等10000棵，绿化面积8000平方米。投资2200万元，对梁现线道路进行维修，截至2016年底维修道路约2公里。

矿坑镇

【概况】 矿坑镇位于县境最北部，驻地距县城21千米。西、南与大仲村镇相接，北靠费县刘庄镇，东邻临沂市高新区马厂湖镇。境内岚济（岚山—济宁）、沂邳（沂源—邳州）2条省级公路干线纵横贯通。2015年镇境东西最大横距15千米，南北最大纵距12千米。土地面积85平方千米，耕地面积5.4万亩。辖5个工作区，20个行政村，24个自然村，总人口35457人，10175户，人口密度417.14人／平方千米。

镇驻地矿坑。镇境抗日战争前属费县。1941年部分归边联县，棠林、凤凰、南坡属费县。1944年分属赵镈县、费县。1948年分属苍山县、临西县。1950 年属苍山县仲村区。1958 年初建矿坑乡，秋合并为仲村人民公社。1963 年从仲村人民公社析出，称矿坑人民公社。1965 年合并为仲村区。1980 年 12 月复置矿坑人民公社。1984 年改称矿坑乡。2010 年 6 月撤销矿坑乡，设立矿坑镇。

地势东西高，中间低。除中部平原外，多数是山陵，一般海拔 60 米。有大、小山头 41 座，其中大山顶为全镇最高，海拔 236 米。属季风区大陆性气候，四季分明，雨水充足，年平均气温 13.2 摄氏度，全年日照 2473 小时，日照率 56%，无霜期平均 206 天，全年降水量 850 ～ 900 毫米。土壤以褐土为主。境内有爱沟河、东浉河、南坡河，总长 10 千米。中型水库 1 座，为马庄水库；小（二）型水库 1 座，为灰泉水库；塘坝 4 座。矿产资源丰富，有铁矿石、铝钒土、矸土、石灰石、鸡窝煤等。矸土主要分布在矿坑、后立庄、惠民庄等村；石灰石主要分布在薛南、兴龙、棠林、娄山沟、后立庄、远立庄、惠民庄等村；铝钒土主要分布在矿坑、后立庄、升平等村。

2016 年实现地区生产总值 52.7 亿元；社会固定资产投资 16.5 亿元；地方财政收入 2827 万元；农民人均纯收入 16382 元。

【农业】 不断调整和优化农业产业结构，积极发展现代农业，在稳定粮食生产的基础上，重点发展特色农业规模种植，积极打造“优质黄烟示范工程”。鼓励实行规模养殖和种植，投资 5000 万元的和康源养殖项目已全面建成，养鸡 8 万只；投资 10 亿元的蒙牛万头奶牛养殖项目已建成投产，现有奶牛 8000 余头，日产奶 120 余吨；投资 100 万元的兰陵传诚农业开发公司瓜果蔬菜种植基地已经初具规模。罗庄村、灰泉村紧紧抓住精准扶贫机遇，借助扶贫政策和扶贫基金，分别成立了蘑菇和木耳绿色种植合作专业社，经济效益和社会效益双赢效果初步显现。同时加大对农田的科技投入力度，推广测土配方施肥和病虫害防治等技术。

【工业】 突出地理优势，紧紧抓住临沂商城棠林地产品加工产业园这个龙头不放松，以板材加工、机械制造、新型建材、电子产品等为招商重点，深入贯彻落实“三引一促”工作，全方位推进招商引资。2016 年新建项目 3 个、续建项目 4 个、引进技术 5 项、招引总部经济 6 家和回乡创业项目 8 家。同时，倡导以园区建设推动招商引资，以招商引资推动园区发展的工作理念，进一步加大临沂商城棠林地产品加工产业园基础设施建设力度，先后投资 460 多万元，在现有三通一平的基础上进一步发展完善，积极盘活现有建设用地资源，进一步拓展了项目安置空间，为园区企业的发展壮大奠定良好的基础条件。截至目前，已进驻企业 48 家，其中规模以上企业 31 家，逐步形成了以板材加工和建筑材料为主的产业集群。

【小城镇建设】 2016 年，农村改厕和户户通工作扎实开展。结合各村实际，组织专人到村入户调查了解、进行技术指导。目前，全镇已有 3770 多户顺利完成改厕工作。全镇“户户通”工程，超额完成县里下达的 13.7 万平方米任务，全镇一期工程 9 个村共完成 22 万平方米。道路交通出行条件得到极大改善，投资 1730 万元总长 15.9 公里的升平至湖子峪、矿坑至中罗庄道路改造工程现已完成。投资 750 多万元对 9 个省定贫困村的村庄道路、涵洞桥梁进行了铺筑修建。投资 250 万元涉及 6 个村庄的道路连接线工程已招标完毕。小城镇建设有序推进，惠民庄土地增减挂项目顺利开展，投资 4000 万元的 8 栋居民楼目前已全面完成建设，旧村拆迁工作正逐步开展；朱柳屯村土地增减挂项目进展顺利，投资3000万元的6栋居民楼主体工程已全部完工，建成后可容纳150多户，旧村拆迁顺利启动，已拆迁腾出土地60余亩。

【科教文卫体】先后投资2300万元新建中学办公楼、实验楼、教学楼、宿舍楼各一栋；投资573万元新建小学棠林教学楼一栋，建设装修学区教学平房212间，有效改善了教育基础设施。

镇卫生院现有职工48人，其中初级职称29人，中级职称8人，主管会计2人，助理会计师2人，临时工7人。有村级卫生室24处。2016年，居民基本医疗保险参合26806人，筹资304.41万元，参合率85.99%。

投资305万元建设21处群众文化广场，为各村配套了锣鼓、音响等娱乐设施，丰富了群众文化生活。同时，借助文化扶贫的有利时机，为9个贫困村的文化广场配备了体育器材。朱柳屯深入挖掘本村传统的戏曲品种，在县文广新局的指导下，改造提升、推陈出新，连续多年登上兰陵县春节晚会舞台，惠民庄、棠林、升平村、南坡村广场舞活动异彩纷呈，在县里举办的广场舞大赛中多次取得优异成绩。

【社会综治】2016年，全镇社会管理工作日益完善，深入推进社会矛盾化解，完善镇司法调解中心软硬件建设，配齐配强工作人员，加大调解力度，确保矛盾解决在萌芽状态。大力开展“平安创建”，积极组织开展夜间治安巡逻，实施了村级站岗、镇级查岗、派出所巡查三级联动工作机制，加大技防力度，投资30万元在全镇7个村率先开展“雪亮工程”建设，镇村两级平台进一步完善，农村社会治安形势得到进一步好转。

撰稿：吴绍锋

车辋镇

【政区沿革】镇域在抗日战争前分属国民政府临沂县、费县。1941年属抗日民主政权边联县；1944年属赵镈县；1950年属苍山县甘霖区（4区）；1958年初属车辋乡，同年秋与甘霖乡合并成立甘霖人民公社；1963年甘霖人民公社划分为车辋、流井两个公社。1965年两公社合并为车辋区，1971年复划分为车辋、流井两个公社，镇域属车辋公社。1984年4月由车辋公社改称为车辋乡，同时将北部析出设甘霖乡。1996年5月改为车辋镇。2001年1月甘霖乡并入车辋镇。

【概述】车辋镇位于县境西北部，驻地距县城约19千米。北靠费县新庄镇，南接向城镇、尚岩镇，东邻大仲村镇、金岭镇，西靠下村乡。234省道、沂王线穿越境内。东西最大横距15.2千米，南北最大纵距17.1千米。土地面积127平方千米，耕地面积7638.63公顷，年末常用耕地面积5190.33公顷。辖39个行政村，79个自然村，16819户，总人口61577人，人口密度484.85人/平方千米。

近年来，镇党委、政府在县委、县政府的坚强领导下，以科学发展观为指导，牢牢把握稳中求进工作总基调，依托全县“一区五园”中车辋建材产业园和沿蒙台路经济长廊的区位优势，立足实际，坚持科学发展，勤政为民，全力抓好稳增长、促改革、调结构、惠民生各项工作，全镇经济社会保持平稳健康发展的良好势头。2016年实现地区生产总值6.2亿元，财政税收达到1700万元，农民人均纯收入12688元。

【农业】车辋镇立足“南菜北果”的农业格局，

按照“亦林则林，亦蔬则蔬”的发展思路，以基地培树、合作社规范、品牌创建为主抓手，大力推进农业现代化和农业规模化。以“花生、瓜果、蔬菜、黄烟”四大特色支柱产业为基础，打造了四大种植基地。以石河、东庄为中心，发展花生种植2.3万亩。以南山、白山为中心发展黄桃种植1.2万亩，以前银厂、宝山前、韩庄等村为中心发展核桃种植2000多亩，以前小炉为中心发展优质西瓜种植2000亩，以邢村为中心发展甜瓜种植2000亩。以扶丘、漫溪为中心发展蔬菜种植2万亩。在十八岭规模种植黄烟2600亩。创建了小炉西瓜、邢村甜瓜、漫溪冬虫夏草、宝山前薄皮核桃4处优质农产品基地。五年来，先后投资3400多万元实施韩沙沟、靳沙沟、南杭山峪等村8250亩土地整理项目，对沙河子水库、驼山水库进行除险加固，对唐庄、洼里、房沙沟等村进行吃水工程改造，开挖蓄水池6座、排水沟30多公里，修建桥涵60多座，农业抗风险能力进一步提高。

【工业】 车辋镇拥有丰富的石灰石、焦宝石、页岩、铝矾土等矿产资源，依托车辋建材产业园和沿蒙台线经济长廊两个平台，不断优化投资环境，加大对外宣传和推介力度，抓好“三引一促”，吸引车辋籍在外成功人士回乡创业，着力抓好重点项目。2016年共吸引3名在外成功人士回乡创业，引进高层次人才9名，其中，教授2名。今年实施的中联水泥一期投资1.5亿元的10兆瓦光伏发电项目，已完成设备安装，正在调试，即将并网运行；中联水泥投资6800万的砂石骨料项目，于2016年10月份竣工，现已投产运行，预计年产200万吨；由山东顺源旅游开发有限公司投资5亿元的宝山前野生动物主题公园项目，现已完成投资2.6亿元，订购野生动物300多只，修建了餐饮楼、漂流隧道、仿古长城、盘山路、观景台等，正在建动物棚舍、游乐场、停车场、跑马场等娱乐设施；投资1.3亿元的念沂泉110千伏输变电工程，基础设施已完工，正在安装电器设备。另外，吸引了兰陵光明美菜生态科技有限公司、兰陵县鼎玛赛电子有限公司、山东洲工生物科技有限公司等一批在外人员回乡创业项目落户车辋。民营经济也取得了长足发展，涌现出了以拓展新型砖、宝山冷库等民营企业为主的骨干企业群体，初步形成了建筑建材、冷藏加工、物流配送三大支柱产业体系。

【历史文化、旅游】 车辋镇历史悠久，有着灿烂的红色文化。早在公元312年，车辋村曾是翰林大学士的故居；在革命战争年代，北漫溪村曾是赵镈县政府驻地。前银厂村是中共鲁南区委所在地，原鲁南区党委书记赵镈同志在该镇九女山脚下英勇就义。在解放战争时期，车辋人民涌现出车辋连、甘霖排为解放事业集体捐躯的英雄壮举。境内有南山万亩桃园、两狼山虎口溶洞、考村水库湖心垂钓等独具乡村特色的绿色旅游资源，也有前银厂赵镈纪念堂、九女山赵镈就义处等红色旅游资源，每年吸引大量游客前来参观。

投入110万元新建改建农村文体广场77处，开展了一年一村一场戏和一月一村一场电影工作。建成农家书屋23个，藏书1万多册。扎实推进“四德”工程建设。推选“四德”先进典型395名，并制作成宣传栏，在村里公开张榜，形成了崇德向善的良好氛围。

【环境综合整治】 结合生态乡村建设、环卫一体化及大气污染防治工作，重点对蒙台路、沂王线及车辋、甘霖集贸市场两侧私搭乱建、违章广告进行了清理拆除。累计投入资金770多万元实施了环卫一体化工作，安装投放垃圾箱1200个，方箱17个，改建了垃圾中转站，聘任210名保洁员，建立了无缝隙、全覆盖、常态化的保洁机制，人居环境持续改善。以打造美丽乡村为主线，开展了农村道路硬化户户通和改厕，村庄“五化”提升等工作。实施户户通硬化工程26个村，硬化路面36万平方，全镇改厕8222户。加大投资在各村主街道栽植绿化苗木，粉刷墙壁，喷绘美丽乡村标语，打造文化一条街，达到了“五化”标准，房村、温庄、杨岭、唐庄等10个村通过了省市验收。按照环保突出问题集中整治行动部署，对土小企业、沙场、石子厂、违规养殖场等进行全面清理取缔，拆除土小企业5家、石子厂整改1家，关停2家，清理取缔沙场6家，取缔非法加油点4家，对畜禽养殖污染进行了集中整治。

【综治维稳】 以健全完善群众工作“五项机制”为抓手，切实抓好矛盾纠纷排查化解，及时梳理化解信访积案，不断建立完善“大调解、大信访”格局。五年来以构建“平安车辋、和谐车辋”为主线，以完善社会治安防控体系为目标，先后投资130万元在全镇各主要路口、路段及79个自然村安装监控探头253个，实现了治安监控全覆盖。聘任112名治安协管员，组成46支巡逻队进行夜间站岗巡逻，建立了镇、工作区、村三级治安巡逻体系，实现了村级站岗巡逻常态化。落实领导成员轮流接访日和困难救助等有效机制，不断加大矛盾化解调处力度，切实做到早发现、早预防、早处理，把矛盾纠纷解决在初始，消灭在萌芽。同时加大违法犯罪打击力度，五年来抓获各类违法犯罪嫌疑人312人，其中刑事拘留208人，治安拘留87人，追回网上逃犯20人。

【民生工作】 不断加大教育投入，改善办学条件，提高办学水平，先后投入1500多万元新建了东庄、房村、甘霖教学楼，车辋中学综合楼、中心小学综合楼和中心幼儿园，教学基础得到夯实。投入1120多万元，对全镇所有小学设立了微机室、科学实验室、音美器材室和图书馆，安装了体育器材，对运动场地进行了硬化、塑化。2015年4月份，镇中、小学代表兰陵县通过了临沂市政府义务教育均衡化发展达标验收。车辋中学被评为省级规范化学校，实现了中小学双省规的标准，同时加强教育管理，提升教学质量，中小学教学水平排在全县前列。车向线车辋段全长5.5公里，设计路面16米，主路面9米，投资1537万元，已完成规划设计、招投标，正在整理路基。车白线全长约7公里，设计主路面宽7米，投资734万元，正准备整理路基，预计明年6月全部完成铺筑。全面推进社会保障体系建设，全镇城镇居民合作医疗参合率达到99%，发放各类惠民补贴342.2万元。新建温庄、洼里、节义庄、驼山前4处幸福园。今年经过入户核实，新增低保户387户，动态增加92户，为3070人发放低保救助金574万元。投资19万元为120户肢体重度残疾人家庭进行居家改造，为残疾人办理两项补贴832件，争取大病救助、临时救助金30多万元。每年发放小麦补贴款等各类惠民补贴300多万元。

撰稿：杜威娜

下村乡

【概况】 下村乡位于兰陵县西北部，西与枣庄山亭区相邻，北与费县接壤，地处两市三县交界处。2001年1月由原下村乡和大炉乡合并而成，总面积130平方公里，其中山场面积9万亩，耕地面积5万亩，是纯山区乡镇，全乡辖9个工作区，33个行政村，76个自然村，总人口4.7万人。境内有7大流域，8座水库，11条河流，自然资源丰富，生态环境优美。

2016年，乡党委、政府在县委、县政府的正确领导下，坚持“农业立乡、旅游兴乡、工业强乡”三大发展战略，不断优化产业结构调整，大力加强基础设施建设，大力推进民心党建工程，全乡经济总量稳步提升，小康创建成效明显，作风建设不断完善，社会事业全面发展，脱贫攻坚全面发力，党的建设进一步加强，各项事业取得新的重大成就。全乡实现地区生产总值13.2亿元，同比增长10%；农民人均可支配收入15580元，同比增长8.5%；财政收入1141万元，同比增长14.4%。荣获“全省一村一品示范村镇”、临沂市科学发展综合考核先进乡镇二等奖等荣誉称号，“双沟峪”品牌被评为山东省著名商标。

山水下村秀丽风光

【农业】 大力调整农业结构，提高经济作物种植比重。全乡棚菜种植面积突破1万亩，夏秋露地菜突破5000亩，先后争取实施了总投资230万元的省级棚菜种植创新试点项目、总投资近300万元的高效特色农业扶贫项目。大力发展中草药产业，实施了5000亩以油牡丹、丹参、沙参为主要品种的中草药种植基地项目。林果产业提质增效。注重发挥龙头合作社在优质林果品种研发中的带动作用。全乡以葡萄、大樱桃为主要品种的优质林果示范基地发展到7000亩，顺利通过市农业品牌示范基地验收。注重打造地域性商标，以花椒为特色推介产品，荣获“全省一村一品示范村镇”，“双沟峪”品牌被评为山东省著名商标。

【工业】 补齐工业短板，工业发展提质增效。做大做强高钙石脱硫提取产业，总投资1.8亿元的华能集团西热钙业脱硫粉项目，设备已订购；总投资6000万元的晟和吉利矿业项目，与江苏省海通建设工程有限公司达成合作意向，正在办理二期扩界手续，督促引导安顺矿业有限公司进行二期扩建。

【服务业】 实施“旅游+山水生态”及“旅游+沂蒙精神”工程。开工建设总投资2.8亿元的山东龙泽山水国防教育基地及体能素质拓展特训中心项目，一期投资3000万元，完成大型军事模型展区建设及体能素质拓展设备安装。挖掘开发双河湖水域资源，规划实施了双河湖旅游度假小镇项目，目前正在进行一期文化创意园区建设，投入资金1.6亿元，建成名贵原木家具、精品盆栽展览厅各一处。总投资6000万元的八路军115师师部旧址恢复及东进抗日纪念馆建设项目，正在进行一期工程建设。2016年，经过努力争取，上大炉村被纳入全市重点发展的特色旅游村。加快商贸经济发展，优化营商环境，落实总部经济3家，累计实现税收200万元。

【城镇建设】 把加快建设新型城镇化作为根本要求，逐步完善基础设施建设，大力推进美丽乡村连片整治。下村乡交通条件大幅改善。实施了投资420万元的农村道路生命防护工程；投资880万元，完成了全长30公里的环山路修建项目。生态环境持续改善。深入实施城乡环卫一体化工程，全乡76个自然村实现环卫保洁全托管，城乡环境卫生得到彻底整治。打造美丽乡村连片建设，投资400万元，实施了村庄绿化、亮化、美化和背街小巷治理工程。投资3000万元，硬化村内道路57万平方米。改造农村危房394户；完成农村厕所无害化改造6000余户，两年任务一年超额完成。同时加强环境突出问题整治，全力以赴抓好大气污染防治、畜禽养殖污染清理工作，境内土小企业全部取缔，燃煤锅炉全部整改到位，石料厂全部配备除尘设备，集中拆除了河道两侧禁养区畜禽养殖设施，环境质量明显提升。

【社会生活】 多措并举大力推进精准扶贫、精准脱贫工作，切实增强群众幸福感和获得感。下村乡党委政府始终以高度的政治责任感重视和推进精准扶贫、精准脱贫工作。坚持“因村施策”“因户施策”，建立了精准扶贫台账，针对16个省级重点贫困村、2个库区移民村实施了光伏扶贫产业项目。认真开展“百企帮百村”和“富民生产（农户）贷”“特色种养加”精准扶贫攻坚行动，牵线史贝美、金永达汽贸等5家企业共贷款2700万元，与14个村718户贫困户签订了帮扶协议；办理18户富民农户贷业务，累计发放贷款80万元。全乡33个行政村实施了惠民水站扶贫工程。认真开展孝善养老助老活动，与60岁以上老人的子女全部签订了家庭赡养协议书。优先发展教育事业，解决学前儿童教育问题，投资108万元，新建幼儿园2座。

【社会治安】 深入推进“平安下村”建设，不断创新社会治理能力方式。下村乡党委政府积极做好矛盾纠纷和信访积案化解，坚持关口前移，有效化解了各类矛盾纠纷。大力推进“天网工程”建设，逐步实现视频监控全覆盖，进一步增强了广大群众的安全感。全面落实安全生产网格化管理，深入开展“大快严”集中整治行动，突出森林防火、道路交通、镇村建设工程、非煤矿山等领域，重点抓好安全隐患排查，安全生产形势持续向好。优化计生服务工作，不断提升计划生育管理服务水平，贯彻落实全面两孩和计划生育各项奖励扶助政策，坚决打击“两非”行为，努力提高合法生育率。

撰稿：郝金辉

鲁城镇

【概况】 鲁城镇位于兰陵县城西30公里，面积96平方公里，耕地3.4万亩，人口4.1万人，下辖28个行政村，58个自然村，现有耕地3.4万亩、山场1.5万亩，是集山区、库区、矿区于一体的山区乡镇。206国道横贯东西，西靠枣庄及京福高速公路，区位优势明显，交通便利。境内矿产资源丰富，开发潜力巨大。初步探明铁矿石储量达4.2亿吨，石英石6亿吨，石灰石4.9亿吨。济钢集团石门铁矿、中钢集团山东矿业有限公司、鹏辉矿业等20余家铁矿开采加工企业坐落在境内，以石英石开采加工为主的东钢集团、临沂联成矿业有限公司、金晟硅砂矿业有限公司等民营企业，已逐步发展成为享誉鲁南的硅砂生产基地。

鲁城镇自然条件优越，环境优美。神山、响水泉两大流域树木郁葱，水流潺潺，风景秀丽。楼子汉墓群、下寺院址被列为重点保护遗址。发生在境内匡王村匡衡“凿壁偷光”的故事源远流长，会宝湖水波光粼粼、一碧万顷，湖光山色、美不胜收，旅游开发潜力巨大。山东省AA级旅游景区东钢小镇流水潺潺、竹林苍翠、桂花飘香、诗意盎然、闲适怡人。

2016年以来，鲁城镇根据县委、县政府的统一部署和总体要求，立足实际，真抓实干，稳步推动经济社会各项事业的发展。截至2016年9月底，全镇地方生产总值达43.35亿元，完成固定资产投资35亿元，工商税收完成6155万元，其中地税税收6020万元，国税135万元。

【农业】 农业生产结构不断优化。我镇结合山区开发，大力调整农业产业结构，将林果生产、特色养殖作为调整的主要方向，不断强化措施逐步做大做强。一是持续扩大林果种植面积。我镇2016年在神山流域、响水泉流域新栽植核桃1200余亩、黄桃1000余亩，全镇优质林果基地面积突破6800亩，共栽植核桃、黄桃、樱桃等各类苗木12万余株；二是不断加大荒山绿化工作力度。在洳河流域、天台庄、河湾等村共栽植杨树丰产林1000余亩；在响水泉流域、神山流域东段推广栽植1600余亩新疆优质薄皮核桃；在庄岭、东马庙、后龙湾等村推广种植1000余亩“金黄后”特优新品种桃树；在神山流域孙村段发展了万亩皂角林。省、市林业现场会先后6次在我镇召开；三是全面推进特色养殖。今年我镇先后成立了6个肉牛、山羊养殖专业合作社，其中孙村东鑫养殖合作社现存栏肉牛突破260头，寺前鼎盛养殖合作社山羊存栏量突破4000只，全镇规模养殖户达118户，羊存栏量3.8万只，牛存栏量2600头，鸡20万只，特色养殖已成为农业生产的主导产业之一。

【工业】 重点项目建设稳步推进。一是济钢集团石门铁矿有限公司投资3亿元的300万吨选矿建设项目，已建设完成，顺利投产；二是济南客商与山东大学技术合作，投资建设的联合汇众新型建材生产项目，计划投资2.7亿元，目前已落地投资1.5亿元，一期生产线已经试生产；三是济钢集团与东钢矿业有限公司计划合作投资2.8亿元建设的大岩钙业项目，已经完成立项和规划工作，预计将于2017年投产；四是会宝湖国家湿地公园项目规划设计草案已经完成，正在修订，其他各项评估正同步进行；五是投资5000余万元，在雷雨口、驼山前、太平村、东石门进行工矿废弃地复垦，总计复垦土地1200余亩；六是聘请山东省规划设计院进行了全域旅游规划，目前以库区美丽乡村连片打造为抓手正有序推进；七是在神山流域、太平村等处全面启动了万亩高标准农田打造项目，目前已建设高标准农田1200余亩，太平村整地项目正全速推进。

“三引一促”等四项重点工作多点开花。一是累计引进资金5.3亿元，其中联合汇众新型建材有限公司投资2800万元新建年产30万吨蒸压加气砖生产线两条；新铄矿业（原济钢石门铁矿）技改项目，投资7400万元，新增矿石采选生产线；中钢矿业有限公司累计投入13400万元进行井下提升系统及安防系统技术改造。二是依托联合汇众新型建材项目成功引进了蒸养加气技术、混凝土防凝技术等5项专利技术，同时由党委政府牵头与临沂大学对接，在中钢矿业、东钢矿业、金晟矿业启动了产学研平台建设。三是通过与在外人才对接，引进3名B类创业人才，1名B类创新人才，2名C类人才。四是多措并举吸引在外成功人士回乡创业，共招引回乡创业项目11个，项目均投资200-500万元，包含了电子元件加工、婴幼儿服装加工、标志服装加工、户外装备加工及特色养殖等多个门类，拉动本地人口就业880人。五是引进了方通安装工程公司、战马户外、永瑞服饰三家总部经济落户投产。此外，我镇农业人口市民化及“万名人才回乡行动”也超额完成任务。

【基础设施建设】 基础设施建设再上新水平。道路建设方面：一是投资1100余万元对总长4.8公里的坦马线庄岭—北鲁城段进行了拓宽新建；二是投资150余万元对驻地至泉沟段3.3公里道路进行了拓宽新建；三是投资近2000万元，启动了神山流域15公里环山路的建设；四是投资800多万元，在库区贫困村全面推进扶贫路建设；五是申请水利移民专项补贴资金60万元，硬化道路7500余平方米。桥梁建设方面：在南鲁城桥安装防护工程，进行提升的同时，投资170余万元对财源中桥进行拆除新建。水利工程方面：投资222余万元，对后场、驼山前等5个村的水库塘坝进行了除险加固。旱厕改造工作：我镇不断推进旱厕改造进程，共有24个行政村（含36个自然村）3562户完成了旱厕改造工作，共计投资71万余元（不含上级补贴设备、资金）；“户户通”工作：全镇共投资280余万元对7个行政村（含12个自然村）总计14.1万平方米的道路进行了硬化。

【环境治理】 城乡环境进一步优化。一是有效抓好城乡环卫一体化工作，全力保障人力、财力、物力投入，抓好存量垃圾清理及卫生盲点、盲区的消除，对破损的220个垃圾桶进行了集中更换，确保城乡环卫一体化工作有序开展；二是强化规划建设管理，依托东泰建筑公司，严格农村建房的审批把关，督促其按照城乡建设规划有序建房，一年来，共制止违规建房行为27起；三是扎实推进美丽乡村连片打造，累计投入300多万元，高标准推进庄岭、匡王等12个库区村庄的绿化、硬化、美化，切实抓好美丽乡村连片打造。四是环保工作基础更为夯实。我镇严格按照上级环保部门要求，做好土小企业取缔及矿区路域环境整治等工作，并坚持以零容忍的态度，对境内大气、水域污染问题发现一起，严肃查办一起。一年来，我镇共整改10吨以下常压锅炉10台拆除10吨以下承压锅炉1台；取缔石子厂、选矿厂等土小企业37家，均已断电销户并拆除生产设备；关停禁养区10家养殖户，另有5家待近期出栏后封停；限养区存在污染现象的4家养殖场全部整改完毕。

【社会生活】 社会发展环境平安稳定。一是深入开展“严打”整治专项行动。坚持以打开路，不断加大打击力度，全镇共治安拘留 56 人，刑事拘留 31 人，强制戒毒 1 人，有效震慑违法犯罪，维护辖区治安稳定。二是不断加强社会治安防范工作。实施治安防控，镇派出所干警坚持每天 50 公里的巡逻检查，同时投资 80 余万元，为 58 个村主要街道、路口安装了视频监控设备，目前全镇共有视频监控设备 270 个，实现了视频监控全覆盖。三是高度重视信访工作。构建镇村两级信访网络，不断健全事前预防机制和领导包案责任制，扎实做好信访稳定工作。全年共排查调处矛盾纠纷 212 起，调处成功率达 100%；处理各类信访案件 147 起，其中土地补偿纠纷类 86 起，拖欠农民工工资类 13 起，因道路建设占地类 23 起。四是进一步规范安全生产管理。我镇在按照年初制定的安全生产年度计划，定期开展安全生产巡查的同时，先后组织联合执法队伍进行专项检查，共开展食品安全大检查 12 次，企业安全生产大检查 21 次，农产品安全大检查 16 次，校车安全检查 8 次，有效维护了辖区安全生产环境。同时，我镇对辖区内非法选矿厂、石子厂进行了集中清理、断电，强制拆除，并对太平村铁矿露天矿坑进行了回填，并投入 60 多万元在存有安全隐患的雷雨口露天矿坑安装了防护栏和阻挡墙。2016 年以来没有发生安全生产事故。

【科教文卫体】 一是在 28 个行政村安装自助净水设备 45 台，有 3700 余户群众办理了饮水卡，5 个月来总计提供净化水 88 万升，确保了农村群众饮水健康。二是全面完成“新农保”“新农合”参保任务，全镇新农合参合率达到 93%，新农保参保率达到 70%，共为患病群众报销新农合医疗费 380 万元。三是完成农村低保工作的重新评选工作，对全镇 58 个自然村的 1223 户低保户进行重新选举，发放最低生活保障资金 146 万元；向全镇特困户、重点优抚对象和部分灾民发放各类资金 18.3 万元。四是积极开展各种文化活动，深入推进“一年一村一场戏”演出，全镇新建村级文化广场 12 个，新成立庄户剧团 6 个，村级广场实现全覆盖，当前各村正积极排练筹备鲁城镇第二届广场舞比赛。五是总计投资 890 余万元，在中学、中心小学、寨山小学、楼子小学、马庙小学新建教学楼、综合楼，切实做好大班额整改工作。

尚岩镇

【概况】 尚岩镇位于兰陵县城西 15 公里处，东依临沂，西临枣庄，北靠沂蒙山区，南面苏鲁平原，4 万亩山场，5 万亩耕地，总面积 79.16 平方公里，辖 27 个行政村，63 个自然村，总人口 5.6 万人。206 国道穿境东西，岳下公路贯穿南北，岚曹高速、临枣铁路同经境内，交通便利，位置优越。境内有被誉为“鲁南小泰山”之称的文峰山和碧波万顷的会宝湖，风景秀丽，景点众多。

2016 年，全镇上下认真贯彻落实十八大、十八届五中、六中全会精神和习总书记系列讲话精神，在县委、县政府的坚强领导下，以“三

文峰山千佛崖

引一促”为总抓手，科学谋划，奋力拼搏，使全镇经济社会发展保持了良好的发展势头，各项工作都取得了突破性的进展。

2016年，全镇国内生产总值达到61.8亿元，同比增长8.8%，其中，工业总产值达到52.7亿元，同比增长9.5%，农业总产值达到7.9亿元，同比增长5.1%，第三产业达到1.2万元，同比增长33%。完成固定资产投资24.6亿元；地方财政收入达到1.2亿元，同比增长27%。农民人均可支配收入17505元，同比增长8.5%。

【工业】 2016年4月，市政府批复“兰陵矿业循环经济产业园”，这是兰陵工业经济发展的一件大事，奠定了园区发展基础。为积极对接产业园，尚岩镇论证规划了工业大道、青松路等“二纵五横”的工业园区道路，拉开10平方公里的工业园区框架。目前，园区道路正在紧张建设之中。同时，尚岩镇通过招商引资、内拓外联，进一步加大招商引资力度，投资1000余万元的传增管业，目前已经建成投产，产品销往全国各地，投资2亿余元的铁英针纺，总部已经落户尚岩，正在建设生产线，预计下半年可建成投产，产品销往世界各地；全国500强企业山钢集团投资60亿元的山东国铭球墨铸管项目落地建设，一期预计2017年3月底实现投产，年产球墨铸铁管50万吨，产销量将位于该行业全国第二位，预计年销售收入21亿元，利润2亿元，实现税款约1.5亿元，可为本地新增就业岗位1500人。

【农业】 按照“东菜西矿、北果南粮”的发展格局，通过“抓规划、建基地、创品牌”等一系列措施，狠抓了农业生产。在常规农业方面，加强农田基础设施建设，推进林、田、路的综合治理，对枣庄水库进行防渗漏处理，对朱后院水库进行除险加固，对张庄塘坝综进行综合治理，提升改造为小二型水库。对移民村村内道路及生产路进行整体硬化，改善了群众生产生活环境。在现代农业的培树发展方面，走“基地+市场+合作社+农户“的模式，重点抓品牌基地建设，在南部平原区，打通道路，规划片区，以合作社为依托，区域化、规模化发展，推进打造“史庄蒜黄”基地;推进优质“沟西大米”基地建设，划定区域、界定发展，确保大米种植面积，巩固提升“沟西大米”品牌知名度；引进技术、人才，发展水沟育苗基地，辐射带动尚岩及其周边村庄棚菜种苗的发展，改变传统育苗的培育模式，增加市场竞争力。在北部山区，以会宝山流域为依托，大量栽植各类林果，做大做强林果业，目前已经栽植苹果1500余亩、环山果园600亩。投资1200万元，规划打造了占地360亩的惠东现代农业示范园，引进高科技智能温室棚，日光温室棚和钢结构弓圆棚等3种模式，目前，三种棚体模式采取了兰陵乃至临沂最先进技术，以期引领尚岩3万亩弓棚菜的发展。在发展养殖业方面，在控制区域养殖的基础上，积极探索高科技养殖模式，引进东阿阿胶的先进技术，投资2600余万元，建设200亩玖鹏牧业养驴基地，发展养驴业。

【第三产业】 一方面，在商业经济发展上，我们重点抓了沿路经济带建设，采取了“筑巢引凤”的发展战略，重点抓了镇驻地国道段、岳下路惠东段、葛村段沿街楼的开发建设，促进了商业服务业的发展。另一方面，我们立足尚岩镇丰富的旅游资源优势，开拓思路，创新方式，论证实施了旅游综合体项目。在后院流域，投资3000余万元新修18里环山路，按照千米一景、千米一果、千米一村的形式打造一条集观光、采摘、休闲、农家乐为一体的乡村休闲游路线；在会宝山流域，以会宝山生态产业合作社为依托发展林果产业，实施了生态观光游项目；在陶李大泉流域，利用惠东社区绿化的契机，种植玫瑰20余种，50万株，打造“玫瑰小镇”休闲观光游项目，尚岩镇文化旅游业态初步显现。

【新农村建设】 利用土地增建挂这个利好政策，按照“储备一批、成就一批、培树一批”的思路，积极推进社区建设。继北尚岩、岳村、王楼、白水牛石前村、珍珠庄、玛瑙埠、坦上集、杨套、戚套、东水沟、郭庄等11个村的新农村建设项目之后，2016年我们重点推进了惠东社区搬迁工作，涉及8个村，1569户，5180人，28天时间完成搬迁任务的95%，复垦土地1000亩。2016年11月份承接了全省易地搬迁扶贫现场会，受到省市委领导的高度评价，探索出了一条改善库区人居安全环境新模式、异地搬迁扶贫新模式、行政村合村并居新模式、乡村旅游新模式、两区同建新模式。同时，启动了文峰社区、后院社区、青山社区、东水沟社区、万村社区建设，共涉及19个村，3723户，12100人，目前，3个项目稳步推进中。

【城镇建设】 按照县委县政府的要求，2014年聘请临沂市规划设计院完成了小城镇的总体规划，2016年聘请上海同异设计有限公司做了5.6平方公里的小镇控制性规划，并按规划打通了东西南北四环路，城镇框架初步形成。坚持控制性发展的理念，按照中国北方建筑风格，先后投资1000万元，对镇驻地房屋实施了“平面改坡、立面改造、地面治理”工程，城镇风格进一步显现。投资1000万元，对北尚岩、岳村、尚岩一、二、三村、王楼、卞村、安庄、珍珠庄、玛瑙埠等10个村进行了美丽乡村连片连线打造，村镇建设线美点亮，多次承接省、市现场会。

【党建工作】 紧紧围绕发展稳定大局，突出“抓发展必须抓党建，抓党建就是促发展”的工作理念，把党建责任抓在手上、落实到行动上，构建了基层党建工作新格局，全镇基层党组织的创造力、凝聚力和战斗力明显增强。一是重视党员队伍建设，着力破解三年以上不发展党员的村庄，积极吸收村中有文化、有素质、有能力、有威望的人员入党，优化党员队伍结构。年内，共解决三年以上不发展党员村4个，培养入党积极分子87名，纳新党员15名，无一例信访案件。二是加强农村党员教育，坚持上好“三会一课”，落实好“两学一做”教育活动，逐步提升农村党员素质，发挥先锋模范作用。三是推进农村干部公职化管理。实行了农村干部医疗保险、养老保险全覆盖，明确了干则有、不干则无，养老金随人走的进退机制。2016年，全镇共兑现农村干部绩效考核工资60余万元，进一步调动了农村干部积极性。四是强化监督处理，认真落实党风廉政建设责任制。严格按照“党要管党、从严治党”的要求，突出党委主体责任和纪委的监督责任；加大正风肃纪力度，严格落实选人用人制度。认真开展村级“四监管一扎口”工作，完善村级管理的各项制度。2016年，镇审计办与县审计组对全镇63个自然村的村级财务、“三资”进行全面梳理核查，使各村摸清了“家底”，消除了群众误解，保护了干部，促进了村庄的和谐发展。

【扶贫开发】 2016年，通过精准识别，全镇有省级贫困村8个，库区贫困村9个，贫困户1569户，2989人。近年来，我们创新思路，夯实扶贫责任，做实精准扶贫。通过产业扶贫、就业扶贫、政策扶贫、赡养扶贫、住房扶贫等措施，解决贫困村、贫困户的脱贫问题，目前有8个省定贫困村、4个库区贫困村摘帽，1061个贫困户、2144人脱贫。剩余5个库区贫困村和贫困户508户、845人也都采取了一定的扶贫措施，落实到产业项目上，可望2017年实现全部脱贫。

【民生事业】 一是文化生活丰富多彩，精神文明不断提升。大力推进移风易俗活动，按照“婚丧简办”的理念，倡导“红白理事会”制度，杜绝土葬和乱设坟场。为27个行政村修建了文体广场，为群众提供了健身娱乐场所；推动文峰、尚岩2个文艺剧团及27支广场舞队伍演出活动，成功举办了尚岩镇广场舞大赛和“情系惠东”大型文艺演出活动，丰富了群众的文化生活。在全镇推进以“说文明话、办文明事、做文明人，树尚岩新形象”为主题的四德工程建设，广泛开展“四德”宣传教育及评比活动，营造了良好的文明风尚，尚岩人的文明形象得到进一步提升。

二是社会治安和谐稳定，群众满意度持续提高。坚持“打防并举”的原则，加大治安防控力度。抓防范，一是人防，搞好村级站岗巡逻，白天由村保洁员兼职治安员进行治安巡逻，夜间由村组织有偿和义务相结合形式站岗，每天由镇值班领导带巡防队员巡逻检查；二是技防，充分发挥“天网工程”及“雪亮工程”作用，安装摄像头200余个，实现视频监控全覆盖；抓打击，严厉打击涉及民生的各类犯罪，做到“接警必出、出警必果、打击严厉”，一年来，处理刑事犯罪15起，刑事拘留12人，逮捕犯罪嫌疑人8名，治安拘留44人，起到了很好的震慑作用；抓调处，加大司法调解与信访工作力度，制定《尚岩镇信访案件调解工作方案》，明确责任，属地管理，将各类矛盾以最快地速度化解在萌芽状态。投资60余万元，建设高标准的司法调解中心一处，为司法调解创造了良好的环境，2016年镇司法所被评为山东省规范化司法所。

尚岩镇中心小学科技活动室

三是学校校舍全面改造，教学质量稳步提升。2016年，完成了惠东小学的校舍标准化改造，至此，全镇校舍标准化改造全部完成，改造面积8万平，等于把所有学校打倒重建，现在可以说“全镇最好建筑是学校，最好的条件是教育”，尚岩中学、尚岩小学的教学质量逐年提高，在全县位居前列，尚岩中学、中心小学先后被评为省级规范化学校，其他小学全部通过了省级教育均衡化验收。

四是持续推进环卫、环保事业，环境卫生持续好转。大力推进城乡环卫一体化工作，拿出200余万元用于村庄卫生全托管，村庄卫生环境持续改善。同时加大了巡查监督力度，定期组织卫生大扫除，对沟边河道、背街小巷垃圾进行全面清理。加大水污染和大气污染治理力度，重点突出对“土小”企业、养殖场、秸秆禁烧和扬尘企业的治理，共拆除污染养殖企业37处，先后3次组织大规模拆迁，拆除土小企业58处，环境质量明显改善。

五是道路建设不断改善。投资6000余万元，完成了东环路南段、南环路、后院环山路、会宝山中路、岳下路卞村至白山段的修筑，高标准完成了国道至马套民族路的修筑，真正完成尚岩道路建设任务的“最后一公里”，实现了村村相连，路路相通的大交通格局。2016年全市交通现场会在我镇召开。

向城镇

【概述】 向城镇位于县城西10公里处，辖59个行政村、112个自然村，12.6万余人，9.8万亩耕地，112平方公里，206国道、234省道、临枣高速、临枣铁路、穿境而过。镇内有城子、鄫国故城等多处古文化遗址，历史底蕴深厚。该镇是山东南菜园的发源地和物流配送集散地。先后获得“中国十大和谐乡镇”“中国果蔬无公害龙头乡镇”“全国村务公开民主管理先进乡镇”“山东省先进基层党组织”“平安山东建设先进乡镇”“临沂市园林小城镇”“临沂市外经贸工作先进乡镇”等荣誉称号。

2016年以来，向城镇党委、政府按照县委、县政府的统一部署，认真贯彻落实党的十八届历次全会及省、市、县委一系列工作会议精神，凝心聚力，真抓实干，全镇经济社会保持了平稳较快发展态势。2016年全镇预计实现工农业生产总值44.8亿元，同比增长10%，完成规模以上固定资产投资18.3亿元，同比增长10%，地方财政收入完成10048万元，同比增长9%，农民人均纯收入18706元，同比增长11%。

【农业】 （一）推动蔬菜产业提档升级。立足蔬菜产业优势，着力突出佰盟、鸿强等一批重点项目建设，在创新种植方式、强化智能育苗上下功夫，加快蔬菜种植模式科技升级，提升农产品基地品牌建设档次，不断推进现代蔬菜产业转型升级。佰盟蔬菜产业园区扩建工程全面完工。园区占地3000亩，建设高科技钢架式温室大棚174个、拱棚460个。园区全面推行水肥一体化种植模式，并安装了物联网及配套监测设备，对蔬菜生产实施自主化管理，同时配备质量检测室，全面监管蔬菜质量。主要往上海虹桥机场、浦东机场等企业订单供应蔬菜。投资2750万元的鸿强合作社智能化育苗示范园区已建成并投入使用。园区占地300亩，建有各类育苗温室大棚36座，年产量5万吨的有机基质生产车间一座。园区建立了物联网信息管理中心，实时监控育苗棚内温度、湿度等关键信息，根据监控信息可自动控制种苗施肥和灌溉，实现了智能化育苗。园区可一次性育苗4000万株，年育苗3亿株，不仅可满足周边蔬菜生产基地的种苗需求，更远销省外。由家瑞蔬菜专业合作社投资兴建的家瑞现代蔬菜产业园，占地3000亩，投资1.2亿元，建有高科技钢架式温室大棚135个、拱棚360个，基地最大单体棚体长达340米，宽达28米，2016年11月被上海市政府确定为10家上海市外延蔬菜基地之一。

（二）大力实施“科技兴农”战略。自动卷帘机、棚体改造、测土配方施肥、物联网技术、二维码等先进实用技术得到广泛推广。种苗繁育、红外线遥感器自动放风、苗床自动微喷灌和病虫害综合防治和生物微喷灌等新技术在园区内得到推广。全镇在蔬菜种植标准化和科技创新上做了新的提升，注重推广使用新技术，投

佰盟现代蔬菜产业园区

资100万元在郭西基地安装了农业物联网监控设备，实时监测蔬菜大棚中的温度、湿度、二氧化碳浓度等数据，引入蔬菜生产智能化管理。投资300万元相继在张村基地、佰盟基地、家瑞基地和华凯市场建设农产品质量安全检测站，设立农残检测室，配备“农残”检测仪器和检验人员，保证了蔬菜品质，杜绝质检不合格蔬菜流入市场。投资200多万元对镇农产品质量安全监管中心进行改造提升，新建质量检测大厅一处和技术交流中心一处，定期对全镇监管员、农安员、种植户集中教育培训，有效地提高了全镇蔬菜质量监管能力。

（三）创新农产品质量监管。在各蔬菜种植基地广泛推行“村民自治、联户担保、合同约定、专人监管”的村民自治管理模式。通过签订《蔬菜质量安全村民自治合同书》，统一安装《农产品质量安全监管公示牌》，健全镇、工作区、村三级蔬菜质量监测体系，加强农产品质量检测监督管理，进一步增强了种植户质量安全与责任意识，全面提高蔬菜质量安全监管水平。年内，共签订合同书36000多份，安装公示牌1000多个。

（四）注重加强品牌建设。按照“三品三化”的要求，加快推进优质农产品基地品牌建设和“三品一标”认证工作，采取政府引导和企业为主的方式，积极推动优质农产品生产基地建设，打造“向城蔬菜”品牌，提高“向城蔬菜”知名度。年内，全镇规划建设的9处优质蔬菜标准化生产基地，优质蔬菜品种达到30余个，有“家瑞福”牌、“凯冠”等40多个蔬菜商标通过国家A级认证。3个蔬菜品种直供上海世博会，10余个品种直供长三角地区和北京、上海、广州等大型超市，规模化、品牌化种植的优势逐步显现。佰盟和鸿强代表兰陵县迎接2016年度全市基地品牌现场观摩会，取得了全市第一名的优异成绩。

【工业】兰陵县金峰塑料有限公司通过引资金、引技术，计划总投资8500万元成立临沂鸿泰塑业有限公司，规划占地160亩，其中一期投资3500万元，于2016年9月建成投产，总建筑面积2.4万平方米，在完成规划建设，科研，环评的基础上，一期项目已建设钢结构厂房4处、产品检测化验室1处，引进国内先进造粒设备4套。二期计划投资5000万元，占地100亩，建设加工生产间、成品库、办公楼及其它配套附属设施。该公司主要利用农用地膜和大棚废旧塑料，加工生产塑料颗粒、光电缆材料和PET瓶等产品，年生产高品质塑胶5000吨，年产值可达5000万元。公司通过了ISO9001质量管理体系认证和ISO14001环境管理体系认证。该项目符合国家产业政策和城市发展规划要求。项目技术成熟，工艺稳定，产品质量高，市场竞争力强，可有效提高该镇蔬菜产区农用地膜和蔬菜大棚废旧塑料回收利用率，大大减少塑料污染，对环境保护、增加就业、促进相关产业发展具有极大促进作用。兰陵县碧炫木炭有限公司成立于2016年3月，计划投资300万元，占地30亩，生产厂房3000平方米、办公生活区300平方米、生产线1条、木炭窑36组，现已经基本完成项目建设，正在进行试生产，营业执照、环评手续已经办理完毕。

【商业】全国公益性农产品批发市场建设试点项目落户该镇华凯蔬菜批发市场，该项目总投资2.05亿元，规划用地308亩，通过扩大规模、增加经营服务平台、提升经营服务设施档次等工程，建成全国一流的区域性农产品流通中心。项目建成后，预计蔬菜年交易额将达到45亿公斤，交易额100亿元，将新增就业6000多人，带动6万农民增收致富。年内，已完成地基开挖和三座A型交易大厅基础建设工程。继续推进鄫国故城大遗址保护开发项目建设，项目涉及遗址保护地周边四个村庄205户村民，共137.6亩土地征用及地上附着物拆迁工作。年内，已完成签订合同186户，已签土地117.1亩。

【城镇建设】 大力推动美丽乡村建设。把改善村容村貌作为推进“五化”村庄建设的作为重要推手，以治理脏、乱、差为整治内容，积极开展美丽乡村“绿化、美化、亮化、硬化、文化”行动，打造了峰下沟、鄫城前、道口等一批美丽乡村示范点。全面推进改厕和“户户通”硬化工作，全镇92个完成改厕任务28个村完成硬化道路面积44万平方米。

着力抓好环境综合整治。继续抓好城乡环卫一体化工作，加强对保洁公司和环卫队常态化管理。村级卫生保洁实施“镇村联合”监管，将112个村划分为12个片区，由班子成员带队每月大检查一次；村委成立环卫督导组，每天上路巡查保洁效果，发现问题及时督导保洁公司整改。路域环境实施包保责任制，将206国道南线、北线、蒙台路、安艾线等6条镇内主要道路分为23个路段，由分管班子成员负总责，镇直各部门具体负责，每五天检查一次保洁情况，全力督促提升路域环境。定期动员各村开展“清洁家园”活动，全面清理村内存量垃圾。

全力抓好环境保护工作。严格落实秸秆禁烧与综合利用，全面实施秸秆打捆和粉碎还田。

2016年夏秋禁烧工作圆满完成，各级检查未发现一处着火点。全面实施沙场清理整顿工作，13家沙场全部清理完毕；全镇锅炉整改全面完成，5家常压锅炉、4家承压锅炉全部整改完毕；取缔清理13家不合规酱菜厂，对剩余酱菜厂定期巡查；实施水域环境综合整治，全镇河道已全部清理完毕。

城镇社区建设空间不断延伸。为优化镇域环境，加快小城镇化建设进程，扎实推进荣庆花园和城镇沿街商品房建设。年内，总投资2.5亿元的荣庆花园一期工程已竣工并交付使用。现正在进行医疗服务中心、超市等配套设施建设。总投资960万元的东城前社区一期工程建设完毕并交付使用。

【教科文卫体】 教育投入不断加大。投入1000多万元，继续对镇内13所学校进行升级改造，对已改造升级完成的中小学、幼儿园进行绿化、美化、亮化等配套工程建设。医疗卫生服务能力不断提升。引进专业技术人才，开设特色诊疗服务，新设肛肠科和中医康复科，实行医患电话随访制度，强化医院内部管理，不断优化就诊环境，改善服务态度，提升服务水平。人口计生工作水平稳步提升。扎实推进“二孩”政策实施和免费孕前优生健康检查。文体事业加快发展。投资160万元全面建成112个村级居民文体小广场，全镇广场舞队伍已达52支。

【社会生活】（一）扎实开展精准扶贫攻坚活动。立足镇情，发挥三大优势（蔬菜、市场、物流），全面实施五大扶贫措施。一是多方就业促脱贫。对于有劳动能力的贫困户，依托全镇7万亩蔬菜种植基地、42家蔬菜批发市场、22家酱菜企业、28家物流企业提供的净菜工、包装工、驾驶员等岗位，为430个贫困户提供就业扶贫。二是发展种植助脱贫。依托蔬菜种植优势，以合作社、种植基地为依托，采用先租种后付款、无息借款、无偿技术指导等措施，向86户贫困群众出租蔬菜大棚，实现种植脱贫。三是鼓励金融帮扶贫。支持贫困户办理富民农户贷，年内已为68户有种植、养殖意愿的贫困户申请富民农户贷140万元，解决缺乏创业资金问题。四是全面开展孝心扶贫。通过签订赡养协议书，让子女履行法定赡养义务，每人每年保证赡养费700～2300元，基本解决老人生活难题。五是落实政策兜底扶贫。充分发挥低保、社保、新农保等政策的“输血功能”，将符合低保条件的贫困户全部纳入低保救助范围，实现应保尽保。年内，全镇已实现1453户、2137人精准脱贫。

（二）社会治理逐步加强。社会治安防控体系建设扎实有效。继续推行“镇村干部联村联防”夜间站岗巡逻办法，组织开展棚菜区菜农联户联防，实行每夜轮班站岗巡逻，确保村村有岗、夜夜有人，切实加强了社会治安防控。“天网工程”视频监控系统运维良好。全镇550个视频监控探头在线使用率100%。突出抓好矛盾纠纷排查化解。扎实开展矛盾纠纷大排查大化解活动，及时将矛盾化解在苗头中，确保“小事不出村、大事不出镇”。重点做好信访维稳工作。坚持“亲手抓、带头抓”，发挥综治信访维稳中心作用，引导群众以理性合法的形式表达利益诉求、及时化解矛盾纠纷。加强法制宣传阵地建设，设立专门法制宣传栏，营造良好的法律宣传氛围，切实提升广大群众的法律意识。

（三）突出抓好安全工作。扎实开展安全生产“大快严”执法工作，对注册企业和工商个体户进行摸底排查，去除虚假注册信息；切实做好恒低温库液氨改氟工作，全镇8家恒低温冷库、实现液氨改氟4家，停产整治1家；抓好校园、网吧、集市等人口密集场所安全消防工作；认真落实建筑施工领域常态化管理工作。深入开展道路交通集中整治行动，全面排查国省道及县乡道路隐患，加强校车、马路市场等重点领域整治，强化交通安全设施维护，加密加严生命安全防护。联合交警部门严厉查处黄标车运营、无证驾驶、电动三轮车非法载人等违法行为，努力提高群众交通安全意识，减少道路交通事故的发生。

（四）集中力量为民办实事。完善道路建设，农场到兴明的农兴线道路全面完工，切实解决了兴明南部常年道路难行问题；配合县有关部门，实施南二环建设工程，正在抓紧推进道路用地征收及地上附着物拆迁工作。该镇投资350万对向城镇敬老院进行升级改造，计划建设标准化2层宿舍楼4栋，新增床位160张，现已完成地基填埋工作。

（五）扎实开展移风易俗工作。大力加强红白理事会建设，推进婚事新办、丧事简办。2016年该镇通过广播、宣传栏、标语条幅、发放倡议书等形式加大对移风易俗工作的宣传力度，形成了良好的舆论氛围。在全镇范围内推广红白理事会制度建设，112个村经过村民意见征集，党员会、群众代表会讨论通过，成立了以村主要负责人为会长的红白理事会，制定了村级红白理事制度，党员干部签订了带头移风易俗承诺书，扎实推进了婚事新办、丧事简办。该镇朱村移风易俗经验作法视频在2016年12月11日晚的中央电视台《新闻联播》栏目采用并推广。

撰稿：王　昊

新兴镇

【概况】 新兴镇位于“山东南菜园”——兰陵县西南部，西与“煤城”枣庄市接壤，南与“酒都”兰陵镇毗邻。全镇辖22个行政村，4.8万人，总面积81.49平方公里。镇政府驻地距县城25公里。新兴镇地理位置优越。西通枣庄，距京沪铁路35公里，京沪高铁40公里；北接206国道；东临蒙台线省道；南接省道郯薛线；临枣高速、临枣铁路东西纵贯全境，高速出入便捷、临枣铁路新兴火车站货运畅通，宽广平坦县乡公路通连四方，交通运输极为便利。

新兴镇民风纯朴，历史文化源远流长。远有龙山文化遗址、西汉太祖神庙遗址，“王莽赶刘秀”“金头换人头”的故事至今仍被人津津乐道，近有鲁南大捷主战场旧址等。1947年1月，陈毅元帅、粟裕将军指挥华东野战军在境内的马庄、下湖、太子堂一带，消灭了国民党整编二十六师和第一快速纵队，留下了脍炙人口的鲁南大捷一诗：“快速纵队走如飞，印缅归来自鼓吹。鲁南泥泞行不得，坦克都成废铁堆。快速纵队今已矣，二十六师汝何为？徐州薛岳掩面哭，南京蒋贼应泪垂。”

新兴镇地处秦岭纬向构造带，石英石、铁矿石、镁石等矿产资源丰富。全镇探明铁矿储量超过1.8亿吨，镇北部、西部裸露的寒武系五山组优质石英砂岩矿达18处之多，累计面积6.6平方公里，总储量达6.1亿吨以上，列山东之冠， 是山东省“硅砂重镇”“铁矿之乡”；新兴镇是临沂市“主要粮食生产基地”，全镇小麦种植面积达4万多亩，蔬菜种植面积1万多亩。

2016年来，镇党委政府在党的十八大及历届全会精神指引下，认真贯彻落实县委、县政府各项工作部署，团结带领全镇广大党员干部群众，一心一意谋发展，聚精会神抓建设，齐心协力促和谐，经济和社会发展取得显著成绩。2016全年全镇实现工农业生产总值1.9亿元，完成固定资产投资0.8亿元，招商引资实际到位资金1.2亿元，国地税实现税收收入约2652万元，农民纯收入15320元。全镇呈现出政治稳定，社会安定，经济发展，事业进步，人民安居乐业的良好局面。

【农业】 积极实施“一村一品”策略，突出抓好养殖和种植两大支柱产业，促进农民持续增收。依托农业合作社着力促成了东部5000亩棚菜基地及西部1000多亩半山半丘陵的林果示范基地建设，全镇棚菜年产值超过5000万元，果林种植业年产值在500万元以上。紧紧围绕养殖增效、农民增收这个核心，深入实施养殖富民工程，大力发展规模化、区域化养殖，促进了全镇养殖业快速、协调、健康发展。在全镇形成了以西新兴奶牛养殖小区，以蒋庄、冯岭为中心的肉鸡养殖小区，以张屋、岳楼为中心的肉鸭养殖小区，全镇养殖业年产值在800万元以上。

【工业】 新兴镇把矿山经济作为镇域经济发展的主要推动力，改造提升传统产业，培植壮大支柱产业，大力发展新兴产业。依托矿产资源丰富和地处西部矿业循环经济产业园的优势，以“三引一促”等四项重点工作为抓手，全力抓好镇域经济提升工作。一是招商引资成绩突出。2016年，新开工过亿元项目1个，即金玺泰铁矿尾矿尾砂综合开发与利用项目，项目总投资1.2亿元，现已建成投产；续建项目为兰陵县华荣矿业二期工程，新增到位资金3000万元，新上铁矿石分选生产线一条，完成井下配套设施，已通过市安全生产验收；新上项目1个，即新兴铁矿5万吨铁精粉项目，项目已报批手续。同时协助济钢球墨铸管项目落地，已完成一期土地征收、地上附属物赔偿等工作。二期扩征正在有序开展。二是抓好人才招引工作。积极与新兴籍在外人才进行沟通联系，2016年招引B类创新人才2名；B类创业人才3名；引进C类人才3名，其中2名已签订合同，1名已到单位工作；科技成果转化3项；摸排线索征集人才信息17条。三是做好总部经济、回乡创业、市民化等工作。完成总部企业招引注册5家，完成全年任务的2.5倍，实现税收110万元。邀请在外成功人士回乡创办各类企业10家。完成农村居民在外购房登记525户。

【商业】 商贸业比较发达，镇驻地店铺林立，生意兴隆，“新兴肘子”“羊肉汤”等特色小吃在鲁南一带享有盛名。近年来，镇党委政府大力实施“商贸带动”战略，形成了在镇驻地拥有100多家经营摊位的大流通格局。

【城镇建设】 2016年以来，该镇致力完善基础设施建设，不断提高城镇化水平，全力打造镇区新形象。抓好城乡环卫一体化工作：与昌邑美城保洁有限公司签订托管合同，在全县率先实现全托管，托管之后全镇为各村配备大垃圾桶900个，小垃圾桶2000余个，小推车40辆，建垃圾中转中心1个，建垃圾池40余个，配备卫生保洁员132名，建立了卫生保洁的长效机制。农村基础设施进一步健全。双山屯、后官庄两个村投资80余万元各建纯净水厂一座，引进海尔集团旗下日日顺健康饮水项目，全镇安装饮水机45台，让村民喝上了干净无菌的纯净水。太子堂村、于楼村分别投资30万元、50万元各建大型村民洗浴中心一座，提高了村民生活质量。太子堂村投资40余万元，安装太阳能路灯80盏，解决了村民的夜间出行难问题。云铺等7个村对文化广场的器材进行了更新，为群众提供了娱乐平台。同时，依托市级奖补示范区建设，以“户户通”和改厕为突破口，着力打造山里王、黄山屯等“美丽乡村”示范村建设，硬化道路35万平方米，改厕5023户，绿化植被5000余平方，安装路灯120多盏，开挖排水渠5000多米，粉刷墙壁3000平方米。极大地改善了农村生活环境，得到群众高度认可。

【教科文卫体】 新建幼儿园1所，教学楼两座，实验楼一座，改建学校8所，为9所学校更换桌凳500余套。为7所学校安装了班班通投影仪，配备电脑110余台。同时对7所学校的校园环境进行了硬化、美化，高标准通过了国家义务教育均衡验收。新农合参合率达95%以上，为43652名常住居民建立了健康档案。计生工作成效显著。合法生育率、出生人口性别比等全部达标，流动人口跟踪服务覆盖率100%，圆满的完成了县委县政府下达的人口和计划生育目标。食品安全工作进一步加强，采取了一系列卓有成效的措施，确保了全镇人民的饮食安全。

【社会生活】 积极开展移风易俗工作，组织村主要负责人和红白理事会会长到先进乡镇参观学习，在全镇22个行政村建成红白理事会，14个村制定红白理事制度并积极在本村宣传推广执行。开展温暖贫困母亲“母亲节”救助、贫困留儿童救助活动，共救助困难母亲5位，每人发放救助金500元；救助贫困儿童5名，每人发放救助金1000元。同时，不断加大民政救助优抚力度，致力打造阳光低保、诚信低保，维护了低保政策的公开、公平、公正，保障了全镇716户、1368名低保对象生活，整合慈善救助金146万元救助弱势群体1420多人次。建立健全了农村最低生活保障体系，对烈、军、荣、残优抚对象加大帮扶力度，社保标准不断提高，养老保险、医疗保险、农村低保、城乡大病医疗救助等工作取得较大进展，基本实现应保尽保。

撰稿：苗立辉

兰陵镇

【概况】 兰陵镇位于兰陵县城西南25公里处，属两省、三市、四县区结合部，区位优势非常独特；省道沂台路纵穿南北、薛郯线横贯东西，交通优势比较明显；南部石膏贮量17.6亿吨，西部铁矿贮量约6亿吨，资源优势特别突出；尤其兰陵历史悠久、文化灿烂，是伟大的思想家、教育家荀子故里，名相萧望之、寿圣高柴诞生地，千年美酒之都。全镇总面积136平方公里，耕地面积15.6万亩，辖114个行政村，12.8万人。

近年来，兰陵镇紧紧抓住被定为临沂市优先发展重点镇、山东省百镇建设示范镇、鲁苏边界区域中心城镇、全国重点镇的大好机遇，充分发挥文化底蕴丰厚、矿产资源丰富、酒香浸远丰誉、农业高效丰产的“四丰”优势，全面“实施工业强镇、农业稳镇、商贸活镇、文化兴镇”四大战略，积极做好“做大做强矿业、做精做细酒业、做优做特农业、做美做活旅游业”四篇文章。2016年国内生产总值达到45.24亿元，增长11.6%；固定资产投资8.86亿元，增长10.3%；社会消费品零售总额累计达到10.4亿元，增长8%；地方财政收入11323万元，增长10.3%;农民人均纯收入18375元，增长5.02%。

【农业】 兰陵镇是特色农业大镇，着力实施“农业富镇”战略。强力推进5.1万亩农村土地综合整治项目，打造兰陵南部万亩高效农业示范园；尽快实施中东部3.6万亩国家千亿斤粮食产能项目；启动县委、县政府计划的20万亩农业循环经济园区建设；大力发展粮食产业，全镇小麦面积12.6万亩，年产粮食6.3万吨，是兰陵县最大的优质粮生产基地；大面积发展蔬菜种植业，使得山东南菜园（艾曲）蔬菜、利源现代蔬菜产业园（南仲村）蔬菜在上海和苏南等地都得到认可，在艾曲蔬菜批发市场和利源万亩现代农业示范基地的带动下，全镇蔬菜种植面积发展到4.2万亩，蔬菜总产5.4亿公斤，总产值12.5亿元。大力实施“科技种菜”战略，探索推行了“联户担保，菜农自治”监管模式，积极推广物联网、二维码新技术，完善了质量检测体系和可追溯体系，农产品质量安全水平得到有效提升。国务院副总理汪洋与利源基地种植户通过物联网进行了视频通话。利源蔬菜种植合作社连续四届被我县蔬菜产业博览会列为辅助展区。2016年10月21日，成为上海市外延蔬菜生产基地，进一步提升了兰陵镇的蔬菜知名度。在畜牧业发展方面，以新农村畜牧养殖专业合作社为龙头，建立和发展了肉鸡和蛋鸡养殖基地，目前全镇猪牛羊大牲畜存栏近2.6万头，年出栏大牲畜3.5万头。家禽存栏1000万只，年出栏1200万只。初步形成了规模化、标准化发展态势。镇内有畜牧养殖合作社等新型组织6个，年带动农民增加收入1.31亿元。

【工业】 大力实施“工业强镇”战略，突出抓好招商引资、重点项目建设和民营经济三个重点，全镇工业经济稳步发展。五年来，共引进招商项目12个，已落地建成项目8个，实际到位资金10.8亿元。兰陵美酒产业园、三农物资城、一府酒店、惠营面粉、宏大建材、旭纺纺织、古兰医院、杭州千禧环保建材等项目先后落户兰陵。新东方纺织、临沂尤秀新型建材等项目已达成初步意向，正在积极洽谈中。2016年兰陵镇工业总产值完成59.6亿元，同比增长12%，规模以上企业运行良好。兰陵美酒股份有限公司年产白酒2.1万吨，2016年企业实现产值4.3亿元、税收7480万元，跻身全市企业纳税百强。总投资5.3亿元的“兰陵美酒文化产业园项目”

进展顺利。在兰陵集团带动下，全镇已发展小型酒厂16家，兰陵王、郁金香、太白酒、萧王美酒、兰陵笑笑生等产品包含了浓郁的兰陵文化，实现了美酒文化和历史文化的有机融合。

【商业】兰陵镇三农物资批发城作为兰陵镇商贸物流园区的龙头，占地122亩，建筑面积16.3万平方米，总投资6.2亿元，涵盖农业机械、五金建材、农资饲料、畜牧兽医、庄稼医院、果蔬水产、产业物流、电子商务等综合服务。

【城镇建设】不断加大镇村基础设施建设力度，努力形成城镇化和新农村建设良性互动的新局面。一是社区建设成效显著。瑞福苑、书香苑、兰陵王、锦绣兰陵等4大社区，目前已完成住宅楼建设212栋，南杨庄、陆庄、侯宅、前刘家、孙屋、车官庄、蔡家、田屯、大庄子、丁滩等10个村2500余户实现了搬迁、旧村拆除任务，完成了1900多亩的土地复垦。二是道路建设取得新进展。新建完成了东外环、南外环、荀卿路等道路建设，西外环、北外环道路的路基工程已完成，“五纵五横一外环”的道路交通框架已形成。投资1300余万元开工建设的镇村公交线路已完工，全长14.4公里，将给周边群众出行带来极大方便。三是文化建设取得新发展。投资2300万元的萧氏文化园一期工程，被批准为“省级海峡两岸交流基地”，投资2900万元的荀子庙园区工程，被评为“国家3A级旅游景区”。每年的清明节、重阳节都会举办“拜荀子、诵劝学”活动，社会反响强烈。相继举办了兰陵全球萧氏宗亲经贸文化洽谈会、第十届中国兰陵国际《金瓶梅》学术研讨会、纪念田兵诞辰100周年作品研讨会。2016年重阳节成功举办了祭荀大典和“荀子思想与教育创新”学术研讨会，取得了良好的社会效果。四是镇村环境靓丽一新。全镇114个村实现了城乡环卫一体化全托管。全镇14家违建锅炉、21处违建沙场、9家违规土小企业、4家违规煤炭经营点和141家违规养殖户全部整改完毕，部分已完成拆除。狠抓了三夏、三秋生产期间的秸秆禁烧工作，有力的改善了大气环境。投资1800万元对艾曲沿街按照楚韵汉风风格进行了改貌，再现古镇画面。通过加大镇村基础设施建设力度，镇村面貌焕然一新，群众生产生活条件有了明显提升。

【教科文卫体】提升教育事业。先后投资1.8亿元用于校改工程。投资5600万元新建兰陵中学，共设置72个教学班，建设教学楼三座、办公楼两座、综合楼两座、宿舍楼两座、餐厅楼一座，共计3万多平方米，水、管线、亮化、绿化、美化和道路硬化及操场等配套设施一应俱全，目前在校生2100人，成为乡镇中学中规模最大、在校生最多的一所学校，已批为省级规范化学校，正式更名为兰陵县第五中学。将原来占地62亩的兰陵中学改建为兰陵中心小学、中心幼儿园，可容纳36个教学班，建有办公楼、教学楼、综合楼、宿舍楼、餐厅楼各一座，面积约1.6万平方米，投资2200万元，在校生2300余人，已批为省级规范化学校。改建了14个村小，正在建设韩塘中学和6处小学。提升卫生事业。新建了兰陵镇卫生院、艾曲分院，改建了横山分院、韩塘分院，全镇开有22家高标准卫生室，兰陵卫生院即将更名为兰陵县第二人民医院，全镇形成了以卫生院为龙头、分院为依托、卫生室为辅助的医院服务体系，兰陵镇将打造成卫生医疗区域中心。提升福利事业。投资200余万元改建了容纳300余人的中心敬老院，投资1500万元在瑞福苑社区新建了288套老年公寓（养老院）。提升环卫服务。2016年，投资1500余万元，对农村环境进行了彻底整治，114个自然村共清理存量垃圾7.2万吨，与昌邑市康洁环卫工程有限公司签订了合同，全镇114个自然村实现了全托管，目前全镇共配备保洁人员395名，垃圾桶3326个，实行了全天候、无缝隙的保洁，每年全镇用于城乡环卫一体化的资金达到980万元，全镇村庄托管率达到100%。提升便民服务。投资500万元建设了兰陵镇便民服务中心，东区为经济发展服务中心，西区设立综治维稳中心和群众工作办公室，并实行一站式服务。2016年，为群众办理服务2万余件，排查调处矛盾纠纷560多起，发放劳保人数2万多人，发放资金1000多万元。提升文化服务。建有高标准公共文化服务中心1处—瑞福苑社区文化服务中心、62处农村文体广场、12个村级“农家书屋”、10个“农家小小书屋”。实施“村村通大喇叭”工程，开展“群众满意度”访问工作。弘扬兰陵文化活动拜荀子诵劝学活动。先后参与组织举办荀子文化当代价值国际文化研讨会、萧氏文化经贸洽谈会。开展送戏下乡活动。配合县文化局开展广场舞大赛活动，依托我镇瑞福苑农民剧团、西北圩秧歌队、西横崖锣鼓队等演出团体开展送戏下乡活动100余次。提升计生服务。集中开展以育龄妇女进站、综合节育措施落实、社会抚养费征收、违反计划生育党员干部处理为重点的计划生育集中活动，全面落实农村计划生育家庭奖励扶助政策，计划生育村民自治计划生育整体水平不断提高。

【社会生活】 在社会救助方面，2016年，不断加大民政救助力度，对于生活困难的群众，通过走访入户、看望慰问、发放低保资金等形式，多措并举，保障了全镇3300户、4000余名困难群众的基本生活。在社会保险方面，加大对农村养老保险、农村居民医疗保险和城乡大病医疗救助的政策宣传，截至2016年底，该镇农村养老保险参保率达85.7%，农村居民医疗保险参保率达98%，社保标准不断提高，基本实现了应保尽保。

在居民生活方面，随着该镇四大社区的建设，广大群众由原来的乡村村落生活转变为社区集群生活，拉近了“人与人、村与村”的距离，实现了集中供水、供气，广大群众的饮水安全得到了保证，生活环境更加干净卫生，衣食住行更加便利，社会生活更加和谐。

在社会治安方面，投资500余万元实施了“天网工程”和“雪亮工程”建设，安装视频探头1200个，安装综治信息平台114个，实现了“天网工程”和“雪亮工程”的有效对接。五年来，共抓获各类违法犯罪嫌疑人436人，其中刑事拘留162人，治安拘留274人，抓捕网上逃犯42人。大力开展夜间站岗巡逻，在今年第三季度居民安全感满意度调查中，兰陵镇满意度位居全县第二名，全市第20名。不断加大信访案件排查化解力度，通过接访和排查发现的问题，及时解决，切实把问题解决在基层，消灭在萌芽状态。扎实开展安全生产专项整治活动，对校园安全、道路交通安全、企业安全生产等工作尤其是石膏矿停产后的安全进行了专项大检查，有效杜绝了安全事故的发生。

南桥镇

【概况】 南桥镇位于苍山县城南16.1公里处，地处东经北纬34°37′～34°34′，118°～118°12′。南与江苏省邳州市四户镇接壤，北接芦柞镇，东邻长城镇，西邻兰陵镇。人民政府驻南桥村，电话区号0539，邮政编码277727。

南桥镇辖区东西最大距离11千米，南北最大距离10千米，总面积92平方千米。其中陆地90.4平方千米，占98.26%；水域1.6平方千米，占1.74%。截至2016年末，南桥镇共辖7个工作区，30个行政村，辖区总人口7.2万人，1.8万户，人口密度为每平方千米782人。

2016年财政总收入1876万元，比上年增长21%，企业实缴税金1470万，比上年增长12.6%。公共财政支出1128万元，比上年增长13.8%。人均财政收入256元，比上年增长25.2%。2016年末，境内拥有金融机构网点3个，金融机构各类存款余额6.3亿元；各项贷款余额0.89亿元。

【农业】 耕地面积8.7万亩，人均1.13亩，全部为水浇地，种植业和蔬菜加工业为南桥镇主导产业。主要粮食作物为小麦、玉米、大豆。主要经济作物为棉花、大蒜、土豆、莴苣、白菜、大棚菜及露地菜。特别是小麦种植一直走在全县乃至全市前列，多次被上级评为“全市粮食生产先进乡镇”。2016年，全镇玉米种植面积7.5万余亩，小麦种植面积7.3万余亩。南桥镇依托区位优势，大力调整农业内部结构，以市场为导向，不断扩大经济作物种植面积，着力搞好农业生产及结构调整。以鲁东、南桥等村为中心的千亩土豆基地已初具规模，全镇订单土豆达到8000亩，总产达4800万公斤；莴苣、白菜达到6200亩，大蒜达到6300亩，反季节大棚蔬菜达到2700亩，建成优质蔬果示范种植基地3处，打破了传统的单一种植模式。依托生态优势、资源优势和地理优势，着力发展畜牧业。赴山东省农科院等地引进海门山羊、新西兰肉兔、波尔山羊、蒙山黑山羊等优质畜牧品种共计600余只，价值100余万元。截至2016年末，全镇猪、牛、羊大牲畜存栏3.2万头，年出栏大牲畜1.6万头。家禽存栏26万只，年出栏85万只，形成了规模化、标准化发展态势。规模养殖户130余户，牲畜存栏量超过12万头。

【工业】 南桥镇地理位置优越，交通便利。郯夏公路横穿东西，卞南公路纵贯南北。优越的地理位置和人文环境促进了镇内企业的快速发展。目前全镇共有工业企业单位26家，工业企业从业人员3853人，其中规模以上企业6家，分别为山东陆福饲料有限公司、红花防水有限公司、信诚蔬菜有限公司、庆丰源蔬菜食品有限公司，兰陵盛民机械厂、瑞安医疗器械有限公司。全镇已初步形成医疗器械制造、蔬菜食品加工、饲料加工、机械配件制造和物流配送五大主导产业。各规模以上企业发展良好，为进一步优化镇域经济发展结构，持续增加群众收入创造了有利条件。2016年，全镇实现工业总产值9.56亿元，规模以上工业企业总产值占比69%。

【商业】 2016年末共有商业网点1535个，职工2320人；市场6个，城乡集贸市场3个，50平方米以上的超市153个。2016年社会商品零售总额达3.25亿元，比上年增长11.8%。

【城镇建设】 扎实搞好镇驻地“一中心三区”建设，一中心即以中小学、敬老院为中心，建成南桥文化娱乐中心；三区即搞好镇政府院西郯薛线路两侧沿街商品楼开发建设，建成南桥商贸物流中心区；搞好卞南路两侧沿街商品楼开发建设，建成南桥经济长廊区；以鲁坊、斜里为中心，建成南桥工业园区。近年来先后完成了后湖寨村两用沿街楼、庆丰源小区、前湖寨两用沿街楼、信诚物流园、官桥村两用沿街楼、镇工业园区优化提升等城镇化项目建设，结合城乡环卫一体化综合整治，切实优化了群众生产生活环境，也进一步扩展了镇域经济发展空间。

【科教文体卫】 2016年末有镇文化站1处，开展了农村文体小广场建设，30个行政村已全部拥有农村文体小广场，。目前全镇建成14个农家书屋，藏书14余万册；音乐、美术、书法、摄影及文学业余创作队伍达76人，有县级文物保护单位1处。全镇拥有有线电视用户756户；全镇有2个演出队伍，30余个广场舞蹈队。

有幼儿园19所，在园幼儿1480人，专任教师52人；小学11所，在校学生4700人，专任教师242人，小学适龄儿童入学率100%；初中1所，在校学生1320人，专任教师104人。初中适龄人口入学率、小升初升学率、九年义务教育覆盖率均达100%。

南桥镇科技协会于1984年11月成立。全镇共有科技人员1045名，其中高级职称的14名，中级职称的35名。从事林果业的有720人，畜牧养殖科技人员78人，渔业科技人员130人，大棚菜科技人员220人。间作套种，地膜覆盖，秸秆还田，青贮饲料、科学喂养、配方施肥、果园管理、营养钵育苗等高种科学技术在全镇得到推广。全镇每年举办科技培训班25次，培养科技人员2800名，向农广校、科技协会培训班、农函大等单位输送学员250名。

有各级医疗卫生机构1个，卫生室27个；有床位90张。从业人员52名，其中执业医师22人，执业助理医师8人，注册护士8人。全镇乡医68人。2016年医疗机构完成诊疗2万人次。新型农村合作医疗参保率90.5%。

有学校体育场8个。80%的村安装了健身器材，经常参加体育活动的人员占常住人口的42%。

【社会事业】 全镇参与新型农村合作医疗群众6.6万人，共支出报销费用390万元。农村最低生活保障户1560户，人数2860人。国家抚恤、补助各类优抚对象112人，社会残疾人1712人。敬老院1家，床位123张，收养农村五保人员85人。

撰稿：张志广

芦柞镇

【概况】 芦柞镇位于兰陵县南部，由原三合乡和卞庄街道办事处芦柞片合并而来，镇驻地距离县城10公里，面积96平方公里，辖9个工作区，33个行政村，65个自然村，8.9万人，9.3万亩耕地，属平原乡镇，镇境内分布着东泇河、沙沟河、小汶河、吴坦河等四条主要河流。种植业、养殖业和食品加工业是芦柞镇的主要产业，粮食作物主要盛产小麦、玉米、大豆，经济作物主要有大蒜、棉花和各种蔬菜，如莴苣、辣椒、黄瓜、西红柿等；其中大蒜种植面积7万亩，为“苍山大蒜”的主产区之一。经过几十年的发展，已经形成了“东蒜西禽”的发展格局，曾被山东省委、省政府命名为“养殖强乡”，“大蒜之乡”。

2016年，辖区总人口89501人。总人口中，男性46631人，占52.1%；女性42870人，占47.9%；14岁以下19511人，占21.8%；15-64岁59070人，占66%；65岁以上10920人，占10.5%。总人口中全部为汉族；2016年人口出生率9.67‰，死亡率3.89‰，人口自然增长率5.78‰，辖区西起刘岗子村，东止南哨村，东西最大距离18千米；南起小卞庄，北至后吴坦村，南北最大距离12千米，总面积96千米。其中陆地面积93.8平方千米，占97.7%；水域2.2平方千米，占2.3%。人口密度为每平方千米932人。

2016年地方财政总收入758万元，国税收入330万，地税收入428万元。截至2016年末，境内有兰陵农商银行、邮政储蓄等4家银行，各类存款 70400 万元，各项贷款余额 39200 万元。

【农业】 耕地面积 9.3 万亩，人均 1.1 亩，全部为水浇地，以种植小麦、玉米、大蒜、蔬菜为主，2016 年农业总产值达 78800 万元，占镇内生产总值的比重为 23%。2016 年，生产粮食 5.5 万吨，人均 600 千克，其中小麦 1.5 万吨，玉米 4 万吨。主要经济作物为大蒜，2016 年大蒜种植面积达到 7 万亩，蒜苔产销量 4000 万公斤，大蒜年吞吐量 15 万吨，占全县吞吐量的 80%，成为苍山大蒜主产区和鲁南苏北最大的大蒜集散地。

2016 年，生猪饲养 10 万头，年末存栏 3 万头；貂饲养量为 60 万只，年末存栏 20 万只；肉鸡、蛋鸡年饲养量分别为 75、19 万羽，肉鸡鸭出栏量 90 万只，水貂存栏量 20 万只。镇内规模以上肉鸭屠宰加工企业 1 家，水貂养殖园区 3 处，养殖合作社 18 家，皮草交易市场 1 处，年总产值 4.5 亿元。

2016 年 11 月 12 日，芦柞镇尤庄村大蒜长势喜人

【工业】 芦柞镇工业企业发展迅速，立足种植和养殖业的资源优势，芦柞镇的大蒜产品加工、肉制品加工以及围绕产业链的貂笼、饲料、水泥预制等加工业得到蓬勃发展。以兰陵县六和虹郡食品有限公司、鲁南保平貂业有限公司、任氏食品有限公司、兰陵县华海冷藏公司、兰陵县金亿发食品有限公司、兰陵县润诺食品有限公司等为代表的一批企业，对芦柞经济的发展起到强力助推作用。

【商业外贸】 2016 年共有商业网点 3400 家，从业人员 8840 人；2016 年社会商品零售总额达 41530 万元，比上年增加 18%，城乡集贸市场 8 个，年成交额 9650 万元。

【科教文体卫】 文化艺术　至 2016 年底，有镇文化站、广播电视站各 1 处，有村级文化活动中心 65 处，各类文化专业户 26 户，各类图书室 78 个，藏书 33 万册，音乐、美术、书法及文学业余创作队伍 167 人。

教育　2016 年末有幼儿园 33 所，在园幼儿 4216 人，专任老师 126 人；小学 23 所，在校学生 10113 人，专任教师 445 人，小学适龄儿童入学率 100%；初中 2 所，初中在校学生 1336 人，专任教师 148 人，适龄人口入学率 100%，小升初升学率 100%，九年义务教育覆盖率达 100%。2016 年财政预算内教育经费（包括城市教育费附加）占财政总支出比例为 7%，比上年提高 1 个百分点。

医疗卫生　2016 年末有医疗卫生机构 2 个，全科医师 4 人，一体化卫生室 30 个，有 65 个村实行合作医疗，参保率达 100%。有床位 390 张，固定资产总值 6500 万元，专业卫生人员 291 名，其中执业医师 74 人，执业助理医师 36 人，注册护士 101 人，乡村医生 90 人。2016 年医疗机构完成诊疗 36 万人次。

体育　截至 2016 年年底，先后建成学校体育场 12 个，36 个村安装了健身器材，经常参加体育活动的人员占常住人口的 35%。

广播电视　至 2016 年底，有线电视用户

12000户，入户率达86%，传送节目60余套。

【社会生活】 农村最低生活保障户数1630户，人数2870人，支出5170000元，月人均150元。社会福利费月人均375元，敬老院床位102张，收养农村五保人员135人（包括家庭分散供养）。农村五保集中供养59人，支出28万元；农村医疗救助168人次，民政部门资助参加合作医疗4300人次，共支出64.5万元；农村临时救济680人次，支出20万元，比上年增长101%。国家抚恤、补助各类优抚对象580人。

【基础设施】 交通运输　芦柞镇交通便利，路网发达，境内有苍邳线省道，卞南线县道贯穿南北，东临京沪高速，西临京福高速，临枣高速、临枣铁路贯穿东西。

邮政电信　2016年末有邮政局2处，邮政业务总量288万元，报纸、杂志累计发19万份，邮电所建于1981年，开展电报、电话等业务。1998年全镇实现电话村村通，建成程控电话本地网，电话用户3000个，2004年邮电分开，成立芦柞邮政局、芦柞网通支局。邮政支局开展报刊征订、邮政业务、邮政储蓄等；网通支局开展固定电话、移动电话、互联网等业务。

全镇65个村全部接通电话，共有电话用户4560户，宽带用户3760户。移动电话用户26890户。在办理传统业务的基础上，开办了农资分销业务、中邮传送广告业务、邮政储蓄、代收航空机票、代收各种电话费、代理保险等业务。中国邮政，服务三农，服务地方经济。农资分销业务是邮政响应党中央号召，以服务三农为宗旨，充分依托邮政品牌和网络优势，利用邮政网点面向农村销售话费、农药、种子等。

【镇区市政建设】 公共交通　镇境内有二庙、横山至县城的客车经过，日发客运汽车24班次，日均容量近800人次。

给排水　镇区主要道路两侧分别铺设排水管8000米。

供电　1998年，原芦柞乡变电站建成，2001年原三合乡变电站建成，分别向原卞庄镇芦柞片区和原三合乡供电。2016年，辖区内两个供电所为芦柞镇企事业单位供电。

长城镇

【概况】 长城镇位于兰陵县城东南21公里处，地处两省三县交汇处，是山东的南大门，苍邳路和郯夏路两条省道纵贯其中，交通发达，位置优越。不仅是鲁南苏北客商农副产品销售集散地，也是面向日照、连云港等经济发达地区的前沿窗口。全镇辖50个行政村，88个自然村，11.4万人，12.18万亩耕地，镇域面积126.38平方公里。长城镇历史悠久，文化底蕴丰厚，物华天宝、人杰地灵。何逊古墓风采依旧，千年古槐魏然尚存，唐朝银杏依旧繁茂，赵氏先莹远近闻名。

近年来，长城镇党委、政府在县委、县政府的正确领导下，认真贯彻落实党的十八大及

何逊墓

十八届三中四中五中六中全会和习近平总书记系列重要讲话精神，以“抓党建、促发展、保稳定、惠民生”为主线，经济社会持续健康快速发展，人民生活水平稳步提高。

【农业】 长城镇是农业大镇，近年来，长城镇党委、政府不断加强农田水利基础设施建设，配合县委、县政府进行高标准农田水利项目建设：新建浅机井343眼并配套200QJ32-39/3潜水电泵343台，配套箱式变压器32台套，射频卡自动供水控制系统343套，铺设PVC管道183.88千米，其中干管道42.94千米，支管道140.94千米，给水栓3933个，埋设电缆线路6.5千米，开挖疏浚排水沟110千米，修建板桥15座，修建涵桥235座，修建田间道路27千米，直接受益耕地2.36万亩，受益村庄21个，受益人口1.8万人。

长城镇积极调整产业结构，发展特色农业，按照“春季有草莓、夏季有蓝莓、秋季有猕猴桃、冬季有雪梨”的产业布局思路，以构建新型农业经营体系为目标，初步建设了一批特色农业园区。一是以西王庄村为中心，加强农田水利设施建设，流转土地500余亩，初步建成了西王庄辣椒基地；二是以李宅村为中心，积极与上级在我镇开展的高标准农田建设项目进行对接，流转土地1000余亩，初步形成了以猕猴桃、胡萝卜、吊瓜为种植主体的李宅高效农业示范园；三是以芦塘村为中心，对原有的草莓基地进行升级改造，扩大种植规模，初步形成芦塘草莓采摘园；四是以沙墩为中心，引进新品种、新技术，初步建成沙墩雪梨种植示范园；五是以薛村为中心，引导群众改变现有种植模式，现已完成猕猴桃种植400余亩，正在建设猕猴桃种植示范园；六是以张村为中心，发展采摘旅游项目，基本建成张村葡萄采摘园。

2016年，长城辣椒种植达5000亩，大蒜种植面积达5.8万亩，大棚蔬菜种植达5000亩，并建成了猕猴桃基地7处，葡萄基地2处，草莓基地4处，雪梨基地2处，均取得了明显的经济社会效益。

【工业】 近年来，长城镇认真贯彻落实姜异康书记对临沂提出的“走在前列”的要求，全力做好“三引一促”工作，加快经济转型升级步伐。引导鼓励民营经济发展，全镇形成了以蔬菜冷藏、食品加工、物流配送、工艺编织、板材加工为主体的产业体系，实现了工业经济量效双增的可喜局面，初步改变了我镇工业经济瘸腿现状。民营企业大幅增加，全镇民营企业达到298家，其中规模以上工业达到6家。其中，清泉驴肉加工项目完成投资1500万元，养殖、屠宰、加工、包装车间全部建设完成，产品远销上海、苏庄等地，实现了驴肉产业化经营。恒旭门业项目总投资3000万元，建设标准化生产车间3个，引进国内先进生产流水线1条，配备大型折弯机8台，剪板机4台，热合机2台，冲床40余台，冷压机4台，清洗机1台，年产门可达3万樘，实现年产值达6000万元，在全县率先实现门艺制造的现代化、自动化和

县委书记郑连胜到长城镇李清泉食品有限公司检查指导工作

流程化。鑫颖帽业三期项目新增投资2000万元，现已完成主体钢结构搭建工作，建成后年产草帽、编织帽3万顶，能够实行产值600万元，直接对口销售日本、韩国等地。

【商业】 长城镇积极发展商贸物流业和服务业，取得了明显成效，个体工商户个数大幅增加。2016年，个体工商户达到2116多家，同比增长了32%，其中规模以上批发零售业2家，规模以上服务业1家，主要沿郯薛路和苍邳路分布。长城辣椒、居村驴肉等一批长城地方品牌影响力不断扩大，每年接待慕名而来的食客20余万人次，产品畅销全国。

【城镇建设】 长城镇积极筹措资金，努力干事创业，在城镇建设方面取得了长足的进展。一是城镇管理显著提升。先后成立执法中队和城管办公室，整合执法力量，大力推进驻地和公路干线环境综合整治，狠抓垃圾清运处理、违章建筑拆除、店外经营清理、户外广告规范、环境绿化美化五个方面，并实施驻地亮化工程，升级改造太阳能路灯180套，彻底改变驻地夜间无照明现状，提升了小城镇形象。二是打非治违成效显著。不断加强对违法建筑和非法占地的打击力度，并将打非治违纳入工作区、村的月量化考核，2016年以来，共发现违法占地32处，组织查处17处、拆除3处，制止12处，有效的遏制了违章建筑和非法占地的蔓延势头。三是城乡环卫扎实推进。2016年以来，按照“爱我家园、清洁兰陵”的标准，组织开展了城乡环卫综合整治行动3次，累计投入资金200余万元，组织4000余人次，动用运输车辆500余次，清理垃圾2万余吨，清理“五大堆”4000余处，设置柴草堆放点100余处，为全镇群众营造了良好的生活环境。

【科教文卫体】 2016年长城镇积极响应县委、县政府的号召，大力开展校舍标准化建设，建筑面积17659平方米，总投资约1800万元。截至目前，长城中学通过国家均衡化验收；长城中学综合楼、二庙幼儿园已完工并投入使用；沙沟小学和二庙小学教学楼主体建筑已完工；二庙中学教学楼、宿舍楼完成主体工程建设，操场完成基础工程建设。

长城镇以“四德”工程为抓手，全面加强精神文明建设。积极评选好婆婆、好媳妇、遵纪守法、诚信经营等方面的先进典型，并制作善行义举四德榜，建立网上平台，发挥先进典型的示范作用。同时大力倡导文明节俭新风尚，以婚事新办、丧事简办为切入点，推进移风易俗工作，取得了良好的效果。

【民政工作】 长城镇推行“应保尽保，应退尽退”的农村低保动态管理工作机制，对低保实行动态管理，确保低保政策发挥实效，落到实处，努力打造长城镇阳光低保工程。认真做好五保老人供养工作，着力加强对敬老院的日常管理，做好“三节”慰问。着力强化防暑降温措施，改善供养条件，提高在院老人的生活水平。对全镇812名优抚对象建立了台帐，确保了优抚资金及时发放到位。认真开展医疗救助、临时救助和残疾人保障等工作，赢得了广大群众的一致好评。2016年，全镇共大病救助94余人，临时救助45人。积极做好农村幸福院建设工作，目前全镇已完成5个村的幸福院建设。

【社会事业】 一是美丽乡村建设顺利推进。2016年，共12个行政村完成美丽乡村申报；全镇共完成改厕17151户，户户通道路硬化235910平方米。

二是农村公路生命安全防护工程全面完工。

设置标志牌 64 处、道口标注桩 218 处、示警柱 64 处、波形护栏 146.7 米、钢管栏杆 340 米，全长 22 千米。

三是“雪亮工程”扎实推进。截至目前，全镇建成镇级综治信息平台 1 处，村级综治信息平台 86 处，安装了治安监控 1987 个，基本上实现了重要路口全覆盖，确保了农村社会的长治久安。

四是安全生产工作周密部署。13 涉氨企业已有 3 家完成改氟，4 家企业签订改氟合同；对建筑施工从业人员加强培训，目前，已有 87 个施工队，600 余人参加建筑施工队培训学习；对非法加油站的加强排查，全年共排查出非法加油点 7 处，非法加油站 3 处；对校园安全与食品安全加强监管，联合执法 10 余次，取缔食品售卖点 20 余处，没收不合格食品 3600 余件；全力做好安全隐患录入排查工作，目前我镇共 133 个三级网格，其中 88 个村级网格，45 个企业网格。截至 12 月底，已录入隐患 1064 条，已整改隐患 1026 条。

撰稿：孙晋清　孙培善　审稿：王志乾

庄坞镇

【概况】 庄坞镇位于县城东南部，地处罗庄、郯城、兰陵三县区交界处。总面积 84.95 平方公里，辖 10 个社区，42 个行政村，9.3 万人。2004 年 2 月被命名为“中国牛蒡之乡”，2008 年庄坞保鲜牛蒡、牛蒡茶被中国绿色食品发展中心认证为绿色食品，2009 年获得了农业部地理标志产品保护认证，是目前国内最大的集牛蒡种植、加工、出口于一体的乡镇。2015 年 8 月被国家农业部评为第五批“全国一村一品”示范镇。

地理位置优越，交通条件便利。京沪高速公路、232 省道和苍郯公路纵横贯通，县乡公路和村村通硬化道路四通八达。分别距日照港、连云港 130 公里，距兖石铁路、津浦铁路、陇海铁路均不足 1 小时车程。

人杰地灵、文化璀璨、人文历史景观众多。境内现有高尧大汶口文化遗址、大城子文化遗址、杨家古牌坊、六碑三十一孔桥、千年银杏树、鸳鸯古松、涌泉红色革命教育基地等人文历史景观。

2016 年庄坞镇在县委、县政府的正确领导下，按照建设“富美新庄坞”总体发展思路，团结一致、攻坚克难、开拓进取，较好地完成了各项工作任务。全年实现地区生产总值 32 亿元，完成规模以上固定资产投资 4.5 亿元，增长 10.5%；完成公共财政预算收入 1625 万元；出口创汇 1510 万美元，同比增长 16.4%；农民人均纯收入 15156 元，增长 9.8%。

【农业】 庄坞镇以壮大特色效益产业为中心，紧紧围绕“创汇蔬菜、温室油桃、温室葡萄、四种五收、优质粮食”五大特色产业做文章。引导广大农民走科技化、品牌化、产业化农业发展之路，在合作社的示范带动下，全镇的种植业基本实现了由传统的粮食种植到瓜、果、蔬菜的现代种植转型。2016 年，全镇种植牛蒡、大根、山药等创汇蔬菜 6 万亩、油桃 1 万亩、四种五收蔬菜 2 万亩、葡萄 2000 亩。已认证家庭农场 36 家、优质农产品基地 6 处。每年种植订单土豆 5000 亩、娃娃菜 3000 亩、大根 1000 亩，订单农业正逐步发展成为农民增收保收的“新宠儿”。全镇初步形成了东牛（蒡）、西蒜、北菜、南果、中部贮藏加工的现代农业发展格局。农业种植模式实现了由传统农业向现代农业的转变。

农村产权制度改革基本完成，有序流转土地万余亩，农业基础设施建设取得新成果。一期投资5000万元完成35个村基本农田小农水灌溉工程，打井585眼，安装变压器36台，疏通排水沟82公里，灌溉面积达到3.7万亩。二期投资1100万覆盖14个行政村的基本农田水利灌溉工程正在施工中，计划打井159眼，灌溉耕地1.1万亩，将在近期完成全部工程建设。投资2000万元涉及9个村1万亩的高效农田整治工程已竣工。争取彩票公益金资助项目，对镇域21条28.4公里道路进行修整，完成了路面硬化、路肩包培和植树绿化，打通了村与村之间的断头路。形成了“田成方、林成网、旱能灌、涝能排、路相联”的田园化格局，基本解除制约农业发展的自然障碍，农业生产条件将得到良好改善，抗灾能力显著提高。

【工商业】 庄坞镇党委政府坚持以建设“工业强镇”为目标不断加大“三引一促”工作力度，积极做好引资金、引项目、引人才、转化科技成果工作，想方设法破解工业短板，工业强镇战略实现新突破。今年共搜集人才资源线索713条，硕士研究生人才16人、博士人才8人，其他学历学位人才689人。正在洽谈投资项目4个，其中山东奥派新型材料有限公司已动工兴建；与临沂固邦胶业、金沙埠食品已完成签约，正在办理土地使用手续。2016年，先后引进招商项目12个，其中过亿元的项目2个，过5千万的3个，吸引和利用投资6.5亿元。目前，全镇发展工业企业112家，其中规模以上企业11家。积极跟进和推动项目建设进度。山东富国生物科技有限公司，在抓好生物制剂生产的同时，积极筹措资金，建设绿原酸生产线。山东超合龙山腾食品有限公司，增加投资近1000万元，完成了宰杀生产线改建和污水处理设施的新建工作。鲁春面粉厂已经顺利投产。位于房杨庄村的山东固邦胶业项目已经达成协议，完成了土地流转。山东泰奉满生物科技有限公司新建厂区项目，已完成厂房主体建设。充分发挥传统加工业优势，积极引导在外创业成功人士回乡创业。在山东村建设了回乡创业产业园，园区规划总面积约1000亩，计划总投资1亿元，已完成投资5000多万元。已有36家企业建成投产，主要以制绳等产业为主，产品有100多种，其中船用绳索出口东南亚、欧洲等部分国家和地区。园区加工及销售用工1000多人，实现产值近5亿元。全镇共有民营企业94家，其中规模以上11家。2016年，出口创汇达1510万美元，同比增长15.8%。

2017年1月14日，兰陵县委书记郑连胜到庄坞镇山东奥派新型建材有限公司

【城镇建设】 紧紧围绕打造“精品城镇，宜居城镇”的发展理念，积极做好新农村建设。积极推进移风易俗建设，在53自然村成立红白理事会，倡导喜事新办，丧事简办。全镇42个行政村已有1.6万户完成改厕，“户户通”硬化面积41万多平方米。安装净水设备65台，实现所有村庄全覆盖，群众健康饮水得到进一步保障。投资3000余万元对镇域6条交通干道进行硬化提升，5座桥梁进行重建或新建，群众出行更加安全便捷，进一步改善了群众的生产、生活条件。

【教科文体卫】 注重校舍标准化建设。到2016年底，先后投资3000多万元，全面实施校舍标准化建设工程。其中新建幼儿园6所，建设教学楼6栋，平房项目5个，全镇广大师生的工作、学习环境得到极大提升。努力提升群众文化生活，大力推广篮球、广场舞、太极拳、老年门球等体育项目，成功举办了庄坞镇首届篮球、征文、演讲、广场舞大赛，真正让农村居民的文化生活丰富起来。各项惠农政策得到及时落实，困难群众生活生产得到有效保障。共发放低保救助金、五保救助金、优抚资金、大病救助、养老保险1.068亿元，危房改造资金200万元，

2017年2月10日，庄坞镇举办首届广场舞大赛

玉米和小麦种植补贴2187.5万元；全镇农村基本医疗保险参保率达到85%以上。

【社会生活】 大力加强平安庄坞建设。2016年共抓获各类违法犯罪嫌疑人81人，其中治安拘留38人，刑事拘留29人，逮捕9人，抓获网上逃犯5人，有力地震慑了犯罪，优化了治安环境。办结12345反映的矛盾和问题2785起，排查化解各类矛盾纠纷756起，处理信访案件57起,化解信访积案9起。是大力改善社会民生。2016年累计发放各类弱势群体救助金80万元。惠农政策全面落实，年发放小麦种植补贴等各类惠农资金546万元，民生工程得到有效实施。精准扶贫工作稳步推进。投资90万元用于产业扶持项目，新建温室大棚60个；投资570万元新建光伏发电项目7500平方米，脱贫攻坚工作取得显著成绩，预计年底实现588户895人整体脱贫，占全镇建档立卡贫困户的49.6%。认真落实安全生产“党政同责”“一岗双责”，认真实施安全生产网格化管理。2016年，全镇共排查上报各类安全生产隐患886处，完成整改886处，停产整顿企业6家，关停取缔企业12家，确保了安全生产无事故。

撰稿：冯遵杰

磨山镇

【概况】 磨山镇位于兰陵县镜内东部，驻地距县城10公里。北靠神山镇，南邻芦柞镇，东接庄坞镇，西至卞庄街道，东北与罗庄区接壤。全镇总面积82平方公里，总人口7.8万人，耕地面积7.8万亩，辖42个行政村（2013年行政村规模调整后辖21个村、社区），其中回民村3个，属回汉民聚居的乡镇。磨山镇地处平原，地势北高南低，兰郯、沂磨、兰邳公路和新修建的县城东二环道路从境内穿过，西部位于县城东城新区，地理位置优越，交通便利。2016年实现镇级财政收入3427万元。

【农业】 磨山镇是典型的农业大镇，农产品以小麦、玉米为主，经济作物以大蒜、花生、大豆和蔬菜为主，是全县大蒜主产区，是“三种四收”“四种五收”立体高效农业的发源地。全镇优质大蒜种植面积达6万亩，“三种四收”“四种五收”立体高效农业种植面积达4万亩。在全县率先完成了高标准基本农田建设任务，2016年又实施了西疃3000亩的农业综合开发项目。同时，充分发挥少数民族传统的养殖优势，大

力培植养殖产业，发展特色养殖大户600多家。西疃社区与蒙牛集团合作，投资5000万元的牧森生态奶牛养殖项目投入运营。

【工业】 主要以蔬菜冷藏和农产品、皮革、板材加工为主。金信皮革、森源木业等规模企业不断壮大，镇内有蔬菜冷藏和农产品加工企业30余家。近年来，磨山镇充分发挥自身优势，不断完善服务机制，狠抓招商引资和项目建设，婴诺婴幼儿服饰、天禧舜和农产品加工、兰陵500千伏输变电等重点项目投入运营，经济发展后劲逐步增强。

【服务业】 依托区位优势，大力发展服务业。特色小吃、餐饮、大型超市等形成规模，依托东城新区建设的区位优势，商贸流通业得到较快发展。2016年招引的丰茂物流、辰运达物流、临沂佳轩商贸等总部经济项目保持良好发展势头。东方佳园总部大厦等建设项目完成选址。

【科教文体卫】 不断加大教育卫生事业投入，2016完成了中小学餐厅、史庄小学教学楼、中学宿舍楼和多功能楼等校园标准化建设工程。围绕解决大班额问题，又实施了赤土门小学、中学教学楼、中心小学教学楼等建设项目。镇村医疗卫生条件逐步完善，完成了镇医院门诊楼建设工程，完善了镇村医疗卫生服务体系，新农合报销程序逐步得到规范。

【城镇建设】 扎实开展东城新区建设项目的土地流转、拆迁等工作，有效确保了东城新区建设项目的顺利实施。按照“发展城效经济，推动社会发展”的工作思路，对小城镇建设进行了科学的规划设计，完成了镇驻地北环和西环路建设，并配套实施绿化亮化工程。石良至东二环的镇北外环建设工程开工建设，皇甫寺至镇驻地道路拓宽改造工程完成规划设计，进一步拉大了城镇框架，提升了小城镇建设品位和档次。

【平安创建】 建立健全了社会治安防控体系，在全镇大力推进“雪亮工程”，健全了站岗巡逻制度，进一步增强了镇治安巡防队伍力量，不断加大违法犯罪的打击力度，社会治安状况得到好转。深入开展基层矛盾纠纷排查化解活动，不断完善“12345”热线办理机制，积极畅通信访渠道，全镇和谐稳定局面逐步形成。加大安全生产隐患排查和整改力度，严格落实三级网格和企业主体责任，有效杜绝了安全生产事故的发生。持续深入的推进民族和谐创建工作，积极化解民族矛盾，加大民族村民生资金投入，民族团结进步局面更加巩固。

【社会事业】 户户通和农村改厕工程深入推进。完成了东疃后村、西疃、宋庄、焦店村汪塘整治任务。黄山屯等8个村率先开展了美丽乡村建设工程。2016年，西疃社区被评为全市“最美民族村居”和“全市文明村镇”。进一步加强和规范了城乡环卫一体化工作，不断加大大气污染和水污染整治力度,先后取缔“土小”企业、养殖场等30余家，人居环境得到有效改善。

深入开展移风易俗和精神文明创建工作。多形式强化移风易俗宣传教育，村村成立了红白理事会，建立了红白理事制度，以黄山屯村为典型，坚持党员干部带头，在全镇推行积极喜事新办，丧事简办”的移风易俗活动，取得明显成效。完善村级文化广场、文化书屋等配套建设。通过举办广场大赛，开展送戏下乡、送电影下乡活动，不断丰富群众精神文化生活。

强化精准扶贫工作，深入开展“三问三清”

贫困户入户走访和结对帮扶活动，2016年度通过红利富民贷、富民生产贷、孝心扶贫等形式，发放帮扶资金30余万元，全镇1617户2859名贫困群众完成脱贫1013户1828人。严格落实新型居民医疗养老、低保、民政救济、小麦植补等惠农政策，深化危房改造工作，人民群众生产生活得到有效保障。

神山镇

【概况】 镇政府驻地位于神山，以村命名。神山村，唐初建村，因设在神山脚下，故因山得名。

地处苍山县城东部15公里。是“山东南菜园”的大门。东靠罗庄区傅庄街道办事处，西依兰陵县卞庄街道办事处，北连罗庄区沂堂镇，南邻兰陵县磨山镇。人民政府驻地神山东南村，电话区号0539，邮政编码277722。京沪高速出口在镇驻地东3公里处、临枣高速出口在镇驻地西6公里处。京沪、临枣高速公路、206国道、泉重路在境内交汇，区位、交通、资源优势明显。

全镇总面积72平方公里，镇境略呈正方形聚落，自北向南逐渐降低，西部为丘陵地形，东部为平原。属温带季风区半湿润大陆性气候，四季分明，平均气温13.2℃，无霜期常在210天左右。境内自东向西依次有汤旺支河、小屯排水沟、东燕子河、青竹排水沟、西燕子河等5条南北走向河流，属中运河系。地下水储量丰富，水质良好，地下水一般在5～10米。境内矿产资源主要有铁矿石、铝钒土、矸土、石灰石等多种矿产资源。境内有燕柱山、三峰山柞王击鼓戏铁燕传说、有神山不老泉神话、将军桥《响马传》和《隋唐演义》石大奈石像等遗迹。镇内还有古墓群、玉皇楼、娘娘庙、金锥、铁神、月牙桥等历史及文物古迹。天下第一蒜牌坊，于一九九六年秋建造。

2016年，辖区总人口5.4万人，其中建成区人口20941人，城镇化率24.8%。

境内有京沪高速公路、临枣高速公路、206国道、泉重路省道等4条干线道路交汇。镇境内有青竹、大西杨和东杨庄客运站点3处，日发客运班车80班次，日均容量1500余人次。

2016年以来，在兰陵县委、县政府的坚强领导和上级职能部门的大力关心和支持下，神山镇党委、政府以“示范镇”建设为契机，坚持以城镇化为目标，以规划为统领，以产业发展为支撑，以基础设施建设为保障，以提升群众生活质量为落脚点，高起点规划、高标准建设、规范化管理，小城镇建设扎实推进，“示范镇”建设成效显著。2016年，全年完成工农业生产总值52.7亿元，同比增长19.5%；完成规模以上固定资产投资4.9亿元，同比增长13%；农民人均纯收入16396元，同比增长11.6%；地方财政收入4300万元。荣获了山东省文明村镇、临沂市信访工作先进乡镇、临沂市科学发展综合考核先进乡镇等荣誉称号。

【农业】 兰陵县神山镇拥有耕地5.3万亩地，农产品主要以小麦、玉米、大蒜、花生为主。神山镇是苍山大蒜的发源地和主产区，自汉代传入已有2000年的栽培历史，大蒜种植面积3万亩。2016年全镇“双蒜”实现产值3亿元。全镇播种小麦2.5万亩，单产实现500公斤。全镇农产品恒低温库发展到76家，总贮藏达到5万吨；新开挖排水沟渠4000米，修桥涵19座，打大口井和小口井210眼，高标准治理基本农田9005亩，较好的解决了部分湖片的内涝和抗旱问题。

【工业】 神山镇是兰陵县规划建设的“一区五园”工业园区之一，目前拥有民营企业360家，其中规模以上企业41家，蔬菜加工储藏企业96家；合作专业组织82家；拥有自营进出口权企业12家，蔬菜三品一标认证10个，商标注册8个，从业人员18000人。突出了山东兰亭石环保建材、畅通路桥、山东凯森制药、金海湾石化、越洋食品、荣庆检测线、特鲁夫新能源车业等重点企业的扩质工作，全镇已形成了大蒜蔬菜食品、物流配送、化工建材、生物医药等四大支柱产业。

2016年，神山镇“四项招引”工作成效显著。完成总部经济招引4家，引进回乡创业人员5名。实现招引资金28.95亿元，引进高新技术5项，实现产学研合作3项；人才引进取得新进展，征集上报神山籍高层次人才443名，引进B类创新人才5名，C类高层次人才7名。人口市民化完成县里下达300户的任务目标。

【商业】 2016年共有商业、饮食业、服务业等各类服务网点850个，全镇个体工商户达到715户，个体运输户456户，运输车辆800余辆，从业人员3896人。商业网点集贸市场5个，镇驻地大型超市4家，大型物流企业6家。外贸出口创汇2000万美元。年加工能力15万吨，大蒜蔬菜产品销往日本、东南亚、欧美等地。

【城镇建设】 临沂西外环前期工作率先完成，基本完成了西外环建设土地流转、拆迁和征地补偿前期工作；以园区建设为重点，继续完善了全镇总体规划和整体编制；小北山工业园矿山复绿项目区顺利动工；完成了沂磨线拓宽改造工程、燕子河工程综合治理以及道庄片区规划提升，全镇环境面貌有了较大改善，对外形象有了明显提升。

神山北社区、西杨社区沿街楼建成并投入使用，东南村投资1000万元新建南苑社区两栋100户居民公寓楼和22户沿街商品楼；开展了“户户通”和改厕工程，全镇户户通硬化面积42.5万平方米，改厕6282户；全镇8个行政村通过乡村文明建设考核验收，村庄路灯亮化率达到100%，新农村建设档次大大提升。

【教科文卫体】 2016年末，有中学1所、小学8所、幼儿园19所；教师总数380人，中学、中心小学、中心幼儿园均为临沂市级规范化学校。

以“四德工程”和“文明乡村建设”为主抓手，大力推进移风易俗活动和文化活动的开展，新建民间艺术团5个、广场舞队伍42支、文体广场24个。现有业余文艺演出队伍5支，业余文艺人才130人。

重点抓好计划生育服务工作，积极实施全面二孩政策。全镇纳入低保1431户、2277人，五保老人集中供养率达到75%以上。神山镇医疗基础设施完善，全镇有镇卫生院一所，共有职工52人，78个床位，卫生院设有内科、妇产科、防保科、B超室、放射科等科室。全镇38个村中23个村有村级卫生室。新型农村合作医疗覆盖面100%，全镇人人享受新型农村合作医疗。

截至2016年底，先后建成学校体育场10个，20个村安装了健身器材。

【社会生活】 精准扶贫全面铺开。全镇共有贫困户1402户，2326人。多种形式、因地制宜的开展帮扶工作，其中，孝心扶贫1074户，富民农户贷扶贫7户，富民生产贷扶贫1179户，光伏扶贫407户。2016年，实现脱贫846户，1387人。

生态文明建设翻开新篇章。水污染和大气污染治理力度空前，依法查处各类涉水污染项目62个，高标准通过了迎淮检查的考察验收。开展秸秆禁烧和综合利用工作，疏堵结合，在夏秋生产期间取得明显成效，秸秆转化利用率达70%以上。大力实施绿化工程和绿化通道建设，累计完成临枣高速公路、206国道、园区路、东西燕子河两侧的河道绿化工程20多万株。

社会环境更加和谐。强化对“12345”市民服务热线和信访问题的调查解决和及时反馈力度。深入推进治安防范体系建设，充分发挥“天网工程”作用，实现了天网、警网、民网“三网整合”和视频监控“建、管、用”一体化，社会治安满意度明显提升。

撰稿：谭　浩

兰陵经济开发区

【概况】 山东兰陵经济开发区是2006年3月经山东省人民政府批准成立的省级开发区，是以一类工业为主的工业集聚区。2016年辖23个自然村，总面积32平方公里，规划控制面积97.2平方公里，3.5万人。辖区规模以上工业企业365家，初步形成了新型建材、机械制造、食品加工、医药化工、生物肥料等主导产业。

【“一区五园”规划】 兰陵经济开发区全面落实省委办公厅、省政府办公厅关于全面提升经济开发区发展水平精神，着力构建“一区五园”发展格局，即：以兰陵经济开发区为核心区域，实现提质扩容，建设棠林地产品加工产业园、车辋建材产业园、现代医药产业园、西部矿业循环经济产业园、小北山工业园。通过实施“一区五园”，不断拓宽开发区发展空间，努力打造全县经济发展新的增长极。临沂商城棠林地产品加工园占地10平方公里，位于兰陵县北部，紧邻商城临沂，园区东接临沂高新技术区，北与费县工业园相邻，是名副其实的“临沂商城的地产品加工基地”“临沂城区产业转移的承接区”。目前，入园企业总数达45家，初步形成了以建筑建材、板材加工、浸渍纸生产、制线纺织等四大产业板块，世界500强的中粮集团蒙牛现代牧业养殖项目已落地园区。临沂现代医药产业园位于兰陵县东12公里神山镇境内。首期规划建设面积12平方公里，建设5大功能区。园区致力于打造集研发、生产、包装、物流、营销、检验、生物医药、人才引进、产学研合作转化等功能于一体的“蒙医药硅谷”。国家千人计划专家张二利博士创办的山东凯森制药集团已入驻该园区。车辋建材产业园位于车辋镇南部，项目总规划面积4平方公里。园区基础设施完善，投资环境优越。目前，已入驻园区企业5家。其中，4家已经投产运营。矿业循环经济产业园位于兰陵县西部矿区，核心区规划面积10平方公里，辐射四个矿区乡镇50平方公里以上。园区建设坚持以区域及周边下游产业市场需求为支撑，以产业链纵向延伸、横向拓展和循环利用为重点，集聚优势产业要素，重视绿色、低碳、循环发展，截至2016年，已成功引进了中钢、济钢、山东能源、招远黄金等国内大型企业入驻园区，其中山东球墨铸管有限公司已从济南整体搬迁至该园区；小北山循环经济工业园是兰陵县最新规划的工业园区，园区地处临枣高速兰陵北出口处，紧邻206国道，交通区位优势明显，主要规划三个功能区：北部物流园区、中部循环工业园区和南部生活区。园区规划占地为401.77公顷。通过实施“一区五园”，不断拓宽开发区发展空间，引导初加工向资源地集中、深加工向工业园区集中，努力打造全县经济发展新的增长极。

【“园中园”建设】 按照市委市政府的战略要求，结合我区产业布局实际，突出抓好“扩园提升”和“区中园”建设，初步规划了六个园中园：一是医药化工园。计划总投资70亿元，规划面积4平方公里。截至2016年，已有黑龙江贝丰集团硫酸钾硅胶项目、“国家千人计划”张中标博士投资的聚砜类树脂项目入园。二是出口创汇食品工业园。计划总投资15亿元，规划面积1500亩。园区拟高水平建设以农产品深加工、精加工、特色加工为主的农业产业化平台，推动蔬菜产业拉长产业链条，努力提高兰陵农业外向度。截至2016年，已有新新元食品、临沂国之源等6个项目落户园区。三是机械制造园。计划总投资20亿元，规划面积700亩。截至2016年，已完成投资12亿元，已有山东金美尔空调机电项目、德隆机械、临工集团兰陵工程机械厂、海洋结构件等机械制造项目入园。四是新型建材园。计划总投资15亿元，规划面积1300亩，截至2016年，已有山东邦尼新型建材有限公司、兰陵中源建材有限公司、兰陵今朝新型材料有限公司、临沂盛荣新型建材、山东鼎铭铝业有限公司。五是最新规划的位于开发区西部的电子产业园以及位于开发区西北部的新型高科技生物园。

【园区平台】 2016年，开发区围绕“扩园提升”，投资8000多万元实施了“基础设施建设年”活动。重点实施了农场路南延、卞车线改造提升、孤山东路改造提升、中小学校舍维修、农村户户通硬化等工程。完成了园区主要道路的护栏、绿化、亮化、美化工程；通讯光缆、高压电缆、污水管网、自来水管网、燃气管网都进入园区，园区基础设施基本实现了“七通一平”。

【农业】 全区共有耕地面积18466亩，农业人口31793人，小麦种植面积9629.33亩。2016年全区粮食产量1900万公斤，同比增长2.49%；全区林业面积3244.5亩，公益林护林员37人，新造林面积309亩。规模养殖专业户3家，每年创收500多万元。新建立农民专业合作社1个，全区累计建立农民专业合作社9个。23个自然村都配备了农产品质量安全员，农产品质量安全得到有效保证，全区优质农产品数量明显增加。

【工业】 2016年，开发区以“三引一促”、园区建设为中心，全区上下齐心协力，奋勇开拓，扎实工作，取得了建区以来最令人瞩目的业绩。主要经济指标均稳幅递增。全年新引进项目14个，其中兰亭石环保新型建材、琦泉生物质发电、华龙热电、津兰特聚、鹏海食品等一大批新项目已经建成投产；天勤物流、青佳尼服饰等项目2017年上半年即可建成投产；金美尔、盈熙制药等部分续建项目正在加快建设进度，争取尽快投产达效。全年招商引资总额15亿元；完成规模以上固定资产投资135亿元；完成主营业务收入497亿元；完成规模以上工业总产值450亿元，同比增长200%；完成地方财政收入12亿元，同比增长10%。

【民生工作】 为政之道，民生为本。一是户户通硬化范围逐步扩大，投资780万元完成了城郊5个村的户户通硬化工程，共硬化面积18万平方米；二是旱厕改造工作全面完成。根据市、县农工办工作安排及开发区工作实际，2016年全区共投资284万元完成了旱厕改造4930套，全面完成开发区的改厕任务。其中重点打造的孤山屯村、贾庄村，分别代表我县B类村及C类村迎接了省美丽乡村摸底测评，取得了较好的成绩。三是农户排水及文化小广场工程，全区共投资40万元完成农户排水沟9100余米。全区23个自然村的文化广场已全部建成，全部安装了健身器材，亮化、绿化工程已全部结束。开发区积极响应县里号召，组建农村广场舞队伍32支，成功举办了开发区首届广场舞大赛，在全县第三届广场舞大赛中，开发区代表队取得了全县第二名的好成绩。四是惠民饮水工程全部建设完成。23个自然村共建设35处惠民饮水点，目前已全部投入使用。

【医疗卫生】 依托上级医疗资源在专业学科技术领域的深厚积淀，根据我院专业发展需要，在2016年与山东齐鲁医院、临沂市人民医院、市肿瘤医院、市中医院、上海市第一人民医院、国家卫计委远程会诊中心签订了帮扶协议，开展了CT远程阅片、动态心电图、消化内窥镜、内镜下支架植入术等多项治疗；成立了肿瘤内科、不孕不育科、男性病科，创建了微生物实验室；引进了高压氧治疗舱、强化CT、核磁共振等大型设备，并在12月参与了北京中日友好医院医联体活动。专家的帮扶、医联体活动的开展和大型医疗设备的辅助，使得医院学科发展空间和潜力不断加大，医院综合实力、竞争力和影响力与日剧增。

积极配合来自北京各大医院的18名专家深入到社区广场、乡村市集，为老年人、中小学生、教师等人员查体，提供老年病、慢性病筛查及康复指导咨询等服务。为保障城乡优抚对象、低保对象、五保对象基本医疗权益，提高医疗救助管理水平和医疗救助社会效益，医院还与民政部门签订了医疗救助协议。凡在开发区人民医院住院的优抚、五保、低保患者均可享受二次报销。

【社会生活】 环境污染整治成效突出。一是大气污染防治工作成绩显著。根据属地管理原则，开发区承担了辖区范围内餐饮业、小作坊、浴池的整治，土小企业的关停，道路洒水抑尘等工作。2016年开发区对12家土小企业全部关停或拆除，强制5家沙场全部停止营业，清理露天喷漆汽修厂5家；配合县环保局对辖区内环保手续不健全、设施不完善的8家企业采取断电措施；投资20余万元收购玉米秸秆4万余方，秸秆粉碎还田100余亩，青贮玉米秸秆1000万斤，园区大气环境明显提升。二是水域环境整治工作效果明显。2016年，重点对汶河开发区段及其支流水面漂浮物、两岸垃圾进行清理，共关停沿河蒜米加工点1处，畜禽养殖场3处；对汶河东支流实施了清淤、对入河排污口进行了封堵，共封堵排污口3处，同时投放药物对河水进行清洁，确保了汶河水质的稳定。

安全生产工作全面提升。开发区一直把安全生产工作作为头等大事来抓。一是完善了安全生产责任体系。按照“党政同责、一岗双责、失职追责”的要求，建立完善了《兰陵经济开发区安全生产考核办法》，成立了安全生产管理领导小组，对辖区范围内的恒低温库、危化、冶金、粉尘防爆等行业进行监管。二是加强安全生产基础建设，提高安全保障能力。根据市县要求，成立了安全生产监督管理局，按照安监中队达标建设的要求，投资15万元购买了办公用品，配齐了执法装备、执法仪器和执法服装等。三是加大执法检查力度。根据兰陵县企业主体责任落实及安全隐患大排查快整治严执法两项重要执法检查工作要求，2016年以来，开发区共开展了五次拉网式、全覆盖执法检查，累计发现各类安全隐患432处，当场整改202处，限期整改190处，挂牌督办40处，有效遏制了辖区企业安全事故的发生。

基层党建工作进一步巩固。2016年，兰陵经济开发区党工委按照年初制定的基层党建工作计划，紧紧围绕“抓党建、强基础、建机制、促发展”的工作要求，认真抓好党建工作，全区党建工作再上新台阶。一是围绕“两学一做”，抓好党员教育管理。邀请县委党校讲师和县纪委、县审计局领导为广大党员做党课辅导报告，组织科级干部进行三次专题研讨，委派党建指导员到各村进行“两学一做”专题教育指导，党员干部综合素质显著提高。二是积极开展“村情民意大走访、改进作风促发展”活动，32名村居党组织负责人共走访群众8500多户，征求各种意见或建议138条，并全部按照规定时间予以办结。安排424名机关干部、教师、医生走访871户贫困家庭，为贫困户发放食用油208桶、电热毯50床、山羊156只，发放孝心扶贫资金17.2万元，经过孝心扶贫、产业扶贫、入股分红等方式，全区419户、698人在2016年如期实现了脱贫。三是扎实做好发展党员和党费收缴工作。全年发展党员10名，其中非公企业发展党员1名、村居发展党员7名，消除了三年以上不发展党员村居。四是积极开展党员组织关系排查工作，对全区37个党支部938名党员进行了党员信息采集，对84名党员的档案材料进行补充整理。按照党费收缴规定，全年累计收缴党费12.4万元。五是积极保障村级组织建设运行经费，努力打造区域党建示范点。为保障各村基层党建工作正常开展，2016年开发区共拿出100万元党建工作经费用于支持基层党建工作。依托兰陵国家“千人计划”专家创业园，打造了兰陵国家“千人计划”创新创业园党群服务中心，成立了兰陵经济开发区“两新”组织综合党委。其中国家“千人计划”创新创业园党群服务中心作为全市党建工作先进典型，接受了全市组织系统的现场观摩。

平安创建活动成效显著。一是突出抓好初信初访和信访案件的化解工作。2016年，开发区按照“属地管理、分级负责”和“谁主管、谁负责”的原则，逐案明确责任，要求限期完成积案化解工作，全年共接待来访群众450余人次，处理信访案件37起，排查各类矛盾纠纷53起，化解成功52起，化解成功率98%，办结信访积案12件，办结率达到100%，结服率70%，矛盾纠纷得到了及时化解，信访工作效果明显提升。二是加强农村综合巡逻。开发区班子成员联合派出所干警坚持每天对全区23个自然村的值班站岗情况进行检查，坚持做到村村到、夜夜查，巡逻不仅查社会治安、而且查违法建设、查党建档案、查环境卫生。通过综合巡查，全区社会治安和卫生环境得到明显提升，违法建设状况得到有效地遏制。三是配合县政法委积极实施“雪亮工程”。投资50余万元在开发区综治办新建综合监控平台一处，各村新安装高清监控探头109个，实现了辖区内村居监控全覆盖，有效预防和减少了各类社会治安案件的发生，并代表兰陵县成功地接受了市委政法委雪亮工程的现场观摩。四是综治信访工作成绩优异。2016年被县委县政府评为“全县平安创建工作先进开发区，被市委市政府评为“全市综治工作先进单位”。

撰稿：崔　进

先进模范人物

省富民兴鲁劳动奖章

刘建永　兰陵县国家公园温室部主任

市振兴沂蒙劳动奖章

高志刚　兰陵县中医医院院长
米发荣　农发行行长
冯现龙　莲花山城物业副经理
夏爱菊　万家福商贸公司组长

索 引

说明：

本索引为综合性主题索引，标示正文部分的内容。索引标目按汉语拼音字母顺序，标目后数字为页码。

D

F

G

H

J

M

R

S

T

Y

Z